启真馆 出品

新史学译丛

主编 蒋竹山

谈 判 中 的 城市空间

[美]
费丝言
著

王兴亮
译

城 市 化

与

晚 明 南 京

Negotiating
Urban Space:

Urbanization and Late
Ming Nanjing

ZHEJIANG UNIVERSITY PRESS
浙江大学出版社

前　言

在完成本书手稿的这一刻，我深深地感受到，尽管充满期待的读者可能会把这本小书视为研究南京或者明代城市化问题的一项成果，但对于我来说，它更像是一份标满了符号和注释的剪报，唤醒了我独特的记忆：某一注释是由某位好友提供的；某一档案卷宗让我回想起了在斯坦福大学亚洲图书馆旧址胡佛研究所度过的那些日日夜夜，以及图书馆门前摇曳多姿的日本红枫；某一章论点的特殊转折可能受益于一场漫长的电话讨论（以及后来的 Skype 通话）。当我翻阅书稿时，某些最早写成的部分会突然勾起我的回忆，那时我和先生刚刚完成一次横跨大陆的旅行，居住在费城市中心的一幢建筑里，楼下是一家很大的便利店。书稿后来又经过一次大篇幅的修改，那时我们正寓居欧洲，分别居住在德国西北的波恩和科隆，以及比利时的安特卫普。

的确，埋首于卷帙浩繁的晚明历史文化和社会文献典籍中，焚膏继晷，爬梳剔抉，是我生命的一个轨迹。记得最初涉入这项研究时，我还只是斯坦福大学的一名研究生，独居于异国他乡，与艺术和科学做斗争。而当这部论文最终成稿时，我已经开始在宾夕法尼亚大学任职，并迎来了我们的女儿佐伊（Zoe）的出生。回顾这部书稿完成的漫长经历，我不禁要感谢我的师友以及各位同事。他们彼此互不相同，但都有着同样复杂的学术研究方法，这些方法影响了这本小书的形成，也影响着本书作者的生命历程。本书以我的博士论文为基础，得到了康无为先生（Harold C. Kahn）先生和卜正民先生（Timothy Brook）的关注与关心，他们既是我专业领域的导师、我人生的指引者，也是理想中的"经师"和"人师"的典范。我对南京城产生学术兴趣，起因于一个学术讲座，以及由此引起的由文以诚先生（Richard Vinograd）及其研究生们举办的一个关于17世纪南京城的小型艺术展。包括梅韵秋女士（Mei Yun-chiu）、马雅贞女士（Ma Ya-chen）在内的一群年轻、优秀的历史学家赋予了我难能可贵的学术洞察力和学术勇气，使我能够用一章的篇幅对南京的视觉作品进行探索。在夫马进（Fuma Susumu）教授和岩井茂树（Iwai Shigeki）教授的热心指导下，我最终在日本京都大学人文研究院完成了这项研究的主体内容。我在书中多次参考引用了我的师长，例如徐泓、邱澎生、邱仲麟、巫仁恕、王鸿泰诸先生的观点，这不但证明了其研究成果的重要学术价值，而且也证明了他们对作为一名学术新人的我产生的持久影响力。哈佛大学亚洲研究中心的两名极具洞察力的匿名审稿人也提供了宝贵的建议，使我能够克服作为本书作者可能出现的目光短浅的偏见。最后，如果缺少朋友们的热情鼓励和慷慨建议，这本书是不可能完成的。尤其感谢来自斯坦福大学的众多好友，比如梅尔清（Tobie Meyer-fong）、祁珊立（Lisa Claypool）、夏利·爱泼斯坦（Shari Epstein）、埃丽卡·姚（Erica Yao）、甘凤（Janice Kam）以及梅若兰（Colette Plum）等，她们不厌其烦地阅读了手稿中的各章，并且每次都提出了尖锐而又具启发性的观点。如果研究生阶段是一个人在学术界奠定职业基础的时期，那么我的确极大地受益于这种姊妹般的情怀。另外，蒋经国基金会、斯坦福大学人类研究中心、斯坦福大学东亚研究中心，以及台湾"中研院"提供的经费资助，也是本研究得以完成的重要因素。我要特别感谢我的东道主，历史语言研究所的李孝悌先生，他组织的学术团队对明清文人社团的城市文化遗产进行了研究，而文人们的宴饮、雅集和交游，随意而又富有机趣的交谈构成了本书后半部书稿的主要灵感。当我全神贯注于故纸堆，惯常地忽略着周遭又时常烦躁不安时，那些毫无保留地向我伸出援助之手的朋友，无论我使用何种华丽的辞藻，都无力表达对他们的感激之情。我更要衷心感谢我亲爱的姊妹陈雯怡（Chen Wenyi），感谢我的父母、我的先生，还有我的女儿佐伊，这种感恩在你们和我的生命中谱就了新的一章。

费丝言

目录

插图

表格

导 言

中国城市主义研究的一条新路径

　　在长达 3 个世纪的过程中，明代（1368—1644）的空间外观出现了一个巨大的变化，这是中国之前各朝极少经历过的。由农民皇帝朱元璋（1328—1398，亦称明太祖，或者洪武帝）开创的这个朝代，一开始是一个农业国家，它设想的、赖以建构的是农村村社的自治理念。然而到了王朝末期，城市已经对当时中国人的日常生活产生了重大影响。借由广泛的城市网络，人们将主要的粮食作物（包括棉花这样的经济作物）与整个帝国范围的长途贸易紧密联系起来。对生活在那个朝代之后的人们来说，明代留给人们的记忆是它繁华富庶的都市，以及奢靡腐朽的物质生活。对当今的历史学家来说，一个由乡村构成的帝国，转变为一个由城市构成的帝国，其间尽管充满了冲突和迷惑，却标志着商业力量的胜利——它挑战并最终战胜了国家的压制与束缚。然而，经济力量占据上风，仅仅是大明帝国剧烈变化的一个方面。同样重要的是该时期的制度变革和文化调适，尽管它们不像前者那样剧烈，但却尽力地弥缝和协调了明初的村社理想和晚明的城市化。归根结底，如果不做出调整，使帝国的那些陈旧的制度设施继续发挥作用，并且让那些破坏性的社会变革变得有意义，商业是不可能使明帝国发生转型的。大量的城市史研究成果已经阐明了晚明市镇的经济、文化和社会生活情况。但城市影响力的日益增长引起的国家对城市的规定和文化解释的相应变化，尚较少被人注意。本书是一项关于城市化的研究，探讨了在晚明时期，城市日益扩大的作用和功能如何促使了城市理念的产生并引起争论，以及该理念如何被重新审视。

　　本书以一个特殊的城市——南京城——作为切入点，通过微观的视角来理解这种宏观的转型。本书对南京城的考察集中在四个方面：作为一个由高墙护卫的社区，作为一个大都市区，作为一个被想象出来的空间，以及作为一个被讨论的对象。这有助于我们看到，对处于此转型期的市民来说，什么才是最重要的东西。了解他们做出的努力，能够进一步凸显在此过程中城市空间的集中程度。最引人兴味的是，尽管我们可能会猜想，南京居民会对诸如街道规划、建设环境等这些，对日常城市生活而言，比较重要的方面给予关注，但居民们所看重的其实远远超出了城市空间的自然形态。在每个案例研究中，我们都发现，社会做出了巨大努力来协调国家法令规范城市居民生活空间的方式和文化作品反映城市居民生活空间的方式。当城市空间不仅作为一个地理位置，而且还作为一个社会争论的焦点，直接面对政治谈判和文化创作时，南京居民的积极参与就创造了中国历史上独一无二的时刻——这个发展变化正是本书探讨的核心。

南京，其字面意思是"南都"，位于长江三角洲的西北部，在明朝的第一个 50 年里，它是明朝的主要首都。在这个阶段，城市规模发生了显著扩张，人口增长总数超过了 50 万人。从很多方面看，明代南京都是一项重大政治任务的产物。[1] 在开国皇帝的支持下，南京城墙四围的空间和行政管辖区（应天府）得到了显著的扩大和调整。朱元璋理想中的都城应该具有宽阔的街道、雄伟的宫殿，以及由国家设立、为政府机构提供服务的生活社区。这是一项规模宏大的城市扩建，它征调了大量的力役，并再次引发了全国范围内的移民潮。皇帝本人亲自拟订、明确颁发的一系列有关城建计划的印刷品，展现了皇帝设想中的理想都城图景，为臣僚们展示了一座他们此前从未亲眼见过的宏伟都城。因此，政治权力不但主宰了明初南京城的自然景观，而且也主宰了想象中的城市景观。

然而，在接下来的几个世纪里，南京的城市特点发生了巨大的变化。15世纪初，驻军北方的燕王发动了兵变。在此之后，帝国的政治权力中心于1421年转移到北京。南京成为一个"陪都"（留都），城市人口减少了一半，经济也衰落了。然而，随着16世纪经济大繁荣时代的到来，再加上南京位于江南腹地，地理位置可谓得天独厚，属于当时文化和经济最为发达的地区，作为"留都"的南京城因此焕发了新的生机。在南京城的日常生活中，南京由政权中心向商业中心的转化随处可见。流寓人群的涌入增加了市民对住房的需求，从而打破了朱元璋时期的坊厢系统，创造出一个繁荣的地产市场。昔日南京城引以为傲的宽广街道，现在被贩夫走卒占用了，新迁入的居民非法占据了许多政府建筑。[2]商业力量的崛起和朱元璋的城市设想——一个高度政治化的由政府控制的空间——之间的冲突，改变了南京的城市景观，从而在根本上重塑了城市居民的生活空间。

　　然而，这个冲突带来的影响，远远超出了城市的自然景观。如同以下四个案例分析所示，一场完全不同的运动对城市空间的行政管理和概念化提出了挑战。公元1609年，南京民众在彼此监督之下，集体发起了一场志愿纳税的行动，他们要求当地政府满足他们对税制改革的长期要求（第一章）。这一改革直接导致明朝第一次征收城市财产税。城市社区的行动在财政条款上重新定义了居住空间。这场政治活动并没有局限在南京的城墙范围之内，它得到了更广大地区的呼应。传统的中国城市不是一个正式的政治单位，相反，它是一个更大区域的行政中心。"南京"这个名称，正如苏州或者扬州所代表的含义，指涉的是一个行政区，它基本上是一个由城墙拱卫的城市群组成的大城市所统治的农村地区。如果从这种广义的角度来看，南京城的空间自然标志是它拥有一个城墙体系，城墙体系意味着政府在本地的存在。然而，政府对城市空间的这种划分在公元1597年明显出现了松动与妥协。在南京下辖的高淳县（今南京市高淳区），市民发起了一场著名的抗议活动，它戏剧性地推翻了朝廷要求筑城的诏令（第二章）。

除了那些挑战国家对城市空间做出的规定的政治行动之外，某些文化产品也重塑了城市的概念和想象。例如，画册《金陵图咏》一共附有 40 幅景点图画，并给出了游览南京城这些景点时的方法指南（第三章）。这种视角备受南京本地知识精英的推崇，它起源于探幽索胜的文化传统，与明太祖朱元璋天下一统的视角形成了鲜明的对比。南京城不但经由视觉作品被重新想象，而且它也成为诗词歌赋的题材，大量出现在官方所编的地方志中。例如，某两本成书于 17 世纪早期的"客谈"就记录了地方精英就其所居的这个城市展开的对话（第四章）。这些话题大多数来自街谈巷议，南京城作为一个生活空间，以一种世俗的演绎形式呈现在人们面前。随着印刷业的蓬勃发展，以及社会公众阅读需求的快速增长，这些备受读者好评的文本和画册在市面上广泛流通，重塑了人们对南京的想象。

尽管可能并非出于有意，南京居民的行动或者想象在实质上对城市空间的制度规定和文化阐释提出了疑问。我们怎样确定政府能否在城市空间征税，或者能否使用围墙将它的边界围起来？考虑到城市不断变化的角色以及功能，我们怎样才能借助文本和插图来解释城市空间的多样性质？尽管本书研究的这些"挑战—应对"带有南京城特殊环境的显著标志，但最后的分析显示，这些标志都因明帝国出现的转型而发生了变化。通过检验在南京城的这些案例中位居核心地位的"制度和文化的联结"，本书希望揭示晚明发展中的一个深深根植于明中期以城市为中心的商业繁荣的新维度。

晚明繁华的一个鲜为人知的故事

南京城的这些故事发生在中国历史上一个光芒夺目的时代。这一时代的显著特征是：从日本和新世界涌入的白银资本促进了货币经济的快速发展。据估算，到中国的"白银世纪"末期（1550—1644），每年至少有 25 万～26.5 万公斤的白银流入中国，用以交换中国出产的商品。中国已经成为全球经济的重要参与者。经济作物和市场主导的专业分工占据了主导地位，货币经济也因此在农业经济中占了上风。城市、农村生产的手工艺品数量，以及劳动力市场都持续增长。最后，当徭役征调被折算成银钱时，政府财政系统最终全部货币化了。市场经济的胜利给社会和文化发展的各个方面带来了深刻的影响，这甚至成为晚期中华帝国研究绕不开的序章。[3] 随着经济繁荣的到来，人们扩大了文化视野，从严格的性别、社会等级中解放了出来——社会为"个人独立"和"团体自治"创造出了新的机遇。[4] 这种新兴的自由，借用史景迁（Jonathan Spence）的生动描述，可以称为"明代生活的活力"。[5]

然而，同时期的精英观察者对这种财富的增长并不是那么乐观。经济发展释放出的能量，在根本上挑战了为农业社会制定的社会准则。政治力量和社会力量的冲突制造出了一幅流动的社会景观，或者，用高彦颐（Dorothy Ko）的话来说，一种"流动的世界"：

> 传统的社会等级界限——上下、士商、男女、良贱——都是一些理想的结构，它们适应的是自给自足的自然经济社会。到了 16 世纪，在某些高度商业化的地区，这些二元对立似乎与复杂的人际关系不协调了。理想的儒家信条是通过让纲常名教和伦理等级永久传之来维系一个和谐的社会。现在，尽管这

些信条依然强大，但它们变得更具命令性，而非仅仅带有修辞性。[6]

文化信念的败坏，引发了那些保守者的极度不安。对"伤风败俗"的关注是如此的普遍，以至于当时的社会批评和该时期人们的反省言论都带有强烈的疑虑色彩。[7]在某些极端的情况下，社会生活和私生活之间的越界都被视为重大危机的迹象。事实上，与宋朝甚至清朝时期类似的社会评判标准相比，学者们发现，晚明时代的知识分子表现出了对社会紊乱和文化危机的更深层次的焦虑。一位地方志编纂者哀叹道，当时"举国若狂"，社会地位的变换改变了社会伦常。[8]为了应对迫在眉睫的社会崩溃和道德沦丧带来的恐惧，晚明掀起了一股出版热潮，希望能够匡风正俗，恢复被颠倒的秩序，重建尊卑界限和男女大防。书商出版了浩如烟海的《列女传》和《孝子传》，这些书备受人们欢迎，广泛流传。[9]同时市面上的大量具有教化倾向的手册类出版物，试图以展示何为真正的教养来重塑社会等级差别。[10]令人啼笑皆非的是，尽管这些文化产品竭力追随文人学者和社会精英的品位，但却进一步加剧了人们对这种日益模糊的社会边界的焦虑。

然而，随着社会流动和文化交流日渐频繁，中国出现了史无前例的大发展，例如在公共事务中发挥突出作用的"民意"，以及某种带有强烈平民主义色彩的、特殊的文化景观。晚明新儒家最激进的学派声称，"道"存在于百姓的日常生活中，无论一个人的社会地位或者职业如何，他都可以臻于至道。[11]繁荣的出版业推动了这些社会潮流。在出版业的帮助下，某些政治宣传品和手册能够被迅速生产出来，并在社会上广为传播；与此同时，世俗小说成为市面上极为流行的文体，甚至能够与儒释道三教的说教颉颃。[12]

出现在这个时期的"经济—社会—文化"的交互变化，标志着晚明是中国历史上的一个特殊篇章。晚明史的这个特征——生机勃勃，有时相互冲突，充满了变化——与先前人们的看法不太一致。在过去，明代被视为中华文明走向衰落的转折点。持有这种观点的人认为，明代皇权专制的剧烈扩张导致了一个"目光短浅"的时代，明朝在智识和技术上陷入停滞，这与同期正处在文艺复兴、地理大发现，以及宗教改革的"前近代"欧洲形成了强烈的反差。随着该领域新理论的大量出现[13]，学者们开始将晚明的发展视为"资本主义萌芽"[14]的标志，或者说它反映了中国本土出现的一种早期现代性。[15]当人们还在为新生术语争论不休时，一种修正性的看法似乎已经获得了牢固的地位。这种看法强调的是，帝国晚期的商业发展对壁垒森严的社会等级提出了挑战。

本书研究的四个案例证实了，也挑战了由白银驱动的晚明社会的叙述。商业繁荣引发的社会和文化发展在这些事件中的确发挥了极其重要的作用。税制改革只是席卷全国的金融改革的一部分，它将全部徭役改为白银缴纳。这场运动证实了白银经济永无止息的浪潮，而反筑城的抗议回应了市场经济对壁垒森严的社会等级的破坏所引发的社会冲突、抗议和骚乱浪潮。同理，以南京城为题材的图画、客谈等出版物，折射出了晚明时代文化产业的繁荣发展。南京旅游导游作品——作为当时出现的生活指南的一个例证——标志着商业财富开始侵入文化生活，成为社会精英及其追随者在新兴的消费者文化中遨游时借以参考的指导。与此同时，尽管巨大的社会流动促使人们重新强调社会等级差别，但许多知识分子开始关注普通民众的世界，从中寻求灵感。人们对以时事为内容基础的世俗小说和戏剧津津乐道，这意味着人们开始对世俗文化产生兴趣。这种时尚偏好让街谈巷议的内容成为出版热点，最终产生出一种最为直接的文学形式——"客谈",一种以诙谐戏谑的对话为特色的文体。

然而,历史学家进一步的研究显示,在南京城的案例中,某些人们熟悉的因素表现出了不同的发展轨迹:为了减轻经济负担,人们发起了基层税制改革,但这一改革却是通过制定一项新的城市财产税来完成的,而非反之。高淳民众抗议政府的筑城计划,针对的不仅是来自国家的繁重的财政和劳役负担,他们的行动同时也指向城墙本身所象征的,通常与权力、声望相联系的一座官方城市的地位。其他一些案例证明,当时的历史编纂也同样不足。例如,《金陵图咏》的作者,在该书第一版受到市场热捧之后,紧接着就出版了第二版。作者在第二版《金陵图咏》中增添了数十首诗,还配上了一幅南京城的历史地图;这是编辑方式的大幅度转向,该书最初只是一部专供新贵们阅读的时尚生活手册。此外,与当时流行的"客谈"只专注于闲情逸致的内容有所不同,本书研究的两种金陵"客谈"显然更具深意。它们增加了大量的谈话篇幅,而这些谈话与南京的城市管理,以及与"南京"一词的文化内涵有关。换句话说,尽管有关商业大繁荣的描述能够解释这些社会活动和文化产品的出现,但它却无法揭示这些活动最为独特的方面。

对南京城个案的阐明使我们注意到:过去学者们对晚明时期商业力量取得胜利的描述存在许多不足。想要缩小这种历史地理学的鸿沟,我们需要分别讨论城市化和它带来的影响,而非仅仅就商业化进程做出笼统、概念化的论断。因此,我没有将南京城的案例混入晚明经济繁荣带来的总变化之中,而是集中分析一个处于城市化进程中的农业帝国所面临的对城市空间的行政管理和概念化的新挑战。例如,由于缺少城市地产税这一税种,晚明的财税改革实际上并未能深入城市居民之中,让他们受益,这迫使南京居民普遍要求征税。然而,明代早期的城市空间——就土地和财产这种最世俗的形式而言——为什么会被认为是不应纳税的呢？这种税收的缺失，给城市管理带来了哪些问题？当现存的财政制度尚未接纳城市税这个概念时，城市居民为了税制改革会怎样发起运动？另外，国家固执地要求，正式的城市空间应该由城墙来界定，因此，高淳县的抗议筑城之举，不足为奇地在居民中引起了对自身生活空间的性质的辩论，同时对政府将他们的商业市镇升级为一个县治的决定提出了挑战。这种发展让行政性城市等级和市镇——16世纪以来，市镇的快速发展促成了市镇居民新兴的身份认同——之间潜在的矛盾浮出了水面，而这又是如何影响明帝国商业性城市制度和行政性城市制度的管理的呢？

出于同样的原因，我们只有认真地考察有关南京城的绘画和文本——它们是对日益扩张的城市社会的共同反映——才能够充分地领会潜藏在它们之下的丰富信息。晚明时期，某些主要城市的文化景观的重要性日益上升，鉴于此，《金陵图咏》扩大了篇幅的版本证明了南京地方知识精英们正不断做出努力，试图将对南京的想象与洪武时代的宏大愿景区分开来，并恢复它作为一个地区的地标的"身份"。我的观点是，南京"客谈"包含的非同寻常的丰富内容，反映了当时随着乡村士绅涌入城市，新一代地方精英们对其所处的生活空间表现出的日益增高的兴趣和关注。这里的问题是：城市知 9 识分子为什么采取这种特殊的形式来表达他们对城市生活概念的理解？这类文化作品产生了哪些与城市空间有关的新概念呢？

这些问题是本书关注的中心。总体来说，它们挑战了以下流行的观点：城市化是商业化进程自然而然的副产品，许多受白银经济驱动的社会和文化发展，在城市中得到实现的频率更高，密度也更大。首先，对南京城这一案例的研究表明，城市化发展的影响不能被简化为商业影响力的加强。[16] 这种区别与明朝有关：明帝国一开始就是围绕农村社会的自治理念来构想和设置的。因为城市化，城市的数量和规模不断增长，这提升了商业效率、社会流动性，促进了文化交流，然而，所有这一切都是与明王朝早期的政治架构和理论设想背道而驰的。早先的政治体系与如今的现实社会之间出现了裂痕，整个社会也因此充斥着抱怨和迷茫：如何给一个正在城市化的农业帝国重新创设一种财政基础呢？如何才能有效地管理和平衡数量日益激增的商业市镇和拥有护卫城墙的行政城市呢？当我们不能只使用政治/行政管理的措辞来界定城市的功能时，我们又应该如何利用绘画、文本来表达城市空间的异质性呢？随着16世纪繁荣时代的到来，大明帝国遭遇了一系列"城市问题"，其中的每个问题都要求整个社会对城市观念重新加以审视。

从这个视角来看，贯穿本书的四个案例的故事，讲述了南京居民是怎样应对这些城市问题的，以及怎样与之进行谈判的。这个方法的优势是多方面的。第一，它允许我们将城市化视为一个人们乐见的过程，地方的自主性在这个过程中起到了关键作用。[17]关注历史参与者对他们所处的时代的反应，进一步让我们明白，我们在南京城中观察到的现象既是普遍的，也是独一无二的。推动南京城发展的力量完全来自城市问题，而大明帝国正在努力应对城市化带来的影响，因此我们说这些现象是普遍的。然而与此同时这些现象也是独一无二的，正如以下几章反复证明的那样，南京城里的回应和反应，只是当时城市居民创造的诸多可能性之一。[18]换句话说，南京城之所以具有代表性，并非因为当时其他城市采用了相同的行动过程，而是因为相同的挑战和要求也同样激励着其他城市的居民，要求他们做出回应和反应，尽管采用的是其自身的表达方式。我相信，"寻找共同的理由"并不一定就是"寻找统一的行为模式"，因为这种假设低估了人类行为的内在创造性。将社会成员维系在一起的不是行

　　　　　　　　　　　　　　　谈判中的城市空间

动的模仿与复制，而是促使他们一开始就开展行动的共同环境——就本案例而言，共同环境就是城市面临的问题。最后，通过观察南京城的微观发展和大明帝国的宏观转型之间的相互作用，我们发现了这样一个事实：这些城市问题的性质，以及市民对它们的反应，在很多方面看来都是明朝特有的。这是一个全新的发现，它揭示了晚期中华帝国城市化和城市主义的性质。

一种以王朝为中心的方法

通过强调晚明帝国的城市转型，本书在中国城市研究中恢复了王朝的概念。这个分析框架要求我们注意，在一个中央集权的农业帝国，制度基础和共同的文化潮流深刻地影响着城市化的后果和性质。这种方法特别和中国城市史研究领域相关，因为人们很少在一个特定的王朝背景下去考虑"城市化"问题。[19]回顾过去一千年来不同王朝对城市持有的完全不同的态度，这种趋势是很明显的。例如，在明代早期，国家制度的核心是农村村社，但与此不同，在元、清这两个多民族杂居的帝国里，城市成为少数民族统治者的统治基础。宋朝——和明朝一样，也是一个以汉人为中心的王朝——实行 11 的是由政府主导的经济政策，因此形成了一个比明朝更加深入的城市税收体系。[20]然而，尽管存在上述这些区别，人们却很少去研究和比较这些因素是如何影响不同朝代的城市发展的。

这种疏忽在很大程度上来自人们热衷于对"中国中心观的城市主义"（例如，中国城市发展的特殊形式和动力机制）进行锲而不舍的探讨。[21]学者们对"城市"概念和中国城市的特殊形态的研究兴趣，可以追溯到马克斯·韦伯在20世纪早期进行的研究。韦伯的理论建立在他对"城市"独特的定义基础之上。韦伯认为，西方现代性的本质在于它独特的城市社会。韦伯挑战了根据城市人口密度、特定政治制度的完善，或者军事功能来定义城市的传统做法，坚持认为，是否实行自治的城市社区决定了一个城市——或者，理想的城市类型——是否存在。根据这个标准，早期中国的城市则被一些特定的（系于乡土的）社会关系和帝国政府的行政管理需要所支配，这与被视为现代前驱的西方城市是互相对立的。[22]

　　韦伯就中国城市极具思辨和挑战性的论断对塑造这个领域的问题意识产生了巨大的影响。[23]韦伯的长时段的观点，并未将城市视作衡量各个王朝的基准，而是将其放置于整个中华文明的背景下进行考察，这种观点甚至影响了他最激烈的对手（例如，施坚雅）。[24]施坚雅反对韦伯对中国城市的描述，后者认为中国城市被中央权力边缘化了，与历史发展无甚关联。施坚雅的研究成功地为晚期中华帝国的城市挣得了一席地位，并以嵌套式的城市等级体系重塑这个国家。[25]施坚雅的城市模式不但重塑了中华帝国的空间概念，而且革新了城市史的叙事方式，建立了一个摆脱了王朝更替的中国城市发展的时间序列。按照施坚雅的理论，早在公元10世纪到13世纪，中国城市就完成了意义最为重大的转型。在这个转型之前，中国城市主要是行政管理中心，居住其中的大多是官吏，而他们的家眷则是城市的主要消费者。到了某个历史阶段后，中国城市的主要角色从政治的转向经济的。在过去的很长一段时间里，城市内部被划分为受管控的市以及彼此隔离的坊，而城市性质的转化，摧毁了这种僵化的格局。这时候，某些大城市的居住人口达到了百万级以上。第二个变化发生在16世纪商业大繁荣时期，中国国内商业迅猛发展，超越了过去城市间的奢侈品交易范围，最终发展出谷物、经济作物等大宗日用品交易的跨地区市场。结果，城市以更高的水平渗入中国人的日常生活中，成为商品交易、社会交往乃至文化展示的枢纽。

然而，即使施坚雅的研究成功地将中国城市从韦伯式的欧洲中心目的论中解放了出来，但它仍然是在跨越数个朝代的长时段的市场经济发展背景下来估算中国城市主义的性质和变化的。

施坚雅论文的意义是极为深远的。他将城市空间的发展视为一种积极、持续的历史过程，驳斥了对中华文明史上的"城市"采取的实在论的叙述。通过展示由市场主导的城市化的确重新定义了中华帝国的空间秩序，施坚雅成功地摧毁了韦伯对东西方城市持有的二分法观点。这种洞见让学者们能够重新评价中国城市的历史地位，重新审视晚期帝国城市化带来的政治、文化影响。首先，依托一个庞大的农业帝国，城市在中国人的生活中，是否与欧洲城市具有相同的文化中心的水平？特别是在中国文化活动中，我们能否寻找到一种一以贯之、持续的"城市传统"？其次，对韦伯来说，在被视为现代化先驱的那种理想城市中，最基本的城市特性是拥有一个自我认同的城市社区，它不断地从封建体制中寻求扩大政治权利；而对中国的城市来说，伴随其商业力量的增长，它们能否发展出一种和帝国之间的特殊权力关系？

施坚雅对城市的持续增长抱着乐观的态度，与此形成鲜明对比的是，学者们研究发现，尽管市场驱动的城市化浪潮汹涌澎湃，在过去的一千年里，城市对中国人的生活产生的影响力在不断提高，但这并没有使它正式进入制度实践和文化实践中。城市的概念化附属于一个悠久的以农村为中心的文化模式，城市的自主性呈现出一种高度情景化的形式，处在国家制度之外。这些发现不可避免地导致了以下结论：在中国这样一个庞大的中央集权的农业国家里，城市化的性质和结果与欧洲相比是如此不同，以至于历史学家们应该将中国的城市主义视为一种自我发展出的独特形式，而不是将其视为某种缺陷或不足。[26]然而，尽管这种构想强调了中国城市主义的

13

特殊性，它仍然在不经意间暗示，在当代西方的影响到来之前，面对城市范围的不断扩张，持久的文化惰性和制度惰性才是中国的基调。于是，对一个以中国为中心的城市主义的探索，又使该领域陷入了概念性僵局。

本书认为，造成这种困境的主要原因，出于这样一个事实：看似连续不断的城市扩张被种种"王朝式的城市主义"所打断。晚期中华帝国的城市化不是长时段的商业化自动产生的副产品，而是一个被不同朝代各具特色的制度和文化实践持续塑造的过程。这个观点让我们能够超越"中国—欧洲城市主义"的二分法的局限，将焦点集中在各个朝代中国城市主义的特定表达方式上。然而，在一个更为细微的时间框架里研究城市主义，并非像重新组织历史资料那样简单，它需要一种全新的能够理解晚期帝国城市化带来的政治和文化结果的方法论。下文回顾了该领域在研究以上两条主线上的发展情况，旨在为本书建立一个合适的分析框架。

城市化的文化后果

"乡村—城市连续统一体"的研究　城市在经济发展中的中心地位——由施坚雅确定下来的——并没有延伸到文化领域。相反，很多学者相信，农村在中国的城市文化中始终占据主导地位。这个观点要追溯到韦伯的结合研究。韦伯认为，与欧洲的城市比，中国的城市表现出了对农村的明显依赖，持久的"乡土观"妨碍了城市商人阶级的形成。[27]精通中国文化的牟复礼则将韦伯的晦涩评价整合成一种独特的"乡村—城市连续统一体"，这个概念也成了区分中国和欧洲的城市传统的标准。牟复礼的论文将中国城市设想为一种文化、政治上的"开放单位"，认为无论是在行政管理、生活方式等方面，还是在建筑等方面，城市和乡村两者之间并不存在明确的边界。[28]

在其《中国城市千年史》一文中，牟复礼总结了中国"乡村一城市连续统一体"的特征，并对唐—宋城市变革以来中国城市主义做出了全面概括。[29] 令人感慨的是，这种城市主义的标志是它对农村文化的依赖。牟复礼大胆地得出了"中华文明中的农村因素多多少少是始终如一的，中华文化渗透到哪里，它就会延伸到哪里。是它，而非城市，决定了中国人的生活"的结论。[30] 结果，尽管晚期帝国的城市化进程绵延不断，"城市"仍然无法在政治、社会以及更重要的文化领域占有一席之地。按照牟复礼的观点，"晚期帝国似乎出现了一种趋势，社会精英向城市集中，并定居于此。但这最多只能算是一种趋势。纵观中国社会史的整个传统时代，社会精英们从未停止向各处流动。就心理而言，他们与农村的联系和他们与城市的联系一样多"[31]。换句话说，在明清时代，尽管精英、文化和经济资源越来越向城市集中，"乡村一城市连续统一体"在中国人的精神中仍然占据了上风，中华帝国也因此没能发展出一种完全不同的城市传统。

"乡村一城市连续统一体"的再探索　　自从牟复礼的论文（20世纪70年代）发表以来，本领域学术研究的状况已经发生了巨大变化。首先，牟复礼描述的巨大的城乡文化差别，在两个方向上被很大程度地"缩小"了。牟氏描述的欧洲城市的城乡二元论也被大幅度修正，新的修正性研究强调近代早期城市和农村的内在关联。[32] 与此同时，大量有关明清两代城市的社会和文化研究表明，晚期帝国的"城市集中"不但涉及人口数量和资源的聚集，而且还让人们的生活结构发生了显著的改变。例如，与牟复礼的主张相反，对物质文化和城市消费的最新研究已经有力地证明，该时期的城市在引领时尚和消费习惯方面发挥着重要作用。苏州是最具代表性的例子。受其影响，"苏样"（苏式风格）这个词在时人心目中成了时尚和品位的代名词。城市消费的重要性日益增长，它为"品位"增添了文化附加值，成为一种地位高下的展示，并最终刺激了一些激进的思想家——他们呼吁通过奢靡消费来刺激整个经济发展。[33]

城市作为商业活动和文化消费活动场所的这种新功能，吸引了形形色色的人们涌入其中——他们或者到城里谋求职业发展，或者纯粹为了寻欢作乐。大量寓居者的进入，推动了帝国大城市内的活跃社交场所的发展。园林、茶舍、寺观、青楼这类公共空间为日益频繁的社会交往提供了场所上的便利。通过这种更深层次的交往，那种不同于传统血缘或者地缘纽带的新型关系被建立起来。对接受过良好教育的人来说，城市拥有更多建立人际关系的机会，以及多种多样的文化活动，这些都为他们创造了多种职业机会，摆脱了过去只能依靠科举考试来谋取仕途前程的传统束缚。随着印刷业逐渐繁荣，出版流通数量大幅度提高，即使受教育比较少的人，也能通过分享刊登新闻逸事的出版物而加强联系。[34] 这些见多识广并谙熟政治的城市居民是明清城市内频率日益加快、规模不断加大的群众活动的社会基础。这些活动包括了抢米风潮、抗议经济政策、劳资纠纷，以及公开抵制口碑不佳的地方官的任期等。[35] 尽管得到官府正式授权的权利还很少，但城市居民的意见和行动开始在当时的政治中发挥有目共睹的作用。

从许多方面来说，尽管城市还不是正式的行政单位，但它们已经发展成为一种"事实上的"社会和政治实体，拥有不同于农村的行事原则。城市自身独特的社会结构激起了特殊的城市性质的行政关注，需要在处理问题上有与处理农村问题时完全不同的解决手段。当时的社会精英清楚地认识到了"城市"的这种独特性。越来越多的士绅移居到附近的市镇或城市，他们变成了不在地地主（离乡地主——译者注），开始在城市事务中发挥重要作用。在一些案例研究中，学者们经常对"城市精英和城市行政管理者都对城市问题给予了特殊关注，这两个集体都被认为是城市自治组织中的不同部分，都对当地的管理问题负责"这一现象感到惊讶。[36] 换句话说，制度上对农村的持久偏好，并非如牟复礼说的那样，成为城市居民政治意识的抑制因素。

城市认同与城乡差别　有意思的是，本领域研究的一些新进展并没有使牟复礼的研究变得过时，它们综合了民间档案文书研究和人类学田野调查，从一个完全不同的学术视角，产生出一个新的版本。这种方法颇见成效，有益于人们理解迅速商业化、城市化的流行观念——它们在如此多的方面重塑了中国人的生命和生活。后来推出的修订本《中国的城镇和乡村：身份与感知》吸收了来自欧洲、美国和中国众多学者的研究成果，从大众宗教信仰的角度更新了牟复礼的研究，将"乡村—城市连续统一体"的观念，从建筑风格和士绅的审美情趣，扩大到宗教仪式表演。编者们认为，直到20世纪，在"政治体制改革将城市和乡镇视作社会变革的因素来进行区别，以及一种视乡村为落后之源的新看法出现之前"，城乡差别在中国并不是个人身份的一个显著成分。对传统的中国思想来说，城乡差别的概念是如此陌生，以至于"在传统中国寻找城市传统是不合时宜的"[37]。该文集的作者充分意识到，晚期帝国的商业发展使城市成为社会实践中的一个不同领域，因此他们认为相关领域的学者应该对社会史和文化范式加以区分。[38] 在社会现实中明显存在的城乡差别，并没有对中国人的身份认同产生清晰可见的影响。学者们辩论说，支配中国人对其生活空间的看法的，是一种无所不在的范式，它取决于官僚政治的行政管理结构，彻底否定着城乡差别。　17

然而，以国家为中心的空间观念，虽然占据了主流，但是并不必然意味着国家以压倒之势取得了胜利。相反，科大卫反驳说，通过采用国家的话语，城镇领袖们能够将权力集中在地方手上。也正因如此，市镇与日俱增的重要性并没有引发那种强调城乡二者区别的观念。[39]除了功能主义的解释之外，沈艾娣认为，我们应该在一个更大的"制造边界"的背景中考虑对城乡差别的那种明显、奇怪的忽略。她在山西太原的研究案例中发现，与其他的地域性差别相比，社会经济发展造成的城乡差别并不明显（例如，与太原和其他县城之间的差别相比，或者与太原的山区和平原之间的差别相比，城乡之间的差别并不明显）。换句话说，造成城乡差别这种模糊不清的感觉的原因基于这样一个事实：因宗教活动而形成的公共边界实际上将市场和行政等级拦腰斩断了，它导致了社会中的"政治、市场和宗教中心都具备了我们用以定义城市的那些社会特征，但是对两种不同等级类型的明确区分，意味着人们并没有这样看待这个问题"[40]。与牟复礼持有的观点相反，沈艾娣认为，在传统中国中，与其说城乡差别缺失，倒不如说城乡差别过大，最终构成了"乡村—城市连续统一体"。

认为晚期中华帝国的城市身份模糊不清的那些观点，尽管颇具说服力，却并非天然就排除了城市情感或经验的文化表达的任何形式。那么，这本文集的编者们辩称城乡差别和中国传统思想不合拍，也就令人感到奇怪了。正如该文集标题所说的，在牟复礼的有关"乡村—城市连续统一体"的论文中，"身份"和"感知"是两个既互相联系，又相互分离的成分。诚然，在中国，身份通常是通过一系列的竞争来展示自身的，但也可能存在一种空间身份的等级秩序——出于某种政策或者意识形态的原因，城乡差别在这种等级秩序中并非是决定性因素。[41]然而，声称整体上存在一种对城市的淡漠，却是另外一回事——该观点坚持认为，在城市化加剧的年代，以农村为中心的文化范式（在牟复礼那里，它属于一种全民心态）

18

阻碍了城市的认知和表达。为了更好地区分二者，我们需要近距离考察这种人为假设出来的文化范式的本质。牟复礼强调了南京或苏州的乡村生活方式，以及它们田园诗般的美学情调。和牟氏相仿，科大卫和刘陶陶相信，尽管那些规模庞大的行政管理城市表面上似乎不同，但"如果有人在村镇中探索农业社会的传统，他会发现，那里的信仰、习俗与实施行政管理的大城市几乎一模一样"[42]。换句话说，这个范式的最为直观的证据，就是跨越了"乡村—城市连续统一体"的那种文化表现的统一性。

然而，无论是对史学家，还是对当代人来说，这个文化的统一性都被证明是肤浅的，而且颇具欺骗性。在晚明的文人画和文学作品中，尽管理想化的田园牧歌仍是一个反复出现的主题，但在城市基础上充分发展起来的精英团体改变了那种对田园生活几近夸张的痴迷。正如南京名人顾起元所述，城市的魅力显然征服了他的同龄人。都市生活对人的诱惑，和人们对田园牧歌生活的渴望，两者之间相互矛盾——为了平衡这种矛盾，许多人在他们城中的宅第后面会修建一个规模宏大的园林，摆出一副实现了田园理想的姿态（顾起元本人也采取了同样的做法）。即使是那些以超凡脱俗自我标榜的所谓"山人"，也会利用他们的乡居生活来掩盖他们经常前往城市的事实。[43]另一个能说明问题的例子是小说《醒世姻缘传》。它描述的"明水镇"原本是一个乌托邦式的自给自足的农业地区，但随着它发展成为一个市镇，人们开始沉溺于物质享受，风俗日颓，道德败坏，最后这座城市衰落了。然而，达里娅·伯格发现，除了对明水镇的衰落发出说教式的哀叹之外，作者还抱有一种更复杂的情感。人类腐败堕落的表象，为人们提供了一个摆脱乡村乌托邦生活的枯燥与寂寥的新途径。尽管田园乡村仍然拥有它乌托邦式的魅力，晚明文人却发现自己越来越沉溺于都市生活而不可自拔——要么逃离城市，要么沉溺于此，他们为此深感纠结。[44]

19 　这些事例强调了不以当代的社会习惯来解读文本和绘画的重要性，其中一个具有说服力的例子就是"咏景"类型的发展演变："咏景"在帝国晚期时代变成了一种重要的、具有代表性的文体。"咏景"的作用是将一个地方的景观提炼为一系列的景。文人的美学品位倾向于把田园生活理想化，因此"景"也总是呈现出一派田园牧歌式的风格。正如论述"乡村—城市连续统一体"的论文所预言的那样，"景"的作品甚至无法记录那些大都市的风光和魅力。[45] 然而，尽管深受传统影响，我们仍然能在"景"中寻找到喧嚣繁忙的城市生活的蛛丝马迹。例如，1609 年出版的《海内奇观》就收录了整个帝国范围内的旅游名胜，包括杭州城的繁华市场——"北观夜市"的都市景观。值得注意的是，当人们欣赏城市里的景点时，这种行为就变成了城市精英建立私谊的一种社交活动。梅尔清对扬州城的研究首次揭示了这种现象。通过她对 17 世纪晚期扬州这个大型港口城市生动形象的描述，我们知道，经过了王朝更迭的大破坏之后，扬州城已经变成了一个游历玩赏、社交聚会的娱乐场所。风景名胜的重建，使这座城市声名鹊起，来自不同政治团体的精英观光者蜂拥而至——他们借助扬州这座城市来表明他们是城市精英中的一个独特群体。梅尔清在清初扬州城看到的，事实上是晚明时期扬州发展的一个延续——交游只是城市知识分子建立社会纽带的一种方式。[46] 那些以田园为中心的审美已经全部被改造成城市社会形成过程中的一个构成要素。

　同理，城市和农村的建筑不存在明确的区别，并非就必然意味着城市空间和乡村空间两者完全相同。[47] 例如，徐亦农对苏州的研究表明，尽管外观完全相似的平面建筑和庭院构成了中国建筑景观的基本元素，但这些外表相似的空间仍然被赋予了不同的功能。位于苏州城中心的玄妙观建筑群是最具说服力的例子：人们在这里膜拜神灵、交友结社、做买卖、玩乐，以及从事其他方面的社会活动。社会活动（而非规定）最终实现了某个单一场所具有的多种功能。[48]

的确，这些新近的研究成果有效地挑战了全能型的文化模式——它们将城市空间置入一个农村主导的文化统一体中，并拒绝给予正式的承认。正如这个评论提出的，随着人力资本和物质资源不断涌入，在将"城市"视为政治的、社会的以及将其视为一种与农村不同的概念化的存在时，就会出现质的变化。我们误以为城乡通用的文化语言记录了这种变化。建筑风格表面上的一致性，或者诸如"咏景"这类艺术种类的表面上的一致性，当被放置在城市环境中时，它们也可以成为清晰表达城市的有效载体。换言之，城市居民通过调整共有的文化语言来表达他们的城市空间体验，他们并未另行创设一种城市文化传统。因此，是实实在在的社会活动，而非体现它们的模式，决定着城市居民文化表达的意义。正如本书下半部分所示，为了充分领会都市绘画和都市文学传递的信息，我们应当考虑使它们最终能够成形的那些社会活动。另外，这个方法还有助于我们看到，城市的清晰表达并不是一种哲学抽象的演练。通过对现存文学种类和文化活动进行改造，新的社会纽带得以构成，某种社会的感觉也得到了清晰的表达。

城市化的政治结果

城市自治的问题　后韦伯时代的学者关注的第二个方面是城市社区的形成和它们与帝国政府的权力关系。关于城市自治最重要的作品是罗威廉关于汉口的两项研究，他重新整理了该城从 1796 年到 1895 年的发展史。[49]罗威廉发现，19 世纪的商人在公共事务上承担了越来越多的责任，并在管理其自身经济的行为方面获得了

导　言　中国城市主义研究的一条新路径　　　　　　　　　23

越来越多的回旋余地，因此汉口出现了一系列制定城市规章的尝试。这些规章数目、功能范围的增长，以及系统性的联系最终推动了地方自治。另外，这种对公共生活自发、积极的参与，促进了一种团队精神，以及一种超越血缘和地缘纽带的集体自我培育的动力。[50]罗威廉声称，这种发展证明传统中国孕育出了本土化的自治城市社区。

这个发现有力地驳斥了韦伯的西方城市和东方城市的二分法，它把中国重置于全球现代性的地图中。在罗威廉看来，16世纪晚期的远距离贸易的增长，和19世纪最后10年以工厂为基础的工业的出现，在这两段时期之间，中国出现了一种本土形式的早期现代性。当时，许多中国城市"拥有的与西方城市相同的'特征'，这证明了中国城市与西方城市是可以比较的社会单位"[51]。例如，汉口表现出了近代早期欧洲城市的主要特性："有组织、协作性的社会活动的数量稳步上升，慈善和公共服务设施数量的快速增长。"[52]汉口城市机构的建设过程推动了越来越多的正式化的自治团体和组织的发展，其中包括行会、善堂、救火会以及地方治安防卫组织。罗威廉认为，这些团体的出现，标志着"公共领域"[53]在中华帝国晚期开始兴起，这是一个具有纪念碑意义的发展，尽管它在20世纪不幸消亡了。[54]

尽管研究者们在总体上同意，在前近代中国，社会团体和志愿者组织数量已经十分庞大，而且公众参与是晚期中华帝国城市生活的一项基本因素，但大家似乎并未就以下方面达成共识：我们能否可以此断定，这些附属组织就是晚期中华帝国公共领域的信号？

特别是，就公共领域问题而言，学者们争论的核心是，设想在自治和合作、国家与社会之间存在着对立。毕竟，如果汉口的精英享有的权利主要取决于政府的恩赐，他们又能拥有怎样的独立性？[55]

由地方精英进行管理的公共事业，在很多领域都无法摆脱政府的影子，例如社仓和义学。[56]

因此，与欧洲城市的情况不同，在中国的城市中，士绅和官员的利益互为补充，彼此之间的关系很少抵触。[57]国家—社会相互交织的关系促使学者们去寻求另外一种模式。[58]例如，黄宗智提出，在国家与社会之间，使用某种混合类型的范式可能更容易抓住中国的历史动力。国家与社会始终保持着合作，与不断增长的社会自治，或者不断加强的官僚控制相比，这似乎更令人震撼。黄宗智提议使用一种"三分概念"（而非早期模式暗含的"国家—社会一分为二的框架"）来描述公共领域的特征，这更有利于我们理解"第三领域"的概念——它处在国家与社会之间，而国家与社会双方又都同时参与其中。[59]同理，魏斐德提议使用一种更灵活的视角来观察中国的国家与社会之间的关系，"如果我们少关注一些处在政府之外的、自治的、负责制定规则的机构的表现（或者缺位），相反，更多地关心明清两朝文人参与政治的几个阶段中，'公'与'官'之间一直变化的边界上的某些活动，我们就能更好地理解晚期中华帝国的政治合法性"[60]。尤其是，我们不应该沿着"公"和"官"的分界线来想象社会行动主义，而应该视其为内在的等级秩序，社会实践决定了社会行动主义的范围。[61]

从公共领域到公共空间　简言之，以上学者的种种努力，反映了该研究领域出现的一种新看法：一个坚韧持久的政权的存在，为晚期帝国城市中富有生机的公共生活[62]提供了支撑。政府的力量和权威从来没有正式对社会团体做出过退让，但实际上，它们是可以进行协商和调整的。这些学者倡议采取一种新的概念框架，既包容这种模糊性，又保持其分析功效。该领域中的一种新趋势是摆脱诸如"公共领域"这种既定概念框架的束缚，将研究的注意力更多地集中在城市"公共空间"的实际运作上。与北京城有关的两项新近研究成果代表了这种发展。

第一项研究是韩书瑞（Susan Naquin）的《北京：寺庙与城市生活，1400—1900》。孔飞力在一篇评论中巧妙地指出，韩书瑞这项对北京城市生活的极富细节的研究证明了："'公共'有空间，而无'领域'。"[63] 这项研究中的"寺庙"一词，广泛包括了其他一些城市机构，例如会馆和同乡会这类经常举办宗教仪式的场所。韩书瑞的研究指出，通过社会活动，城市公共空间获得了不同的含义。因此，她将北京城内的寺庙空间和纷繁复杂的社会景观（例如，寓居的同乡、宗教社团、行会、外族人，等等）联系了起来。在清代的北京城，明朝时修建的寺庙中，至少有 34 座被用作节庆场所，22 座被用作举办（官方或者非官方的）慈善活动的场所，12 座被用作庙市，10 座被用作朝圣场所，89 座是流行的旅游景点，7 座被用作非正式的政治组织聚集场所。这些寺庙中的三分之一后来都获得了私人（包括商人、宗教信仰团体和普通百姓）的资助。[64] 这些地点拥有多样的功能，这让它们能够成为"建立社团、建立身份认同的中心……它们相对于家庭或国家控制的自治权实际上反映在通过对空间的利用而构成的重要方式上"[65]。北京市民在占用公共空间时享有的自由度从未获得正式授权，相反，这种自由度是通过政治谈判和社会实践（活动）来获得的。谈判多半是利用与国家的非正式的联系来实现的。通过将寺庙空间用作交易市场和娱乐场所，社会实践为寺庙增加了另一个层面的活动。[66]

这种挪占公共空间的自由，并非意味着一个独立于国家的公共领域。对我们来说，国家和城市社会二者之间的界限不但过于模糊，而且也不稳定——我们无法根据这种界限来推导出一个结论。[67] 相反，韩书瑞提出："这些组织的形式是不稳定的，很多参与者都是为国家机构工作的人，难见到表达独立的内容和反对意见的，这些都使我们难以把它与一个形成较晚，表面上自治的欧洲'公共领域'进行目的论意义上的比较。这种比较是危险的，也可能是不适宜的。"[68]另外，即使没得到官府正式的许可，在市民生活中起着重要作用的公共空间也能够通过政治协商和社会实践来加以利用，这一点也是很明确的。

　　换言之，学者们清楚地认识到，中国城市不享有制度授权的法律权限，因此他们试图寻找一种更为精微和权宜的方法来解开城市自治的谜团。白思奇关于明清北京的同乡会馆的研究正好能解释这个谜团。[69]白思奇避开了对同乡会馆的公共性或者特殊性的争论，将关注点转移到接纳这些同乡会馆的地区，将同乡会馆当作调解政治中心和地方关系的公共空间来考察。白思奇发现，这个特殊的公共空间在不同的历史节点上发挥了不同的功用。在 19 世纪晚期的维新变法时期，同乡会馆的政治影响达到了顶峰。这些研究为我们展现了这样一幅景象：国家和城市之间的关系是灵活易变的，它紧紧依赖于个人团体、协会联盟在不同时间、地点获得的特定的公共空间。

　　自从韦伯首次指出中国城市类型的特质以来，历史学家已经逐渐认识到，虽然缺少制度完善的法律边界，我们仍然能够确定帝国城市的城市自治情况和力量，即使它们采取了非常情景化和多变的形式。然而，虽然这个地域化的方法提供了一种牢固树立在历史基础之上的有关权力和社会力量的概念，但通过将城市自治降格为非正式的安排，或者将城市自治归结为制度的模糊性，这种方法反而啼笑皆非地将韦伯的论点变成了永恒的真理：中华帝国受农村基础束缚如此之深，以至于城市中的政治变化只能在国家制度之外完成。归根结底，国家没有授予城市正式的法律地位，并不必然排除它做出制度调整来适应帝国境内城市影响日益扩大这一现象的现实。因此，本书的上半部分希望能够向读者解释清楚，对日益城市化的社会的管理需求的确刺激了城市空间的制度调整。亦即，虽然中国历史学家辩论说，城市自治并不在于形式上从国家权力中独立出来，而在于国家代理机构和城市居民之间的谈判，但这项研究仍需进一步去调查发现，地方的主动性是怎样在制度层面上取得胜利的。

一个农业帝国的城市化：总的看法和组织

以上回顾已经明确了本书关于晚期帝国城市化的主要研究方法和研究主题。无论是受到韦伯的启发，还是想证明他错了，学者们就中国城市主义的下面一点——这也是被韦伯所忽略的——已经取得了显著进展：一个在经济、文化和政治背景上出现的持续扩张的城市领域。一旦历史学家抛开韦伯，情况就变得清晰起来：我们不能将城市物化为中华文明的一个硬性指标。正因如此，只有通过考察城市在中国社会出现的特殊途径，我们才能理解城市化的意义。在这个方向上，施坚雅的范式解释了晚期帝国的城市化怎样引发了一个市场主导的空间等级，而这个等级又从根本上重建了经济活动。然而，城市化对中国文化生活和政治生活产生了哪些影响？我们对此的理解还不是很清楚。

一方面，牟复礼关于"乡村—城市连续统一体"的系列论文认为，在中国这样一个农业帝国里，城乡之间的联系十分复杂，尽管城市化取得了一定的进展，但农业文明依然占据绝对地位，而这种传统妨碍了一种定义清晰的"城市"概念的出现。然而，正如上述回顾指出的那样，即使在明代的极端案例中，对农村的占绝对优势的偏爱，也没能阻止那些在城市环境下特有的表达情感和需求的文化活动的出现，只不过表达它们的文化词语已经超越城乡差别。因

25

此，本书要提出的问题是：城市精英们怎样通过对既有文化形式的
"再创造"，来表达他们自身的空间体验？从这种文化实践中出现的
城市化的概念是什么？

　　另一方面，针对城市增长产生的政治影响，其核心问题仍未得
到解决：城市与国家之间是否发展出了一种新的权力关系？关于公
共领域和市民社会的讨论证明了，中国城市并没有发展出制度化的
惩戒场所。新的研究已经发现，城市的不同社会构成和功能的确对
城市居民产生了激励作用——就其生活空间的使用问题，他们积极
地与政府寻求谈判妥协，或者罢工抗议。因此，帝国政府与市民社
会之间的互动，最适合被描述为一场持续的谈判，它的作用是应对
城市社会不断变动的性质和需求。本书进一步认为，这种社会力量
的积极性并没有满足于非正式的安排——诸如对公共空间的占用；　26
实际上，它要求获得制度层面上的变革和调整。总之，本书的两种
主要分析思路都强调，当我们谈论城市空间的意义时，社会实践是
最重要的一个因素。这种实践的最重要的目标，既不是创造一种城
市自治的特殊发展，也不是韦伯、牟复礼等人列举的那种精确界定
的城市传统，而是通过当下的制度和文化体系，使城市中的观念发
生变革。除此之外，这个改变过程似乎是在某个特定时间框架下进
行的，而非长时段城市化的传统看法。受施坚雅中国城市化进程分
期理论的影响，学者们对晚期帝国城市的研究倾向于将自宋至清的
城市发展视作连续不断的过程，只在某些经济条件下发生质的变化。
然而，通过明代南京城的发展，我们不难看出，城市增长的性质、
结果的衡量标准不只是商业力量的扩张情况，我们还需要把制度与
文化的调整考虑进去。正如本书证明的，想要充分理解晚明时期的
城市化状况，我们需要一种以王朝为中心的分析方法，因为明初业
已确立的一系列制度和文化观念基本上已经决定了该王朝的独特发

展进程。

最后，以王朝为中心的视角，使本书的分析不再以国家和社会之间的对立为中心。相反，帝国早期的村社理想和帝国晚期的城市发展这两者之间的张力，以及由此引发的城市问题是本书集中讨论的内容。这些城市问题迫使社会与政府做出反应，对可供利用的制度和文化资源进行调整。反过来，这个过程也有助于定义晚明城市主义的特殊表达及其特点——这个唯一的特征，我将在本书结尾时对它重新进行审视和进一步阐明。

尽管如此，厘清明代早期对城市的愿景，到明代晚期对城市的重新构想这个过程，依然是一项比其表面复杂得多的工作。开国皇帝朱元璋对塑造大明帝国的发展轨迹的影响是持久的，它吸引了大多数的学术兴趣。然而，许多学术研究都集中在他制定的自给自足的农业社会的政策方面，这些政策奠定了明朝的基础。的确，皇帝对城镇居民缺乏信任，除了对他们谋生方式的社会价值心存疑惧之外，他颁布的《大明律》也极少透露出他对城市的设想。[70]想要揭示明帝国的城市蓝图，我们必须以器物取代文字。因为朝廷的指示和政府的文档都没有留下城市政策的记录，而南京城——朱元璋为他的帝国修建的都城，便成了可供利用的最好的资源。

就此而言，南京，不仅拥有丰富的视觉和文字材料，而且还为我们提供了学习明代城市主义特征的宝贵机会。以南京城的行动和想象为导向，本书利用不同的章节，探讨了国家与社会二者之间围绕城市空间的制度建设（第一章和第二章）和概念建构（第三章和第四章）所展开的持续的谈判。简言之，第一章详细研究了南京城的税制改革，检验了晚明政府的财税改革对城市空间行政管理提出的挑战是怎样促使居民们同时聚集在一起的。第二章将关注点扩大到南京大都市地区（应天府），着重研究了南京治下的城市制度的管理。第三章尝试利用以城市为主题的绘画的制作过程和社会用途，来研究"想象南京"的问题——为了宣传自己眼中的南京，应对国家强加给他们的城市的视觉想象方式，南京的城市精英们印制了各式各样的小册子。最后，第四章通过17世纪早期的两种"客谈"作品——城市精英围绕他们居住的这座城市开展的对话的记录——我们对城市居民和他们的居住空间之间的观念纽带进行了分析，直接探讨了"城市"的概念问题。

贯穿本书的分析，取决于帝国在努力应对城市化的影响时，南京的微观环境和潜在的宏观层面的发展二者之间持续的相互作用。微观和宏观的辩证关系使我们能够对历史主体的力量保持关注：它们塑造了自身的历史过程，同时也探索了使它们的变革成为可能的明帝国的普遍趋势。在本书的最后，笔者利用这四章内容显示出的宏观走向，提出了一种针对晚期中华帝国的城市及城市主义的更有历史基础的研究方法。

第一章

我们必须被征税！

1609 年的某一天，注定是具有纪念意义的一天。南京城的大街
上挤满了人，他们做了一件非同寻常的事情——主动向政府申报个
人信息，以便自己能够被政府课税。几十年来，地方人士向政府发
出请愿，希望政府能发起一项城市税制改革，使更多人能够免于破
产，或者避免身陷囹圄的命运，但这些请愿都未能成功。最后，南
京居民决定把主动权握在自己手里。对于未能征收城市税这一点，
政府给出的主要理由是：各个地方没有达成共识，城市里也没有征
收城市税的机关。因此，社区领袖提议，各户居民都应该主动向政
府申报登记。几天之后，经过仔细整理的一千多个纳税户的资料就
全部提交给了政府。不久之后，又有上千居民聚集在南京署衙门口，
请求他们支持税制改革。南京居民们的坚持与努力，促使政府最后
引入了一种新的城市财产税。

在这次成功的税制改革过程中，民众的参与程度很高，而且还
显示出了强大的团结精神和"政治行动主义"。然而，这项"税制
改革"的目标并非降低税赋，而是增收一项税赋。从我们当今的视
角来看，当"减税"长期以来被政治家视为孜孜以求的德政时，这
个插曲的确令人感到不解：为什么南京居民如此迫不及待地要求纳
税呢？

根据两位请愿者头目李自新和刘鸣晓（这二人似乎都没有取得
过科举功名）的记录，这场集体请愿活动的动因是城市内一种被称
为"总甲火夫"或者"火甲"的特殊形式的税制，这种税制早就令
南京民众痛不欲生。[1] 就字面意思而言，"总甲火夫"是政府提供的
夜间巡逻与火警服务，而这项服务需要通过被称作"铺"的组织来
完成。[2]"总甲火夫"负责规范居民在夜间的活动，但它需要借助防

治机构（又被称作"铺"）的力量。有时候，"铺"也会被用作暂时拘押嫌犯的巡查点。[3]这种机构的运行严重依赖劳役征派，需要通过一种名为"沿门轮派"的制度来完成。当时的一条文献这样记载："每日总甲一名，火夫五名，沿门轮派。"[4]换句话说，这些工作会被轮流摊派到各"铺"管辖区的居民身上。它不同于常规徭役，常规徭役是与户籍制度联系在一起的，而"火甲"不但面向原住居民，而且还面向寓居本地的移民（流移）。[5]因此，该项制度在南京这样的大都市的失败，必然会产生更广泛的影响。

根据官方的描述，"火甲"制度只适用于巡逻。器械的供给和修缮由专门指定的"匠户"来完成。然而，尽管"火甲"并非能领薪水的地方官，他们的巡逻却涉及特殊的司法责任。在协助调查犯罪案件时，虽然他们只是不起眼的配角，但那些卷入案件的负责人却可能会沦为牺牲品，受衙门师爷酷吏的折磨，面临破产境地，甚至身陷囹圄。更糟的是，他们的职责还会因"飞差"而扩大。被征者不仅需要在夜间巡逻，在白天也可能被抽调，去完成难以计数的杂役。因为士绅家庭在某些程度上会得到优免，所以其他的被征用者——大多数是佣工者或者小商贩——就更容易被抽调派差。[6]

为了解决这些问题，请愿者请求将"火甲"徭役折算成一个固定的金额。换句话说，请求征税的目的实际上是为了撤销不合理的徭役，这是晚明时代引起全国共鸣的一种诉求。明代的财政制度由赋（土地税）和役（劳役）两部分组成。从 15 世纪中期开始，与徭役相关的问题越来越多，它们开始成为政策研讨的中心议题。之后的改革浪潮逐渐将役力折算为固定的税金，并最终导致了"一条鞭法"改革。这项在全国范围内开展的改革针对的是一项使用白银支付的统一税，它从根本上重构了财政制度，而如今，它已经被普遍视为繁荣的白银经济的最后胜利。[7]

然而，关于"一条鞭法"运动，社会流行的说法并不能全面地解释南京居民对税制的总体诉求。除了自愿申报登记之外，城市居民还再三为自己的诉求举行民意投票。实际上，在整个南京改革计划中，官员迫切需要城市居民的支持以及合作，而这些支持与合作在变法取得成功的过程中起着重要作用。这些现象引发了两方面的问题。首先，为何南京城的变法更多依靠的是基层社会的参与，而非官僚政府的指令？这场变法行动的政治性质和社会基础是什么？它单纯是城市性质的吗？南京的这个案例能够在多大程度上代表晚明时代的其他城市？其次，如果税收的确是修复财政危机的最佳解决途径，为何在变法之前，政府却并不征收城市税？在变法之前，国家和城市居民之间的财政关系是什么？在这样一个特殊的制度背景下，城市税制改革是怎样进行的？

尽管这两个方面在本质上都与南京社会表现出的那种令人惊讶的团结程度相关，但它们是晚明财政改革过程中两种不同的发展，这是本章关注的中心。这个区别对解释该事件至关重要：尽管将南京居民的动员视为城市公共空间萌芽的一个标志是令人感到兴奋的，但事实上，热情高涨的民众支持只是财政改革期间，日益扩大的政治参与过程之一部分。[8] 本章认为，正是制定新税种的迫切需求，以及由此引发的各种挑战，使南京税制改革只属于城市性质，而这些需求和挑战是当时许多城市都面临的问题。

尽管这两种发展的演变轨迹不同，但它们都可以回溯到明代早期那个农业帝国的梦想。经过数个世纪的分裂和外族统治，明代的建立标志着向中国传统理念的回归。"回归本土"是开国皇帝朱元璋（1368—1398 年在位）使用的一种政治表达，他想象将帝国建立在自治村社的基础之上。理想中的乡村社会不但需要担负重要的道德伦理和法律权威之责，而且还必须是帝国征收转运税赋的枢纽。建立

32

这种社会架构的目的是将地方政府的干涉减小到最低。这的确是一次突破常规的发展。尽管中国在历史上一直是一个农业国,明太祖朱元璋仍然希望将经济现实提升为制度强制。在这样的制度下,财政系统的运行情况取决于乡村社区的自我管理和稳定。在帝国的统治中,城市被高度边缘化,以至于城市空间(土地或者财产)无法纳入国家财政管理的视界范围内。

明代财政制度的中心是农村,如果我们将它和两个世纪之前的宋、元时代相比,这种特质就愈发明显了。宋朝政府和明朝政府形成鲜明的对比,在宋朝的财政制度中,城市居民和农村居民被分为不同的种类。在正史记载中,《食货志》的序言提及五种主要的赋税,其中一种所谓的"城郭之赋"就是在城市征收的房产税。宋朝政府实施了一套复杂的财产评估办法,它基于居民拥有的不动产(家业)和流动资产(营运物力或浮动物力)的多寡,将其分为十个等级。[9]不动产包括在城市中的宅舍与土地,它进一步被划分为"冲、紧、闲、慢"四大类。通过这种累进税制,政府将城市地产的评估放在它们所处的具体位置中进行考虑。同时,政府也考虑到了诸如商业经营或者租赁收入这类流动资产。另外,随着城市化程度的提高,政府把"城市"的概念范围从行政管理中心扩大到商业市镇,甚至扩大到被称作"草市"的这类短期集市。由于长期疲于抵抗游牧民族对边境的骚扰,宋政府背上了沉重的财政负担,因此,宋政府求助于积极的城市税收策略,来充分利用日渐繁荣的城市经济。

宋政府的城市空间的管理模式在元代发生了巨大变化。元代创33 设了"录事司",这是一个前所未有的独立的城市管理机构,它专门负责市政事务。这表明元代的城市管理制度是中国城市管理史上的一个特例。[10]除了在这个朝代,中国城市从来都没有发挥过独立的政治机构的作用,而是被纳入一个更大的、更具农村性质的管理制度中。重要的城市通常都是担负多种行政功能的衙门所在地。[11] 以明代南京城为例，它不仅是朝廷和中央政府的所在地，而且还包括了一府两县（应天府与上元、江宁两县）。然而，蒙古游牧民族的征服者则采取了一种非常不同的方式来管理城市。元朝统治者首先考虑的是获得农业中国创造的物质财富，而城市正是实现这个目标的理想场所。在此之前，城市要么被分割，要么被放置于农村体系之下。到了元代，大城市都是分离出来的独立单位，置于中央政府的直接管理下。通过直接统治城市，元朝统治者最终能够有效地统治被他们征服的大片领土。这种独一无二的城市管理风格，使元代这个绝对以城市为基础的政权显得格外不同。[12]

明代初年，城市空间的管理还出现了另外一个重要变化。为了恢复传统中国的世界秩序，朱元璋建立了一个与宋、元形成鲜明对比的行政管理制度，其中一个明显的区别就体现在城市——它们不再与乡村分而治之。实际上，明代的城市管理制度紧紧围绕着农村这个中心，农业土地所有制决定了税收和赋役。因此，无地民户的纳税义务就变得无关紧要了。在乡下，人们的主要任务就是耕作，这让失地佃农免于承受更多的经济负担。然而，当政府在城市里实施同样的标准时，如果富户的资产配置在土地上的分量比较低，那么他应该担负的税赋实际上就被转移到了那些不富裕的人身上。明代和宋代形成了强烈的反差，终明之世，明朝政府从未正式建立起一种能够清楚评估城市资产的标准。[13]

明初，以农村为中心的财政制度的确使帝国经济从多年的战乱中迅速恢复了过来。然而，席卷 15 世纪的商业化浪潮逐渐腐蚀了建立在村社基础之上的财政制度。结果，自治村社的制度理想和处于流动中、商业化的社会现实二者之间的分歧，使得有钱人、有条件的人能够牺牲地方利益来谋取一己私利。农村社会日益分化造成的

34

社会变动对大明帝国的存在构成了严重的威胁。社会危机引发了一系列的社会改革，它们一直持续到了明朝灭亡的那几年。

　　历史学家已经对商业发展和朱元璋的农村理念二者之间的冲突做了很好的研究。然而，明初的制度设置更多是被视为促使明代财政改革的原因，而非积极地塑造了这些变化的性质和过程的力量。[14]南京居民的激进行动和他们对新型城市税的渴求，使我们能够超越"一条鞭法"改革以白银为中心的叙述，揭示出受明初政策深刻影响的晚明税制改革的两方面的发展：一个是已经扩大了的民众参与，另一个是日益明显的城乡差别。[15]同时，对更大的结构性变化给予更深刻的理解也为我们提供了对南京改革的意义进行评估时必须具备的参考因素。在很多方面，这都与我们当今的感觉背道而驰。因此，本章对南京税制改革的分析就牢固地建立在晚明财政改革的两个新的面向的基础之上。

　　首先，尽管官员就变法的迫切性达成了明确的共识，但他们发现，填补因自治村社的分立而造成的空缺的确是一件困难的事。正如本章下一节讨论的那样，地方官府和贪污腐败纠葛难解，变法者对他们毫无信心，只好求助于基层民众和政府代理人的合作来绕开不断膨胀的、问题重重的地方官僚体制。即使丁宾这类主持南京变法的官员，也需要利用公共投票的方式来完成决策过程。与当时流行的做法相比较，南京变法真正凸现的，不是它获得了来自民间如此多的支持，而是在这个过程中形成的、制度化的达成共识的机制。

　　其次，"一条鞭法"改革的目的是将徭役转变成货币税，而在现有制度下，政府并未征收城市税，这就迫使变法者在城市里推行一种有别于农村的策略。传统中国的城市管理并未特意区分城乡差别，相对而言，目前这种事实存在的城乡差别是极其特殊的。因此，本

35

章的最后一部分计划从城市的角度去探讨"一条鞭法"改革，检验它在落实的过程中，城乡二者形成的分野。尽管朝廷从来没有正式提及城乡财政的不同，财政改革引发的政治行动主义，却将这种制度上的模棱两可转化为地方表达意愿和进行谈判的公开场所。在历史的讽刺性转变中，农业帝国发生了基础性的财政重构，因此，它的制度倾向使城市居民汇聚在了一个不一定有把握的旗帜之下——寻求一个新税种。另外，尽管南京城是帝国的陪都，地势险要，但它的财政改革结果与晚明时代的其他城市是一样的：政府对城市地产开征新税。在明代的历史中，城市税的发明第一次将城市财产放置于政府的视野之下。结果，为了应对根深蒂固的田园理想，城市居民在明帝国的财政制度中突然获得了对城市空间的一种新的理解。

晚明财政改革中的平民主义

晚明财政改革和明初社会立法

社区基础之上的征役　南京居民在"火甲"制改革过程中的政治举动，对这座旧都城而言并非是独一无二的，但它表明晚明的财政改革引发的政治参与范围的确被扩大了。这种发展和明初以自我监督为核心的村社体系存在本质联系。实际上，明初地方治理的核心是由国家实施的名为"里甲"的社会组织系统。通过这个系统，徭役的征派才最终得以完成。[16] 在"里甲"制度中，110 个家庭组成一个"里甲"单位，其中最富裕的 10 个家庭担任头领，分别负责管理 10 个家庭。虽然"里甲"制度在赋役制度方面具有严格的规定，但它绝对不仅仅是一种统计单位。实际上，"里甲"制度是一种充分发挥了作用的社会组织。在本地富户的领导之下，"里甲"制度为帝国运转提供了必需的物资和劳务。更为重要的是，在尽量少的地方 36

政府控制之下，"里甲"制度还发挥了维持社会稳定，增强街坊的凝合力，促进互助与扶持，改善道德风化的作用。"里甲"制度的发明，充分展现了朱元璋对帝国的社会构想：经历了长达几个世纪的分裂和外族统治之后，新兴的大明政权决定利用自我监督的村社组织来让帝国的基础变得更加稳定。对出身微贱的朱皇帝来说，这个理想具有特别强的吸引力，因为它保证了社会能够在不扩大地方政府权力的前提下完成转变。皇帝对地方政府的权力膨胀是心存疑惧的，因此，皇帝没有采取政府治理的方式，而是利用"里甲"这类行政管理组织来实现他的社会构想。[17]

对自我监督的村社的倚重，在很多方面影响了地方的管理结构。例如，纳税责任的分配就是以村社为基础，由每个家庭所属的等级来决定的。家庭等级则相应地由"丁粮"家庭里的成年男丁的数量以及家中财产总量（土地、贵重物品、资金、房产、牲畜、车驾、船只，诸如此类）来决定。大家公认的富户充当里长（甲首），每十年轮一次。里长主要负责搜集和转运漕粮。如果发生了计划外的公共开支，地方官吏则会根据各家贫富等级来安排特别的劳务金派。村社已经提供了政府所需的大多数劳务，因此地方官僚主义下降到了最低水平。

尽管朱元璋信任基层民众的力量，但他却并非一个平均主义者。朱元璋的政策依据的是年龄和贫富程度，除此之外，他还对分级标准给予了明确的标识。朱元璋希望那些年富力强、家境殷实或者饱读诗书的人能提供对地方的领导。[18]为了实现这个目标，粮长、里长这类村社领袖需要担负包括社会、经济、教化和文化等方面的一系列责任。在朱元璋的统治后期，历经几十年的实验和纠错之后，他进一步扩大了"老人"制度的权威，将司法权委托给每个村落的几名"老人"，而这种权力独立于县衙之外。[19]这种制度在中国历史上

　　　　　　　　　　　　谈判中的城市空间

是前所未有的，村社也因此能够阻止地方政府对村社的干预（除非牵涉重大案情）。村社不但不受地方政府管辖，而且还可以向政府直接请愿，因此，它实际上是对帝国官僚机构的有效的抗衡力量。《大诰》记录了一些极端的案例：开国皇帝朱元璋会呼吁民众携手合作去抓捕那些贪官污吏，尤其在涉及税收和徭役的征缴事务时。[20]

尽管朱元璋的初衷是提高农民福祉，但这种制度的成功主要依靠的是特殊的经济和社会条件。首先，役力的征派并不单纯取决于财产，而是取决于具体家庭在"里甲"这个行政单位中的财力等级。因此，在某个"里甲"中担任"里长"的富户，在另一个"里甲"单位中可能只是中等的家庭。换言之，这种制度假设所有的村社都是类似的，每个村社都拥有相似的经济背景。另外，税收的公正性、有效程度特别依赖政府每十年一次对各户田亩的精确清丈和家产评估。这种制度并没有考虑到人口的快速增长，大范围的人口迁移，频繁的土地易主，已经开始商业化的农村经济，以及城居地主对农民施加的压力。结果，在 15 世纪中叶，随着货币经济崛起，朱元璋的理念和农村社会的现实之间的差距越来越明显。"逋欠"和"诡寄"现象也因此变得更加普遍——地主经常会将土地划分给几个不同的行政单位来降低自己的财产等级，或者直接把田产登记在士大夫名下。这样一来，根据法律，他们本该承担的劳役就能得到不同程度的优免。因为以村社为基础的募役制度无法适应快速出现的商业化经济，所以原有的劳役金派制度不能维持财政的公正性。除了法律的漏洞之外，政府衙役的贪污腐化和村社领袖的滥用职权都在这样的环境中猖獗一时，农业社会也因此开始迅速分化。权势之家借此机会钻法律的空子，营私舞弊，勾结官吏，规避劳役。而那些无权无势的人就没那么幸运了，他们只能简单地逃避政府登记，在政府的簿册中消失隐匿。明代财政制度的基础——凝滞的、自给自足的村社——以惊人的速度在历史的视野中消失了。[21]

与此同时，那种小国寡民，小政府、低预算的治国理念也被证明是靠不住的。这导致了一种极度保守的税收政策，而地方政府也因为这种税收政策而缺少灵活余地，地方官不得不经常将非常规的赋税强加给地方来满足实际需求。因此，最初为了收税和地方安全而进行的役力征派，很快就变成一种保证日常官僚制度——例如邮驿、地方武装以及地方政府日常运营的公事（跑腿、警司、门房、苦力、书吏、警卫）等——运行的常规做法。[22] 除此之外，地方政府还需要征调劳力去完成临时出现的工程任务，例如修建衙门和筑城。这些额外的杂项劳役的确降低了公共开支，但与此同时，毫无疑问地，某些人也利用役力来满足私人目的。用当今目光来评判，非法征派役力构成了地方政府滥用权力和腐败的主要原因。在变法过程中，规范和减少这种特别的额外役力需求是变法最为迫切的需求之一。

变法运动的进程 从 15 世纪中期开始，农村的危机就开始引起人们的注意，从而激发了提议变法的潮流。最早的重要变法被称为"均徭"。早在 1430 年，一些地方人士就开始了"均徭"的尝试，但是，直到 1488 年，这个方法才最终获得政府的认可和充分的理解。[23] 为了控制非常规的税赋，"均徭法"给地方政府制定了一项专门的预算，来调整不断增长的劳役征派。为了满足预算调整的需要，"均徭法"将一部分力役折算成为一个固定的现款（银差），允许地方政府用"力差"的名义来向人民征役。

然而，在仅仅几十年的时间里，"均徭法"没能杜绝财政渎职的现象。回顾整个历史过程，它是大规模的财政改革"一条鞭法"实施前的过渡性策略。与"均徭"类似，"一条鞭法"的改革"创意"也来自民间，并且表现出了不同的地方差异。[24] 这些差异只表现在细

39

节上，核心特征则是一致的。本质上看，"一条鞭法"将轮流值守的任务转换成了一个人全年应纳税赋的一部分，收集和运输赋役征课之责由以前的村社领袖（里长、粮长）负责改为由地方官员办理。[25]换言之，"一条鞭法"就算不是在实质上，至少也是在形式上取缔了劳役，并将"赋"（地税）和"役"（劳务）双轨制折并为单一的白银税制（白银折色）。

尽管采用白银纳税证明了繁荣的白银经济的力量，但变法的初衷却并非仅仅出于经济目的。欺隐脱漏和贪污腐败所带来的社会压力极为严重，因此晚明的财政改革不仅仅是为了更高的财政效率而设置一种新的税收计划，更重要的是，它需要安排一种新的税收分配、收缴以及转运流程来提高财政交易的责任性和透明度。想要达到这一目的，政府需要一种可靠的方式来取代崩溃中的村社组织。毕竟，在明初设定的制度下，国家的财政状况更多地取决于一个持续存在的自治村社制度，它的人口和土地所有者都必须稳定。随着商业经济开始发展，以及人口流动不断加剧，"里甲"组织无法再继续为传统的税收分配和收缴提供一个合适的社会基础。然而，变法者并没有扩大地方政府的管辖权，而是选择通过谋求人民的配合来替代村社领袖的职能。无论是税额的分配、收缴、转运，还是衡量和规范地方政府预算的方式，它们都清楚地表明了这种趋势。在弥补以村社为基础的征役制度的失败的同时，保留明初小政府的管理理念，正如下一节所示，这种努力在晚明的财政改革过程中为大众的广泛参与创造了新的空间。

40

大众参与的扩大化

税赋的缴纳与转运　乡村危机的第一种迹象是村社领袖（里长或者粮长）在履行职责时面临的困难。在以"里甲"为基础的财政制度中，村社领袖极为重要，他们担负了收缴、转运税赋和土贡的大多数责任。他们的负担也因不断增加的额外加派而进一步加重。尽管从理论上讲，这些任务应由肩负行政管理之责的村社共同承担，但由于缺少划分职责的明确的法律依据，地方政府只能依靠村社领袖来分摊这些责任。如果发生逋欠，他们还要亲自追缴。[26] 结果，村社领袖要么因为额外的征调而破产，要么变成压迫者，将负担转嫁给管辖区的民户。由于国家制度赖以存在的家长制权威被滥用职权和无情盘剥所取代，村社的凝聚力遭到了难以恢复的破坏。

随着"一条鞭法"开始推行，漕粮的征收、运输之责便由农民转移到政府官员。与此同时，政府仍在努力保持立朝之初小政府的理想。结果我们发现，各种变革措施的目的是寻求地方纳税人的合作，其中最有代表性的是"自封投柜"制度，即政府在公共场所（通常是在县衙门的开阔院落）安置专门的"银柜"或者"地税柜"。[27] 到了缴税的那一天，政府会派出监督人员（书吏、库子）到达现场，监督地方税户向银柜中投入需要缴纳的税银。村社领袖不必自己偿付逋欠者的税额。另外，由于取消了中间人，直接缴税也能有效防止层层盘剥和滥用职权，例如以劣银充真银、谋求私利、重复征税、敲诈勒索，以及偷盗等。

41   为了能够在不征用村社领袖或扩大地方官僚机构的前提下，协调好税收事宜，政府开始在缴税到期之前，发布被称作"易知单"或"易知由单"的征收通知，并以此来加快纳税户的"投柜"过程。[28] 按照晚明著名文化领袖，后来为明朝殉节的官员祁彪佳的说法，这个新法的优点在于它的操作方式极为简单便捷。[29] 祁彪佳认为，旧的收税方式在操作上比较烦琐复杂，所以它的效率大打折扣：冗长烦琐的纳税过程，不仅给税户和征税官员带来了认识上的混乱，而且也更容易使税吏滥用职权。为了解决这个问题，祁彪佳在江南地区发布了"易知由单",统一了税收流程。政府希望提高民众的参与程度,这种意图在广东表现得更为明显。该地的巡按御史要求,所有的"易知由单"都必须用醒目的大字来印刷,用通俗易懂的文字来表达——这样做的目的是"使小民入目便知"[30]。

"税单"或"银柜"的发明,降低了村社领袖和衙门税吏在收缴和转运国家税收过程中的地位。新法之下,政府只需要提供"易知由单"和"银柜",然后朝廷派遣监察官员亲赴现场进行监督。这种方式在全国迅速推广,它体现了"一条鞭法"的核心内容,也赋予了地方居民很大的权力。通过简化缴税的流程,对未曾接受教育的民众来说,交税方式变得更容易理解,也更为透明了。因此,利用制度漏洞来为自己捞取好处就不再那么容易了。最终,通过吸引民众的广泛参与,以及印刷"易知由单"——它在整个晚明时代都很普及——变法后的缴税方式能够在不产生官僚膨胀的前提下,有效降低村社领袖的压力。

刻石立碑:制定地方政府财政预算 同样的方法被进一步推广来规范地方政府不断增加的征役需求,这也是财政改革的主要目标之一。为了确保地方政府的在合法预算之内完成任务,变法者也想方设法,制定具体化的地方预算来防止额外的征役或者税赋的出现。更为重要的是,这个过程通常伴随着一个新的文书档案制度——公开邀请公众进行监督审查。[31]地方政府通常会刻石立碑,发布应纳税赋的户主名单,有时候会多次发布,开列每一项开支。所有这一切的目的都是确保地方政府财政预算制度的有效性。

这些公开发布的条文的有效性,受到变法派官员和诸如地方民众的认可和欣赏。不仅是在南京这类帝国的核心区域,而且在帝国的边远地区,我们都不难找到文献记录来证明这些措施得到了积极的推动。远在西南边陲的南宁是最具代表性的例子。南宁主持变法

42

的官员在实施了"一条鞭法"之后，就变法过程专门发布了一篇公文："若非刻石以垂，诚恐久而获变。仰府即行采取石碑一座，将议定事宜，逐一镌刻于石，竖于宣化县大门之外，用垂永久。"[32] 顾姓巡按御史所作的《乞怜边民重困急赐拯救事》一文，同样呼应了这种观点。另外，顾氏还要求"刊刻木牌，刷印书图，分给里甲。著为令典，着实举行"[33]。这种公文的好处非常明显，正如下面讨论的那样，南京居民甚至集体请愿，要求勒石立碑来确保变法能够得到持久进行。

地方财政改革公文的大量出现，再次证明，在晚明财政改革过程中，公众的广泛参与变得越来越重要。政府将新订税率广而告之，邀请民众对政府预算进行审查，预防地方政府将来对人民加派役力和加征赋税，以及侵占人民的利益——这正是朱元璋当年设立"里甲"制度的初衷。然而，如同我们的研究显示的那样，朱元璋希望村社长老能够抗衡地方官僚，现实却恰恰相反，晚明的财政改革使用一种非常独特的方式——公共媒介，以及与底层社会携手合作——来寻求地方的支持。

43　　　**财政责任的分配**　改革法令需要刻石立碑才能确保得到贯彻，说明人们对变法存在较大的争议。事实上，不仅官员对这些变法措施意见不一，它们在地方上也引发了不同观点的激烈争论。如此大规模的制度变革会立刻将新政策的受益人与旧政府的既得利益者对立起来。分配财政责任的时候尤其如此。的确，正如时人所述，明代赋役的主要问题并非太过严苛，而是它没能体现公平。因此，除了调整政府预算，变法者还需要努力在家财多寡的基础上，建立一个公平的赋役分派制度，就此而言，所谓的"编审"制度尤为重要。

然而，尽管"编审"在决定各民户税额中发挥了主要作用，但这个过程仍然充满混乱以及普遍的腐败。这不仅仅是因为该过程被地方官吏或书手把持，而且裁定各户家财的标准本身也并不明确。政策的模糊性成为私下操控和滥用职权的温床。事实上，到了 15 世纪末，众所周知的是，官方的户数登记与现实差距十分大，以至于权贵之家把本应由其承担的大部分税额都转嫁到了贫民身上。当时流行的"卖富差贫"一词，生动地体现了这种现状。[34] 腐败之风弥漫社会，有传言人们十分恐惧"编审"，"如在汤火之中"。[35] 到了晚明，"编审"加剧了社会的分化。活跃于晚明时期的著名士绅朱国祯曾经描述过，正是他在家乡湖州耳闻目睹的一件事促使他变成了变法参与者。朱氏回顾说，1601 年"编审"之后：

> 近来间里间哭声比户，求死无门。舍北父子三人遍拜邻人，捶胸逃去。其间投水悬梁，纷纷不已。盖百步内见闻已若此矣。独一种豪猾大奸，拍手得志，沥酒赛神。故发愤具揭于台下。[36]

44

这段绘声绘色的文字描写，反映了湖州和很多其他地方的残酷现实。在这些地方，"编审"掌握生杀大权，决定了民户的身家性命。

显然，"编审"的最大问题是它的决定因素——负责分配税额的地方官员的审慎程度和辨别力。因为缺少客观的标准来确保审查的公正性，贪污腐败和滥用职权便大行其道，征税工作因此变成了针对贫苦百姓的制度性的压迫。为了矫正"编审"的偏差，某些地区引进了"面审"人户的方式。一位和当地相关利益较少的政府代表会和民户直接见面来确认他们的家财等级。在某些场合，这种"面审"活动还会增加一个程序，由双方相互确认，最终实现互相监督的目的。例如，在 1601 年的审核过程中，海盐县令给自己辖区内的每个村社都发出了一个"议单"，要求他们根据自己拥有的田亩数量，公开算定徭役的多少。如果没有一个社区能够单独完成，那么地方就可以选择适合自己的一种；村民需要在"议单"上标明他们共同认可的决定（"独充、朋充、串充，明注单内"，即轮值、分担同样的劳役，等等），然后等待官方的审核。[37] 在整个浙江地区，"一条鞭法"体现了同样的精神。它规定了地方政府应该将"编审"的结果印发给每个民户，从而地方官能够确认他们的贫富等级划分是否正确，没人能够脱漏逃税或隐匿资产。通过奖励告奸之举，政府就能够发动熟悉村社情况的地方民众，确保对徭役进行精确与一视同仁的评估。[38]

另外，为了提高财政调查和编审的质量，政府利用基层合作的方式来确保政府搜集的信息的准确性。然而，尽管采取了这些革新的流程，在当时观察者的眼里，它仍旧是令人痛苦的。温和的手段根本不足以挽救日趋破产的财政制度。结果，变法者逐渐意识到，想要确保赋税安排的公平，他们就需要在根本上重新调整分配徭役的标准。政府不应该依据各民户的财产等级来分配徭役数额——财产数目难以估算，因此，这项权利容易被书吏滥用——而应根据民户拥有的土地和家中成人的数量来制定一个固定的税额，因为这两个指标都明白无误，易于监督。

的确，在两个多世纪的财政改革过程中，变法者逐渐达成共识，政府应该用折纳来取代徭役。然而，直到明末，折算率仍然是最大的争议——在计算新的纳税额时，丁、粮之间的相对比例的争议尤其严重。结果，不同地区丁、粮之间的一个很宽泛的组合最终决定了新出现的"一条鞭法"的折算率。例如，同州府（今属陕西）1594 年制订的比例是丁占 80%，粮占 20%；而在福建省，比例总体上是丁占 60%，粮占 40%。就算是在同一个地方，税率在某些时段也会围绕某个点上下浮动。在新的税制中，南京下辖的上元县，粮的比例从 20%（1430—1451）上升到 50%（1536—1539），再上升到

75%（1567—1570）。令人惊奇的是，地区间折算比率的巨大差异实际上是得到政府的认可的。在1577年，户科给事中光懋向政府上书，疏言认为，山东之所以会出现社会骚动，是因为该地不恰当地引进了"一条鞭法"，它将徭役折税单独建立在土地数量的基础之上。按照光懋所说，这种政策的变化引起了地方广泛的恐慌，民户们争先恐后地卖掉土地来减少自己在新法中的税赋。他以为，在计算新税率时将丁的因素排除在外，对南方地区可能有效，但在中国北方，此举可能只会摧毁早就开始衰落的农业经济。光懋此疏的观点在当时极为典型。户部尚书接纳了这一观点，并且提出了一个建议：在中国北方和南方施行不同的税率规定。然而，朝廷并没有接纳这个提议：

　　　　法贵宜民，何分南北。各抚按悉心计议，因地所宜，听从　46
　　民便，不许一例强行。[39]

　　这种体恤地方民情的仁政之举在事实上决定了变法过程的进展。尽管一直要到1581年，即地方政府已经进行了几十年的税改实验之后，朝廷才最终正式确认，"一条鞭法"是在全国范围实施的官订政策，但各地的改革步调却不一致。在地方遇到阻力时，一些地方官甚至请求上级收回自己在这项改革计划中的裁决权。对那些参与变法的人来说，朝廷支持各地进行大幅度政策调整。地方灵活地实施政策，朝廷对此持有通情达理的态度，这让"一条鞭法"看起来更像是可供地方商讨的草案，而非一系列必须严格执行的决策。"一条鞭法"还引发了如下一些问题：在决定实施"一条鞭法"的各个地方，"适用性"到底是什么？谁拥有资格去做出地方上的调整？尽管地方官被赋予做决定的权力，但根据回避法，"仕官避本籍"，官员任职必须离开乡土，赴异地为官。因此，官员们并不必然就拥有改革所需的地方知识。在这种情况下，如同下一节将要讨论的那样，为了调整变法方案以适应地方上的实际，与本地人进行磋商就显得尤为重要——这更进一步扩大了公众在政策制定过程中的参与程度。

公议日益重要

学者们早已指出，在晚明的地方管理中，所谓的"地方公议"越来越重要。[40] 然而，"公议"的成员大多数是受过教育的社会精英，而非全体公众。因此，就实际而言，我们很难对"地方公议"和"士人公议"做出区分，"士人"这些位于统治阶层的社会精英包括了在任的、致仕回籍的官员，以及"生员"这类最低功名的获得者。"地方公议"和"士人公议"之间错综复杂的关系在晚明著名文人钱谦益的书信中随处可见。在谈到即将开展的"编审"时，钱氏明确鼓励在其家乡苏州府常熟县任职的地方官员听取来自民间的意见："为台下计，与其独裁之，不若公议之也。与其拮据料理于一堂，不若疏通商榷于一邑也。"为什么呢？"徭役者，一邑之公事也，非县父母一人之事也。"因此，钱谦益认为："在县父母，当与缙绅公议；在缙绅，当与县父母分忧。"[41] 在这里，如同在很多类似的案例里那样，"公议"实际上指的是"缙绅公议"——一个地方精英和官员商讨事务的会议场合。[42]

然而，在财政改革过程中，不同利益集团之间的冲突异常激烈，地方精英掌控的公共舆论根本无法对赋税这类事务进行仲裁。事实上，在赋役改革中，最大的一项争议是对精英群体负担的赋役的优免措施。[43] 滥用这些权力，客观上会使地主士绅们把本来由其承担的责任转嫁到中等之家，甚至转嫁到贫困民户身上。在一些地区，有传闻说，超出一半以上的田主通过"诡寄"的方式来逃避税责。缙绅与富户沆瀣一气，对农业经济造成了致命伤害。这种措施使得农村的农民家庭纷纷破产，也最终在很大程度上造成了税收制度的破产，并将农村社会划分成了受益者和被掠夺者。事实上，在明代中叶，"乡绅"一词代表的形象是农村社会关系恶化的明确表征。[44]这与明初形成了鲜明的对比：在过去，乡村地主通常担任"里甲"制度中的村社领袖，同时也享有道德和政治权威。随着明代中期城市化进程加速，许多地主迁往市镇或者城市居住，成为"不在地"地主——村社的组织纽带就这样被瓦解了。日益市民化的有地士绅们不再参与地方事务，他们规避劳役，引发了破坏性的后果，对此事实，他们既不明白，也没有兴趣去了解。那些被寄予"民望"的心怀慈悲的地方领袖，此时摇身一变，变成了自私自利的"乡绅"[45]——这还算不上是一个太坏的称呼。

尽管对缙绅的优免造成的问题在当时已经广为人知，但由于阶级利益不同，晚明的社会精英在这个问题上分成了两个派别。[46]结果，公议（通常是公共意见向知识阶层的表达）变得问题重重。当那些特权阶层作为问题的一部分面临批判时，他们怎么能精确地代表公众利益呢？考虑到财政改革极具争议的特性，不足为奇的是，一些致力于变法的官员不愿意接受那些受过教育的文人士绅的调解，转而选择征询那些难以直接受益的群体。

例如，在浙江绍兴府，在一场有关财政改革的热烈辩论中，当地知府公开向人们征求意见，他强调："以均耗一则，端为绍兴一府民瘼之计，将以利之，非以害之也。但事关国税，系民休戚，即今府县所据，止以乡达都民之言为信，若不广询博采，不无轻听妄行。为此合行刊布，详谕合郡士民、各乡耆旧，即将所议前项均一之法公相计议，各竭图维，果否有益于民，是否不悖于法；果何如而可以合郡受福，果何如而可以百世常行；有何摘弊厘奸，有何讦谋远见；凡可以为绍民裨益者，幸勿深讳。倘其间事有不便，始或可举，终当阻挠；小或有裨，大翻流祸；在我乡达，戚里相关，犹宜谆切开示。其一应市民耆里人等，限五日内各具应否事宜，赴府县陈递。"[47]

几十年后，与此相似的一幕再次上演。当时，浙江按察使金之俊向皇帝条陈奏事，皇帝接纳了他的上书。朝廷允许金之俊将漕粮运输之责的承担者由征派役力改为地方官员。为了发起一场大规模、全省通行的变法，金之俊在搜集地方信息时采取了审慎的措施。为了得到地方上的反馈信息，他命令地方长官印刷他批准过的指令，并且在他们的衙门口发放——金之俊希望通过这种方式来精准地判断民情。[48]

政府寻求公众意见时常常会采取咄咄逼人的方式。在江西，为了将邮驿折算成固定的费用，某个地方街区"德安里"向知府请愿。知府和社区领袖见了面，并且支持他们的提议。但当知府将变法付诸实施时，他想确认那些村社领袖是否能够精准地代表地方民意。为此，知府让县里的官吏在衙门口竖立了一块牌子，上面贴着彼此分开的小纸条。该村社的 180 位居民需要在纸条上填写自己的名字，并且考虑这个变法对他们是否便利，然后在 5 天内交回这些纸条。[49]
在某些地方，投票仪式在"乡约"现场举行，人人都需要参加。这样一来，官员们便能够直接和民众打交道，直接与他们商讨与变法相关的问题。[50]与此相反，如同下一节将要讲述的，为了适应南京城流动的城市环境，丁宾没有在惯常的集会上进行投票，而是采取了一种更为激进的方式：他举行了一系列听证会，并躬访民户，以此来了解公众对变法提案的观点。

归纳以上各种表现，这些发展显示出明末的财政改革忽略了平民因素。尽管在很大程度上，进行变法的原因是以村社为核心的征派制已经失效，但其解决途径仍然反映出某种程度上的村社自治。为中国这样一个幅员辽阔、情况复杂的庞大帝国设计出一个普遍适用的变法方案，可谓困难重重。在这样的困境中，"一条鞭法"改革提供了一个总的指导原则，制定了一个数额一致的年度白银款额，为地方发挥自主性提供了空间。政府不但没有强制规定落实这个计划的时间表，而且就算村社对方案进行了调整，也是可以被容忍的。最重要的是，地方上做出的许多调整是地方政府和治下子民达成的一致意见。换句话说，"一条鞭法"的开放灵活性为地方和他们的主管政府官员制造了一个便于政治谈判的新空间。问题是，变法者应当听取谁的声音？他们应该代表谁的利益？一方面，财政改革制度具有一定的灵活性，这为在地方政治中已经占据一席之地的精英谈判增加了砝码。另一方面，士绅们对募役享有豁免权，且滥用权力的情况极为普遍，这使得该阶层成为批判的首要对象。一些地方的社会矛盾不断加剧，这说明士绅阶层的利益和普通大众的利益并非永远一致。我们发现，为了防止士绅干扰，地方官员通过市镇会议或者直接投票积极地将地方村社成员组织起来——这是最直接的寻求"民意"的方法。

当我们考察由财政改革所引发的社会紧张时，不难发现，为了加强民间对变法的认可，政府也在寻求民众的广泛参与。地方政府印制了多个版本的税务登记簿，大量地刻石立碑，其目的就是确保变法政策中关键信息的透明度，例如，确保政府预算清单、税赋的分配和收缴原则都清晰无误，并且将这些信息向社会公开，接受大众的审查。公共档案为地方民众提供司法追索权来预防对新制条文的篡改，确保变法政策不受人事变化的影响。因此，在这场推翻陈旧的财政系统的战役中，我们看到了一个不断更新的公共参与的领域：它从明代早期对村社领袖的依赖，扩大到向草根阶层寻求更大范围的支持。

财政改革——以明代为中心的视角

总的来说，南京的变法显示了明朝后期财政改革的一个新的方面，它与明初立法紧密相关。"一条鞭法"改革在全国范围内的实施，以及由它引发的变化，通常被视为晚期中华帝国历史上一个极为关键的事件。[51] 从经济学的角度来看，这项变法不但进一步刺激了白银经济的发展，而且还将大量的劳动力从国家的控制和征役中解放了出来。在社会的立场上，政府税收的关注点转移到了土地上，征役制度也因此最终被废除了，户口登记和移民控制都发生了显著松动——"一条鞭法"引发了帝国统治方式的最基本的调整。[52] 这些宏大的评价以跨越朝代的长时段的视角考察了变法的意义，相比之下，从这个讨论中产生的发展明确地证明了王朝早期的国家制度所具备的持久影响。

换句话说，在明代晚期，社会的发展已经超出了在元末明初战乱之后的经济基础上制定的制度框架，理想化的自治村社成了制度性功能紊乱的来源。这种功能紊乱造成的结果是严重的：它不仅造成国库空虚，而且也使农村社会出现了显著的两极分化。将明朝创立者理想化的乡村愿景和繁荣的商品经济相协调的过程，最终以"一条鞭法"改革而告终，它的特色是将劳役征派完全转变成为一种数额稳定的税收。这个发展既是现实的，也颇具包容性：它默认了帝国财政不可避免的货币化，以及对明初村社自治理想进行调整的需要。

虽然帝国在和明初的制度遗产做斗争，但朱元璋对地方政府和官僚集团的疑虑直到王朝末期仍然余绪未消。即使村社自治面临瓦解，政府也不想扩大地方官僚的权限。[53] 相反，变法者利用明末最

51

为便利的印刷出版技术，以及在草根层面中谋求广泛合作，来加快变法措施的落实。尽管这一变法可能并不存在连贯性，但我们应该牢记，在明代早期，国家强调的是地方村社的内部秩序，而与此相反，明代晚期的变法依靠的不再是村社领袖，而是广大的草根阶层的共同参与。公众的参与在某些时候甚至延伸到了政策的制定过程。"一条鞭法"改革的开放特性要求变法者向地方征求意见，以便政府选择更适应地方情况的模式去推行变法。虽然公意常常被地方精英所代表，但财政改革中的利益差别有时会迫使地方官员主动发起地方居民投票来寻求特定的"民意"，这在南京丁宾的激进变法过程中表现得最为突出。

丁宾改革

发端与阻力　前面的讨论已经证明了，南京的"火甲"改革赢得了民众的广泛支持，但这并不是一种孤立的现象，而是明代晚期财政改革过程中民众参与不断扩大的潮流中的一部分。这种政治行动主义独特形式的产生不是因受政府与社会相互对抗的影响，而是政府代理和普通民众通力合作以确保变法改革措施的合法性与落实的需要。这个特征要求我们重新审视原有的"国家—社会"二分法，将注意力集中在不同代理和社会团体之间的谈判协商——他们在特殊的政策下拥有自身特殊的群体利益，并受其驱动。

在分析南京"火甲"改革时，这种方法尤为关键。因为人们对落实这些措施的可能性，可谓众说纷纭。无论是地方社区，还是政府主管官员，都因此被划归到了不同的阵营。只有联系该背景，我们才能理解，为何主持南京"火甲"改革的这位官员丁宾，在明代创造了一个最成体系、最为激进的达成共识的机制。

丁宾是浙江人，但他却在南京城度过了超过 30 年的光阴，其间

52

担任过多个政府职位。[54] 他终生致力于管理南京城，并且取得了一系列的改革成就，也为他赢得了南京社区最高的认可：早在他过世的 3 年前，市民就在南京城中心为他修建了一座生祠。[55] 丁宾深孚众望，他赴任南京御史不久，南京居民就发动了另一场请愿，希望将"火甲"徭役变成一种标准化的货币税，从而能够摆脱劳役征解的法律义务。这个议案的确具备司法基础，尤其在北京有过先例：早在 1421 年，北京就开始将"火甲"转化成固定数额的赋税。[56] 由于南京是大明留都，这种先例就显得特别重要。[57] 不过，就丁宾而言，法律手段并非最终决定变法成败的关键因素。丁宾收到请愿书后，先是开展一番调查，了解过去是否存在类似的请愿记录。结果他发现，同样的提案已经向上递交了数次。然而，资料显示，由于缺少"公意"，这些提案被搁置了，有待南京御史做进一步的调查。然而，支持变法的士绅和城市居民坚持递交类似的变法请愿书。[58] 这种现状提醒了丁宾：尽管异常高涨的变法呼声似乎能够确保政府采取行动，但变法本身并非毫无异议。想要确保变法的成功，丁宾就必须在实施变法之前，排除所有潜在的异议。但是，这样的"公意"是如何达到的？它们又是怎样得到确认的？在缺少现代投票技术的情况下，达成"公意"并非易事。

民众真正想要的到底是什么？丁宾对"公意"的追求　丁宾强烈地感觉到，必须确认这个行动过程能真正代表普通民众的愿望，因此，他决定直接和南京居民取得联系，来获得全体南京居民变法意愿的第一手资料。为了达到这一目标，他开展了一项特殊的、长期的追求"公意"的行动，尽可能地维护此二字的本意。这个精心设计的"公意"建成机制包括以下五个阶段。

53

面审

丁宾在南京御史任上完成了调查的第一步。南京的每个"铺"都任命三到四名代表,既有富户,又有贫民,他们会在一个指定的时间和丁宾见面。丁宾在这一天对他们进行面对面的询问,内容通常包括以下几点:是不是全部的财产都得到了正确的登记?是不是所有减免赋役的要求都适用得当?[59] 1608 年这年的役银数是否精确?地方政府有没有精确按照地区的等级("重赋"地区或者边远地区)来评估每项财产?通过面询搜集到的信息,丁宾调整了家财等级。[60] 当调整完成并得到确认后,这些信息就被正式登记在册。

五城御史在会同馆复审

在第二个阶段,丁宾要求五位巡城御史在会同馆举行会议,调查那些出现在减免赋役过程中的欺隐、擅权、不公或者抗税行为。丁宾让人在城中张贴告示,将这个调查提前公之于众。告示明确指出,任何不愿缴税的人都可以亲自向巡员陈述自己的理由。如果理由充分,并得到认可,那么政府将立即豁免其赋税。然而,据丁宾所述,在第二个调查阶段中,虽然政府提供了如此宽松的便利条件,但没有任何一起抗议被记录在案。

大小九卿六科在会同馆亲问

即使如此,丁宾仍然对复审的结果不太满意,于是他又召集了南京所有重要的中央政府官员,以及逾千南京民众在会同馆召开听证会。在这个会议上,来自六部的高级官员、给事中与御史首先询问与会的民众,"纳钱雇募"这种变法是否合适?居民们众口一词,回答说"合适"。官员特别向那些不太富裕的居民询问了同样的问题,他们得到的回答仍然是"合适"。官员们对此表示怀疑,进一步问道:"既然你们没有钱,那为何你们还支持以银代役?"这些穷人

54

解释说，尽管他们没钱，但按照排门编派，一旦轮值担任里甲头目，他们不但要服役，甚至还可能承担严厉的法律责任。如果出现问题，他们没钱去贿赂那些书吏，便会面临更悲惨的境遇。即使他们不会遭受牢狱之灾，打官司也会剥夺他们的生计，使他们无法照顾自己的家眷，"其情更苦"。因此，他们宁愿选择照额纳钱，省却日后的麻烦，求得生活的清净。

躬亲至于其家细访

变法是史无前例的，因此，丁宾对每个居民的意见是否都得到了反映十分关注，他尤其关注像南京这样人口密集的城市。丁宾派遣手下到那些弱势群体（例如贫困、鳏寡、孤独、废疾者）的家中去了解这些困难家庭的境况，并根据收集到的信息对变法措施进行相应调整。

"细算"与"审定"

当所有的细节都达到丁宾的预期之后，编审才正式开始。因为政府人员的薪水早有定额[61]，所以丁宾的目标就是确保百姓所纳税款与黄册上的预算数目相符，避免官僚操控和腐败的滋生。通过细致的计算，丁宾发现，1608 年这年收到的税赋的确超出了项目预算。因此，他相应减少了五城的征派。丁宾还公布了新的纳税额度，让人将清单张贴到各"铺"，并且重新召集了五城最早的请愿者，听取他们对变法及其结果的意见和建议。

对变法的监督与推行　经过对民意的广泛调查，在编审工作结束之后，南京城各民户都收到了一份由巡城御史签发的"由票"。它准确贯彻了"一条鞭法"改革的精神，规定各甲人户要在 5 月 1 日，在指定地点将他们的税银投入柜中。根据丁宾的记载，"小民各遵日期，各照由票，踊跃争先，纳钱如市，绝无拖欠"。另外，丁宾还在

55

城门外设了三个视察点，确保城中居民在任何时候都能表达他们对变法流程的意见。

为了推动民众对变法过程的监督，丁宾通过印刷品和刻石立碑来大力宣传变法的细节。在丁宾向皇帝所上奏议的最后，他宣称，变法得到朝廷的认可后，他便会将改革细节作为官方文书档案印刷出版，确保变法成果能够持久延续。事实上，我们不但在文献中找到了丁宾的官方奏报，而且还找到了大量的新税登记表。这些印刷品的卷首通常是由南京地方精英创作的赞美变法之成就的序言。其中最有名的序言是焦竑的《排门条编便民册序》和顾起元的《地方夫差册序》。[62] 这种表面上看起来数量庞大的南京改革档案资料，反映出地方百姓的焦虑感，即他们为之竭尽全力的变法有可能在将来会被撤销。事实上，南京居民是如此关注变法，他们甚至联合起来将变法条文"勒石"，以志纪念——这个工作最终耗费了将近三年的时间。碑文上说：

> 征钱官雇，行之已久，民愈称便。第恐日久弊生，后人未察立法缘由，轻易添款加派，并谣言惑众，希图乱法。委宜立石以杜前弊。[63]

南京居民之所以会有这么强烈的不安全感，是因为长期以来，大多数的变法最终都失败了。南京的变法来之不易，它是一系列失败引发的结果。这些失败都来自同一个原因：人亡政息，人去政废——一旦支持变法的官员赴任他乡，那些已经被改革的内容就会立刻遭到废止。经过无数最终夭折的变法尝试，以及短命的改革之后，南京居民意识到，捍卫新法的最佳途径是尽可能把变法条文公开，不要给继任官员留下任何撤销变法的可能。结果，他们不仅记

56

录了不同版本的征税登记，而且还在不同位置上树立了石碑——五门各一个石碑，而其中一个石碑立在南京御史台门口。

基层的力量，集体的行动，以及一个城市公共空间的形成

南京居民在"火甲"改革过程中表现得极为团结，这一点颇令人惊异。按照丁宾的说法，南京居民的决心推动了整个改革的过程：改革起源于市民们的请愿行动；在对市民们的意图和参与的愿望进行了彻底的调查之后，政府才立法进行改革；在市民们自愿申报信息，编定税务登记，并且配合向政府缴税之后，改革才最终被贯彻完成。除此之外，南京民众还自觉地监督变法的贯彻实施。[64]

以上细节和南京变法的成功向人们证明了，由于某种特殊的原因，社会上出现了所谓的"城市公共空间"。我们应该怎样去理解这种政治行动？它只发生在城市中吗？南京城能在多大程度上代表明末的城市发展？

南京民众集体展示出了来自基层的力量，这是毫无争议的。但它是否就能说明当时已经出现了"城市公共空间"，这一点却是值得商榷的——至少需要进行严格界定。正如本节证明的那样，在席卷大明帝国的"一条鞭法"改革过程中，随着公共参与程度不断扩大，基层的行动、地方的积极性在南京变法中发挥了中心作用，这个发展和明代早期的农业社会理想的崩溃是紧密相关的。然而，虽然出现在南京城中的政治行动不仅仅是城市性质的，但这个议程——制定一项新的城市财产税——在当时的确是只针对城市居民的。明代早期的管理制度偏向以农村为中心，这对城市中主张改革的人构成了一种额外的挑战。尽管各地会进行变化和调整，但从"均徭"到"一条鞭法"改革，当时的趋势是将税收的基础转移到农业土地上。很明显，这种方法并不适用于城市——对没有这类土地的城市居民

谈判中的城市空间

来说，他们该怎么办呢？令人惊奇的是，城市税在当时不但没有制度基础，而且在整个变法过程中，这个问题似乎也很少有人讨论。为了摆脱徭役的束缚，城市居民需要设计出另外一套方案来支付转运之责。通过观察财政改革的政治影响，我现在需要对事实上的城乡差别，以及城市里的改革家如何克服明代政府管理体制中的农村倾向进行探讨。明代城市改革的总轨迹也给我们提供了条件去观察"火甲"——它的初衷是确保社区的自卫安全——是如何变成明代晚期城市包括南京城的中心议题的。

明代城市徭役改革

明王朝独一无二的"城市问题"

城市税制的谈判：坊厢役的改革　如上所述，明代早期的立法是以农村为中心的社会愿景，这个奇特的制度遗产根植于国家对城市税收的模棱两可的态度。与以前各个朝代不同，在这个阶段的行政官僚体制中，城市与乡村区别不大，而且对城市居民财富的评估也没有正式、明确的标准。明代早期的财政制度由农业税和轮流担值的徭役组成，从来没有正式规定针对城市居民的税收。[65] 结果，尽管城市居民和农村居民都需要负担徭役，但只有农村居民需要对农村耕地进行纳税。[66]

这种城市制度的模棱两可是明代政治理念的独一无二的结果。然而，这种针对城市居民的"善意忽略"，被证明是一把双刃剑：它既可能帮助城市居民获得更多的利益，也可能带来不利的结果。例如，由于"里甲"制度和坊厢役两者之间缺少一种正式的区分，地方政府便无法对城市和乡村居民征调不同的税役。太平府（今属安徽）的一本地方志书指出了徭役制度中十分突出的事实上的城乡不平等：

> 廛居曰坊，野居曰里，各有长甲，亦常制也。廛居虽曰无
> 田，而贸易资生，犹夫耕也，视民如伤之政，奚内外之有间。
> 呜呼！市宅之民，近乎府县，差遣之繁，倍于乡里。[67]

志书的编纂者对城市居民表达了明显的同情。城市居民之所以会承担重赋，据说是因为所谓的"地利之便"。他们居住的地方距离地方衙门近，因此城市居民就更容易成为被征派的对象。在建昌府（在今江西），税收负担是如此沉重，以至于"黠民"开始搬离城市。[68]

而在苏州地区，天平指针则指向了另一边。就劳役金派而言，建昌的出现城乡差异的时间点是在宣德年间（1426—1435）。在这个时期，城市居民要对地方政府发出的金派劳役的命令做出回应，农民则负责收集和转运漕粮。然而，这个体系出现了一系列变化和改革。到了景泰年间（1450—1457），城市居民既不负责徭役，也不负责任何其他的贡献。因此，许多乡村地主乘机偷奸取巧，钻政策漏洞，在苏州登记注册，成为苏州居民，以此来逃避劳役征调。[69]对乡村田园的偏爱也对"均徭"的财政改革产生了影响。例如，在南昌府（在今江西），改革者对根据土地所有权来判定农民的徭役责任极为关注。结果，负担被转移到了城市居民身上。明末南昌的一位地方志作者描述了这种不公平的分配方式，以及城市居民因此遭受的苦难：

> 坊民厢民均为赤子。在乡民一完四差，便得休息。而在城坊民仍责令答应各衙门及过客灯笼油烛，并祭祀宴会幕次什物

等项，甚为烦苦不均。[70]

很明显，推行"均徭"的目的是缓解农民身上的负担，因此，地方政府的其他任务需求就只好由城市居民去完成。城市居民被财 59政改革排除在外，无法从中受益，这已经成了一个比较普遍的现象。甚至在明朝南疆——琼州府（今海南）——也存在这种情况。[71]即使是受变法恩泽的城市居民也常常吃亏。由于"均徭法"只是将一部分地方徭役折算成"银差"，地方政府仍然可以用"力差"之名征用役力。"力差"被视为相对沉重的一个负担，通常被特别安排给城市居民来完成。而且，空间位置的便利性经常被用来为明显不公的劳役分配做辩护和开解——就地理位置而言，城市居民距离衙门更近一些，因此，当城市居民亲自前去服役时，个人的负担也就更轻一些。[72]

15世纪中期，"均徭法"被"一条鞭法"取代，后者把所有的徭役都折算成了银差。然而，对农村的偏好持续影响着后来的变法运动。在某些地方，变法措施没有覆盖到城市范围。例如，1609年安徽的志书编纂者就指出，随着"一条鞭法"成功实施，坊厢役变得比以往更为繁重。这种令人啼笑皆非的局面，依然是偏爱农村的政策带来的结果。在巡抚、巡按御史强有力的执行和监察之下，地方性政策根本无法在农村地界金派徭役，因此，所有的劳役都落到了坊厢内的居民身上。[73]即使是在一些改革者考虑之内的城市，由于缺乏城市税收制度，以银代役的评估也存在很多问题。

地方上的解决方法五花八门，结果也各不相同。例如，为了调节城乡之间的不平等，南昌府将城市和农村的徭役折算成定量的白银来收取，数额以丁（成年男子）、粮（农业收成）为基础。这个办法明显对那些无地的城市居民有利：农村居民和城市居民都需要支付同样的人头税来代替过去的徭役金派，但农民还必须担负以粮食为评估基础的土地税来支持地方衙门的正常运转。此前，这些衙门的财政都单纯依赖城市居民的贡献，而"一条鞭法"大大降低了城市居民身上的经济负担。[74] 在湖北孝感，税收数额的降幅如此巨大，以至于将徭役折银支付引发了不少怨言，舆论认为，城市居民所纳税银还不及农民的一半。[75]

　　然而，如果土地不是判定折银多少的公平依据，那政府应该使用什么做标准呢？的确，不同的人对不同的缴税基数拥有不同的意见，正反双方争论激烈。如上文所述，政府使用地税取代徭役的主要原因在于农业用地是固定的，收成也相对稳定，与其他经济能力的估算方式相比，这既不容易隐匿，也不容易被书吏掌控。但是人们也认识到，如果把劳役转化成地税，那么那些并非全部依靠农业土地来获得收入的人就会意外享受到非正常的税收优惠。16 世纪，经济发展进入了繁荣时期，越来越多的地主移居到了城市里，这个问题也因此而恶化。尤其在南方地区，由于经济商业化的速度加快，改革者倾向于将政府对劳役的需要转换成农业土地税，因此地主和商人之间的利益冲突异常紧张。"一条鞭法"的主要倡导者——江西的刘光济——于 1588 年指出，在确定转换比例的时候，北方的地方政府用了一套综合性的单位概念，即"门""丁""事""产"，而南方的地方政府则倾向于用统一的概念"田粮"。以土地田亩作为徭役折银的基础，不但使那些越来越富的商人阶层规避了责任，而且还迫使农民逃离田园，结果进一步破坏了早已衰落的农村经济。的确，很多当代评论家都已经意识到，"一条鞭法"对土地的沉重课税，是致使农民弃农从商、弃本逐末的主要原因，这反过来又导致了农村地区的土地贬值。[76]

　　这个问题的复杂性，以及它带来的社会压力，在江南地区的嘉兴府和湖州府表现得尤为突出。在这两个地区，城市居民的财政责任问题引发了激烈的辩论，但是，辩论的结果却完全不同。[77] 在嘉兴，城市税收问题引起的争议被支持变法的知府列为排名前十的地方紧急事项。据知府描述，面对徭役改革的两种提议，地方居民左右为难、手足无措。一方要求地方政府平等对待地主的负担，尤其要平等地对待士绅和普通人之间的负担（调整，或者甚至取消士绅优免徭役的特权）；另一种则主张，社会公平建立在为无地的城市居民创制城市财产税上。支持城市税的人辩解说，这个问题的核心在于嘉兴具有特殊的性质——该地经济发达，人们并不需要对土地进行大量投资就能够发家致富。因此，即使改革能够实现均田均役，其结果仍然无法满足当地百姓对财政公平的渴望。最后，知府采取了后者的建议，他决定对城市居民的财产征收一项新的税种。他强调说，新税并非为了盘剥城市中的富户，相反，实施新税的目的是弥补当前制度中的漏洞——正是这一漏洞让富商逃脱了"一条鞭法"改革对他们的管辖。[78]

然而，在湖州，辩论的局势完全反转。朱国祯是积极参加地方改革的活跃分子，他在《附市户议》中写了一份与上述争论完全不同的辩词。[79] 朱国祯说，通过对湖州经济现象的仔细观察，他发现该地区的富人几乎没有不投资农地的。因此，政府没必要专门再设一项城市财产税。朱氏认为，限制针对士绅阶层的慷慨大度的优免政策才是更重要的事。他的这个观点，得到湖州的变法参与者丁元荐（1560—1625）的详细阐发。丁元荐声称，那些保守的士绅对城市税的支持，只不过是转移人们对士绅特权的攻击的一种应对策略而已。[80] 在湖州，这种策略并不少见。例如，泉州府（今福建）的一本志书中提到，地方上有批评认为，"一条鞭法"改革只支持那些没有土地资产的富商。然而，该书编者对此进行了驳斥，认为这种观点不过是那些自身利益受到改革伤害的地方士绅的辩解。尽管这位编者并不否认当前的改革计划的确使富商受益，但他仍然非常确信，士绅的特权问题应该被优先考虑：这一步不仅能够挽救崩溃的农民经济，更重要的是，它最终保证了农村有地士绅阶层的福利。[81] 无论这个观点是否有效，保守士绅制定的以牺牲商人利益为代价的策略都可能会产生比预想中更为复杂的后果。随着对士绅特权的反对的日益高涨，认为向城市富人征税和减少士绅阶层特权是相互排斥的选择的看法，在某种程度上阻碍了城市税在徭役制度改革过程中成为主流方式。

最后，在明末财政改革期间，"城市问题"受到了极具地方色彩的对待。一些倾向于向城市富人征税的地方也采取了各种不同的措施，而非直接对城市居民的财产进行征税。其中一种征税措施是让城市居民建立"役田"，然后利用这些役田的租金收益来雇佣劳动力。例如，在苏州府，最富有的居民是那些极少投资农地的城市商人。因此，徭役就不公平地落到了那些并不富裕的农民头上。16 世纪中叶，知县宋仪望成功地从城市富人那里募集到了一笔钱，建立了公共役田。[82] 而在附近的松江府（今上海），同样的手段却是完全相反的目的：城市居民承担了更为繁重的政府征役，因此，他们出钱建立役田，来缓解自己身上的负担。[83]

总而言之，中国行政管理制度对乡村的偏爱在明代发展到了顶点。例如，明代没有征收城市税，正是该王朝理念的独一无二的结果。与农民一样，城市居民也要担负徭役，但他们却不会因为拥有城市资产或财产而向政府缴纳特别的税赋。结果，尽管城市在明代的社会和文化中的重要性在日益上升，但他们的财政能力却没能发挥作用。15 世纪，当徭役制度经历一场基础性的变革时，这种偏爱就变成了问题，土地税在国家财政制度中的作用也显得更为突出。

然而，最初的财政制度并没有将城市土地考虑在内，这个制度缺陷从来没能在中央层面上得到系统性的纠正，而且它还处处受到挑战。正如上文讨论的那样，一些人试图通过设置一种新的城市税来让城市居民变得更可靠，另一些人则选择在财政改革中优先考虑其他方面（例如取消士绅阶层的优免特权）。然而在多种多样的政策考量中，人们认识到，明代早期财政制度中问题重重的城乡差异为城市空间经济价值的再次谈判埋下了伏笔。

63

从坊厢役到"火甲"：城市徭役佥派的扩大　尽管在城市背景下，财政改革面临着更为复杂的局势，但它也确实减轻了很多城市中坊厢役的负担。然而，有限的成果给城市居民带来了新的问题。政府的期望没有得到满足，于是只能寻求新的役力佥派的途径，例如我们在南京城的案例中看到的"火甲"自卫组织。这种发展并不令人感到惊讶，因为"火甲"并没有与目前已经过时了的户册捆绑在一起，因此被证明是一种更为有效的征派役力方式。"火甲"最初的目的是提供地方安全保障，因此政府在其他领域征派役力被认为是非法的，而且通常会被当作政府官员贪污腐败的标志。然而，最近学者们对这个流行观点有了新的看法，并且发现，在提倡俭政的过程中，滥征役力具有更深一层的结构性根源。

本着"轻徭薄赋"的理念，这种新兴的管理风格与明代早期的小政府治理理想是一致的。相应的保守性的财政措施通常会导致预算亏空，迫使经费不足的地方政府为了保证正常的运转而临时推行非法措施。这种趋势在"一条鞭法"改革最高潮的时期进一步恶化了。这场改革起源于地方政府层面，在雄心勃勃的首辅张居正（1525—1582）的鼓励下得以完成。的确，俭政在控制地方预算方面与"一条鞭法"改革的目标是一致的。尽管如此，与张居正的许多加强帝国中央集权的手段一样，他拥护的改革政策也受中央政府利益的驱动。为了应对北方游牧民族的军事威胁，中央政府需要获得更多的税收。在明朝 200 多年的统治时间里，帝国的税收严重缩水。为了避免诸如制定新税或者提高税额这类不得人心的措施，张居正只能追收逋赋。朝廷和地方政府实际上在竞争同一个税源，只要地方政府不断削减其预算，他们就能向国库上缴更多的税收。因此，通过在考核地方官员政绩时加强对"俭政"的考核，张居正就能开辟新的税源，增加国库收入。[84]

然而，节俭对于地方政府的财政状况是有害的，因为它促使官员为了在考绩黜陟中获得好评而大幅度削减地方财政预算。这种政策带来的问题，对当时的观察家来说并不陌生。例如，明末清初的一位高官孙承泽（1593—1676）就发现，在"一条鞭法"改革过程中，使变法者获得美誉的"轻税"制度其实存在许多问题。孙氏特别反对过度削减地方预算（"节省之说"）。他认为，这种"节俭"的理念导致地方官员开始玩弄政治术语，自欺欺人，而这只会摧毁地方财政的稳定性。[85] 的确，我们发现，那些雄心勃勃的官员充满渴望，致力于达到远低于实际运行成本的预算，结果他们只能开辟其他渠道，或者只能通过非法征税、征调劳役来弥补它引起的预算缺口。无论是在城市还是在农村，"里甲"组织都已经崩溃，因此，地方政府更加倚重公共安全机构，寄予它们更多的期望，希望由它们来实现未能满足的需求。这种趋势被证明是理解南京"火甲"改革内在驱动力的关键。[86]

应对明代南京城的"城市问题"

南京的坊厢役改革　南京的徭役改革具有明末财政改革的总特征，但是它也受其独特的背景影响和形塑。作为帝国的首都，南京是一个严重官僚化的城市，它集三个层面的政府于一体：县、府和朝廷。从很早时候起，坊厢役和"火甲"这两种徭役制度就已经存在，它们为这座城市中数量庞大的衙门提供服务。

到了明成祖（永乐皇帝，1403—1424 年在位）时期，明朝迁都北京之后，政府过去对徭役的严重依赖大幅降低了。明成祖仿效明太祖"徙富户"的做法，迁移了 27000 家富户到北京。因此，南京的人口陡然降到了原来的一半，对坊厢役的需求也同样如此。实际上，对坊厢役的需求量如此之低，以至于在某些时候，坊厢役力会被"发配"去支持农村地区的里甲（南京的坊厢由两个较大的县城上元和江宁管辖，它们负责管理南京城及其附近的村庄）。1437 年，县令邝埜将现存的 318 个坊厢合并成了 79 个，并设置了一个上限，每年各季用于支付雇佣坊厢役的开支不超过 300 两白银。

然而，南京地方政府的轻徭政策并没有持续多久。由于帝国经济持续繁荣、国家人口持续增长、官僚事务冗重，坊厢居民身上的负担也变得越来越重——某则材料估算认为，坊厢居民身上的负担比以往增加 40 倍。[87] 与帝国其他地方一样，恶性循环开始显现出来：负担越重，逃避登记的人口数目就越多；登记在册的居民越少，已经登记的居民身上的负担就越重。当坊厢役银的短缺变得无法挽回时，县吏们就会废除固定的银额，于是坊厢内的居民不得不再次面对政府毫无节制的劳役征调。各个季度，富户都被指定到坊内去搜罗钱财，否则他们就需要自己掏钱来填补役银亏空。到底指派谁来弥补亏空？这完全取决于衙吏的临时起意。毕竟当时社会上并不存在客观的财产评估标准。因此，这种体制自然会导致滥用职权和贪污腐败。更糟糕的是，从弘治年（1488—1505）开始，中央政府的征役数量大大增加，顾起元使用黯淡的笔调和审慎的细节描述了家乡所处的这段黑暗年代：

且自弘治以来，又添拨九库、八关、五城夫役，又代工部
买运光禄柴薪四十余万斤，又太常九种进鲜重取什物银两，又
各衙门行取书手工食，并修理衙门。嘉靖十八年以来，又骤添
应付衙门八处，至于燕席、节物、花灯诸供馈，抑又不赀。而
大小使客，时行火牌，征脚力口粮，迎送鼓吹，靡不应付。加
之百司吏胥，恐吓需索，而大柴宴席为尤甚。至是倾败相继，
自经自溺者日闻，而民不堪命矣。[88]

很明显，这种不断恶化的形势一直持续到了 16 世纪 70 年代，
直到一位地方上的生员赵善继发起希望政府减少征派的请愿。[89]赵
善继的叔叔因为无法完成摊派的徭役而死于牢狱之灾。赵氏家族源
自河南，是明初被迫迁置南京的著名"富户"之一。尽管明太祖曾
下令禁止县学生卷入政治，但赵善继仍然组织当地家庭的县学生加
入他的行动。他们主要的目标是减少南京政府额外加征的"飞差"。
的确，正如赵氏看到的，就算各个衙门在某一个时期只征收一种徭
役，这种徭役带来的总负担都远远超过南京居民的承受能力。赵善
继的策略是对官员个人进行说服，向官员展示，他们提出的看似平
淡无奇的要求将会造成南京厢坊内居民的严重贫穷化。

赵善继的传记资料通过形象生动的细节记载了为完成这场事关
南京全体衙门利益的财政改革需要做的事。赵善继带领他手下的县
学生，首先向南京所有不同级别的官员和士绅递交了一纸文书，发
出请愿，请求获得他们的支持。得到总督的许可之后，县学生开始
逐个游说各地衙门加入这次改革。他们的努力收到了不同的反馈。[90]
一些官僚拒绝变法，一些官僚处心积虑地利用这次请愿，帮助自己
往上爬，还有一些官员则是目前腐败制度的既得利益者，绝不会考
虑这场变法。在很多时候，学生们的请愿书头一天才送到对方手中，

翌日便被退回，于是他们不得不重新开始。然而，由于他们的不懈努力，越来越多的官员开始认识到坊厢役制度的问题，因此对他们的请愿抱有越来越多的同情。赵善继的目标很坚定，他游走于各个衙门之间，陈说自己的改革方案。然而，这种寻求变法的途径过分倚重于个人，因此，赵善继本人于 16 世纪末去世之后，寻求变法遂告中止。正是赵善继个人努力的影响，激励着丁宾，采取更积极的方法，树立人们对改革的共识。

赵善继发起的活动符合明代财政改革的总体模式，他在调整各衙门的需求方面积极寻求南京的改革。然而，当代观察者们心里明白，只要坊厢居民继续遭受政府无休止的征派，他们的痛苦根源就始终存在。因此，坊厢役改革的另一个趋势就是将"上命非时"的杂役改为定额的赋税。1567 年，亦即隆庆元年（各代皇帝继承大统时，通常都会在元年启动改革），地方御史和总督决定恢复正统朝旧制，并且取消县衙对坊厢居民的"非时"征派。只要城内居民缴纳定额的折色银两，他们就可以免去官方的金派。这些折色银两的作用是购买应贡物品，或者佣人充夫，而银两数额只比 15 世纪中期高出 10%。然而，一旦当政者去位，他的继任者就恢复了随机征派的制度。就此而言，南京城的坊厢役总是在固定折色和亲身应役之间摇摆。这种斗争至少一直持续到 17 世纪早期。[91]

政策方面出现持续的交替变动，其原因应该是政府越来越欣赏实行俭政的官员。到了 1575 年，历经数次失败之后，一位总督的上台又让人们重新开始努力变法。当他看完两个府县的材料之后，这位总督意识到，令坊厢居民遭受沉重负担的是各衙门五花八门的私立门目。为了制止这种滥用职权之风，该总督还援引了北京的一个先例，规定每年坊厢役最高不超过 540 两白银。这个计划得到了当时以节俭知名的知县林大黼的支持。然而，在林知县离任后的第一个季度里，当地政府的财政支出就已经超过了全年预算的五分之四。

接下来，有人提议恢复坊厢役。这一提议引发了公众的愤慨，几乎引发一场城市骚乱。面对公众的压力，政府最终做出了妥协：由县库出资弥补城里的预算亏空，涉事县吏也受到了严惩。另外，最令人惊奇的是，政府居然还把坊厢役预算减少了100两白银，以安抚愤怒的民众。虽然通货紧缩通常伴随着经济发展、人口增长，以及官僚机构的膨胀，但坊厢役甚至比150年前的定额还要少！大幅度削减预算，反映了15、16世纪坊厢在编户民数目的大幅下降。如果考虑到坊厢居民承担的沉重负担，那么这种巨大变化便是不足为奇的。[92] 然而，暂且抛开这些因素不谈，地方衙门的需求并未减少。随着徭役逐步规范，政府无法满足的这些需求，便化身为"飞差"，通过"火甲"这一组织来完成佥派。[93]

从坊厢役到"火甲"制 海瑞任南京右都御史时（1586—1587），当时对"火甲"制的滥用已经成为一个主要社会问题。海瑞指出：

> 火甲专为地方防守，京师百官用。本有皂隶而已。南京不然，以致地方之人不堪而诉。……民因火甲，所从来远。旋题旋废，旋废旋题。盖缘具题之人，以己恕人，原无行心，而姑为之说。[94]

南京居民的苦难似乎永无宁日：同样的话题被一遍又一遍地向政府提请关注，但现状依然如旧，任何试图改变的努力过不了多久就会被放弃。海瑞认为，如果负责此事的官员能够保持足够的决心，并且做出道德承诺，那么大多数问题是能够得到解决的（这种典型的论调贯穿了海瑞著名而充满争议的一生）。[95] 然而，人心的败坏只

是造成"火甲"悲剧的部分原因。正如上节所述，更为深层的制度
缺陷在很大程度上造成了南京财政制度的功能失常：国家规定的预
算过低，无法满足官僚制度的正常运行，这就迫使地方政府一次又
一次向地方金派非法的徭役。[96]海瑞的观点在那个时代十分具有代
表性，它代表了当时社会对此问题的整体看法：引发经济危机的原
因是道德败坏，而非制度问题。

为了解决这个问题，海瑞宣布了他的决定。他将会在南京城推
行一系列新规来阻止各级衙门官员进一步滥用职权。他还编辑了
《夫差册》，详细列出南京居民必须承担的各种劳役。任何不在册子
上的征派都被视为非法的、理应受到谴责的征派。有趣的是，海瑞
的改革并没有将"火甲"制度恢复到过去的那种治保措施。相反，
他很现实地做出妥协，将城市徭役变为可供政府运作的一种资源。
因此，这场改革的目的就是避免当前局面进一步恶化。《夫差册》列
举了 5 类衙门的征派，下面包括了超过 100 种的力役种类：

> 各衙门看守公厅夫（超过 50 种）；
>
> 宫廷衙门打扫夫（12 种）；
>
> 各衙门私宅宿风人夫（24 种）；
>
> 各衙门灯笼人夫（28 种）；
>
> 各衙门不常取用人夫（12 种）。

这张长长的表单为我们提供了确切的证据，证明"火甲"制度
包含的内容已经极度扩大，它早已变成了向南京各政府衙门提供力
役的补充制度。南京地位特殊，它是帝国陪都，因此，与普通地方
政府衙门的项目相比，这份表单明显要长得多。南京城内有宫殿、
六部、一府（应天府）两县，所有部门都需要官吏去完成日常的运
行，同时还要在宗教事务上帮忙。如果资金缺乏，导致这些政府部
门无力雇佣足够的人力，负担就通过"火甲"转移到地方居民身上。

实际上，需要通过"火甲"渠道来应付的负担是如此之多，即使像海瑞列举的这么多的细目，也不能满足所有的政府需求。结果，一个双重的"票册"制度就被投入使用。但凡《夫差册》之外的征派，都需要被填写在票册之上，然后才能得到正式的许可。这个权宜之计打开了向南京居民征派非常规徭役的阀门，并且为丁宾在任期内的激进改革铺好了道路。[97]

重建应纳税的城市空间

现在已经很清楚，虽然南京是陪都，具有独一无二的地位，但是它的城市徭役改革的发展道路，在当时很多城市中颇有代表性。一方面，官员们认识到，通过将赋税折算成定额的银两来规范地方政府滥征民力的行为极具迫切性；另一方面，由于地方资金短缺问题始终存在，以"火甲"形式进行的非法征派一直延续到了明代末期，它带来的"阴影"甚至对新兴的清王朝产生了影响。[98]传统的徭役征派在未来仍会复活，其中最为常见的一种表现形式是地方治保组织"保甲"制度。滥用职权是如此猖獗，朝廷为此不得不采取措施。1603 年，户部向皇帝请求，加快推行"一条鞭法"，户部的官员强调，不能让"保甲"这种地方治保组织沦落为非法征税的工具。[99]

尽管上述违法现象不只发生在城市之中，但"保甲"制度并非建立在政府编订的户册上，而是建立在沿门逐户轮流职守的"排门"制度基础之上，或许城市居民对此才是感受最深的。[100]因此，"保甲"制度拥有广泛的社会基础，包括了那些羁旅的商人和新移民——这些人得益于已经过时的户册登记，逃避了赋税之责。[101]在一个新移民不断涌入的城市，"排门"制度对地方政府征派赋役来说，显然是一种更具效力的方法。然而，由于"火甲"制度在城市逐渐被用作地方治保措施，它被滥用的问题也变得越来越严重。1609 年，建昌府（今江西）的某位御史严厉禁止了任何形式的"排门"劳役征派，包括"火甲"或"总甲"（是在"一条鞭法"名义上取消亲身应役之后才出现的）。[102] 很明显，"火甲"实际上替代了不久前刚被废除的坊厢役，《琼州府志》的一位编者也注意到这个变化：

> 国初正役，自里甲徭差外，毫不烦民。而不谓后之纷纷也。……总、小甲诘奸，而派办扰矣。[103]

的确，如同吕坤（1536—1618）所说，"火甲"征派制度发展得如此迅猛，结果它几乎等同于一种正式的赋役，即所谓的"差外之差"。[104]

"火甲"制的滥用，使南京及其他一些城市又退回到了坊厢役那样的泥潭。一方面，地方政府额外加征之风愈演愈烈，制度本身已经濒临崩溃；另一方面，权势富有之家能够优免赋役，最终使得全部重赋都落在了中下阶层城市居民身上。中下阶层城市居民不能享受为士绅阶层量身打造的优免待遇，因此，改革"火甲"制度的呼吁之声更多地来自他们就不足为奇了。担负着远远超过其承受能力的重压，这些不幸的城市居民疲于应付各种力役和物资的征调，同时还需要承担巡夜之责。在杭州、苏州这样的江南经济中心，民变此起彼伏，这证明了城市的中下层人民越来越无法抑制心中的怒火。[105] 城市民变的威胁加速了另一个"火甲"改革的浪潮，其中就包括南京城的改革。

尽管如此，与其他城市正在进行的"火甲"改革的方式相比，南京的改革显得异常平静，其中缘由很可能在于南京主事丁宾。上文已经提到，在改革过程中，丁宾之所以能够成功避免改革派和反

第一章　我们必须被征税！

对派公开发生冲突，是因为他努力在民众之间达成了共识。在正式推行改革之前，丁宾私下接见了请愿者，与此同时，他还派遣官员去居民家中访问，组织听证会，并且张贴告示，鼓励心有怨言的居民吐露自己的心声；"重民意"这一经常被引用的儒家理念，在字面上得到了积极的追求。尽管丁宾解释说，他反复进行调查的目的是审慎地安抚民心——考虑到在南京财政改革期间发生过的冲突，民意很可能带来巨大的公共压力——但实际上，与赵善继采用的个性化的改革策略相比，无论是从推动官员配合改革的方面来看，还是从安抚群情骚动的城市居民的角度来衡量，对公意的明确展示，在丁宾的改革中都是一种较为成功的策略。

然而，与此前城市徭役改革一样，将"火甲"劳役折算成白银，不可能像在农村那样一帆风顺：它需要改革者为城市制定一个和农业用地等效的比例来确定具体的税率。为了解决这个问题，丁宾再次向社区领袖求助。请愿者提出了一个改革方案，呼吁南京居民主动地开展税务登记：

> 身等向来私雇总甲，原有出钱数目，今既恐无凭据，身等愿将三十六年分，一年之内，各城各铺，大小贫富人家，各出钱数，公同会众各铺，写册一本，名为《五城铺册》，送官以备查考。[106]

为了防止官员出现犹豫不决、观望迁延的情况，居民们还自愿进行互相监督，以确保所搜集数据的准确性："夫公同写册，既不敢减少，又谁肯写多。官府得此，实有凭据。"[107] 按照丁宾的记载，短短几天之内，《五城铺册》就编好了1000多户纳税户的资料并被呈送到他的面前。这些资料后来就成为城市财产税"房号银"的分级

谈判中的城市空间

基础。

虽然其他一些城市也推出了类似的措施，但征收财产税并非唯一能够解决问题的方法。[108] 某些地方的人选择将劳役转换成当时流行的税种，例如"田房契"（印花税）或者"门摊费"（商铺经营税）。 73 某些城市则恢复了宋代城市的税制：政府根据一个人的房舍庭院的大小、租金收入，或者地产价值来制定税率。[109] 正如上文讨论过的，一些城市已经建立了"役田"。[110] 在某一案例中，某地方政府就使用善堂的经济收益实现了这个目的。[111] 除了那些多样性之外，"房号银"已经成为城市徭役折纳白银的过程中最受欢迎的选择。在吕坤任山西巡抚期间，这种方式被广泛采纳。[112] 山东省的情况也是如此，有传言说，临清的商人通过逃避地方政府的注册来规避这种赋税。[113]

我们发现历史在这里出现了某种意外的倒退（尽管不是彻底的倒退）：回到了宋代的城市税。城市地税的复活，不是因为政府采取了经济激进政策，而主要是因为民众广泛要求克服由农村为基础的赋税制度所带来的障碍。这是一个令人啼笑皆非的历史转向，这个将城市边缘化的制度始料未及地把城市居民联合了起来。

明末财政改革的城市因素

的确，像"一条鞭法"这么大规模的经济重组方案，注定会在许多地方引发利益冲突和权力斗争。传统上，人们通常将改革视为一场反击官僚腐败和缙绅阶层滥用权力的运动。最近的研究还指出了另外一个在客观上延缓了改革进程的因素：中央和地方政府对税收的抢夺。通过提倡节俭化的政府治理，国家能够挽回被日益增长的地方支出所消耗的赋税。然而，由那些雄心勃勃的官员们制定的不切实际的低预算，又进一步束缚了地方政府财政——有时候地方衙门不得不重走非法征派的老路。

本章还揭示了另一个极为重要但经常被忽略的，这场追求赋役公平的大规模战役的空间因素。由于土地税成为追求赋役公平的最佳解决方案，所以城市居民们通过无数次请愿（甚至个别地方还发生了民变）来竭力反对财政改革过程中的城乡差别。为了在"一条鞭法"改革中受益，许多像南京这样的城市，通过设立一种城市财产累进税来将自身重新改造成为一个应纳税的空间。随着财政条款重新定义了城市空间，新的"城市"概念便出现在了帝国的政治舞台上。

结论：国家、社会和平民主义的城市改革

现在，让我们再次回到本章开头提出的问题：为什么南京居民在反复请愿之后，集体涌上街头，请求税务登记以便纳税？怎样才能使这场似乎并不和谐的平民赋税改革运动得到合乎情理的解释？本章为我们解开这些谜团，提供两个深入的见解。一方面，南京居民表现出的积极性是财政改革过程中政治参与扩大的结果；另一方面，事实证明，在那些没有被迫接受特定税的城市，财政改革的推行是特别具有挑战性的。这说明，促使南京民众抱团行动的是明末城市居民重新创造应纳税城市空间这一特殊事件。

的确，南京开展"火甲"改革之时，正是过去建立在实行自我监督的村社基础上的经济制度开始崩溃的时代。此时此刻，无论是国家还是社会，它们都对财政公正问题全神贯注。高度的焦虑引发了一系列的改革尝试，最终推动了"一条鞭法"的出现。"一条鞭法"将全部的劳役义务转换成一定额度的白银支付。采用白银作为经济货币在中国历史上是一个里程碑式的变革，但并不能全面解决财政不平等的问题。恢复财政公正的能力取决于两个因素：计算财

力大小的公正标准，以及设计良好能够有效防止渎职行为的管理制度。赋税，尤其是建立在最为具体的、可视的、难以藏匿的财产形式（土地）上的赋税，被证明是政府和人民都能接受的最为理想的纳税方式。从长期看，传统赋税向土地税的转变，最终于18世纪早期取得了优势：徭役被正式取消，土地所有权成为征税的主要税基。[114]公众要求制定新税，取代徭役——如同发生在南京城的故事——是使国家与人民之间的财政交易规范化、公开化的全部努力的重要成分。

另外，为了制定赋税分配和征税的新流程，民间基层力量被广泛发动，来防止官僚主义的膨胀。"一条鞭法"的具体实施细节在地方上具有很大的调整余地，因此官员们有时候会向社会大众求助，希望他们参与到制定改革政策、确认资产评估结果，以及实施变法条文的过程中。因此，南京社区的积极参与也就不是偶然的：在城内街坊们的自愿配合下，地方政府最终能够制定一种新的赋税制度。城市居民们表现出来的力量令人印象深刻，以至于丁宾受其鼓舞，也以同样的热情开展其变革。在丁宾的记录里，他总结了自己的改革过程，认为其特点是对"公意"持之以恒的追求，以及基层民众满怀热情的参与。

在财政改革过程中，公众的广泛参与是一种整体趋势，然而，城市采取的形式和农村采取的形式是不一样的。因此，本章第二部分的关注点是"一条鞭法"改革过程中的空间因素，这一点很重要，却经常被忽视。城乡差异起源于明代早期财政制度中实行自主管理的村社理想。结果，政府并没有针对"城市到底对国家负有什么样的财政责任"这一问题制定法律——帝国进入城市大发展时期后，这个问题依然存在。然而，法律条文的真空并非必然就会让城市居民受益，相反，在某些情况下，它会让城市居民陷入更为严重的腐败和盘剥境地。首先，在缺少城市税务登记的情况下，将徭役折算为白银支付变得尤其困难。正如本章探讨的那样，明代城市的财政改革之路充满了波折与坎坷。在明末时期，政府缺少对制度的关注，对城市徭役的改革也倾向于就事论事——它一直不是"一条鞭法"的一个正式组成部分。然而，为了解决赋税问题所做的评估城市资产的共同努力的确影响深远。它带来了一种制度化的认知（尽管是有限的认知）：明代以农村为中心的制度存在不足，政府需要采取另外一种方式来管理城市。在这个意义上，在南京这样的城市制定新的财产税，为最初由理想化的村社所限定的明代政治地理重新发明了城市空间的理念。

第二章

「城」还是「不城」

　　本章主要考察的是作为一个地区的南京城，一个由城墙网络包围的城市景观。事实上，就明朝人而言，他们通常使用一个文雅的名称"金陵"来称呼南京，它不但包括城墙内的城市，而且还包括下辖地区（应天府，或者所谓的"南京大都市区"）。[1]这种空间的模糊性，其根源在于中国的城市并不构成正式的行政单位，它只是一个更广泛地区——该地区的大部分区域都是农村——的行政中心。在更广泛的意义上，真正的南京城的"城市空间"是由一系列担负行政管理功能的城市网络和商业市镇构成的。然而，只有政府所在地（治所）才能够建筑城墙。[2]在明代中期的城市化浪潮中，尽管商业市镇增长迅速，但是无论是在制度上，还是在外在的建筑风格上，它们与当时的村庄区别不大。

　　在这个意义上，城墙不但是中国城市景观中最醒目的建筑特征，而且也是两个城市制度的分界线，一个代表了政府的存在，另一个则代表了富有活力的商业生活。然而，城墙本身并不是恒久不变的。以明代南京城为例，它被提升为帝国首都，紧接着应天府地区也进行了大范围重组，城市的变化也因此越来越大。城市扩张分为两个阶段。在王朝之初，明太祖将横跨长江的六合县并入南京管辖范围之中，然后又在六合县里划出了一个江浦县，以加强京畿的防卫。15世纪，明政府设立了高淳县，由南京管辖。在新的县城建立之前，江浦和高淳这两个地方都是没有城墙环护的商业市镇。随着城市地位逐渐提升，修筑城墙的问题也被提上了日程。尽管两县对修筑城墙都提出了反对意见，但到最后，江浦县修建了两座（而非仅仅一座）城墙；而高淳县则由于民间抗议之声高涨，被迫放弃了筑城计划。这一结果剧烈地重构了南京大都市的城市景观，高淳县和江浦县的巨大反差也正是本章讨论的主题。

与此前的宋、元两个朝代不同，明政府坚定地认为，任何由帝国进行控制的，并实行行政管辖的城市都应该筑城。[3] 随着16世纪海盗问题越来越严重，这个政策再次被强调，筑城运动也因此得到了复兴。然而，尽管政府筑城热情极为高涨，但人们对筑城的反应还是有所不同。在那些受海盗威胁的城市，地方居民常常会向政府主动请缨，请求筑城，或者扩固城墙来更有效地保护自己。[4] 然而，对其他一些城市的居民来说，作为中国城市景观最具标志性的空间特征，城墙是奢侈的。城墙耗费了大量公共财力和人力，因此反对筑城的声音也不少。尽管如此，在大多数情况下，地方政府会设法平息反对意见，筑城行动会继续进行。如果考虑到高淳县在南京大都市的重要位置，它的反筑城行动便是很不寻常的。因为在16世纪，城墙对地方安全防卫而言的确十分重要。在南京城这样一个具有重要战略意义的城市，反筑城抗议进行得如此顺利，不但没受到任何非难或惩罚，甚至还取得了胜利，这一点的确令人感到奇怪。

事实证明，高淳县的抗议行动极大地刺激了地方居民，促使他们发起一项重建地方经济的长期行动——在此之前不久，他们刚刚在一场大规模的水利纠纷中败下阵来。发生在高淳县的大型游说行动，其范围和效率都明确地否定了传统上认为明王朝是东方专制主义的缩影的看法。[5] 诚然，在开国皇帝明太祖的统治下，君主权力显著膨胀。其中最著名的是1380年的废相之举，这一举措极大地损害了帝国官僚体制的自治能力。[6] 然而，进一步的研究显示，君主权力78 并非就是绝对的。大臣们坚持认为，天子必须恪守祖制。[7] 而且，在这样一个庞大的帝国里，国家的权威与它的统治对象距离十分遥远，因此，中央的命令在达到它们的目标之前，不得不经过帝国官僚制度乃至地方士绅的"过滤"。作为中介和代理人，社会精英们在社会控制和国家管理过程中发挥了重要作用，当然也就不总是必然符合国家的目标。[8]

正如卜正民最近所说的，这种复杂的相互影响为谈判提供了很大的空间。结果，只有中国的政府成功地与这些中介组织的利益达成一致时，它的力量才会最强大，卜正民使用了一个颇有说服力的术语——"毛细作用"——来形容这种独一无二的特征。这一比喻形象地描绘出明代政府在社会中的嵌入程度："上层的权力过滤，无法保证国家影响的'湿气'能氤氲到何处；下层密集而细小的毛细血管的作用，使社会潜在地具备了再造国家的无限能力。"[9]在国家与社会之间，权力的微妙地位和大致均衡主要依赖于地方精英的调节——地方精英需要确保潜在的社会压力不会发展成公开的冲突。[10]施珊珊（Sarah Schneewind）研究了整个明代的社学发展史，也同样证实，明政府对地方社会采取了预防控制。她评论说："国家的子民不但为国家服务，为国家思考，同时也使国家为自己所用。明代国家的建立既是自下而上的，也是自上而下的。人民通过调整政府的法令和文件来达到自己的目的，国家的统治范围也因此被延长了。"[11]

的确，卜正民、施珊珊以及其他一些学者显著地修正了——或者扭转了——过去将明代政治视为集权统治的观点。除此之外，他们还提供了大量记录下地方反抗和行动的资料信息。尽管如此，在这些研究中，国家仍然被视为一种压倒性的力量，社会代理只能和它进行竞争。与此相反，上一章强调了政府代理机构和地方居民在财政改革期间的合作，向我们展现了国家和社会之间激烈竞争的完全不同的一面。高淳的例子则向我们进一步揭示了通常被忽视的方面：当推行看似毫无争议的国家政策时，地方往往会开展游说和政治谈判。当我们将分析的对象由竞争转向谈判，我们将会发现，重 79

要的不只是国家和社会之间的权力斗争，而是决定和塑造这些政治谈判过程、结果的问题和关注点。的确，高淳反筑城运动的核心问题是高淳城的新身份——在高淳的建镇史上，它第一次由原来作为商品交易场所的"镇"升格为县级的"城"。因为它产生的政治影响，以及它给人们带来的好处，所以当地人常常对这种地位的变化心怀喜悦。[12]高淳居民的抵制活动突出说明，随着 16 世纪经济不断发展，行政性城市制度和商业性城市制度之间的紧张感也不断增长。在前一章，我们已经看到，在"一条鞭法"改革期间，对城市土地财政价值的重新发现怎样挑战了国家对城市空间的规定。本章呈现的是对它提出的另一个挑战，即它的外在表现形式：筑城。

高淳的筑城主张

秘密策划

高淳的筑城抗议故事始于 1597 年，富有传奇彩色，还伴随着一幕社会恐慌场景。当时，县令丁日近刚刚宣布了自己的筑城计划，结果"邑人闻之大哄，不召而集者四百余人，奔诉于巡按御史李公蔚"。李蔚是应天府三位御史之一。[13]尽管御史的职责是监督地方官员，直接向皇帝奏事，但自明代中叶开始，这些御史越来越多地插手地方事务管理。[14]在这个事件中，李蔚的干预得到了早先有关筑城诏令的支持。[15]毋庸置疑，在 6000 名登记注册的成年男丁中，一个数量超过 400 人的团体的确是一个庞大的团体，尤其在当时很多人住在边远地区，根本无法准备参加这样一个时髦的请愿活动。尽管明代官方的人口统计以其数据偏低而为人诟病，但只有登记在籍册的成年男丁才会被征派筑城，因此，这个数字碰巧对估算这群人的规模具有重要意义。

高淳的筑城问题已经不是第一次成为公共焦点问题了。20 多年之前，即 1573 年，朝廷下发了一道要求所有的县治都必须筑城的诏令，当时的高淳县令夏大勋做出响应，提议筑城。[16] 此举引发了地方上受筑城计划影响的民众的骚动。然而，经过了 1597 年的抗议之后，地方和县衙之间就筑城问题形成的紧张关系问题似乎已经得到了解决。例如，1635 年，时任县令在接到另一道重申所有未筑城的县治和省治都必须修筑城墙的诏书后，立即与地方上的人站到了一起，向皇帝奏陈高淳无法遵守这道诏令，因为他们面临地理和财政上的困难——1597 年发生筑城纠纷时，高淳也得出了同样的结论。筑城的提议因此被再次搁置，在此之后，高淳再也没修筑过城墙。

1573 年，群情涌动；1635 年，人们一致达成了共识。两者相较，可谓对比强烈——这一对比说明 1597 年发生的抗议的确是重要的。然而，地方志书对此却没给予任何评论，似乎一场成功抵制国家法令的群众抗议之举是再正常不过的，无须做任何进一步的解释。然而，对这个事件只做轻描淡写的记录，对事件的总体情形一带而过，显然极具欺骗性。高淳县反筑城运动的胜利是不寻常的——当时该县面临海盗入侵的危险，筑城的形势极为迫切。毕竟城墙保卫的不只是单个的城市，而且还包括整个地区。城墙构筑了有效的内陆防卫线，能够破坏海盗的补给线。因此，毫无疑问，反击海盗入侵的主要防御策略就是让更多的城市修筑城墙，并且修筑质量更高的城墙。[17] 实际上，早在 14 世纪，明代的创立者朱元璋就已经认识到了海盗的威胁，而且他自己还在东南沿海发起了一场筑城的运动。[18] 然而，尽管在整个明王朝统治期间，朝廷三番五次下发诏书，重申朝廷在筑城行动中的地位，但由于筑城和城墙维护的耗费极大，政府的政策从未得到彻底执行。[19] 因此，在 16 世纪中期，无论是沿海地区还是长江下游地区，都遭受了海盗入侵。海盗问题最严重时，政府惊恐地发现，大多数城市的城墙都亟须重建。海盗入侵造成的始料未及的社会变动，促使明政府重新审视城墙在地区安全方面的重要性，这引发了日本学者所说的"内陆区域防御政策的复兴"[20]以及筑城的热潮。

1573 年，朝廷颁发了一道诏令，颁布了更为严厉的加固城墙的政策。这道圣旨颁发于万历皇帝统治的第一年，号召地方"兴建要害"，其中包括城墙这类重要工程项目：

> 城池所以卫民。沿边沿海尤为紧要。屡诏增饬，有司漫不经意。一遇寇至，辄被攻毁。兵部便行与各该总督、提督、总兵、抚、按等官，各将所属城池逐一阅视，分别堪守与不堪守者；其不堪守，应动何项银两修补。原无城池者，作何建置，通限三个月以里具奏定夺。[21]

尽管朝廷先前颁发的筑城诏书也显示出朝廷因城池年久失修而面临的困扰，但与 1573 年的这道诏书相比，它的语气明显远不如后者严厉。这道诏书特别强调地方官的筑城责任，强调朝廷对解决这个问题的决心。因为数次抵抗海盗入侵均以失败告终，皇帝发动了一场新的筑城运动，敕令各级地方军事长官重视此事。尽管诏书措辞严厉，要求军事长官严格负责检查筑城事务，但真正到了筑城之时，筑城需要的劳役佥派和资金筹措的责任马上就落到了地方基层官员身上。[22]

这个历史大背景有助于我们理解高淳发生筑城纠纷的时间点：第一次的筑城提议就是对 1573 年诏书的回应。高淳县是应天府下辖的两个县城之一（另一个是江浦，见下文），两个县城都没有城墙，想要管理好这样一个县城，高淳县令感受到来自上级的巨大压力。

为此，县令夏大勋提议，可以通过出售养马的牧场、谷仓、校场筹集一部分建设资金来纾解民困。然而，这项提议仍旧遭到地方居民的激烈反对，最后不了了之。面对朝廷施加的压力，1597 年，筑城 的建议又重新被提起，也就不令人感到奇怪了。然而，相关的政治背景没能说明，在全面彻底的筑城运动中，高淳县为何被仁慈对待。上文已经讨论过，地方民情涌动，反应剧烈，它不但阻挠了当前的提议，而且也提前中止了未来的尝试。为什么 1597 年的抗议在解决高淳县筑城问题上如此有力？为了解答这个问题，我决定通过地方和国家这两个视角去检验整个事件过程。下一节首先考察高淳的反筑城运动，尤其是地方人士是怎么看待筑城这件事的。至于"政府为何会允许高淳在反筑城行动中占据上风"这一问题，由于缺少政府决策过程的细节，我便将高淳的抗议放置于当时筑城的政治情景之中来理解，以此确定到底是什么因素最终造成了这个不同凡响的胜利。

支持筑城的辩护和反对筑城的论述

支持筑城的观点　高淳本地人是怎样看待筑城问题的？编修于 1683 年的《高淳县志》的"建置"卷（"建置"是地方志中专门记载该地区城池设施的部分）向我们透露了一些线索。在"关防门楼"一节里，作者提到高淳以前从未修筑过城墙。直到 1526 年，高淳县发生了县帑被盗案，县令才依托地势修建了七座城门来保卫县衙安全。这个条目为读者提供了关于筑城的三篇短文，其中两篇是地方文人所写，一篇为县令所撰——按照政府官员需异地任职的回避法原则，这位县令应该不是出生在高淳的本地人。这三篇文章全部都反映了居民强烈的反对筑城的情绪。然而，他们的共同见解不应该被视为地方人士观点一致的证据，而应当被视为政府打压和钳制不同意见的结果——县令丁日近本人的观点，以及他提出筑城计划的理由（引发抗议的导火索）都没有在文中得到反映。

值得我们注意的是，尽管历史学家将地方志视为研究地方史的最为权威的来源，但它们依然是当时地方政治的表达场所——地方志的政治议题经常暗藏在诸如对当地人的称呼这类微妙的表达方式中。[23] 因此，在地方志中，发生在高淳的这场关于城墙的激烈争论，最后变成了一边倒的反筑城的声明，也就不是什么奇怪的事了。然而，文献资源的偏见，并非就是无法超越的，因为支持筑城的观点仍然出现在反对某些特定计划和提议的文献表达之中。例如，四个可供筑城的位置就被记录了下来。修筑城墙的方案一共有两个，其中一个方案提议沿着河道修建城墙，另一个方案则提议修建封闭式的城墙。这两个方案成为被抨击的主要对象，许多人认为即使物质条件允许，它们也是不切实际的。文献还顺便提到了其他一些细节，例如重新选择城址，或者干脆将县城北边的一个叫作"寻真铺"的商业市镇用城墙围起来，而不是围绕县治修筑城墙。某些反筑城的文章还提到并且批驳了特殊的筹资计划，例如向邻县求助，或者出售政府资产等。总之，在被刻意展示出来的"地方共识"背后，我们可以感受到辩论的激烈程度，它引起了地方人士的广泛关注和积极参与。

反筑城的论述 尽管争议鹊起，但在 1597 年，反筑城的意见还是占了上风，中止了进一步的辩论。《高淳县志》收录的反筑城的文章在塑造"地方共识"方面发挥了重要作用，我们应该对它进行进一步审视：

> 韩仲叔，邑人，韩仲孝，生员，《难城说》[24]
>
> 项维聪，县令，1606，《建城论》

黄秉石，邑人，《城高淳议》[25]

　　志书收录这三篇文章并非偶然。这些文章作者的传记资料并未提供太多信息，然而，这些作者似乎是与 1606 年成书的这部志书背后的地方精英圈联系在一起的。[26] 在为《高淳县志》撰写的序言里，县令项维聪对志书的编纂付梓表示祝贺，并且自豪地将这项成就视为包含了地方人士深度参与的集体成果。编纂志书缘起于县令和两位地方文人秦尚宝和陈毓灵的一次会面，后两者成功说服县令开展84这项事业。会面之后，县令便搭建起一个专门的编纂班子来搜集资料，安排官吏采访各村社里长，收集赋税等信息；采访县学生，了解地方上发生的学校教育的故事；采访士绅耆旧，回顾本地过去和当下的事务。[27] 秦尚宝和陈毓灵这两位积极分子的身份都是县学生，均以文学闻名。他们这个紧密的文人圈也包括了黄秉石和韩仲孝。[28]

　　编者之间的个人私谊并不排除反筑城文章中的个人特性。黄秉石的文章言辞最为激烈。他在开头便写道："夫筑城以保民也。然使今此之高淳而筑城乎，则必至于无民。无民，谁保焉？请竟其说，而诛可乎！"[29] 黄秉石请求赦免自己的不敬，这让我们注意到，反筑城的言论是与皇上的旨意相违背的。考虑到当时的政治气氛、黄秉石的直言顶撞，以及他关于这项不受欢迎的政策将受到民众抵抗的暗示，使得他的文章成为三篇文章中观点最为极端的一篇。与此形成对比的是，尽管韩仲孝的文章语气差不多同样迫切，但是他的批评讲究技巧，数次援引儒家经典《春秋》。三篇文章中的最后一篇是县令项维聪的颇具保守色彩的文章，作为政府官员，他不能像其他两位作者一样酣畅淋漓地表达自己的观点。他强调了筑城对于捍卫京畿的重要性，但他同样承认，在高淳筑城必然会面临许多问题，他还提出了一个短期的折中计划——在县治筑城，而不是在全县筑城。

三篇文章虽然存在以上这些不同，但它们不仅在筑城问题上持有同样的立场，而且还表现出高度的结构相似性。县令项维聪的文章中有这样一段，巧妙地总结了他们的核心内容：

> 《易》称："设险守国，重门御暴。则建侯启宇，岂惟德教。盖亦有城郭之固焉。然或制于地，扼于时，即欲峻防饬备，势无由也。"[30]

本质上，作者同意朝廷坚持筑城是合理的，筑城与传统经典中的国家治理理念也是一致的。然而，尽管这个理想令人向往，但有时候现实条件却阻碍了它的实现。的确，这些作者没有否定筑城政策的合法性，他们只是认为，在 1597 年，无论是从天时还是地利方面看，高淳都不适合筑城。当时，全县经济已经濒临破产，而且就地理条件而言，筑城也是不可能的。

地方上反对筑城的态度异常坚决，从这方面看，发生在高淳的辩论是被人们广泛接受的。这三篇文章在内容、权威性以及影响力方面都异常接近，因此我们可以将它们视作"反筑城论文系列"。正如下文的讨论揭示的，这个"反筑城论文系列"由两部分组成：首先是一份详细的成本－收益分析，它计算了筑城在社会和财政方面的得失，证明了当时的高淳不具有筑城的可实施性；接着，这些文章得出结论：高淳当时的舆地形势表明它"不可城"。[31]

"众志成城"：筑城的成本－收益分析　　如果说，高淳县在筑城问题上感受到了自上而下的政治压力，其动机是要阻止再次发生由于海盗侵扰所带来的巨大灾难，那么在高淳人看来，要求筑城的诏令来得太晚了，已经失去了实际意义。韩仲孝指出，如果筑城是为了驱逐困扰中国东南沿海的海盗，那么时间就是最关键的。然而，高淳并没有能够进行加筑或者修缮的旧城，单单"一里之城亦难责效于数月。而鞭笞之民易于为乱，适足为亡命资耳。若以滨水多崔苻之忧，则分治百年以来，阛阓中几经大盗耶？徒为库藏囹圄计，则今库藏中有千金之积否，囹圄中有十余重狱否？捐数万之金以守千金，穷数万生灵以圉二三羁囚，智者不为矣"！

说到筑城，如果考虑社会成本，那么天平就会倾斜得更严重了。城墙能够提供的保护极其有限，而筑城带来的经济负担和压力则会造成高淳官逼民反。韩仲孝专门引用了古语"众心成城"[32]，换句话说，地方的安全防卫最终取决于人民参与的意愿：无论城有多高，墙有多厚，只有依靠人民，它才能发挥作用。韩仲孝认为，在这个意义上，如果置"众心成城"于不顾，那么筑城之举就毫无意义。

为了强调筑城的确是个无法承受的经济负担，韩仲孝专门进行了两种成本－收益分析。首先，筑城的费用不下数万担的税粮，而高淳县每年的税赋不过40000担米。因此高淳县每生产1担的米，就要多交20000多铜钱的税。韩仲孝指出，如此沉重的额外加征的税收，会夺走农民在最肥沃的土地上挣得的最后一个铜板，遑论高淳的大多数土地并不能达到相同的地力。结果，农民们不得不出卖他们的土地去缴纳筑城之费。但如果高淳大多数的农民们都失去了土地，经济破产，筑这样一道城墙还有什么意义？韩仲孝这样问道。到了那个时候，高淳县里已经没有需要被保护的人民和田土了。

黄秉石在《城高淳议》[33]中提供了自己对筑城成本的计算，其计算细节涉及每一块城砖的造价。除此之外，他还提出，政府应该对筑城税——即农户每拥有一亩土地，需上缴城砖40块——进行评估。按照砖瓦匠的说法，每块砖的成本耗银2.24分，即每40块砖耗银8钱，那么，除了正税之外，每亩土地还需要多缴0.8两白银的赋税。黄秉石与匠人们进行讨论，最后得出结论，为了修筑11.2 米高的城墙，政府需要每亩加征 4 两白银的赋税。问题是，即使是高淳最肥沃的土地，每亩也只值 4 两白银，而其他更多的田亩根本不值这个价。就一些最贫瘠的土地而言，其收成甚至还不抵民户需要缴纳的正税。土地的价值是如此低廉，以至于有时候民户会把土地无偿送给他人来清偿他们逋欠的债务。更糟糕的情况是，尽管在理论上，高淳县可以根据农业用地的肥沃程度和产出高低来对其进行分级，从而使筑城费用摊派得更为合理，但在土地考察过程中，那些具体负责的衙吏、书手将会滥用职权，巧取豪夺。最后，黄秉石尖锐地指出，老百姓会因为筑城而变得更加穷困。我们可以暂且不提地方官僚贪污腐败的问题，但黄秉石和韩仲孝提供的两个预算已经说明，高淳不具备筑城的经济条件。在理论上，利用协济的方式来筹措资金是当时常见的募资途径，通过向邻县或者邻府筹借资金，政府能够解决本地资金不足的问题。然而，黄秉石指出，由于近年来江南地区水旱疾疫接连不断，各邻县也都因资金短缺而深感困扰。这时候，出面分担别人的筑城费用只会加速各邻县自身经济状况的恶化。而且这也无法解决高淳本地的问题，因为高淳的居民仍然需要负担筑城的劳役。黄秉石推测说，这些可怜的老百姓，要么变成饿殍，要么逃亡他乡。他发问道："在一个和平年代，在一个繁荣时代，这种灾难怎么能够被认为是正当的？"反对筑城的作者所描绘的荒凉的高淳图与 16 世纪的经济繁荣形成了鲜明的对比。为什么会出现这样的情形？作者暗示了高淳县面临的财政困难是广泛存在的，这种困难也来自特殊的地方社会背景。换句话说，让下游地区的居民受益的防洪工程，却让高淳付出了代价（下文将讨论这个问题的细节）。结果，高淳的许多土地都被调节水位的湖泊淹没。[34] 按照黄秉石的说法，仅仅为了满足缴纳正税的需

87

　　　　　　　　　　　　谈判中的城市空间

求，高淳的经济就已经恶化到老百姓不得不出卖田园房舍的地步，甚至还要搭上他们的妻儿。[35] 在韩仲叔的文章中，他开宗明义地写道："高淳以弹丸之邑，僻处三湖之中，田废粮虚，赔赋空乏，凡上位仁人，无不蒿目抚心，悯其就死，将庶几于漕米永折，少苏困厄。然至今未有实惠也。如之，何复堪此役乎！"[36]

最后，筑城变成了一个经济问题——高淳无力支付筑城费用。 88 许多城市都面临同样的困难，但是高淳的这个案例似乎更典型，也更具有经济凋敝的意味，这是因为即使没有筑城这种耗费巨大的工程，高淳也早已处在经济破产的边缘了。遗憾的是，作者并没有进一步说明高淳财政危机的根本原因——这或许是因为本地人对这种经济窘况早已司空见惯，作者无须多言。特殊环境造成了高淳的贫困，加上将高淳设为县治本身就缺乏远见，这些因素同时影响了高淳反筑城运动的过程和结局，意义深远。

"不可城"的高淳县 仅仅是财政崩溃还不足以阻止筑城工程，文章作者进一步通过地理条件的角度来说明高淳县"不可城"。尽管在当时反对筑城的意见中，地势不利是经常被提及的因素，但高淳县志的作者仍然采取了非常规的观点来抨击"城"高淳的提议，强烈反对将高淳从一个商业市镇提升为一个县治。

在本地居民眼中，被视为"不可城"的高淳是一个什么样的城市呢？在县令项维聪的描述中，与其说高淳是个县衙所在地，不如说它是一个商贸市镇："高淳以镇为县。"按照项维聪的估算，高淳县治自南至北仅一里（117.7米），自东至西仅半里。按照当时的标准，高淳县的规制空间相当狭小逼仄。大多数的居民都集中居住在西南角，居民区的附近有一个湖泊，湖边稀疏地散布着用芦苇搭成的窝棚。直到近年，县城的经济及人口才略微有所增长。整个县城的人口分属几百个家庭，超过一半的人居住在沿湖区域。高淳县的东北地区多为山地，那里的居民大多数沿着一条早年县帑被盗后修建的围墙居住。其他山丘上多是荒冢残碑。这就是高淳"城"，项维聪哀叹道。

89 无论夸张与否，这种自卑的形象在反筑城的文献，特别是以地理为主要视角创作的反筑城文献中反复出现。例如，按照韩仲叔的估算，"城"（或者像高淳人所说的"镇"）只不过是两条交叉的街，而"街长不过数十、百武"（不超过 80 米）。[37] 如此破旧、逼仄的居民点需要什么城墙呢？当然，正如三位作者再三强调的，"高淳岂堪县哉！不过依湖通商一市镇耳，自古未有于此置县者"。[38] 特意强调高淳的角色身份是一个商业市镇，其目的不是给反筑城的观点提供一些修辞上的分量，而是证明这篇文章是一份具有高度政治意味的控诉声明，与高淳面临的经济问题紧密交织在一起——正如我们看到的那样。现在，我将注意力集中在反筑城辩论中城市的身份问题上。

通过对高淳地形地貌的分析，作者们进一步反驳说，高淳不适合筑城，除了经济条件不允许以外，还有一个更为简单的原因：在高淳县城，根本没有地方可用来修一座城墙。黄秉石有过生动形象的描述，高淳县城：

> 其左右、前后、四面圩田皆临大壑，而北面稍闲以山林，林外无非圩也。民于其高处埋坟而低处造屋，遂以为县矣。其市利在水，故沿河为肆，寸土皆屋。[39]

拥挤的景观不得不考虑当地居民们对水道的需求。制作于 17 世纪的一幅地图（图 2.1）清楚地描绘了这一现象。从地形上看，高淳县城被三个湖泊所包围，四周河网密布。这些水系网络不但担负着境内的商业和运输活动重任，而且对本地的圩垸农业的发展也发挥了重要作用。按照黄秉石的说法，圩垸的情况在很大程度上决定了高淳的建筑环境。高淳县城的低洼地带（沿着湖泊和颓垣）圩垸交错，民户散布其间，高处为墓冢。高淳是中国最有代表性的县城之一，这里的人们精耕细作，竭尽地力。

在如此狭窄的空间中，开辟出新地方来修城墙必然会破坏土地和居民之间的平衡。首先，相当多的人工建筑（住宅或者坟场）必须被清除。黄秉石指出："历年既久，其屋后累累万冢，尤无寸隙，而于此造城，当通县计拆屋十分之五，而掘冢抛骸不可数计，是未

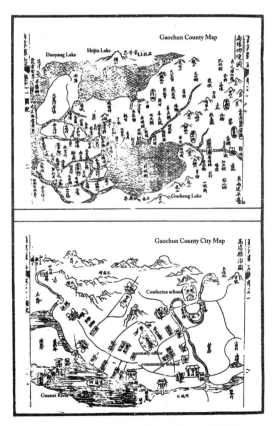

图 2.1　a（上）高淳县；b（下）高淳县（来源：《高淳县志》，1683）

兵燹而自兵燹也。不如是，何以为城之地哉！”[40]这种破坏不仅会影响到活着的人，甚至还会打扰九泉之下的亡人——这个预想中的城墙不仅损毁了居民们的财产，而且还破坏了他们祖先的坟茔和风水。

尽管筑城工程的费用高得惊人，但如果它能带来足够的回报，它还是会获得支持的。因此，黄秉石继续问道："高淳将要在这些拆毁民舍与坟地的土地上做些什么？这个待建的城墙将会是什么样的？"按照黄秉石的推测——在某种程度上，他回应了县令项维聪——城墙前景令人担忧，不值得民众做出牺牲：

> 顾其形势，则自南至北，不及一射（190～240米）；而东西横亘一街，市民对闸。……计其规模，不能及他县之廓外一厢也。城成而南北相夹，雉堞对起，浑与一夹道相似，又安所有城之形哉！[41]

一座城市城墙的形象看似一个"夹道"，这的确令人震惊。但与其他计划相比，"夹道"式的城墙其实还算是一种比较好的城墙选择。在一个河流交错的城市，高淳的筑城计划不得不考虑其众所周知的地理限制。按照韩仲叔的说法，高淳县可供筑城的地点只有两个（明显需要将整个县治迁走，另一个提议代价过高，不予考虑）：第一个选址方案只能将河流内侧的一部分县城包括其中，利用河流作为天然的护城河；第二个选址方案是在高淳县城之外筑城，将整个县城置于城内。在第一个方案中，城墙会被建在河流以北、山地以南的一片台地上。由于这里的人口密度大（包括健在的人和亡故的人），街面上一半以上的人口，以及八到九成以上的坟地都必须搬迁清理，为城墙让道。东门地区一半以上的区域会被"摧毁"，因为这里要修建一个河墙；往西，公署和永丰仓则会被划分在城墙之外。

92

韩仲叔质疑将被圈占的土地面积:"环而视之,城中几何地哉,而安用城为!"

此外,高淳也可以采取第二套方案,将田地和河流划分在城墙之内,但若如此,"则北伤地脉"[42]。按照文化传统,县衙和县学的位置都十分讲究,需要符合风水,因此,这个方案也不能被接受。另外,城墙的东侧和西侧需要从圩内筑基,居民们将被迫流离失所。最后,南城墙只能沿河而建,因此高淳县城将面临洪水的威胁。另外,因为城墙会切断河流,所以政府需要修建两个水闸,这将增加上万两白银的成本。而且,除了这种巨额投资之外,水闸还必须足够牢固,才能阻挡水流。如果真发生水灾,周边的圩垸将会陷入汪洋。更糟糕的是,在夏天洪水季节,水位将会冲击城墙,达到三版之巨(1 版约 0.64m × 2.56m)——仅仅是维护城墙的安全,县城里的居民就已经够手忙脚乱了。看到这些潜在的问题,韩仲叔总结说:"害孰甚于此者!"

以上这种认为高淳"不可城"的表达,文字犀利,引发了不可回避的问题:为什么要将县治设在这样一个毫无前途的地方?的确,这正是隐藏在反筑城论述背后的感情,黄秉石对此给予了尖锐的表达:

> 淳固溧水分县。仰视溧水,田舍依然,恨不襁负其子,仍为溧民耳。而更何以堪此? ……凡天下乡绅有力之家,皆聚处城市,比屋相守。而高淳县小如村。[43]

这段话包含了巨大的信息量。首先,它质疑了1491年朝廷将高淳从溧水中划分出来,独立设县的行为。[44] 设为独立的县,便意味着正式成为行政管理制度的一部分,代表国家管理基层,因此,与普通的市镇相比，高淳会承担更多职责和费用——例如，筑城。荒唐的是，对高淳人来说，行政地位的提升带给他们的负担是如此繁重不堪，以至于他们决定放弃这种新的行政身份——他们会时常回忆起被分立设县之前的美好岁月。

已经说过的和未被言说的　持反筑城观点的知识分子利用详细的预算和带有文字注释的地图来展示说明高淳的经济条件和空间地理条件都不支持"筑城"这一工程。然而，当我们仔细研读他们留下的信息，他们不支持高淳筑城似乎不只是因为高淳不具有筑城的现实性，作者还说明，经济走向凋敝，以及政府错误地将高淳分立设县，都是引起地方骚动的、容易被忽略的因素。然而，尽管骚动背后的原因极为微妙，这也不能掩盖它在高淳取得反筑城胜利中发挥的作用。正如下面一节内容展示的那样，尽管高淳的反筑城讨论极具鼓动性，但在晚明时代的筑城运动中，这种持不同意见的声音并非罕见。事实上，与其他很多同时期的紧张剧烈的筑城抗议相比，就算是这场广为人知的抗议活动也会黯然失色——其他城市的争议都是以筑城取得成功来收尾的。事实证明，高淳反筑城活动之所以极具成效，主要是因为反筑城作者所暗示的高淳特殊的境况：衰败的经济状况因从溧水分县而雪上加霜，它最终引发了地方的行动，改变了国家对高淳抗议事件的看法，并且最终允许高淳县人民在筑城运动的最高潮取得胜利。

筑城辩论中的公共论坛

尽管筑城运动热情高涨，但地方人士对在经济上、社会上耗费巨大的公共工程拥有敌意，也不是什么令人感到奇怪的事——高淳的居民也做出了同样的反应。社会对筑城的反应的案例研究，主要集中在福建和浙江这样的沿海地区，因为这些地区长期以来直接面对海盗侵袭的威胁。[45] 按照这些研究成果所言，反对意见主要来自经济方面的困难，筑城通常会带来令人痛苦的课税高峰，这种痛苦一直要持续到筑城完成后很长一段时间。那些即将居住在待建城墙附近的居民，会担心他们的私产被征用，也会希望得到政府合理的补助。有时候，这种分歧会发生在"城乡接合部"，因为为筑城征派的役力和赋税都落在了农村人口头上，但获得安全保障好处的，却大多数是住在城内的人。[46] 然而，即使是城内居民，有时候也会反对筑城工程，因为新修的城墙会让城市空间更为逼仄，让老百姓进城、出城更不方便。作为 16 世纪的财富之都，苏州的筑城计划就是一个经典的例子。随着城市商业化进程加快，商品交易区越过了城墙范围，阊门以西的郊区变成了该城的商业核心区域。经历了几次海盗骚扰后，政府决定扩建城墙，从而将新近形成的交易区保护起来。然而，商人们的强烈反对使该项计划搁浅——商人们担心，新修的城墙会妨碍到商业运输。[47]

许多材料都能够证实，地方总体上对筑城持反对意见，但这些材料的描述都很模糊。或许，吕坤的经历能够让我们仔细、具体地考察这种"民怨"。吕坤是明代晚期一位著名学者，其曾因著《闺范》一书被卷入一场政治阴谋之中。吕坤本人被勒令回籍，返回河南宁陵。直到 20 余年后去世，他一直生活在自己的老家。在这段时间里，吕坤积极参与地方事务，包括赋税改革和筑城工程。吕坤的筑城意见被人视作某种阴谋，并且招致了激烈的攻讦和批评。为了开解自己，并进一步说明自己的意见，吕坤刊布了两本小册子来阐明自己的立场。在第一本小册子里，吕坤描述了当时地方上的激烈反应——这种激烈的反应迫使吕坤不断去捍卫自己的意见：

> 展城之议，讲之非一年，举之非一次。以为可行者不独一

人也。去岁暮冬，忽有没头帖子，专怨鄙人，其言可骇，其意甚险。……若不明白宣说，遍告乡邦，是鄙人懾匿名之谤，不敢再开一言。……因答"或问"，遂成此书。凡我亲朋，各送一册，留心想玩，用意收藏。[48]

95　　　这本小册子并没有达到预期的效果。吕坤对此总结了原因，他认为自己的写作过于讲究修辞和辞藻，县城的百姓无法欣赏他的风格，因此他的观点无法得到普及。于是，他决定再写一本用口头俚语来表达的小册子。[49]简化编写的版本更加浅显易懂，交代了吕坤卷入的这桩涉及筑城丑闻的政治事件的始末。吕坤回顾说，筑城的提议始于他和一位王姓士绅的会面。王姓士绅当时正好有诉讼在身，想寻求吕坤的帮助。作为回报，他的家族承诺为筑城出资。吕坤和其他一些地方精英人士认为，帮助王姓士绅，换取他对筑城事业的报效，对整个县城都有益，能够缓解筑城的负担。尽管吕坤再三辩解，他的所作所为完全是为了公众福利，与个人利益没有任何关系，但许多地方人士并不这样想。结果，当这个交易被披露时，全县的人都感到义愤填膺，成百上千的谣言和匿名揭帖在民间流传，矛头全都指向吕坤。这则丑闻甚至还被改编成戏剧，在戏台上演出。[50]公众的抗议终止了这场交易，筑城工程依然资金不足。即便是那些相信吕坤具有良好动机的人，也在怀疑这个姓王的家伙欺骗了吕坤，认为他根本无意为县城出钱。为了解开人们的疑惑，吕坤解释说，为了让王姓士绅遵守自己的诺言，他曾专门让王姓士绅立下手书字据，而他也将其中的一份字据送交给地方政府。吕坤最后用他家人的性命指天发下毒誓："以上所言，一字若虚，阖家天谴。"[51]

　　　尽管抗议声不断，筑城工程仍在进行，这或许是因为吕坤的坚持最终感动了宁陵的民众。吕坤的个人经历，向我们展示了地方人士就筑城问题产生冲突时一幕生动形象的场景。虽然当时并没有现代的新闻媒体，但是通过册页、揭帖、书信、民谣，甚至是地方戏剧这些方式，舆论观点仍然得到了非常广泛的传播。在地方政治生活中，经由学者们的活动，"公议"的影响在不断上升，但像吕坤所在的宁陵之下的边远市镇，"公议"的影响还极少引人注意。[52] 如果在宁陵那样一个不起眼的小县城里，关于筑城的辩论都能引发如此高度的社会介入，我们可以试想一下，在江南这么一个更发达的地区，关于"筑城的怨言"会引发一场怎样的社会骚动。

　　另外，当人们开始使用民谣、戏剧这类大众媒体来表达自己的反对意见时，"地方"政治开始变得不再那么"地方"了。这些宣传的影响如此之广，以至于其他地方的居民们也能够对筑城政策的推行进行比较，以及决定怎样利用（或者怎么解释）自身的处境。萧山和诸暨就是这样的例子。这两个县城都归属于饱受海盗侵扰之苦的绍兴府（今属浙江）。绍兴府管辖下的几乎每个县都在设法修建或者加固城墙。然而，当诸暨新任县令宣布重新筑城的计划时，他遭遇了地方人士的强烈抵制。很明显，诸暨城墙颓败的一个原因是，地方居民习惯傍依着城墙来修建他们的住宅，他们甚至会私自拆毁、改建部分城墙结构来满足自己的居住之需。结果，到了嘉靖（1522—1566）中期，当海盗发展成为一种严重威胁时，整个县城的城墙就只剩下城门还算是完整的。旧城墙实际上早已经变成了地方民居的一部分，而新的筑城计划又招致了激烈的反对。为了抚慰民情，县令发布了一个公开声明："城本官地，绝不予民；城本官造，绝不扰民。"县令很快就开始了建城工程，并且也很快就竣工了，丝毫没有影响百姓的生活。县令甚至没有动用朝廷拨付的奖金。整个过程异常平静，与邻县萧山形成了鲜明对比。在萧山，县令声名狼藉，当地居民甚至开始传诵一句谚语："萧山城打成，诸暨城诱成。

问民孰良，看两城。"[53]

同时代的这些案例，使发生在高淳的特殊故事显得格外醒目：尽管高淳居民在反筑城抗议中获胜，但在 16 世纪全国大规模筑城的狂热背景之下，这种地方抗议并非鲜见。事实上，一些地方的抵制比高淳更为激烈，但仍然未能获得成功。那么，高淳是怎样设法抵制筑城的巨大压力的？很明显，原因并不像地方志表达的那样清楚明白：这场民众抗议要求政府立即做出积极回应。相反，一种独一无二的地方环境，产生了一种独特的结果。

高淳的地方行动主义

正如我们看到的那样，筑城是一个容易引发激烈辩论的公共问题。虽然在某些地方，饱受折磨的民众会拼命争取政府的支持来修筑城墙或者加固城墙（例如松江）[54]，但这类建筑工程往往投资巨大，政府需要在地方上进行征募，官员和士绅也常常需要说服民众理解工程的迫切性。政府和民众双方斗智斗勇，社会上也涌现了大规模的民众抗议和时政评论，甚至还出现了讽刺戏剧。考虑到当时有关筑城的争议，高淳居民被卷入决策过程就并不令人感到惊奇了。高淳的抗议行为和它出人意料的胜利有异于其他地方，这是因为反筑城抗议不是一个孤立的事件，它深深根植于高淳行动主义的历史之中。

的确，在明代，所有的反筑城文章的作者都归属于明代一个文学活动家组织，其活动记录令人印象深刻。在编著于 1606 年的《高淳县志》（我们已经看到，《高淳县志》本身也是地方倡议者的作品）的序言中，县令项维聪自豪地宣布，他将要在高淳县实行各种改革。项维聪做的第一项工作就是对官地和私人田亩的赋税进行分级。根据明代的制度，农用土地按照所有权的不同，分属两种税率。官地的税率要比私人拥有的土地的税率要高得多。1491 年，高淳县被从溧水划出，二者税率的区别取决于农业产量的多少，而不是所有权的类型。因此，在表面上，这个税率差别给高淳留下了比较合理的收成。但事实上，高淳的大部分土地都属于官地，因此税率要高得多。这给高淳县城带来了巨大的经济困难。于是，当税率差别被消除后，高淳百姓原来的负担得到部分减轻。他进行的第二个成功改革是将政府养马的草场转为可以征税的农地，这同时也有助于缓解县级政府的财政困难。接着，项维聪规定，高淳百姓也能够使用钱币来向政府缴纳贡米。贡米与钱币之间的折换率有利于农民，因此，这一改革实际上削减了税收。除此之外，之前享受国家全面优免的 98 庙产，现在也需要按私产税率缴纳税赋，这一举措增加了全县税收。最后，由于户数的降低，能够担负公共劳役的人数变少了，县衙因此相应地调整了预算。

　　在取得了这些成就之后，县令项维聪注意到高淳县城出现了两个令人失望的现象：第一，东边的大坝（又名广通坝）导致数十万亩的农田被淹；第二，中央政府不断增长的加派和加征远远超过了原有税制的规定。前面的问题是高淳独有的，而第二个问题则是正在吞噬帝国各个角落的全民性财政"癌变"。以上诸因素最终造成了地方财政严重恶化。这些困难让改革显得更为迫切和必要。

　　项维聪引以为豪的改革的目的是增加税收并且减轻地方的税务负担，此二者或多或少也算是"一条鞭法"改革的目标。到了 16 世纪，"一条鞭法"改革已经逐渐扩散到全国范围。然而，高淳的改革范围异常广泛，它涉及国家拥有的庄园、草场和庙产。它还包括了对税收和劳役的减免。最后，高淳县的财政结构和土地所有制度得到大幅度调整，更有利于本地农民。即使在疯狂的财政改革期间，政策调整的规模也算是巨大的。最令人印象深刻的是，绝大多数改革都是由民间领袖韩氏家族发起的。

反筑城文章的作者韩仲孝就出自这个韩氏家族。韩仲孝的祖父韩叔阳，父亲韩邦宪，兄弟韩仲雍均为进士出身，取得了当时最高的科举功名，而且他们也都终生致力于造福桑梓。韩叔阳开始了家族事业，个人醵资在高淳建立了义田和义仓。[55] 韩邦宪为了侍养老父，也提早致仕回乡。回到老家后，他与当时的县令顾楚望（顾氏于 1567 年至 1569 年在高淳任职，并曾撰文颂扬韩邦宪之父兴建义仓的善举）密切合作，为了公平赋税而"清丈量"——这是"一条鞭法"改革期间最为常见的一种措施。韩邦宪呼吁减免税粮，这是他一生中做过的最重要的事。[56] 这也成为韩氏家族在明代末期的一项事业。1636 年，韩邦宪的孙子韩斌去世，在这之前，韩斌一直在朝堂内为减税而抗争。[57]

在韩邦宪创作的一篇有关东坝的文章中，他解释了韩氏家族担负的使命在理论和道义上的基础。他将东坝的历史追溯至《左传》这本经典。[58] 东坝位于高淳的东部地区，控制了三个湖区的水道，而这三大湖是位于当时全国最富饶的地区——苏州、常州地区——的太湖的最大的水源。然而，对东坝的管理很快就成为高淳东部地区和太湖流域的一场零和争议。如果政府利用东坝彻底切断水流，那么下游太湖流域就能避开每年洪水泛滥的危害，但河水必将倒灌，淹没高淳大片地区。如果让河水顺其自然地流，高淳固然能避免变成泽国，但太湖流域又将面临严重的水灾。明王朝南部都市区——南直隶——政治地理的变动让形势变得更加严峻。1393 年，当南京还是帝国首都时，政府开凿了流经高淳的胭脂河。政府能够通过这一河流运送漕粮入京，从而避开风险极高的长江巨浪。[59] 然而，待明朝迁都北京，胭脂河便失去了意义，迅速淤塞荒废。这损害了高淳的战略重要性，也削弱了它后来在东坝问题和三大湖区域以及太

谈判中的城市空间

湖流域的激烈竞争中讨价还价的能力。上游地区（即三大湖地区）发起了增加河水流量，缓解本地洪水压力的游说；而下游地区（太湖流域）则提议缓减流量，来保证自身的防洪安全。商人和内陆的驿递邮差也投入争论中，希望政府能够关闭水路交通，从而打压自己的竞争对手，保护自己的利益。

1512年，高淳在争斗中败下阵来。朝廷要求东坝加高三尺（约0.96米）。不出所料，河流淹没了高淳的大部分地区。地方上的耆老们仍不断怀念高淳镇过去的辉煌。每当水位降低，水面上露出了被淹没的灶台、房舍家具，人们便会回想起过去的幸福生活，这份记忆中的酸楚也越来越浓烈。现实是残酷的：人们知道，无论是他们自己，还是下游的百姓，每个人都必须面对桀骜不驯的河流的挑战，因为三大湖的最低水位几乎和苏州城墙上的瞭望塔的塔顶一样高。如果东坝开坝放水，那么他们那个时代最为繁华的城市可能瞬间就会被太湖吞噬，变为一片泽国。

承受着如此巨大的痛苦和牺牲，高淳的人口迅速下降了70%，但税额总数却仍然没变。这样一来，压在高淳人身上的负担蓦然增加了3倍不止。在有关东坝的这篇文章的最后，韩邦宪请求说："自苏轼、单锷之言行，所以为坝下诸郡者甚善，而未有为坝上一发明者。余睹淳民之日耗且困于虚粮者也，作《广通镇坝考》。"他的另一篇写于1569年的重要作品《高淳事宜》中，韩邦宪扩大了未来改革的范围，他认为改革应该包括全面的田亩调查，重建劳役制度和马场管理规则（这是其父开创的功业）。[60]韩邦宪还专门创作了《减税议》和《寺田议》，详细阐述他的改革构想。[61]但为改革带来最深远影响的是他的"四议"。该文特别勾勒了高淳的全面改革计划。该文大受欢迎，在他的朋友中流传甚广，"亲友抄录弗给"，以至于韩邦宪很快就送完了他的手稿本。受此启发，他将这篇文章付印。韩邦宪的文章带有一种温文尔雅的气质，但他跃跃欲试、试图向公众吐露胸臆的志向十分明显："诸篇虽随事错出，然历年典制，大都在是。存之以备故籍，不亦可乎！"[62]

韩邦宪不但撰写了大量呼吁地方改革的文章，而且还和他的兄弟韩邦本将原本的设想付诸实施："与兄邦本捐千金，倡众请减。"[63] 他们的呼吁获得了地方人士的热情回应。韩邦宪倡议减税，而巡抚认可了这一提议，高淳居民发动请愿，呼吁将他们需要缴纳的漕粮折算成白银，调整放养大象和马匹的草场、庙产的租金。按照地方志材料的记述，高淳居民总共发动了 5 次请愿，每次请愿的对象都不同，其中包括了巡抚、巡按御史、知府，以及南京御史。[64] 他们还特意列出了请愿者的名字。一些是"县学生"，一些是"缙绅"，更多的则是"县民"。的确，他们中的大多数人身份低微，根本不可能在地方文献中留下姓名或痕迹。

这些请愿不但最终被记录在纸质档案内，而且引发了多次野外视察，以及与来自南京的官员见面。每次登记请愿时，地方上的人都不得不集中签名来为旅费筹措资金。相应地，南京派遣官员到高淳来，地方也会再次发动百姓迎接这些视察人员。所有这些高淳居民的联络和发动，都最终塑造了人们对地方政治的看法以及应对方式。的确，在明朝后半期，集体向政府请愿和与之谈判，变成了高淳人民抵抗东坝灾难性决策的方式。400 个（甚至更多）高淳居民能够在未经任何明显的计划协调下，迅速聚集到请愿地点，就足以证明地方社区之间的联络是多么高效。集体活动不仅重新定义了地方社区，而且也改变了政府对高淳反筑城抗议的看法——现在，政府不再公开蔑视这一活动，而是将其视为东坝救济措施中一种新的主动性。

筑城抗议的背景　简单地说，高淳的反筑城讨论集中在两个焦点上：一是认为高淳是一个"不可城"的城市，二是认为修城的成本远远超过它潜在的收益。财政负担是当地反对筑城命令的一个常见的观点。然而，高淳出现的地方行动主义赋予了反筑城请愿活动特殊的意蕴和影响。无论是在高淳百姓眼中还是在政府眼中，这个活动都不是一个孤立事件，而是一系列请愿和抗议活动的一个组成部分，试图挽回政府此前东坝决策失误造成的损失。我们只有通过地方行动主义政治的视角才能解释，为什么在这么多反对筑城的事件中，唯独高淳取得了胜利。

102

同理，高淳"不可城"不仅仅是因为自然地理条件限制。城墙代表着一种正式的行政管理地位，只有读懂了具有政治意味的弦外之音，我们才能理解诸如"不可城之城"这样的矛盾表达。就此而言，高淳"不可城"的根本原因是它在本地区的重要性正逐渐降低。反筑城的文献反复强调，高淳仍然只是一个"镇"，衰落、失势的感觉非常明显。当高淳被提升为一个县治"城"时，人们形容它是一个繁华的镇，配得上它在行政地位上的变化。"城"和"镇"之间的争执，并不仅仅是对高淳发展的不同评价，它同时也表明东坝建设让高淳陷入了急剧衰落的困境中。随着明朝迁都北京，大运河作为漕粮运输线的重要性越来越明显，东坝和南京的关系日渐疏远，东坝争端的失败与此紧密相关。由于缺少和帝国经济中心（太湖流域）进行讨价还价的能力，高淳居民被迫做出毁灭性牺牲，这种牺牲加快了他们自身的衰落。不出所料，经济困难使高淳居民充满疑惧，他们无法应对自身面临的新形势。正如黄秉石尖锐地指出，乡民们都情不自禁地想，如果高淳仍然还是繁华的溧水的一部分，他们的生活是不是会好很多。[65]身份摇摆不定的感觉之下，深藏着一个新成立的、丧失了原来三分之二收入的县城具有的那种绝望。如此看来，这篇文章的语气是这么痛苦，内容是这么酸楚，也就一点都不奇怪了。

如果我们将反筑城的议论置于高淳行动主义的语境之中，那么最终会发现，使高淳在筑城方面不具备可能性的是政治地位，而非地理性因素。当我们考虑到发生在应天府地区的另一个县城——江浦——的故事时，政治地理在塑造筑城政治过程中的核心作用就会更加明显。我们将在下文的讨论中看到，各个县与南京的关系在很大程度上决定了"'城'或'不城'"的矛盾，而各地方地缘政治的能量也决定了城市景观的最为显著的特色——城墙。

江浦：一个相反的案例

江浦位于南京以北，横跨长江，它在许多地方都与高淳十分相似。明朝以前，江浦还没有成为一个县，它的河岸地势给筑城带来了地形上的困难，而且当地民众也强烈抵制筑城工程。然而，到了最后，在 16 世纪，江浦建设了不是一座，而是两座城墙。那么我们应该怎么解释高淳和江浦的这种差异呢？

1371 年，江浦成为应天府治下的一个新成立的县治所在地。与高淳一样，江浦最早也是一个贸易市镇，为了扩大横跨长江的应天府地区的规模，明太祖特意将江浦升格为一个县。这种规划使南京具备了军事上的优势，能够抵抗沿江地区潜在敌对势力的入侵。显然，沿江而建使南京能够享有巨大的商业利益，但与此同时，这种开放性也使它面临更多的安全威胁，因此它需要更强大的防御工事。

1371 年，江浦在设县之初就已经开始筑城。然而，由于后来江水北袭，这些城墙一再遭到江水的冲刷侵袭，江岸坍塌十分严重。1391 年，县治被移往离河道更远一些的一个台地，当时政府还没有建造新的城墙。县治迁走之后，原来的旧城被重新命名为"浦子"，几个中央机构驻扎在城内，其中包括五卫（五卫兵）、户部分司、三仓和守御府，这些机构均属南京管辖。实际上，浦子是南京直接监管的军事堡垒，那里所有和城墙有关的问题都由首长级别的官员（例如兵部尚书和监察御史）直接管辖[66]。1503年，浦子城墙坍入江中；由于浦子的军事重要性，南京官员下令举行祭祀河神仪式。皇帝批准了这一动议，督命南京守备[67]——南京守备是南京最高级别的官员之一——主持仪式。[68]然而，祭典仪式并没有发挥任何作用，因为一直到了弘治年间（1488—1505），长江潮水依然不断侵袭浦子的南城墙。南直隶兵部尚书请求将县城迁往他处，但他的建议未获批准。[69]负责此项职责的官员身兼南京两个最重要的军事职务[70]，这说明了南京和江浦之间存在密切关系。

这种紧密关系开始于江浦县成立之初：2000户居民从南京城所在的江宁县迁徙到了江浦。[71]从那时起，无论是在文学方面上，还是在行政管理的表达上，江浦对南京而言都开始变得重要。对盐运的检查就能说明这个问题：以前的商人利用长江航道运输食盐，不得不停靠在南京长江码头等待检查。长江航道交通繁忙，船商通常需要几个月才能办完常规手续，这就大大减缓了装运的速度。因此，商人们呼吁巡盐御史在南京江对岸的浦子进行检查。[72]换句话说，南京无法快捷地处理所有的通行手续，因此巡盐御史实际上将其管辖权延伸到了河对岸的浦子。基于类似的原因，户部特意在浦子设立了粮仓。[73]

南京充分利用了江浦的开放空间和该地的捍卫京畿的军事设施。南京在长江以北的十个卫中，江浦一地独占了六个。因其地理之便，江浦成为南京的卫星城和军事要塞。[74]江浦还控制了南京与北京之间的陆路交通，中央官员及其扈从的车驾在这条道路上往来穿梭。南京和江浦两地关系十分紧密，当它们之间的主要水道——对江河——发生淤塞时，其疏浚工作就由应天府尹与其他驻南京的中央政府官员共同负责。[75] 从其异乎寻常的港口、海关和军事卫所的数量来看，江浦的地方志书将江浦称为南京大都市区最关键的一角，也就一点也不奇怪了。[76]

浦子城墙

江浦与南京存在密切的联系，这对南京城的筑城过程产生了重大影响。浦子城墙始建于明初，15 世纪后期开始崩圮。如前所述，朝廷拒绝了重新设置浦子市的请求。1585 年，南京御史提出了由南京知府、南直隶兵部尚书以及京操军[77] 共同发起的修复城墙的替代性方案。[78] 南北两京 30 多年的争论最终于 1617 年结束，南京取得了胜利。兵部尚书黄克缵在户部大臣、实权派宦官和南京御史的支持下，主持了修城工程。南京各统帅和礼部尚书共同监督了城墙的最终设计，确保施工过程的质量，南京监察御史负责视察整个工程，并向南京各府衙通报工程进度。

黄克缵向皇帝解释了在浦子修建城墙的主要障碍：

> 窃谓浦城为南京之保障，缺其一面，与无城同。其当修筑，恒人能辨之而卒莫能坚决。其故有二，一曰任怨，盖筑城未免拆人房屋，怨讟易兴；二曰虑患，盖近江易于崩圮，后患可虞。[79]

妨碍浦子筑城的障碍是，高淳旧事给人带来的心理阴影：当地人强烈反抗，拒绝被迁置他乡；城墙近江，因此修缮困难。例如高淳，其城墙设计方案便有两种：一种是将城墙修建在河边，另一种是将城墙修建在北边的台地上。以上这两项计划都涉及大量的民户迁徙。尽管如此，黄克缵指出，因为浦子的大部分住宅都是沿河而居（为了便于利用码头水栈），所以在无人居住的地方筑一座城墙显然是没有意义的。因此，黄克缵总结说："大多数人的福祉——即南京居民的安全——应该优先于那些少数'被搬迁'的人的利益。"与他的许多同人一样，黄克缵不断呼吁"兴利"，这使得当地人相信筑城的迫切性。然而黄克缵又与典型的地方官员有所不同，他提出了一个具体的且经过深思熟虑的赔偿计划：

> ……等房一百一十三家，据乡约时，云路等估与迁移银四百七两九钱，人争赴领。盖城被水洗以来，民间生理鲜少，滨江大房先已移徙他处。其见在者多细小破屋，一闻造城，多先自拆去，竖于城内，不待强之而使移也。有一人而拆房七八间以上者，臣等许查城内官地，拨与之。无地则与直。[80]

对赔偿事宜的密切关注确实令人印象深刻，但与其他案例相比，江浦的筑城计划是由更高级别的官僚领导的。江浦拥有丰富的资源，因此官员们有能力将详细计划付诸实施，以安抚当地的民情。

江浦城墙

与浦子一样，来自南京上级衙门的影响和干预也体现在江浦县的筑城过程中。1573 年，万历皇帝颁布法令要求筑城。知县周氏制定了江浦筑城的计划。但是，江浦居民和官员没有接纳这一建议。与高淳一样，当地人声称，如此浩大的工程并不适合他们这个偏远小镇。南京和江浦之间最后达成妥协，决定在江浦建立一个"垣"（较小的土城）作为权宜之计。此后不久，为了保证县衙的安全，江浦又建立了一道"垣"；三年后又增设了一道"垣"来加固防御工事和栅栏。虽然垣不如城墙（墙体由砖筑成）那样牢固和复杂，但它毕竟建在一个石质地基上，顶部有木桩，外部砌着陶砖，表面布满了铁蒺藜。当然，垣的造价要便宜得多（十万铜钱）。[81]

但是，江浦的这座准城墙无法令人满意。1575 年，应天府地区的最高官员应天府尹汪宗伊提议在江浦修筑带有军事堡城的正式城墙。这一计划最终没有得到实现。3 年后，汪氏升任南京都察院右都御史，再次提议在江浦筑城。考虑到他之前的失败，汪氏对当地的反对意见抱有更少的同情。在一次祭祀仪式上，御史汪氏明确表示，江浦的战略重要性应该压倒地方利益：

> 计此桑土远猷，彼萌安可与虑始遍。嘉靖中，岛夷扰吴越，逸寇百十骑，由采石薄都西鄙。……浦与留都相掎角，城成，则引庐凤，控真扬，上下千里，长江增险。[82]

汪氏成功说服了南京的最高文武官员，包括兵部尚书、总督、巡抚、操江都御史、巡按御史等，让这些官员认识到了解决江浦问题的迫切性。在汪氏的计划中，出售南京罚没的私盐可以解决部分资金问题。筹措其余资金，以及监督筑城工程，这些职责则落在了地方长官的肩上。这项任务首先被委托给了江浦知县沈孟化，他对整个工程进行了详细的规划。然而就在沈孟化准备实施其计划之时，他被提拔赴北京任职，留下了未完成的筑城工程。面对当地此前激烈的反对意见，以及来自南京的苛责，江浦的筑城工程变成了新任县令的艰巨任务，他在南京和江浦之间左右为难。出于城墙的战略重要性，朝廷最终任命了前御史余乾贞担任县令来负责这项工作。

南京的知识分子密切关注着整个过程。著名南京文学家、前翰林院编修余孟麟曾写过一篇文章，记录了江浦学宫的扩建，这也是他在同一时间完成的工作。余孟麟回忆说，当第一次听到江浦要筑城的消息时，他和其他南京文人一样，首先质疑说："予闻将筑浦，意兹偏邑，曷任是在？"当时，余乾贞被任命为县令，一赴任便立即启动了两项主要工程：改建名宦乡贤祠、明伦楼，以及筑城。因此，质疑之声更加高涨。然而，令所有人惊讶的是，余乾贞在一年内就完成了这两项工作，而且没有遇到任何阻碍。余孟麟委婉地回忆说，有效的方法和任务分配是余乾贞取得意外成功的关键。那么，余乾贞"是遵何术哉"？[83]

与其他地方一样，筑城最困难的地方在于筹措资金。早些时候，县令沈公在为建设筹资方面做得很好。他成功地解除了先前禁止将专供皇家举办各类仪式的官地租赁给当地居民使用的禁令。他还向部、院表示，筑城之后，兵民两便，因此，筑城费用也应由卫所与县民双方分担。在理论上，分摊费用似乎是一个公平的解决方案，但县令需要提出具体的解决办法。事实证明，"提出解决办法"并不是一件简单的事——尤其考虑到民事和军事部门之间就管辖权的长期争端。尽管全县四分之三的土地由军户进行管辖，但劳务负担却主要由民户承担，这一事实使局面变得更加紧张。出乎意料的是，余乾贞居然能够调和县和当地驻军之间的关系，甚至说服军方提供30%（另有记载说40%）的劳务和费用。[84]

余氏能够获得成功，他依靠的并不只是运气，他是南京的高级官员精心选拔出来的人才，背后拥有他们的支持。事实上，他之所以会被任命赴此，很大程度上是因为他本人具备了制定灵活策略和调节各方面关系的能力。在这个意义上，江浦筑城应该被视作南京高级官员集体努力的成果。事实上，该地的地方志书附有一个长长的名单，其中包括了巡抚、兵部尚书、河道总督（南京右副都御史或右佥都御史）、巡按御史、都指挥使、巡城御史，这证明南京各衙门都深入参与了筑城事务，为圆满完成江浦筑城提供了重要帮助。[85]

109

高淳与江浦的比较：政治谈判的作用

尽管高淳和江浦在筑城时都面临着共同的障碍，但这两个地方的筑城政务的发展轨迹却大相径庭：在高淳县，筑城发自民间，深深地带上了基层的烙印；而在江浦，筑城则是在南京政府的密切监督下进行的。到了最后，高淳仍未筑城成功，而江浦则总共建造了两座城墙。双方的结果对比极为鲜明，这突出反映了江浦和高淳在区域地缘政治中的相对地位：一个是为了保护全帝国利益而被摧毁大半的孤悬小镇，另一个则是南京城江对面的卫星城。作为新指定的县治所在地，双方都表现出了不稳定的一面。但因为相对于应天府地区的政治地理，它们所处的位置不同，因此，它们的地位就算不是完全相反，也至少表现出了不同的形式。高淳沉迷于自己的昔日，渴望回归到被"分县"之前的"母县"，恢复其旧有的商业市镇地位。相反，江浦则处在南京的荫庇之下，对自己新的地位非常满足。事实上，江浦凭借其新形势和新身份，获得了非常大的权力，因此它很快就发起了一场反对其六合"母县"的运动。

江浦和六合在修堤筑坝方面的争夺始于明朝，并一直持续到19世纪。六合地区政治地理形势的剧烈分合引发了这场争夺。在独立设县之前，江浦当地居民前往长江的转运路线紧沿着流经六合的一条河流。当江浦被分立为一个县时，人们认为这条运输线迂回曲折，极为不便，而江浦则愿意自己开凿一条水道，帮助改善居民通往长江的交通状况。然而，在六合的居民看来，这条新的水道将大大削弱他们自身的地理优势，因此他们强烈反对修建这条运河。双方都前往县衙和府衙进行游说，陈述自己的理由。具有讽刺意味的是，双方都提出了类似的论点——他们各自从水利和防洪的角度，强调修筑堤坝对农民可能产生的成本和收益。

110 他们互相指责对方不为农民的福祉着想，只考虑商人的利益。[86]

对运河、城墙或水坝等生活空间的调整，在根本上塑造和决定了人们的生活。高风险自然会引发强烈反应。人们在谈判这些问题时采用的方式特别引人注目。事实上，在高淳举行的旷日持久的谈判，与在第1章中16世纪末的大趋势是一致的，那时的改革计划往往都是由底层发起的，而且地方民众成功地迫使政府进行了谈判。本章的例子进一步揭示，在中华帝国晚期，集体行动日益增多。这一现象首先引起了历史学家的密切关注，因为它表明在经济高速发展的时期，国家与社会之间的平衡在发生变化。例如，在16、17世纪，城市平民抗议的数量激增。这被认为是一种明确迹象，表明了城市化已经将中国城市的角色从国家权威的治所转变为政治斗争的角逐场。早期的研究著作坚持认为这种政治反抗是典型的阶级矛盾，是市场经济引起的一种新兴的阶级意识。一种独特的"市民思想"的出现，似乎与儒家正统的乡村理念相悖逆，从而极大地破坏了传统的（"封建主义"的）政治权威。[87]农民起义——中国历史上的普遍现象，往往标志着王朝周期的终结——此时，由城市底层领导的群众运动也加入了进来。

然而，特定的目的论（例如，寻找经济发展推动阶级斗争的证据）决定了这种学术化的分析路径，而这种分析路径有时会对历史发展做出过度简单化的理解，最终为此付出代价。宋汉理（Harriet Zurndorfer）明确指出："这些历史学家关注的是普遍的反抗概念，他们并不了解引发了暴力和政治抗议的那些具体条件。"[88]为了纠正这一问题，学者们开始更多地关注孕育了农民运动的特定社会政治环境。例如，小林一美（Kobayashi Kazumi）调查了群众运动的意识形态的广度，她指出：与过往的看法相反，并非所有的民众抗议活动都在挑战现有的权威。[89]同样地，汤维强（James W. Tong）统计了整个明代发生的630起集体行动，并总结出如下结论：统计模式和阶级斗争理论、社会变革理论之间的关系，并不比它和有关生存智慧的观念，以及它和政府包容集体行动的能力之间的关系更多。[90] 对于民众抗议（630 份样本中的 150 份），汤维强发现，在某些极端困难的情况下，如果政府救济或地方社会的救助无法纾解灾情，或者国家控制和阻止内部干扰的能力减弱，民众抗议发生的概率就会大一些。总而言之，在这 630 个样本事件中，极少有完全敌对的阶级冲突。在那些城市化、商业化程度更高的县城，集体行动的程度也没有明显升高。[91]

实证研究无法支持传统的群众抗议范式，例如王朝衰落或阶级斗争范式，因此，宋汉理呼吁，该研究领域应该朝着"中国的暴力与政治抗议的类型学"的方向发展。在一篇评论文章中，她将群众运动划分为城市骚乱、农民起义、世仇，以及千年末世之乱。[92] 随后的学术研究进一步细化了群众抗议的类型，从而使我们能够更深入地了解政治对抗背后的权力斗争。例如，巫仁恕（Wu Jen-shu）对 16 至 18 世纪的城市集体行动进行了系统全面的调查，其中包括了饥荒骚乱、罢工罢市、抵抗政府官员活动、抗议皇亲国戚和太监宦官、抗捐抗税运动和佃农起义。巫仁恕分析了群众运动和粮价波动、财政政策、政府应对，以及针对民众抗议活动的法律之间的关系。为了从整体上去理解集体行动的本质，巫仁恕还（通过分析揭帖和戏剧）考察了群众运动领袖和参与者的地理分布和社会背景、社会动员的手段和组织，以及参与者的动机。[93]

简单地说，对群众抗议的学术研究方法已经取得了长足的进步，过去相关领域的学者将它们视为基层反抗的象征，而现在的学者则将它们放在国家与社会之间多变的"权力－动力"背景下进行考虑，将其视为历史的产物。然而，大多数研究仍然主要集中在抗议行为本身，将暴力和对抗视为抗议的内在元素。高淳当地人采取了非对

112

抗性的集体行动，而政府则采取了和解的姿态，这表明集体行动出现了新的面向，但还没有引起我们足够的重视。的确，非暴力的集体行动在中华帝国晚期并不像在现代学术研究中那么罕见。虽然表达不满情绪很容易导致暴力，但暴力并不是构成民众抗议的决定性因素。汤维强认为，在他考察的数百起集体行动的案例中，部分案例就是非暴力性质的。[94]通过对有组织的商人团体和行会进行研究，汤维强发现有组织的政治行动往往是通过提供政治襄助的方式来影响政府决策的。联合请愿并不罕见，因此有组织的政治行动可能涉及多个县或省，以及不同行业的人。最重要的是，"其中一些集体行动不只是自发表达自身的不满，而是富有经验、见多识广的游说努力"[95]。请愿者会援引明朝行政法规的最高权威（《大明会典》）的相关内容作为法律依据来向特定官员提出请愿。

在这个意义上，高淳筑城抗议活动将非暴力政治行动的范围从行会成员扩大到了普通纳税人。毕竟，无论引发民众抗议的原因是什么，其本质上都是公众意愿无法得到满足，以及人们普遍感受到社会不公。人们表达不满，是因为人们希望官方能够改正错误。只有当局势发展为公开对抗时，暴力才会发生。然而，历史学研究的关注点通常都集中在暴力和对抗上，这往往掩盖了民众精心谋算策划抗议活动的某些方面。想要明白清晰地解释群众运动的这一维度，我们需要某种不同的视角。换句话说，当我们将集体行动视作一种理性的政治谈判时，分析的中心就从挑战、反抗国家权威转移到了地方人士和政府代理人达成协议和妥协的过程。这种方法使我们能够超越那种认为国家与社会正在进行激烈对抗的观点，专注于双方针对争议焦点，以及根据自己的看法进行谈判的互动过程。因此，本章的最后一节分析了影响和塑造应天府地区筑城谈判的两个主要因素：（1）政治地理的变化，特别是迁都北京引起的变化；（2）16

113

世纪和 17 世纪商业市镇的兴起，它让"城市"一词变成一个需要城市居民进行认真思考的问题。

针对都市景观的谈判

地理因素

迄今为止，本章叙述的故事已经出现了几次转折。我们一开始便介绍了南京地区群众的反对筑城抗议，以及在这场地方危机中，高淳的社会精英对此问题的理解与表达。随着故事的展开，我们发现，从表面上看，抗议似乎是高淳反筑城取得胜利的决定性因素，但实际上它只是地方在一场大规模的水利纷争中败下阵后，持续采取行动的历史上的一个简单片段。考虑到缺乏稳定的资金来源，或者缺少推行朝廷筑城命令的既定程序，这一发展并不让人感到意外。因此，筑城令对早已经濒临破产的经济不啻雪上加霜，而地方政府也只能仓促设法，开辟新的税源。筑城的特殊性使它自己卷入地方政治之中，结果，地方采取各种形式来反对这些工程项目——有时候，抗议的目的是表示对士绅的不信任；有时候，抗争的对象却是不受民众欢迎的地方长官。在高淳这个案例中，地方民众坚持强烈反对筑城的根本原因在于东坝问题，以及改变高淳的地位，将它从一个商贸市镇变成一个行政管理城市的决定。除了其他因素之外，这种改变还需要一面城墙。

如果与另一个大都会江浦进行对比——该城市的筑城计划也遇到了类似的阻力——我们就更能理解高淳筑城抗议取得的成功。尽管两个城市的情况是如此相似，它们却引发了地方政府不同的回应，其主要原因在于地理因素。江浦和南京之间的地缘关系，逐渐演变成了两个城市之间异常紧密的政治关系。当南京变成留都，其主要功能由政治中心转向替北京监督中国南方的军事重镇时，这种政治的亲密性就增强了。[96] 这种变化强化了江浦的重要性，因为该城地处南京与长江之间的重要战略位置。为了全面掌控中国南方地区的防御线，南京不得不将自身范围扩大到江浦县。

同样地，地理安排在高淳颇不走运的发展中，以及在最终战胜了筑城命令的地方集体行动中发挥了关键作用。高淳坐落在一条通往南京的交通要道上，当南京成为大明帝国的首都时，高淳自然能够兴旺发达；当长江航道变得太过危险，不再适用于漕粮运输时，高淳的重要性更是大大提高了。因为到达南京的最佳路线是一条穿越南方三湖地区的水路。于是，南京投入了大量资金和人力，在远离险恶地形的地方开凿了一条运河——胭脂河。高淳恰好位于这条新航道的中心位置，成为连接帝国首都和太湖地区的一个重要枢纽，也被称为"太仓"[97]。然而，迁都北京之后，大运河成为漕粮的主要运输路线和帝国生命线。高淳失去了这一主要收入来源，不免走向衰落。当高淳在东坝斗争中败下阵时，情况就更加恶化了。

这个故事的最大滑稽之处在于，高淳是在帝国迁都北京，漕粮改经大运河运输之后，才被提升成为县的。为何这次行政升级拖延到现在才来？唯一讨论这一地位变化原因的档案材料将这种"延迟"归因于财政因素：溧水县幅员辽阔，赋税历来难以征收。这些都是解释基层行政调整时（无论是行政单位的分还是合）老生常谈的理由。[98] 除了财政方面的考虑外，政府还可能认为，高淳是通往南京的交通枢纽，享地利之便，理应繁荣富庶，发展成为一个独立的县。然而，政府需要明白，高淳已经失去了主要的收入来源，但现在却被拔高到一个名不副实的地位。这可能促使高淳居民反思他们在这一地区的定位，并得出结论：高淳本质上只是一个"城镇"，却被寄予了不能承受之重。高淳人没有意识到，他们的困境不只是时运不济的不幸结果，同时也是一个具有代表性的重大问题。这个问题涉及两种城市制度的机构管理，而这两种管理体制早在 17 世纪早期就已经相互渗透。

威廉·施坚雅的城市等级理论适用于这样的情况。施坚雅在《中华帝国晚期的城市》（*The City In Imperial China*）一书中提出了两种城市层级：一种是由帝国官僚机构创建和管理的城市，其存在的目的是进行属地管理；另一种是商业交易形成的城市。用施坚雅的话来说，第一种城市代表了"官方的中国"，一个由衙门组成的世界，官员们在等级森严的官僚体系中排分座次；而第二种城市反映了中国社会的"自然"结构，一个由贸易和非正式政治主导的世界。经由长期的、将地位突出的贸易城镇转变为行政管理场所的制度实践，这两个世界不断进行紧密的互动。[99] 川胜守（Kawakatsu Mamoru）的研究表明，从宋代到清朝，商业市镇逐渐发展为大城市的制度转型一直在继续。[100] 然而，也正如他指出的那样，这种地位变化的标准就算能够加以确定，那也十分稀少。川胜守建议，我们应该在每个地区的特定背景下去理解地位的变化，应该重点关注与占主导地位的城市之间的关系。在高淳的例子中，中心城市南京的影响延伸到了筑城问题，它标志着一个行政性城市和商业市镇之间的边界。

通过高淳与政府之间的冲突，我们可以看到，"城"还是"不城"双方都存在不同的困难和问题。对因筑城而起的异议，明朝政府的反应似乎是完全不同的。事实证明，这种不一致与其说是因为地方反对派的抗议（高淳和江浦都在呼吁），不如说是因为各城市对应天府的政治地理重要性不一致——应天府此时正处在由首都向留都转型的过渡时期中，它需要对自己进行重新定位。南京周边的几个"核心县"若干世纪以来已经成为南京地区的一部分，与该地区

　　　　　　　　　　　　　　　　谈判中的城市空间

紧密连为一体，因此南京的地位变化对它们产生的影响比较小。然而，对高淳和江浦这样的新县来说，南京地位的变化改变了它们的发展轨迹：南京不再是帝国行政管理的中心，而被重新定位为一个区域性军事重镇。江浦位于长江对岸，被视作军事防御体系的重要 116 组成部分，对它来说，城墙至关重要。为了实现这一目标，政府动用了更高、更多的财政和政治资源来克服当地的阻力。首都的北迁导致高淳的重要性下降，胭脂河很快就变得淤塞破败，殃及连接高淳与南京的水道——这削弱了高淳的军事意义。结果，围绕筑城的争论转变成了一个财政问题。为了解决东坝争端引发的灾难性后果，高淳进行了财政改革，而围绕筑城的争论很快就卷入其中。

首都北迁造成的地缘政治结构的不平衡，与当时地图描绘的理想化的政治地理形成了鲜明对比。这些地图的政治空间想象通常以行政级别最高的衙门为中心，每个下属分支机构都位于一个相同的政治空间中，其视图大小、彼此距离都相等。在明代应天府地区的地图上（见图2.2），南京和江浦的地理邻近程度被掩盖了。理想化的地图空 117 间掩盖了严酷的政治现实，给观众留下了虚假的印象，即从南京中央政府的角度看，所有的县都在政治空间中得到了平等对待。[101]

商业市镇的崛起

从高淳居民的角度来看，筑城方案是自东坝争夺战以来，当地居民长期遭受的又一种痛苦。城墙的象征意义让高淳居民普遍对拔高高淳地位的决策产生了质疑。用他们的话说，高淳"不过依湖通商一市镇耳"。[102] 市镇大量涌现（这往往被视为帝国晚期城市化的主要特征）带来的高淳地位问题表明，行政性城市制度和商业性城市制度之间的界限越来越复杂。市镇的蓬勃发展意味着巨大的税收增长，事实上，从宋代开始，商业市镇向行政管理的城市的转变（反

图 2.2　应天府（资料来源：陈沂，《金陵古今图考》，1516）（应天府的属县由双框勾勒标示）

之亦然）就一直是常规的制度和做法。当国家想在基层建立新的行政建置时，市镇通常会被视为当仁不让的候选单位。这些变化往往受到当地人的热情欢迎，因为它们拉近了自己与权力中心的关系，会带来更多的政治资源，其中就包括增加科举考试的配额。[103] 高淳不同寻常的抵制，无疑是它从溧水分立出来，水利纠纷失败之后的不幸产物。同时，本地"镇民"自我意识的提高，反映了某种日益增长的身份认同感，这种认同感在当时的市镇居民中是普遍的。

　　这种新近出现的地方自豪感的明显标志之一就是"乡镇志"（"村志"或者"镇志"）的出现，这是地方志书的一个种类。[104] 这一体裁的出现在晚明时期尤其令人瞩目，当时地方志的编纂已经成为政府的常规事务。早在 15 世纪，朝廷就颁布法令，要求各地（省、府、

118

县）编制地方志乘，并使用指定的例目。[105] 与这些国家发起编纂的出版物不同，乡镇志是因地方倡议而编纂的，这些作品的内容记录了各个城镇自身关心的事项。乡镇志的自愿性和自发性，与其他官编地方志存在明显的区别，而且它遵循了某种规范格式。最有趣的是，由于市镇不是正式的行政级别单位，编纂者必须根据自己生活体验的实际范围来划定城镇的界限。又因为没有现成的档案可供查阅，乡镇志的编辑们就只能利用他们的个人观察和经验。这种地利之便不仅为他们描述城镇生活赋予了不同寻常的原创性，而且同时也促进了社区感。在乡镇志的"序言"中，最常见的评论就是将这些作品与官修地方志相区分开来。纂修者们认为，乡镇志和官修地方志之间的差别是非常明显的：乡镇志来源于村社的努力，而非官僚行政命令。官修地方志由上而下，而乡镇志则由下而上。[106]

这种迅速发展的村社身份可能是由以下事实引起的：不论市镇的经济意义如何，它们始终在官僚体系中缺乏正式的地位，因此常常在官修地方志中被忽视。[107] 在人们对行政城市流露出的隐晦的不满中，我们可以感受到这种忽视。例如，在苏州城外横塘镇的乡镇志中，编纂人员对官修地方志中缺少关注的问题进行了尖锐的评论："郡视横塘，稊米也；其土俗相接，错若以处者，横塘视之，又若稊米也。"[108] 在某种重要的意义上，乡镇志的编纂者对官方的"城市"定义表示不以为然。我们还能在民俗宗教领域中发现类似的僭越和冒犯行为。例如，大明法典规定，只有大城市才能供奉城隍庙，然而，在 16 世纪末，江南的许多市镇都建立了自己的城隍庙。[109]

市镇缺乏官场体制内的支持，这意味着这些市镇的兴衰取决于市场波动的影响。尽管它们在调节行政城市和乡村方面发挥了至关重要的作用，但在经济衰退期间，一些市镇很快又会衰退为乡村。例如，浙江著名的市镇乌青镇，在南宋的淳熙年间（1174—1189 年）首次 119

扬名。然而，经历了半个世纪的繁荣之后，它在 1275 年突然衰落。到了 1276 年，镇上所有的商店和酒馆要么直接消失了，要么被改建成了住宅。一直要到明代中期，乌青镇才再次恢复了经济繁荣。也许正是这种严重的不稳定感，促使城市居民编写了乡镇志。他们希望能够记录下乡镇的繁荣富裕，同时也希望，如果未来经济发生衰退，清晰的文化认同感能够维系这个市镇，将它发扬光大。[110]

不出所料，隐藏在这种逐渐上升的自我意识背后的是 16 世纪市镇经济的非凡表现。正如施坚雅指出的那样，中国城市历史的一个明显特征便是"大城市的有限增殖"[111]。从宋朝第一次城市革命到帝国时代末期的近千年时间里，尽管人口急剧增长，但行政城市的数量仍然相对稳定。换句话说，许多历史学家认为，在工业革命之前，中国晚期帝国的经济增长令人印象深刻，可以说与同时期的欧洲不分伯仲，这在很大程度上可能是因为商业市镇的数量不断增长。然而，尽管市镇在帝国晚期极为重要，却鲜有人注意到决策者对蓬勃发展的商业市镇做出的制度调整。出现这一奇怪的遗漏，可能是因为对于市镇崛起这一问题，学术界的兴趣集中在他们提出的另一种城市模式上，这种模式与传统的、政府管理的城市恰好相反。事实上，许多市镇都受到了富商支持，而且与那些政府管理的城市不同，它们并没有受到政府的严苛控制，因此表现出了高度的自治——这正是马克斯·韦伯眼中，中国城市最缺乏的东西。[112]帝国对行政城市数量的限制进一步加重了这种趋势。因此，虽然政府努力将一些市镇改造成具有行政建制的城市，但许多已经建立的城镇，例如著名的四大镇，在清朝兴盛期人口超过 100 万人，但却仍处于官方城市层级之外，主要作为商业中心在运作。在缺乏行政城市享有的制度资源的情况下，这些经济实力强大的市镇建立了自己的社会福利、安全保卫和社会服务体系。在许多情况下，这些措施相当

120

于事实上的自治。然而，学者们告诫我们应该避免一种危险，即错误地认为市镇享有独特的自由福利——尽管在表面上，它们是进步的——自然而然就会产生一种类似于欧洲城市资产阶级的精英阶层。科大卫在他对四大乡镇之一佛山的研究中发现了相反的情况：随着佛山日益繁荣，一群具有传统科举功名的知识分子逐渐占据了领导地位，这些人具有与传统的农村乡绅相似的特性和行为。[113]

换句话说，市镇的非正式地位不应该自动被视为独立于帝国政府的标志。虽然许多强大的市镇从未被改造成行政城市，但国家仍然能够将其权力渗透到这些城镇中。在宋代，市镇不仅通过经济，而且通过对县以下的基层管理进行协助来调节城市和农村的关系。在监镇官的管理下，主要市镇都采用了与普通行政城市相同的管理和征税方式。[114] 最初，明政府继续采用过去的行政管理做法，在市镇设立巡检司和税课司局来维护社会秩序和征税。[115] 然而，在明末财政改革期间，为了刺激经济活动，这样的行政监督开始逐渐减少。[116] 在一些主要的市镇，府、县派出的非常驻官吏取代了巡检司和税课司局。撤走政府机构的目的不是削弱国家权威，而是提供更大的灵活性来适应市场力量的快速消长。[117] 然而，撤走政府机构并没有受到市镇居民的普遍欢迎，许多人并不反对政府在本地的存在，他们想方设法申请政府在本地派驻更多的机构，或者寻求政府认可他们事实上的自治。[118] 的确，建立这种制度联系对双方都是有利的。市镇聚集财富，发展机会很多，吸引了各行各业的人，包括铤而走险的罪犯和贪婪"刁钻"的衙役。因此，正如乡镇志收录的请愿文献材料所说，请求政府进行干预的呼声并不少见。[119] 换句话说，国家和城市之间的关系可能并不像现代学者认为的那样是对立的。[120]

总之，一个完善的商业化城市制度的出现，的确标志着中国历史的一个分水岭。然而，我们不应将这种现象视作行政性城市制度的对立面，认为两者之间的竞争严重影响了中国现代性的性质。如果我们考察这两种城市制度之间的相互作用，即调和这两种制度的制度实践以及相关调整的社会影响——如同我们在高淳县和江浦县所看到的那样——我们的研究可能会更富有成效。毕竟双方都拥有许多东西能够提供给对方：国家垂涎市镇所带来的丰厚收入。对市镇来说，尽管经济占据主导地位，但如果缺乏由国家垄断的政治和文化资源，它们就无法维持自身的繁荣。如果条件成熟，这种相互依赖就能够产生谈判的基础。

结 论

归根结底，"城"还是"不城"是行政性城市制度和商业性城市制度的一场谈判。政府使用城墙来划定界限，而界限的划分又是权力和谈判的产物。更重要的是，这两种制度间的界限在明朝变得更加尖锐。明朝视城墙为文明的终极标志和天命的基础。[121] 这一发展尤其值得我们注意，因为长期以来，城墙不仅被视为中国城市化的决定性标志，它也是整个中华文明的标志：

> 直到帝国时代末期，中华文明都以城墙环护的城市中心的增长和扩散而闻名于世。这些筑有城墙的城市都经过了精心选址，与当地灌溉系统和水道紧密连为一体。它们的设计体现出人们对宇宙意义的理解，其土地的利用方式则反映出人们的思维方式。这些城市在广大的自给自足的地区发挥了枢纽的作用。以上种种都是传统中国的主要标志。中国的城市形态首先是由城墙布局和城门的设置共同决定的。尽管城市形态一直在演变，但从世界范围的视角来看，中国的城市表现出明显的稳

123

定性，形成了一组独具中国特色的城市形式。[章生道（Sen-dou
Chang）：《城治的形态与结构研究》（*The Morphology of Walled
Capitals*）]

上文是章生道（Sen-dou Chang）对中国城市特点的描述，被人
们广为引用。由于中华文明的空间范围是以城墙为标志的，所以，
在过去的两千年里，这个文化象征的外在表现形式保持稳定也就是
很自然的一件事。然而，这种归纳实际上可能更多的是一种文化理
念的反映，而不是对现实的描述。[122] 因此，明朝政府对治下全部行
政管理治所下达咄咄逼人的筑城要求只是一种反常现象，而非历史
常态。[123] 不仅城墙被拔高到意识形态的中心地位，筑城也通过帝国
诏告天下而被强硬执行。明朝的城墙不仅是最显著的城市建筑，也
是国家政权存在的体现。

从这个角度来看，高淳与江浦的案例对比，揭示了一幅两种城
市制度相互交叉影响的动态图景。江浦过去是一个商业市镇，现在
顺理成章地成为南京的军事要塞，同时继续与六合就水道问题发生
争执，从而扩大自己的商业范围。相比之下，位于应天府南端的另
一个商业集镇高淳，无论在政治上，还是在商业拓展方面都未能取
得进步。这一失败促使当地居民质疑将其提升为县城的必要性，并
坚定地反对筑城。鉴于 16 世纪的中国正坚决推行其筑城计划，高淳
反筑城能够取得成功的确令人感到惊奇。地方居民的行动主义导致
了一场谈判，弥补了帝国空间理念的一个关键要素，因此，筑城的
诏令最终被撤销，高淳仍然是一个没有围墙的县城治所。

第三章

想象南京：一个谱系

城市指南《金陵图咏》出版于 17 世纪初，全书内容由一组绘画 124
构成：每一幅画分别描绘了不同的景点，并附有文字介绍和漩涡纹
饰，来展示和增加它们特殊的魅力。《金陵图咏》为读者提供了简
短指南，告诉游客怎样到这些地方去，甚至还指导游客该如何观看
这些景点。然而，这本书不仅是为了实际的游客所写，而且是为了
更广大范围的普通读者所写。该书作者是著名的南京籍官员朱之蕃
（1575—1624），他在该书序言中声称，撰写本书是出于一种愿望，
希望能亲身探访这些景点，并将它们记录下来（可惜该计划因朱之
蕃长期染疾而被搁置下来）。朱之蕃还声称，本书为观看南京提供
了富有细节的指导，它将取代人们实际的旅游活动，推动"卧游"[1]
（一种在文人名士中间流行的时尚文化活动）的发展。[2]"卧游"模
糊了现场实在的旅行与想象旅行之间的界限，它的概念揭示了《金
陵图咏》多方面的功能——"卧游"不仅指导了自然的空间体验，
同时也将想象中的南京空间呈献给公众。

　　然而，序言并未提及这个"想象中的南京"来源于特定社会群
体的视角。朱之蕃的《金陵图咏》一经出版就大受欢迎，因此他很
快又推出了一个修订扩展版，扩展版《金陵图咏》的附录记载了几
十首关于南京的诗歌以及一本城市历史地图集。[3]无论它多么有趣，
我们第一眼看上去就能发现，看似彼此无关的三个部分在第二版中
的排列并非随意选择，而是作者向文学世界做出的一个声明——《金
陵图咏》是一组由南京的名门望族创作的南京图像。[4]如本章所示，
通过在第二版中加入了另外两部作品，朱之蕃向他的读者展示出了
一个为不同目的而创作的南京图像的谱系，让他们能够通过想象之 125
眼"观看"这座城市。通过皇帝的眼睛：皇帝希望自己的臣民对新

建的宏大瑰丽的首都心生敬畏，他们中的大多数人终其一生都不会有幸一睹皇家气象。通过南京本地学者之眼：学者渴望揭开自己生活的这个城市业已消失的历史。最后，通过朱之蕃自己的眼睛：朱之蕃安排了一场对南京景点的虚拟游览，以此纪念南京四个名门望族的世谊。出于各不相同的愿望和议程，以上这些"观看"的努力，催生出了一系列有关南京的——作为一个想象空间——独一无二的作品。

具体来说，正如《金陵图咏》中的故事描述的那样，随着明初开始进行规模浩大的重建，南京作为明朝开国的"龙兴之地"第一次出现在世人面前。由于地方精英日益增多，以及城市日渐繁荣，这个帝国图景逐渐受到挑战——它与南京城市特征的变化是相互吻合的。换句话说，南京城从一个帝国首都，逐渐转变为一个由文化、经济而非政治活动支配和定义的城市。与此同时，它的形象也发生了变化——从一个集中反映帝王权力和王朝荣耀的神圣空间，转变成了一个挤满了地方民众和呈现市井生活的平民地带。这些"观看"南京的不同努力并非孤立进行的。接下来对《金陵图咏》插图的分析表明，每一组插图中与南京有关的视觉线索都是密切相关、相互依存的，这些线索让人们对南京的空间想象变成了一个持续的对话过程。在这个意义上，《金陵图咏》不仅是一本书，更是通过它自身的城市愿景来塑造南京的想象空间的积极力量。最后，观看方式的转变并非只针对南京。这种转变来源于明代一种更强大的文化潮流的演变。1624年扩展版的南京指南收集的图片主要来源于两个不同的主题：南京地图和南京旅游——每一种主题都代表了一种流行的空间想象模式，都对城市空间采取了非常不同的视觉表达。因此，我们可以通过对《金陵图咏》进行分析来观察明代城市绘画的创作、社会利用和文化影响力。基于这一目标，本章首先考察了1624年再版的《金陵图咏》中的社会传记文学，然后对该书收录的南京视觉影像进行了分析。总之，社会传记文学和视觉影像分析阐明了每种不同的"想象中的南京"的特定目的及其预期观众，它们谈论的焦点是整个明朝期间城市空间不断变化的视角。

126

扩展版《金陵图咏》的社会传记文学

两个版本

继 1623 年初版之后，《金陵图咏》于 1624 年扩充为三卷：一卷历史地图集，一卷交游唱和诗，以及一卷带有原创插图的导游作品（见图 3.1）。

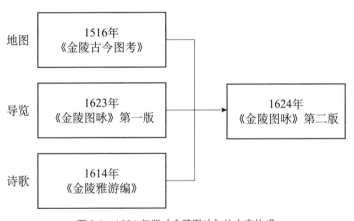

图 3.1　1624 年版《金陵图咏》的内容构成 127

陈沂（1469—1538）:《金陵古今图考》（后称为《南京历史图集》）；

余孟麟、顾起元（1565—1628）、朱之蕃、焦竑（1541—1620）:《金陵雅游编》；

朱之蕃编，陆寿柏插图:《金陵图咏》。

朱之蕃提供了一些线索，解释了将以上三部作品合编为一部书的过程。在序言中，朱之蕃就导游作品《金陵图咏》和诗集《金陵雅游编》二者之间的关系做出了说明。《金陵雅游编》的诗作是由包括朱之蕃本人在内的四位著名南京文人为南京郊区的 20 多个景点创作的作品。每位作者都押相同的韵，各自为每个景点创作一首诗，所以 20 多个景点每个景点都拥有四首诗。这个计划的发起人在 17 世纪末出版了标题为《金陵雅游编》的诗集。[5] 20 年后，朱之蕃摘录了他自己创作的 20 首诗，然后又新增了 20 首，并聘请画家为每一个景点配图。他将这些作品汇集起来命名为《金陵图咏》，并于 1623 年正式出版该书。因此，《金陵图咏》传承并扩展了《金陵雅游编》里的有关南京的抒情诗文，指导人们应该怎样去欣赏这些美景。

与诗歌和导游作品的直接联系相比，书中收录陈沂于 1516 年出版的《金陵古今图考》的原因就不是那么直截了当的。[6] 朱之蕃在 1624 年版《金陵图咏》的序言中指出，尽管这本地图集具有极高的知识价值，但它其实已经面临绝迹。因此，他将其列入《金陵图咏》的目的是扩大它的出版流通。朱之蕃对陈沂的《金陵古今图考》极为赞赏，认为它在文字和视觉上完美地展现了南京的面貌，并认为自己的这部作品也同样如此。陈沂的地图集描述了南京自建成为城市中心以来的地理特征和演变过程，并通过图文配合来记录南京的变化。同样，朱之蕃的《金陵图咏》也是通过文字和视觉记录这种方式来进行组织的，其内容包括南京城内外的40个景点。综上所述，无论《金陵图咏》对南京的想象所依托的媒介是诗歌、地图，还是图画，这三卷关注的无一例外都是南京的外观特征，以及人们看待它的方式。

对南京视觉形象的共同关注，仅仅部分解释了朱之蕃的作品。根据陈沂《金陵古今图考》的序言所称，该书并不是孤立的创作，它应该被视作《洪武京城图志》（1395 年，以下亦称《洪武地图》）的续集，均以明朝开国皇帝的年号"洪武"冠名。由于明代只是"图考"的一小部分内容，陈沂向那些对明代南京感兴趣的读者介绍了一些关于南京的早期作品。这种尊重不只是向皇帝表示尊崇之意，正如我们在下一节将会讨论的那样，这两部地图集之间的内部联系是如此之大，以至于它们通常被视为一体。

当我们在这种背景下进行检验时，《金陵图咏》第二版收录的地图、诗歌和指南实际上包含了两个不同的主题，这两个主题都利用了多种文学艺术形式来帮助南京的城市空间实现视觉化：如图 3.2 所示的地图集（《洪武京城图志》《金陵古今图考》）、游记（诗集《金陵雅游编》）和旅游指南（《金陵图咏》）。通过将三卷组合为一体，朱之蕃呼应了当时的一种潮流：当时，南京本地人正尝试绘制区别于外地人编纂的、有关南京的文字和图像谱系。例如，《金陵雅游编》的合著者之一顾起元就将本地人编著的南京志书和外地人编著的志书区分开来。顾氏还曾经汇编了南京本地文人创作的各类文学作品清单。[7]

事实上，朱之蕃的作品出版并非孤例，它是有关南京的作品集中的一部，由当地一个联系紧密的文人圈负责出版。[8]

陈沂：《金陵古今图考》，1516 年；

陈沂：《献花岩志》，1576 年（据作者序言时间）；该书于 1603 年重印，并由焦竑作序；

余孟麟、顾起元、朱之蕃、焦竑：《金陵雅游编》，大约成书于 1600 年；

朱之蕃：《金陵图咏》，1623 年；

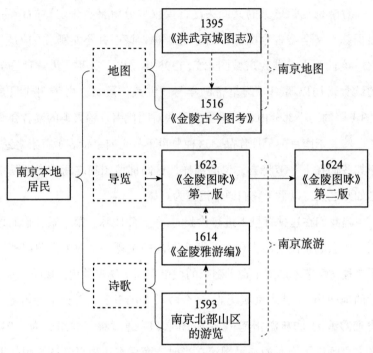

图 3.2 1624 年版《金陵图咏》的内容来源

顾起元：《客座赘语》，1617 年；

周晖：《金陵琐事》，由焦竑在 1610 年作序；

焦竑：《金陵旧事》和《京学志》的序言标注为 1603 年；

盛时泰（活跃于 1552—1560）：《栖霞小志》《牛首山志》（1577）均由焦竑出版，《金陵泉品》。据《金陵琐事》记载，最后这本书（《金陵泉品》）是在周晖的催促之下出版的。

这群南京本地人之间的紧密联系让他们各自的作品被集结为一本著作，而这本著作特意从"本地人的视角"出发，努力描述南京的全貌。[9] 在这些作品里，第二版《金陵图咏》中的三卷似乎是最以视觉为导向的，这也可能是朱之蕃选择将它们放在一起出版的原因之一。更重要的是，第二版对《洪武京城图志》的省略，突出了作者群体从有帝国政府背景的人士向南京本土文人的转变。通过打破这两幅地图集之间的联系，朱之蕃替南京民众将对南京的具象表达从皇帝那里夺了回来。

尽管朱之蕃的创作具有一定的原创性，但它毕竟是时代的产物。构成《金陵图咏》的两项内容——地图和导游作品——代表了明代最为流行的两种城市插图的缩影。第一种类型，正如下一节将会讨论的那样，突出了以国家为中心的城市空间观，这也频繁地出现在其他地方志中。第二种类型，正如我们将会看到的那样，产生于16世纪的一种新的文化潮流——人们对"地方特殊性"的日益浓厚的兴趣。[10] 这一趋势将南京这类大都市以一种休闲旅游和文化表演场所的面貌呈现给了大家。将扩展版的《金陵图咏》与两种空间想象类型结合在一起进行研究，我们会发现，我们将要公开商讨的不只是南京插图的作者，还有观察城市空间的不同视角。

绘图南京

《洪武京城图志》中的帝国视像

对帝国首都的表达　根据《洪武京城图志》的序言来看，当朱元璋决定建都南京时，他就已经命人开始编写这部著作了。对帝国首都的展示常常饱含着政治信息，其影响延伸到了都城之外，象征着整个帝国。例如，成文于东汉的《两都赋》，通过对长安、洛阳两个都城貌似客观的描写和对比，展示了作者对西汉政权的强烈批判。[11] 南宋成书的《东京梦华录》则表现出了作者对一个没落王朝的怀旧感伤。在另外一些视像作品中，我们也能看到帝国首都形象中的政治意蕴。例如，著名的《清明上河图》长卷描绘了北宋首都

131

开封的节日气象。城市生活的所有细节，例如熙攘喧闹的街市、琳琅满目的商品，都以最直接的视觉形式向观众炫耀帝国的富足和繁华。[12] 同理，对意识形态的关注也影响着，甚至常常决定着城市地图的制作，尤其是帝国首都地图的制作。[13] 事实上，它们拥有重要的象征意义，因此有关首都的视觉和文字表达颇不常见；如果有，那也仅仅与首都本身有关。

那么，隐藏在《洪武京城图志》背后的主题又是什么呢？《洪武京城图志》在立朝之初被汇编成书，同时并不涉及其他帝国都城的内容，这似乎排除了利用地图表达对过去政治的怀旧，或者发挥批判作用的可能性。除此之外，这些地图非常简约，而且与唐代首都长安城的地图不同，它很少对城市街道或建筑细节进行描述，因此这些地图在行政管理或军事战略上可能并没有很大的实用价值。[14] 那么，明太祖为什么要下令制作这本地图册呢？他手下的某位官员在序言中提到了一些线索：

> 皇上经营缔构盖已极矣，然而遐方远裔未睹其胜，无以知圣谟经纶之至。爰诏礼曹，命画者貌以为图，毫分缕析。街衢巷隧之列，桥道亭台之施，名贤祠屋之严邃，王侯第宅之华好，星陈棋布。地有显晦而沿革不同，名有古今而表著无异，凡所以大一统之规模者，可以一览而尽得之矣。图成，并锓诸梓，且摹之以遍示四方，使天下之人足迹未尝一至者，皆得睹其胜概。[15]

这篇序言说明，政府编订《洪武京城图志》的目的是向天下昭示大明的盖世功业，在经历了几个世纪的外来统治和王朝战争之后，它重新统一了中国。虽然原始的手稿已经不复存在，但从以它为原型的雕版来看，它展示出的并非《清明上河图》上那种农业帝国的城市文明和商业繁荣，而是城市构造和都城的设施。当然，它和《清明上河图》的目标是相同的：通过对都城进行各种展示来炫耀帝国的力量和财富，并"一览而尽"地凌驾于世界之上。显然，首都的这一系列插图达到了明太祖的预期，因此钦命雕版印刷，推动流行与传播，很多是出自官方渠道。[16]明太祖希望他的臣民们发挥想象力，去"看到"怎样的一个"南京"呢？这个问题的答案就在于明太祖为展示天子气象而选择的特殊景点。

与南京的昔日谈判：一个被地理限制的城市　1378 年，经过长时间的争论之后，明太祖终于下定决心定都南京。[17]现在，朝廷的首要任务便是将这个在历史上长期担任帝国首都的城市，作为大明帝国独一无二的都城呈现给世人。然而，这一任务因这座城市过往的历史而显得分外复杂。自从公元前 333 年前后建城以来，南京一直作为割据王朝的都城；这些王朝都没能统一中国，留下了很多不幸的故事。事实上，在洪武时代之前，南京曾是七朝古都。[18]由于这种悠久而又不祥的历史，明太祖不得不塑造南京新都城的城市形象，而且不得不将它与此前其他众多割据势力将其立为国都的那个历史名城区分开来。[19]

这个意图在明太祖发起的一场文学活动中表现得十分明显。明太祖曾计划修建一座名为"阅江楼"的亭子。这座亭子位于南京西北角的山顶，俯瞰长江和这座帝国都城。明太祖向手下臣僚征求文字作品，然而，他对大小臣工上呈的文学作品都不甚满意，于是亲自操刀（他在文中为自己虚构了一个官员身份），以节俭为主旨，写就一篇《阅江楼记》。在文中，这位官员请求"今上"停止这一建设计划。当然，这项请求得到了"皇上"的批准。事实上，这座亭子从来就没有被真正地修建过，但从这位皇帝假扮的官员的文章，及其最亲近的谏臣宋濂的文章中，我们可以看到他们对该城的重要见解。明太祖称，明代南京城"非古之金陵，亦非六朝之建业"。[20] 为什么呢？宋濂认为，这些政权全都没能成功统一全国，因此金陵在过去不能体现其周围名山大川的天子气象。[21] 但现在的情况肯定不是这样。随着大明王朝成立，南京已经成为一个成功统一中国的、全新的、具有"洪造之鼎新"的帝国首都。[22]

133　　　历史上的南京和明代的南京，二者之间的不同之处，不仅体现在描述它的辞藻修辞上。在朱元璋的监督下，南京城完成了扩建，挑战了传统理想中帝国首都的形式。理想的中国城市，尤其是帝国都城，一般都布局方正，龙庭坐北朝南。早期南京旧址上的城市一般都符合这一标准。[23] 然而，明太祖做出了一个不寻常的决定，不拘泥于传统，建城优先考虑城市的军事功能。[24] 他将这座城市扩大到了自然条件所允许的极限，以便能够"尽据山川之胜"。[25] 因此，南京城的整体形状便依托于周围景观的特殊环境。南京西边毗邻长江和低洼的沼泽地及丘陵，北依山脉和玄武湖，只有城南和东部城墙的轮廓略显规整。这座城市向南和向东伸出，形成了两个方形区域，像等长的十字架的两臂一样。南京城的南部是元代旧城集庆，包括了方形区域北侧的部分；向东延伸的方形区域矗立着大明皇城和最高级别的官府衙门。

　　朱元璋的建城决策有悖于皇城的理想形态，这一点虽然不同寻常，但在首都建设规划史上也并非绝无仅有。暂且不提一座理想化都城的象征价值，因面临不同的自然条件限制，或者出于某种实用目的，城市规划出现偏离，或做出修正，都是难以避免的。然而，就算地理条件迫使城市规划偏离经典标准，政府依然努力在外在表现上维持其象征意义的完整。例如，南宋都城临安地势朝东，但首都的形象却调转了 90 度"朝西"（不同于通常的北方朝上），因此在纸面展示上，王庭依然朝南，皇帝也能够在正确的方向上治理他的臣民。[26]事实上，建设都城的目的是依据传统的宇宙观来安排人类和世界的秩序，都城建设计划同时也是一个新兴王朝宣布和强调自身道统合法性的表现方案。正如夏南悉（Nancy Steinhardt）指出的那样："在中国，皇城不仅是统治者自己的首都。它是一种制度。它是一种明确无误的概念，为了展示它，一种设计图被画下来；关于它的理念——亦即目的和意义——也被书写、接受，并且代代传承。"[27]结果，一个城市的真实面貌往往被政府提倡的表达内容所掩盖。这些规划特意强调新都城和传统设计保持了连续性，因此，都城地表上的许多革新都没被画出来。[28]

134

在城市规划中，理想与现实的斗争是永恒的。即使如此，人们仍然感到惊讶，《洪武京城图志》直言不讳地承认（如果不算是强调），由于周围地理环境限制，南京城是不规整的。自古以来，这片土地就以"王者气"而闻名天下。它据天下之形胜，所谓"龙盘虎踞"，南方环绕的山脉使城市固若金汤。尽管拥有这样古老的信仰，大多数建造在这个地方的城市仍然是方形的；它的自然地形，也从没有像在明代南京规划中表现得那样突出。《洪武京城图志》打破了这种传统，它奇特的展现方式在视觉上强化了明太祖的坚决主张：明代南京是唯一完成了统一大业的帝国首都，它与过去各个时代的"金陵"城是不一样的。

事实上，明代南京城与历史上其他阶段的南京城都不同，它明确受其地形限制，更重要的是，它以《洪武京城图志》中的方式被呈现出来。[29]虽然书中地图仍未按比例绘制，与后来清朝的地图不同（见图3.13）[30]，但读者仍然能够通过地图上的轮廓辨认出城市的自然形状。这种自然主义成为明代南京图画的独特标志，并被后来流行的旅游指南和杂家著述广泛采用，例如出版于17世纪初的旅游地图《海内奇观》(见图 3.12)。[31]

视南京为分层空间　通过采用以地形学为原则的地理底图，《洪武京城图志》能够替明代南京城在该城漫长、复杂的历史长河中赢得一个特殊的位置。然而，建立在这张基础地图之上的"想象中的都城"，希望它的臣民们用"想象之眼"看到什么呢？[32] 与其他任何一种空间表现形式一样，地图毫无疑问是对现实空间的简要表达。地图通常不会对其描绘的对象进行随机选择，而是仔细调整其内容，以凸显其潜在的蕴意。通过仔细检查从这座"想象中的都城"里挑拣出来用作代表性符号的那些方面，我们可以清晰地感知这些插图想要构造的景象。

简单地说，《洪武京城图志》由 13 个主题组成，分别是：宫阙、城门、山川、坛庙、寺观、官署、学校、仓库司局、桥梁、街市、楼馆、厩牧和园圃。为了更好地阐明这些主题，书中绘制了两种插图：建筑图（包括宫阙、坛庙和学校）和城市地图（包括景观、寺观、楼观、街市、桥梁、官署）。《洪武京城图志》的主题绝对不是随机选取的，它直接地反映了明太祖对南京的想象，以及南京的城市政策。因此，该图志将帝国在重建南京城的过程中的存在及其主宰地位拟人化了，这座古老的城市在历史上第一次成为一个统一帝国的首都。例如，不同于传统的皇城规划，太祖将皇宫从中轴线的位置移至南京东侧。太祖移动这一位置的目的是错开六朝时期的皇宫遗址——这些小朝廷都没能统一中国，因此可能会给新兴的大明王朝带来不祥甚至灾祸。[33] 同理，"寺观"图清楚地显示，寺观都聚集在郊外，这是因为明太祖下令将寺观和市场分开，从而避免人神相杂。[34] 即使是某些自然景观也被政府收归官有。钟山和后湖这两个最为著名的地标景点，分别被改造成了皇陵和用来储存清丈黄册的仓库——南京居民自此不得踏入其中。"山川图"则展示了太祖如何把城市扩张至自然环境的极限，并利用周边地理形势来捍卫京畿。"楼馆"也是明太祖独创的"作品"，但这并不意味着他容忍放荡的娱乐——明太祖将缺少"劳力"的游惰之民送入牢狱的故事广为人知。[35] 将娱乐行业限制在一个由政府管理的建筑区域中，这只是社会监管的另一种手段。[36] 夹杂在街道和桥梁之间的一些厢坊是在明太祖的强制移民政策的影响下建立的。该政策强行将匠户和杂役迁入都城，以供朝廷官府各项事务差遣。最后，《洪武京城图志》带有洪武时期城市规划和政策的鲜明特色，因此它不仅象征着国家正在将南京重建为帝国首都时的统治地位，而且它对南京采取的选择性的呈现，也将该城与明太祖紧密地联系了起来，象征着一个新兴统一帝国的"革命事业"。除此之外，在基础底图之上，《洪武京城图志》将南京分为多个层次，创造出了一系列特别的城市地图，其中每一层面都拥有不同的功能。利用同样一个基础底图，这一系列城市地图展现出南京多种空间相互叠加的风貌，共同构成了一个总的南京城。尽管当时的制图传统为城市提供了模板，但这些城市地图往往将所有的城市机构和街道汇合在一起，形成一个整体的展示。在此之前，中国历史上从未存在过一系列拥有相同轮廓，但却描述城市不同方面的可重叠的地图。官署图（图3.3）详细地介绍了首都所有的主要民事和军事机构，从而彰显了南京作为首都的政治职能。[37] 寺观图（图3.4）不仅是佛寺和道观的标志，它同时也是国家祭祀名宦的坛庙，展现了南京是举行祭祀贡献和国家社稷大典的地方。[38] 街市桥梁图（图3.5）展示了交通路线、路口、中心市场和居民坊厢，表明南京是交通、交易和居住的中心。[39] 而楼馆图（图3.6）和山川图（图3.7）则分别展示了南京城的社交娱乐和自然景观。[40]

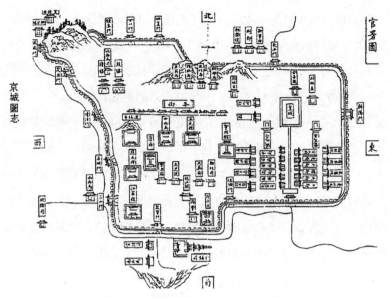

图 3.3 《洪武京城图志》（1395）：官署图

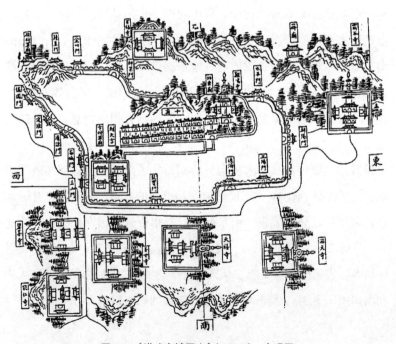

图 3.4 《洪武京城图志》（1395）：寺观图

　　　　　　　　　　　　　　　　　　谈判中的城市空间

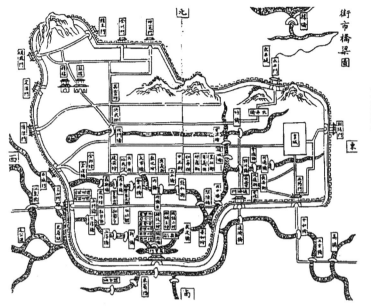

图 3.5 《洪武京城图志》（1395）：街市桥梁图

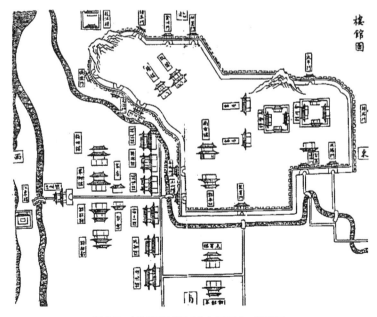

图 3.6 《洪武京城图志》（1395）：楼馆图

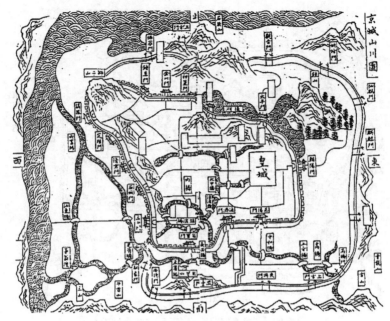

图 3.7 《洪武京城图志》（1395）：山川图

　　《洪武京城图志》的创新形式对城市空间进行了耐人寻味的解读。这座城市许许多多的不同建筑设施并没有像传统的城市地图展示的那样，水泄不通地拥挤在一个筑有城墙的空间内。相反，这个系列的城市地图使用一层空间去覆盖另一层空间，而区分城市的多个层面的功能，正如制作地图本身，本质上是有选择性的，同时也是主观的。这种多层次的城市地图强调了城市空间的特定方面，同时隐藏了其他方面。综上所述，《洪武京城图志》选取的主题表明了明太祖对适合担任统一帝国首都的南京城的独特想象。创新的插图设计进一步制造出了一种传递帝国愿景的有效媒介：地形轮廓分明的基础底图反映了观察南京首都的独特的"明代视角"；精心挑选的、极尽机巧的可覆盖的插图是对大明开创者洪武大帝的颂扬，南京城正是对这一"革命事业"的纪念。

138

明代城市插图的标准化制作　　在绘制洪武京城的空间时，画面背后的政治权威得到了明确的强调，这在后来的明代城市插图中也引起了回应，尽管可能使用了完全不同的形式。最能代表这一趋势的是地方志，我们可以在地方志中找到数量众多的城市插图。随着明初时期编纂志书成为官府的常规事务，志书体例趋向统一化，附录的地图也变得更加程式化。[41]与宋元时期的志书相比，明代的地图简化了空间细节，将讲述重点放在两个核心机构上：负责各方面管理的官署，以及负责培养未来官员的县学。地方志书通常收录了这些建筑各自的建筑方案，为了在视觉上强调它们的重要性，这些核心机构都被放置于城市地图的中心。同理，作为帝国权力中心，首都也将被放置在地图的中心位置。在具体的展示中，读者会发现他的目光逐渐被吸引到权力中心的位置：在最典型的地方志中，书的开篇通常就是一幅理想化的政治区域的鸟瞰图，代表着国家权威的城市被放置在插图的最中间。地图也因此集中体现了城市的政治和文化中心——官署和学校，它们的内部结构也会在建筑图中得到进一步的说明。[42]总之，建筑图、城市地图和区域地图共同构成了一个视觉方案，通过这些政治权力机构的外部装饰，读者可以一窥其绝对权力。

一种经过教化的居住空间的观点为这个视觉方案提供了支撑。经过对数百部存世的明代志书进行调查，张哲嘉（Chang Chejia）得出结论：地方志书的制图风格没有反映出当时的制图技术——当时的制图技术已经足够先进，绘制者能够制作出比例更加精准的网格地图。然而，虽然我们在某些地方志中发现了网格地图，但在明朝制作的地图中，使用这种绘图方式制作出来的地图所占比例极小。换句话说，地方志书想要达到的目标并非物理意义上的精准度，而是对空间的正确解释。制图特色也表现在城市形式的展示上。例

139

140

如，范德（Edward Farmer）就指出，一些地图始终让城墙表现（甚至可以说是曲解）出理想、规整的图形，即使实际环境并不允许这样。[43]

因此，《洪武京城图志》虽然具有原创性，但它仍然是时代的产物，保留了许多明代地方志书描绘城市的传统。这些插图采用了匠心独具、精心选择的制图模式，呈现出一种独特的文化视角，它以国家为中心来审视生活空间，将城市空间简化为官署衙门和附属机构的集合体。[44]

南京历史地图

陈沂的历史想象

国家权力在城市空间中的主导地位并不妨碍空间表达的其他创新方式的出现，陈沂的《金陵古今图考》便是一例。陈沂自诩他的这部著作是《洪武京城图志》的续集，该书后来被朱之蕃收录在地图集《金陵图咏》的修订版之中。《金陵古今图考》于1516年首次出版发行，由一系列的城市地图组成，时间从南京还只是一座普通城市时开始，一直延续到陈沂生活的那个时代。朱之蕃努力促进该书的流通，并取得了成功。《金陵古今图考》在后来的志书中经常被改编，并重印出版，甚至剽窃盗版也都广受欢迎。20世纪初的著名学者柳诒徵致力于珍本古籍的搜集与保护，他重新出版了陈沂的作品，并在序言中指出，陈沂在书中收录了当时最流行的一部记述南京的诗文集——《秣陵集》（南京旧称秣陵），但作者陈沂并未对此加以说明。[45]

陈沂属于一个当时被称为"金陵三俊"的著名团体，活跃于16世纪初南京第一次复兴时期。[46]在《金陵古今图考》的序言中，他表明了自己创作这部别具风格的作品的动机："予家三世居南都，虽历览京阙之胜，莫考前代。"[47]陈沂暗示说，尽管市面上充斥着大量以赞美南京伟大历史为主题的诗文，但这座城市的地图仍旧鲜为人知。他自己出于好奇，并怀有"观看"南京历史的愿望，再加上他曾是县志的参编者，拥有获取档案文献的便利条件，因此他能够完成这本地图集。

该地图集由 16 幅南京的地图构成。从南京最早有记录的历史开始，每幅地图都代表着一个著名的空间重组的节点，并附有对该时段主要空间变化的文字说明。这本地图集收录了 4 幅明朝地图（一幅国朝都城图，一幅应天府境方括图，一幅境内诸山图，还有一幅境内诸水图考）。然而，尽管这本南京历史地图集记录的时间跨度 142 长达 1600 年，而明朝地图独占其四分之一的分量，但陈沂仍然觉得它们没有充分反映出南京这座城市，所以他提醒读者："若夫本朝之详，则有《洪武京城图志》在焉。"[48]陈沂对《洪武京城图志》的敬意不只是出于谦逊，这也是他对两本地图集之间的联系做出的回应：这两本地图集都采取了相同的制图格式。

然而，陈沂的作品将明代城市的轮廓追溯到了很久以前。他的地图集并没有像《洪武京城图志》那样区分当时城市的不同功能，而是显示了南京城是怎样依托自身地形，历经时间而发生演变的。例如，三国时期（220—280）的建业地图和南朝（420—589）的建康地图（图 3.8 和图 3.9）展示了南京在天下分裂时期的首都形象。[49]建业和建康虽然位于同一地点，但建造规模比明代南京城要小得多。尽管如此，陈沂仍然使用相同的制图模版——专为《洪武京城 143 图志》制作的基础地图——来构建这些历史城市。通过这种做法，陈沂让明代南京城和历史上各时代的南京城产生了更强烈的对比。这种对比最为典型的表现是，该系列历史地图最后以一幅总图作结，

所有历史时期的南京建筑都叠加出现在明代的南京地形图上。[50]（图
3.10）通过这种方式，陈沂在制图学层面上再现了南京的城市历史，
并且用它与明代的南京城进行了对比。

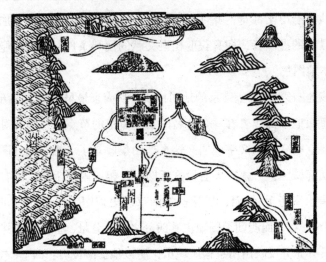

图3.8　三国时期的南京地图，当时它是吴国（229—280）的首都建业；陈沂，
《金陵古今图考》（1624）

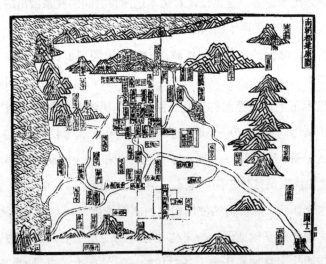

图3.9　南朝时期（420—589）的南京地图，南京先后是几个小王朝的首都，名
为建康；陈沂，《金陵古今图考》（1624）

　　　　　　　　　　　　　　　　　　　　谈判中的城市空间

陈沂沿用了《洪武京城图志》确立的明代观念，有效地加强了明太祖的理念，即明代南京继承了该地久负盛名的"王者气"。在所有城市中，只有明代南京城是根据自然地形规划建造的，并且正式将"龙盘虎踞"的理念纳入城市规划之中。从这个角度来看，陈沂的著作实际上是对《洪武京城图志》更为广泛的注解。通过运用类似视觉影像的技术（可叠加地图），它直观、详细地展示了南京城直至14世纪晚期的演变轨迹。正如明太祖所说的："非古之金陵，亦非六朝之建业。"陈沂完成了明太祖的文化事业：重新设想了南京这座古城，使它带上显著的明朝特色。尽管南京的旧称——金陵、建业、建康——在大明依然流行，但现在这座城市已经明显不同于它的前身。

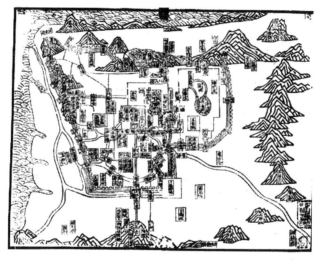

图 3.10　明代南京历史遗迹叠加图；陈沂，《金陵古今图考》(1624)

然而，尽管陈沂肯定了明太祖对理想化都城的想象，但他同时也用一种历史学观念对帝国的想象进行了修订和补充。颇具讽刺意味的是，当陈沂将《洪武京城图志》里的地理底图和历史遗迹相配套时，他就已经破坏了明太祖对南京城个性化的创造和想象。对南京城过去的制图学的思考，反倒凸显出了明代南京城的演变形式只是历史进程中的一个片段。南京摆脱了明太祖的阴影，并被重新放置回历史范围之中，这就更符合传统文人的鉴赏喜好。这一转变虽然有些含糊不清，也很微弱，但却为南京本土文人在下个世纪的创作铺平了道路，等到那时，明太祖的观念已经不再能影响人们对南京的想象了。

探寻昔日的乡愁记忆：南京地图集的复兴

对明太祖和陈沂来说，重塑南京的视觉想象需要的不只是简单的目力与视觉，他们打算制定一种最有利于明朝的观看方法。这两本地图集都将南京城的空间投射在一个明确带有明代政府城市规划印记的特定地形区域中。然而，到 1421 年，明朝迁都北京之后，这种特殊的想象便具有了不同的含义。

随着首都发生变更，明太祖对南京的宏大愿景被逐渐淡化。尽管《洪武京城图志》试图让读者"皆得睹其胜概"。但到了 15 世纪末，这本图集在市面上已经很难找到了。等到 15 世纪 90 年代，王鸿儒（1459—1519）赴任南京户部尚书时，他惊讶地发现，他竟然找不到多少关于这座城市被定为首都之后的资料信息。他说："始鸿儒官南都，好访求高皇帝定天下时神功圣德，及当时谋臣战将，效奇勖力，论议攻取之详。"王鸿儒很快便意识到，此时距《洪武京城图志》成书已经一个世纪了，当年与明太祖打天下的人与事，早就化成了烟云，即使是关于南京城宏伟景象的故事，也都变成了真假难辨的传说。[51]

1492 年，王鸿儒见到了一本私人收藏的《洪武京城图志》的复制本，立刻为之倾倒："忽得此书，虽未足以满平生之怀，而金陵名胜之迹，大抵得矣，岂非一快幸也哉！"他对这一发现感到兴奋不已，消息不胫而走。后来，书稿的事也传入县令耳中，县令建议："请寿诸梓，以广其传。"[52] 对故都记忆的淡忘不仅仅是时间的问题，当时的记述已经证实，政治环境正在有意抹去南京作为首都的历史，而这恰恰加强了人们对故都的往日进行探询的乡愁。

事实上，明朝于 1421 年迁都北京之后，北京宫廷试图通过淡化南京在明朝早期的影响来确立北京的首都地位。[53] 这种策略引发了一些文人群体的反对声音，其中包括了著名的散文家归有光（1507—1571）。归有光第一次接触到《洪武京城图志》是 1531 年他赴京赶考的时候，当时一位同乡进士给他看了自己收藏的《洪武京城图志》。这件事肯定给归有光留下了非常深刻的印象。29 年后，当他看到元代金陵志中的地图时，南京城在天下分裂时代（六朝时期）和天下一统时代（明朝）呈现出的外观上的差异令他大为震惊。归有光开始怀疑当时流行甚广的一种观念——当时很多人认为，明太祖并没有在南京长期建都的计划，永乐皇帝后来迁都北京的目的就是完成明太祖的迁都计划。[54] 归有光说，任何看过地图的人都会知道，明太祖的确将南京视为传之久远的首都，并据此建造了这座城市。归有光在这里援引了皇帝的《阅江楼记》：现今的南京"非古之金陵，亦非六朝之建业"[55]。

归有光通过重新恢复明太祖试图达到的视觉效果，探讨了他那个时代的南北两京的政治生态。他复述了太祖当年在想象中的阅江楼俯视南京城时的感言。归有光认为，在明太祖的计划中，"人们应该看到的"是一个一统天下的帝国的丰功伟绩，一个帝国首都的宏大气象——这个帝国将这座城市从晦暗的过去中拯救了出来。除了政治意蕴之外，晚明时期，人们对明初南京的好奇心，也对明初南京地图的复活和流传发挥了重要作用。这种兴趣根植于埋藏在心底的乡土情结——像归有光这样的人清楚地意识到，《洪武京城图志》

描绘的南京早已不复存在了，而这正是这本地图集的珍贵之处：它让人们发挥想象去忖度南京城业已消失的昔日。

恢复南京作为旧都的荣耀，不仅仅是精英们的兴趣。晚明时期流行的百科全书《三才图会》仍然采用《洪武京城图志》中的插图来对"宫室"和"皇城"进行说明（图3.11），尽管当时，北京作为明代都城已经长达两个世纪之久了。[56] 广受欢迎的旅游指南《海内奇观》仅仅收录了一幅地图（南京地图），而且这幅地图就是以《洪武京城图志》的地形轮廓为框架来设计的（图3.12）。[57] 尽管南京城的黄金时代早已成为陈年往事，但在当时不同商业出版物的影响下，开国皇帝当年对它的视觉想象仍满足了民众观看和怀念"故都"的愿望。不仅《洪武京城图志》里的插图被普及出版物广泛采用，而且陈沂的地图也多次出现在清代的地方志中。[58] 直到19世纪，这个系列的地图才被新兴的制图标准取代（图3.13）。[59]

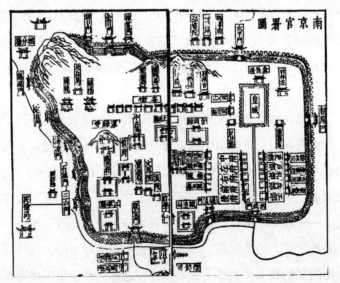

图3.11 （明末）《三才图会》所收地图，以《洪武京城图志》为基础改编而成

　　　　　　　　　　　　　　谈判中的城市空间

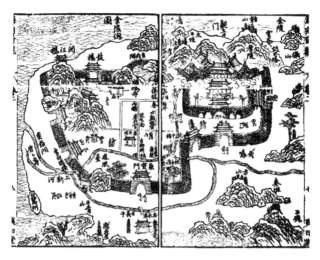

图 3.12 （17 世纪早期）《海内奇观》中的南京旅游图

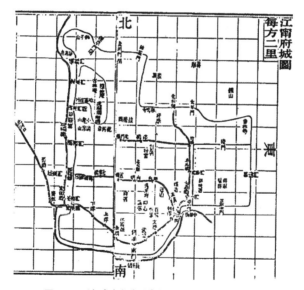

图 3.13 清《建宁府志》（1736）中的南京地图

　　除了具有非凡的视觉创新和持久的吸引力之外,《洪武京城图志》
和陈沂的《金陵古今图考》展示出的都是一幅全景图,一个高度政
治化的城市空间,一个脱离了现实生活体验的空间。迁都北京之后,

南京的城市生活逐渐偏向文化和经济方面，这使得插图表现的场景与现实生活之间的距离更为明显。的确，昔日不再来，这种意识在人们对故都南京的乡愁之恋中体现得尤为明显。一方面，这种情绪激发了人们对明初南京插图的热切追求和再版热潮；另一方面，对明代晚期的游客来说，帝国的视角已经不再具有直接意义了，一种全新的南京形象正呼之欲出。正如下面几节讨论的那样，对"远近"各地的人来说，无论他们想用真正的双眼还是用想象之眼去观看南京，在 16 世纪，一种全新的观看方式正逐渐盛行，它深深根植于人们欣赏景点的文化实践之中。

旅游和导游：地理想象的新兴模式

文化旅游和社会差异

16 世纪中国风景名胜的发展 南京地图和南京导游两种主题的出现相隔约有一个世纪。在这期间，一种用于观看某个地方的新的地理学想象模式——利用该地最具代表性的"景"，例如一个郡县，一座山，或是一个城市——发展出来了。"景"是一个难以捉摸、不易理解的词，它拥有各种各样的表达，包括了英语中的"scenes"、"sights"、"scenic spots"或者"vistas"。"景"的崛起，引发了一种全新的观看城市空间的模式；它与官修地方志书里面全景式、政治化的视角形成了鲜明对比。"景"的模式将一个地方分解成为许多不同的点，与此前的审美体验互相呼应。[60] 通过一系列插图，"景"将空间体验熔炼成一个累积的过程——通过对各个景点进行观览来达到对地方的全面认识。"景"的承接有序的本质，丰富了中国的传统艺术，例如卷轴和画册，尽管卷轴强调空间和时间的连续性，而画册展示的则是一系列彼此分离的观察片段。[61] 除此之外，"景"的插图往往配有抒情性的文字说明——游客欣赏完某个景点的某个特定片段后，习惯用铭文或题跋的形式来表达自己的感受。

到了 16 世纪，"景"的流行催生出一种新的文化时尚：当时的中国已经出现了编印导游作品、地方志乘，以及描述城镇、山脉、寺观、河流湖泊等特殊地域环境作品的前所未有的高潮[62]，新兴的公共读者群体如饥似渴地阅读着这些作品。[63] 卜正民提出，对"地方的特殊性"的热切关注是席卷全国的文化运动的产物，它受到不断上升的地方意识、地方荣誉感、实用主义目的和历史意识的影响和激励。[64] 除此之外，它还体现了一种新的文化态度：明代晚期的人们开始意识到，他们能够通过对地方进行展示来表达自己的生活经验。

150

这种观点在"景"的发展过程中尤为正确，这种发展后来变成这一时期地方荣誉感高涨的关键内容。虽然对"景"的记述早在宋代已露端倪，但这一做法到了明代显然太过泛滥，以至于 17 世纪晚期的文人开始抱怨"景"太多了。例如，赵吉士（1628—1706）就将这一滥用之风归咎于迁都北京的永乐时代。当时朝廷积极地向高级官员们征求有关"北京八景"的诗文和绘画，他们希望能够通过这些"文化产品"来昭示北京城内、城外地区拥有的文化遗产是配得上一个帝国的首都的。[65] 其中最具代表性的是王绂（1362—1416）的名画《北京八景》。的确，通过仔细阅读题跋，我们可以看出王绂对北京风景的精湛描绘远不止是常规艺术创作这么简单。这幅极具政治色彩的绘画其实是宣传策划的一部分，画家创作这幅画作的目的是影响民众对北京的态度，使南京向北京的迁都之举变得更为坦然。[66]

从那以后，正如赵吉士发出的感叹，"八景"模式获得了前所未有的发展势头，全国各地纷纷仿效。到了他生活的时代，有关"景"

的诗作不仅只是大城市的"特色",村庄、市镇、寺观和园林,几乎每个叫得上名字的地方都成了创作对象。处在这种潮流之中,就不难理解,为什么洪武时期的南京基础底图在 17 世纪初又发生了一次大改变,大部分政府建设的官署衙门建筑都被旅游景点取而代之(图 3.12)。在某种意义上,当时市面上出现了越来越多的舆地、志乘、导游作品,它们转移了读者的目光,使读者不再关心政治权威,转而对风景名胜和人文景点产生浓厚的兴趣。

随着风景名胜逐渐增多,明代晚期出现了丰富的考察帝国范围内名胜古迹的出版物,例如杨尔曾的《海内奇观》(1609),何镗的《名山胜概记》(1633)和曹学佺的《大明一统名胜志》(序言年代为1630)。有趣的是,在他们当中,我们并没有找到有关帝国风光的最权威的版本。相反,每一种选择反映的都是编者个人的观点。[67] 缺少共性可能是有意为之,这保证了每一份出版物都具有独一无二的营销优势。然而,这也可能反映出在一个狂热的制造景点的时代,不同著名景点之间发生了激烈的竞争。总而言之,这些著名的图像作品描绘的都是最知名的场所,除此之外,大多数导游作品都围绕一个特定的主题(例如名山或寺观)或一个地点(例如南京或者西湖)来进行介绍。本章的中心主题《金陵图咏》就是这样一种文化产品,对此类作品的性质、社会功能进行简要考察,需要将其放置在恰当的时代语境中,揭示它对南京社区的重要意义。

导游类书籍的快速增长与 16 世纪至 17 世纪物质流动的增长密切相关。行走在旅途中的人越来越多,旅游也成了一种流行的休闲活动,在明朝末期拥有广泛的社会吸引力。[68] 明末导游类书籍的一个突出特点是为读者的想象力赋予特殊的价值。的确,在这个前所未有的旅行时代,看到像朱之蕃这种编者特意为贪图安逸的"卧游"客编写导游作品,的确是一件有意思的事。事实上,一些作者甚至认为，只要能采取合适的观看方式，"卧游"甚至比实际旅行还要好。换句话说，对一个有文化的读者来说，导游作品是现场参观最好的替代方式。这一奇特的观念凸显了晚明文化中"旅游"和"旅游业"的特殊性。正如梅尔清（Tobie Meyer-Fong）指出的那样，明末导游作品的作者和同时代的人一样，刻意将旅行划分为"行旅"和"游"，前者是一种在地区之间运动的过程，后者则是文人及其拥趸们开展的有具体目的指向的审美活动。因此，应该进一步将明末的导游作品划分为两类，一类旨在推动空间的移动，典型作品是提供实用地理信息的路线图，以及提醒旅客提防诈骗和诡计的手册；另 一类则帮助人们在文化观光过程中采取恰当的行为，以及告诉人们应该怎样观看正在游览的地方。[69]不同的侧重点——实际旅行和文化观光——清楚地反映在它们吸引目标观众的方式中。实用旅行指南如《士商要览》致力于为更广泛的观众服务；相反，导游作品的序言却不遗余力地确认或颂扬"真正的观光者"。

这两类导游类书籍的发展有着内在联系。大量实用性的旅行指南反映了这样一个现象：随着社会流动性日益增强，对旅游的渴望和机会不再是少数特权阶层的专利，旅游变成了由广泛的社会阶层共享的活动。当流动商人和普通游客仍然热切追求旅游的乐趣和名声时，社会上已经出现了一种对更高层次的旅游形式的追求，两者之间细微的文化差别就此形成。[70]对《金陵图咏》这类导游作品的需求不断增加，表明当时读者关注的至少同等重要的问题是一种更有文化、更得体的感受美景的方式，这方面的知识对合乎身份地位的言行举止极为重要。用梅尔清的话来说，这些出版物实际上是"绘制文化地图"的工具，因为"它们把观光活动定义为主体，如同它们在过去把观光者定义为主体一样"[71]。

这种特征至关重要。虽然关于风景名胜的著作在很早以前就已

经存在了，例如王象之的《舆地纪胜》（1227）和祝穆的《方舆胜览》
（1239），但晚明时期的作家对观光的意义依然拥有高度的自我意识：
什么样的人才可以称得上是观光者？什么样的景点才是值得看的景
点？构成高雅的旅游行为的要素是什么？随着观光活动的文化价值
不断上升，越来越多的文人自诩为"好游"之人。到了晚明时期，
"游"在精英圈中已经发展成为一种高度复杂的活动。关于"游道"
的文章详细区分了各种具有细微差别的"游"的类型，对判断一个
人的旅游活动是否真正具有文化价值，例如在选择合适的旅行方式、
合适的旅行年纪、合适的游伴，以及值得一游的目的地等多个方面，
文章也都有强烈的立场。[72] 对虔诚的旅游者来说，"游"不只是一种
简单的观光行为，它还是对个人风骨和才情的精心展示。一场成功
的"游"带有诱人的光环，这应该是"生员"最梦寐以求的事。由
于科举考试竞争激烈，"生员"通常需要花费生命中很长的一段时光，
去攻克一个接一个、更高层次的科举考试，即使他们根本看不到明
确的职业前景。对这群受到过良好教育的人来说，对地位的焦虑是
无从回避的事实——如果他们可以通过某种途径来打造个人声望，
那当然是再好不过了。[73] 于是，一种展示精英身份的活动引发了文化
潮流，而一种更高形式的"游"占据其核心地位，也就并不令人感
到意外了。然而，并非只有"生员"才是痴迷于文化旅游的人。如
此多的文人加入旅游队伍，以至于当代观察家质疑，在旅游的流行
背后，是否存在某种利己的动机。例如，谢肇淛（1567—1624）对
"游"就表示不以为然："世之游者，为名高也。"[74]

　　既然文化旅游被视为衡量人的品位和地位的重要标准，就文化
旅游的得体表现这个问题，社会竞争因此加剧了。诸如商贾和"山
人"[75] 这种特殊群体成为当时社会批评的对象，因为他们的旅游活
动显然格调不高。[76] 然而，这条战线似乎很复杂，不只是帝国精英

153

和模仿他们的世俗新贵之间的区别这么简单。例如，许多人极力批评那些利用政府的驿递之便来满足自己游乐私欲的官员。明末清初的文坛领袖钱谦益就曾指责当时的官员冯元成是假公济私的典型代表。[77] 据说冯元成是一个狂热的旅游文化实践者，他每次游历都带着大量仆从。冯元成高调地穿着正式的官服，驻扎在寺观之中，命其手下在四处搜寻风景点，以此为题，创作诗歌。冯元成和他的仆从大呼小叫，就像在自己的衙门里行事一般。钱谦益指责说，冯元成和他的同伙都应该受到批评，因为他们创作的大量赞颂杭州的诗篇都是些平庸低俗、冗长乏味之作。[78]

　　在一片批评声中，我们还发现了这样一种观念，即决定了"游"之意义的因素不只是观光的外在行动。汤显祖，这位以描写人类情感的无限力量而闻名于世的明代剧作家，将这种观点扩大到了空间活动中。汤显祖在为何镗的《名山胜概记》所作序言中，运用"意"这个概念来评价人们对风景欣赏的不同态度。[79] 在寻找理想中真正的观光者时，汤显祖首先对富人和权贵这两种人进行了比较。虽然这两类人都拥有外出旅行的物质条件，也有能力去欣赏何镗书中所列的著名景点，但汤显祖发现，因为这些人不具备正确的"意"，所以他们无法真正去领略这些景色。那些有钱人（例如商贾）"环形胜以居"，在他们的住宅周围建造了各式各样的园林，但最终也只不过是"以假山曲水娱以为乐"；那些地位显要的"功名之士"常常被世俗事务掣肘，"行役则有忧生叹逝之想"，山川之美只会激发他们心中对民生福祉的沉重压力；而那些真正拥有素质的"道德之人"却往往无法负担旅行需要的川资。因此，他们不得不依靠想象来进行"卧游"。这种表面上的妥协并没有指出"卧游"的文化价值，因为按照汤显祖的说法，大自然的真谛隐藏在观光者的眼中，无论他是在游览一个真正的景点，还是在观看一幅绘画作品，意念决定一切。

"有其意，虽千里之外常如目前；不然，咫尺之间，恐亦非无意人之所得而游也。"在汤显祖看来，与风景进行互动的形式最终取决于心灵的力量。

确立了"卧游"在文化观光中的价值之后，汤显祖称赞了何镗的贡献：有了这部著作，即使是没有条件外出旅游的人也能感受到那些瑰丽的（或偏远的）美景带来的乐趣。在某种意义上，关于"真正的观光"的争论促进了对"游"的重新诠释，它强调旅行者应该在精神上而非形体上与景观结合。为了支持这一点，汤显祖甚至冒险质疑了那些有能力在全国旅行，并且也真正去旅游了的人的资格。作为被排除在权力层之外的"外人"，汤显祖还特别批评了官僚阶级：

> 惟涉乎功名富贵者，而后其力可以千里矣。然而营务系之，忧疑沮之，常不能拟道而至焉。至矣，而简书迫之，吏卒守之，登顿移时，称好而去。此亦不足以得山川之性，以自同其性也。

在文化旅游竞争的世界里，汤显祖支持的是在野的文人。内阁辅臣叶向高（1559—1627）则不然，他在《金陵雅游编》的序言中，表达了一种不同的，甚至相反的情感。叶向高认为，尽管南京四周风景秀丽，但大多数高官厚禄者都陷入争名逐利的泥淖之中不可自拔，已经失去了对自然风光的兴趣。因此，对景观的鉴赏就被所谓的骚人墨客——在叶向高的文章中，"骚人墨客"多指那些因科举失败而耽溺于文字游戏的人——垄断了。叶向高指出，与同类的出版物相比，《金陵图咏》的独特魅力恰恰在于它是由南京的高官显宦创作的，而他们也在景物欣赏的过程中追求崇高的目标。

在精英阶层（那些没有或者拥有高级官衔的人）中哪些人才真

正具有欣赏景观的文化声望？汤显祖和叶向高在这个问题上的分歧暴露了晚明时期社会差别的复杂性。与某些学者的言论相反，品位之争可能不只会对精英身份产生威胁。事实上，精英阶层内部关系的紧张程度，似乎与精英阶层和雄心勃勃的暴发户之间的紧张关系同样强烈，甚至更为严重。[80] 这样一种社会身份的微妙差别之所以是必需的，是因为明末的许多文人圈子已经突破了旧有的社会界限，它将政府官吏、骚人墨客，甚至贩夫走卒全都囊括其中。社会阶层的混乱，引发了反对立场以及激进反应。反对派发誓要纠正日渐模糊的社会界限，挽狂澜于既倒，恢复过去的礼仪秩序；而激进派则开始构思他们对社会身份的新观念，例如"意"——这个观念是如此主观，以至于它可以使人们摆脱任何陈旧的身份标签。

"真正的观光者"这个充满争议的概念引发的竞争、敌意，其程度之激烈，的确发人深省。这种辩论本身证明了这样一个事实：旅游和观光已经发展成为广泛的社会群体渴望的、具有良好组织的文化表演形式。因此而产生的焦虑和紧张情绪解释了为何人们如此热情地倡导"卧游"；那些缺乏财力（或时间、健康）的人可以在这种条件下进行真正激发灵感的观光活动。事实上，许多明末文人都赞同汤显祖的观点，即"亲赴其地"并不能决定和"游"相关的文化意义。为了满足日益增长的"卧游"需求，市场上充斥着志书、图经，像许多同时代的人建议的那样，图画让"神游"想象变得更容易了。[81] 即使是主要记载政府事务的官修志书，也常常被用于"卧游"，例如，1660 年，河南的一位县令说，地方志是他最喜欢的休闲读物，阅读地方志时，"令人展卷流通，恍若目睹身游，即时或有盛衰，物或有兴废，而书记之传，复历历如故"[82]。这类读者的存在并没有被当时的地方志作者所忽视，一个很好的例子就是葛寅亮于1627 年编写的《金陵梵刹志》。[83] 当时葛氏在礼部僧录司任职，该

156

司是负责监督佛教机构运作的政府机构。寺院履行多种职能，它们是统一和集中的宗教机构，也是寺院经济的实体和出版发行机构。[84] 所有寺院的活动都属于官府的管辖范围。尽管葛寅亮在本书的开头解释说，编纂寺志是为了"厘饬僧规"，便于宗教管理，但他同时明确表示，该书也同样考虑到了"卧游"者们的需求。因此，除了详细介绍寺庙的地理位置、庙宇建筑群的主体建筑物、庙产（比如农田）、政府对文员的相关规定，以及佛经的出版状况之外，葛寅亮还在每座寺庙的条目中加入了相关的旅游文学作品。为了进一步帮助游客，葛寅亮甚至绘制了某些著名景点的图画，并加以特别标注。[85]

旅游社会化以及"交游团体"的形成

社会对"什么才是景观欣赏的'正确姿势'"产生的争论和焦虑，清楚地证明了如下事实："游"已经成为体现精英身份的一个庞大的文化评判体系的一部分。事实上，在一个旧有的阶层界限经常被逾越的时代，通过为文化表演提供一个平台，文化旅游有助于满足社会日益增长的社会分层的需求。由于这种日益增长的社会混乱还促进了新的社会联系和团体的形成，因此，欣赏景观被人用来建立社交网络，也就不足为怪了。

"游"的流行催生了两种新的旅游类型。第一个类型是前往人烟罕至的遐荒绝域去开展野外探险。在这群旅行者中，徐霞客（1587—1641）或许是最出名的，他冒险去了帝国最遥远的角落。王士性（1547—1598）则以他的一系列"壮游"而闻名于世，他的每一次旅程都被详细地记载在诗歌、散文甚至书画之中。[86] 第二个类型是休闲旅行，它的表现形式丰富多样。在明末文人的心目中，休闲旅行往往与"访友"（或者我们可以叫作"交游"）这一目标有关。袁中道（1570—1623），以小品文闻名于世的"三袁"之一，从社会交往功能的角度描述了他对"游"的诚挚感情："予少喜游，所之，辄与其知名士往来。"袁中道非常自豪地宣称，长久以来，他对"游"持有非同一般的热情，因此，现在他拥有了一个广泛的社交网络，几乎延伸到全国的每一个角落。[87]抱着类似的想法，文人们根据他们想要结识的名人来安排旅行。例如活跃于明末文坛的秦镐，几次科场失利后，便放弃了对科举功名的追求，"弃制科之业，刻意为诗"。他不再认真备考，而是开始广泛游历，参观众多的著名景点。在拜访了文坛领袖钱谦益的家乡常熟虞山后，秦镐回顾了在几位挚友的陪伴下拜访各地好友的一些交游，并且坚持认为，"吾游不独好山水，以求友也"[88]。的确，秦镐的旅行路线都是围绕拜访当代主要文学巨擘而规划设计的。"东南文宗"钱谦益是一位极具影响力的文学评论家，他的点评举足轻重，甚至可以决定一个人在文坛的地位，因此他自然成为秦镐交游的重点对象。

出于明确的建立社交网络的目的，许多休闲旅游都集中于大都市，因为旅游者更容易在大都市中接触到有声望的精英圈。事实上，著名的清初剧作家孔尚任（1648—1718）已经指定了五个"必看"的大都市：北京、南京、扬州、苏州和杭州。[89]孔尚任以其《桃花扇》一书对晚明金陵的细致描绘而闻名于世，他对文人社会的内部运作有着敏锐犀利的观察。在一篇为其好友郭皋旭新编诗集所撰写的文章中，孔尚任有效地剖析了城市旅游的机制。当时郭氏刚从扬州返回。因为此前他曾游历扬州，创作了非常著名的交游诗集，因此，他在扬州受到热情款待，饱餐了美食，并且与友人们酬唱应答。这些唱和诗被整理成书，并邀请孔尚任作序。按照孔尚任的说法，郭皋旭在扬州受到热情接待并非偶然，这是当时文化的一部分。据孔尚任说，到 17 世纪末，城市旅游已经发展成为一个和科举考试同样竞争激烈的特殊领域。在这个世界，个人成就的高低，是以描写旅游景点，或者创作纪念社交经历的诗文的质量来衡量的。这种诗文创作的成功，会给作家带来文学声望，就像一个人经由科场进入官场一样。正如孔尚任描述的那样，当时各大城市充斥着大量的文人雅士，他们都是极有影响力的观众，因此这些城市就成为一个人展示自己才华的绝佳舞台。这一发展并不令人惊讶，普通景点只能吸引当地人的注意，大城市则不一样，它们在整个帝国都享有盛誉和威望。因此，如果一位作家的旅游作品被人们认可，他就会受到全国人民的关注和赞誉。结果，拜访和颂扬大城市的著名景观便成为跻身精英圈的最有效途径。

　　我们可以将城市旅游与科举文化的类比进一步延伸到二者建立的社会纽带和会社团体上。同一年通过科举考试的考生会互称"同年"，这意味着他们在未来的宦海沉浮中会将对方视为可靠的政治盟友。孔尚任阐述了类似的观点。"同游"指的是一起游览同一个景点的同行者。郭皋旭凭借以前的扬州之行，在"同游"圈中为自己赢得了一席之地。这些纽带体现在他游览之后创作的大量诗作中。通过旅游建立起来的关系还可以继续传递下去。正如孔尚任指出的那样，如果一个参加过"同游"的人已经去世，而他的儿子来到他父亲生前"同游"过的地方，那么这个"世谊"就得到更新，并延续到下一代。通过"同游"之间的坚固纽带父辈帮助后代成员在精英圈中取得了一席之地。从这个意义上来看，交游团体的形成已经仪式化了。孔尚任承认，通过休闲旅游搭建起来的关系纽带似乎没有足够的道德约束力，不足以成为文人社团的适当基础。不过，孔尚任坚持认为，与那些出于自私自利的目的而达成的关系相比，这种关系要更受人尊敬一些。

　　孔尚任措辞虽然含蓄，却发人深省。围绕交游发展起来的社交仪式，使用一种非常公开的方式为精英之间的文化纽带搭建了一个文化高地。这种联盟和某一特定的地域存在紧密联系，因此，与其他形式的文人团体相比，它们在政治上不是那么激进。然而，即使没有明末文人社会典型的自视甚高的道德观念，"游"的优雅外表也提供了充足的文化空间——对搭建精英社交网络来说，它是足够模棱两可的。因此，观光的行为超越了空间和游客之间的单纯互动，充满了社会差别和归属感的重要意味。

事实上，在明末繁荣的观光文化背景下，许多社团因对特定景点具有相同的体验而诞生。公共关系的形成和维护在很大程度上依赖于旅游文化、艺术作品的创作和交流。在这个意义上，休闲的城市旅游实际上是精英社交的一种变体。诗文（有时候甚至是绘画）创作通常围绕这种社交礼仪而进行，它们总结、纪念这种因缘际会，并最终搭建起新的社会关系。孔尚任呼吁，为了充分利用交游，一个有抱负的游客应该像一位经验丰富的考生那样去游览景点——后者需要熟悉最新的考试文风，而前者则需要非常了解与某一特定景点有关的风景诗歌的传承，并且熟悉诗歌的文学风格的发展过程。[90] 这些知识将有助于恰当地定位游客的作品与相关文学作品的联系，从而帮助他进入该交游团体。在某些情况下，这些文化产品不仅是纪念品，它们甚至还能够替代真正的旅游。例如，当明末著名作家 160 钟惺（1574—1624）描绘他的交游团体时，他并没有按照游客实际参加的旅游来对团体进行分类，而是根据游客为此次旅游创作的作品来对他们进行分类。换句话说，对绘画、诗词的交流分享将一群文人雅士聚集在了一起。在钟惺为胡彭举所绘的灵谷寺（南京附近的一座寺院，以美丽的松林而闻名）题词中，描述了他们这种特殊的交游团体。胡彭举此画是为纪念他和友人们的一次旅行而创作的，在这些友人中，有些人曾和钟惺一起在另外两种场合里参观过这个地方。在这三次旅行中，诗歌和绘画的酬唱应答都是必不可少的，因此，虽然钟惺和胡彭举两人并没有结伴旅行过，但钟惺仍然认为，每当读起这些彼此酬唱应答的交游诗，看到这些交游绘画中熟悉的场景，他能够感觉到胡彭举是和自己"同游"的人。[91]

交游团体一旦形成，便具备了强大的弹性，能够克服时间和空间的局限。既然交游具备了高度仪式化的形式，这种联谊就能传递给下一代。孔尚任对每一代唱和风景诗的重要作用与"年谊谱"（参加科举考试中的"同年"友谊谱）的功能进行了类比，认为唱和风景诗不仅十分坚固，而且见证了新的联盟的出现。我们在下一节将要讨论《金陵图咏》——它讲述了一个跨代际的交游团体的故事，甚至跨越了王朝的更迭。事实上，我们经常发现，这种文学和艺术的交流不仅能够让交游团体延续数代人，而且还能让他们克服地理上的局限。明朝的文化之都苏州就是一个很好的例子。

16世纪，苏州出现了一股地图热，其中的许多地图是为了纪念特定地点举行的社交聚会而制作出来的，它们进一步巩固了参与者之间的社会关系。开风气之先的是沈周（1427—1509），吴门画派的主要创建者，也通常被视为苏州第一个使用地图体裁的人。沈周绘制了多种地形图来描绘多个社交场景，并附上了备忘录。沈周是这个社交团体的成员之一，等到后来这个群体的成员星散各地，沈周的作品就成为维系彼此友谊的手段，使得原有的社会联系历久弥新。艺术史学家史美德（Mette Siggstedt）认为，沈周的吴派画代表了退隐苏州的文化名流和在任京官们的联系。他笔下的吴下（苏州地区）风物是该地区文化遗产的见证，加强了地方认同。[92] 通过保留对某一特定地点和场合的情感记忆，游记作品能够使文人社团克服实际的空间障碍，维持彼此之间的联系。然而，随着时间推移，沈周和文徵明（1470—1559）等苏州绘画大师的地位开始崛起，当地著名的名胜古迹，例如虎丘或石湖，很快成为市场流行的绘画题材。大

161

量的生产制作——无论是临摹还是直接伪造——使得这些插图越来越模式化。这些名胜画作无一例外都罗列了一些地理景点插图，因此，图画、画家和观众之间的亲密联系最终消失了。苏州这些失去个性的插图，作为本地最易识别的视觉符号（吴门画派的风格表达）而被公众接受，苏州的空间内涵也因此被重新定义。[93]

总之，16 世纪旅游业的兴起将景点、文人团体和大众的地理想象联结了起来。明末，由于广大民众逐渐获得了旅游机会，旅游活动也进一步分化了。文人们将交游变成了建立关系网的重要场所，在这种趋势下，旅游观光不只是简单地与自然景观发生接触，而且还是能力和地位的公开展示。就这一文化现象而言，纪念旅游的诗文绘画是至关重要的，它们提升了文化作品的可见性，同时也将集体出游时建立的友谊物质化了。因此，明末地图文学和艺术作品的浪潮，不只是风格的又一变化，也是空间与人的一种全新关系的体现——对非精英阶层来说，情况也是如此。[94] 这些以景点为对象的文艺作品多出自名家之手，它们提升了当地景点在社会上的声誉和名声。随着这些景点受到越来越多人的关注，隐含在原创艺术或文学作品中的亲密关系就被逐渐淡化了，最终，这些景点从生活空间转变成大众地理想象的标志。

文学情感的表现和交流不仅巩固了现有团体，而且催生了新的群体。的确，明末旅游文化的一个独有的特征便是刻意地创造和积极宣传旅游目的地。新的景点被不断发掘，这一过程又将新的人群聚集在一起。16 世纪末，黄山（安徽）成为一个著名景点就是一个最好的例子。黄山以其绝佳的风景名列当代中国具有代表性的著名景点之一，而实际上，与中国其他风景名胜相比，黄山只能算是后来居上者。大多数学者认为，黄山的开发及其重要性的提升，在很大程度上要归功于一位名为普门的佛门大德的努力。作为一名来自陕西的贫困移民，普门法师将推广黄山视为终生追求的目标。他向地方精英和权势之家寻求支持，探索偏远山水，开辟上山道路。在明末名胜古迹竞争激烈的情况下，帝王的恩泽被视为提升大众想象的关键。考虑到这一点，普门法师决定将他的游说活动扩大到京城。为了达到这个目标，普门法师努力通过他的师父，即一位著名住持来提高他的资历，但这个方法未能奏效。于是普门法师又采取了一种更世俗的方法，他直接将以黄山为主题的山水画带到了首都，结交杰出精英人士和实力派太监，与他们建立友好关系。通过这些交游和联络，普门法师最终获得了皇太后的支持，而这正是使黄山名扬天下最迫切需要的推动力。[95]

随着黄山地位逐渐提高，普门法师及附属文人团体的声望也不断上升，这反过来又吸引了更多的游客到该地区。在探索和书写山区偏远地区的过程中，文人们结成了诗歌和文学社团，甚至还举办了关于这座山的系列讲座。像潘之恒（1536—1621）这样的儒商团体，同样活跃在这些文学团队中，这凸现了团队构成的复杂性。看到黄山周围密集的交游活动，一位 17 世纪中叶的僧侣悲叹道："佛教僧侣离开了黄山，而更多的世俗文人来到了黄山。"[96]伴随形势发展，黄山迎来了绘画创作的繁荣时代，形成了标志性的徽派视觉艺术风格——这种风格受到了黄山独特地形特征的影响。[97]

南京城南"献花岩"的崛起也是类似的情形。它兴起于唐代，当时著名的法融禅师（594—667）选择此地作为住所和静修场所。据说法融禅师法力深厚，造诣精湛，他的法力甚至吸引了鸟儿口衔鲜花而来，因此这个石窟就叫"献花岩"。"献花岩"位于另一个著名的景点牛首山附近，长期以来一直被这个旧邻的光芒掩盖。明成化年间（1465—1487），情况发生了改变。一位来自山东名为古道师的高僧来到了这里，他在"献花岩"下入定几年，进行了一次长期的禅修。据传，当时某位高官正在邻近的一座名山（很可能就是牛首山）旅行，无意中望见空中隐约有绚烂的五彩祥云向北方迫近。这位高官被祥云吸引，便朝射出光芒的方向走去。结果他发现，发出五彩光芒的正是高僧禅定的洞穴。这位官员很惊讶，想和高僧攀谈，不料高僧心无旁骛，一言不发，继续沉浸于自己的冥想。官员被古道师的虔诚所感动，遂醵资修建了一座寺庙，并请皇帝赐名"献花庙"。在古道师的第二代弟子德达的手里，该景点又得到了进一步提升。据说德达擅长布施，在开发和推广献花岩方面很有商业魄力。德达致力于探索险远之处的景观，提高它们的吸引力。在德达的努力下，当地政府修好了前往"献花庙"的阶梯和走道，沿途还建造了观光台和凉亭，观赏指南也被刻写在石壁上，或者被张贴在石板上。

当《金陵古今图考》的作者陈沂在 16 世纪中叶探访这个地方时，献花岩的名声就已经超过了牛首山。在一群士大夫陪同下，陈沂参观了石窟，并创作了《献花岩志》来纪念这次旅行。陈沂在南京名望甚高，他的特殊身份为这个景点带来了更多的魅力。遗憾的是，尽管陈沂本人享有盛誉，但该书在当时并没有得到广泛流播，也没能成为受鉴赏家们欢迎的珍宝。半个世纪之后的 1602 年，在一次文人聚会上，陈沂之孙陈延之将先祖手稿展示给自己的一位弟子。这位弟子被这部作品深深震撼，遂决意再版此书。之后，与会的另一位成员焦竑，以及陈延之等七人，以《献花岩志》为指南，沿着去往献花岩的道路追溯陈沂当年的足迹。最终，他们在一片藤萝掩盖的瓦砾废墟之中，找到了陈沂和他的朋友们当年刻在碑版上的珍贵诗词。这些诗歌被重新记载了下来，并被陈沂《献花岩志》的重印版收入书中。这样一来，通过重修这部具有传奇色彩的名山志，明末的南京文化精英们完成了一次对明代中期南京城文化地标的探寻之旅。尽管两代人因时间的流逝而身处两地，或者因前人的亡故而天各一方，但他们却通过这些铭刻重新建起了联系，延续旧时的友谊。

以上这段故事证明，在交游之风的影响下，旅游观光不仅是体现身份的仪式，同时也是建立社交网络的场所。许多例子都指明了交游的地理范围及其他要素。例如，黄山的故事为明末"景"的迅速发展提供了社会条件，当时新景点的诞生与新交游团体的出现存在内在联系。交游团体的形成可以通过实际的共同旅游体验来实现，也可以利用扩大的形式，例如通过文学作品和视觉艺术作品的交流来完成。这些交流将无形的社会关系变为现实，甚至让交游团体战胜了彼此在物理空间上的距离。事实上，交游团体具有很强的柔韧性，甚至可以弥合代沟。重走往日的旅途不仅仅是为了追寻对昔日的回忆，它还可以唤醒旧有的社会关系，并将交游团体延续到新的一代人。总之，在交游的背景下，诗歌和艺术作品的创作本身就是一种潜在的结盟和团结行动。由此可见，明末旅游文学大潮涌动，不仅是因为当时审美情趣发生了变化，也是因为新的团体建设形式逐渐崛起。在此背景下，当我们阅读《金陵图咏》这样的社会传记时，我们就可以从它促成的社会群体的角度来进一步阐明它对南京社会的意义。通过将旅游文学改编成导游作品和地方志书，交游团体不再局限于一个封闭的文人圈，那种团体形式的文化意义也将会被重新考量。

在场感，一个文化纽带——南京的旅游与旅游指南

三个南京旅游的故事

与同时代的交游活动一样，《金陵图咏》的编写成书与南京某些名门大族上下两代人的一系列集体旅行存在内在联系。为了纪念精

英家庭之间这种持续稳定的世谊，观光文学的创作最终促成了这本介绍南京风景名胜的插图本旅游指南的编写。

第一次旅行于 1593 年进行，参与旅行的六位文人都是南京本地人，他们游览南京北山，并创作了一系列的唱和诗来记录他们的这次远足。姚汝循（1535—1597）为诗集作序，详细介绍了这次为期三天的行程，以及途中的各种遭遇。[98] 对于旅途中的六景，每个人针对每个景都需要创作一首风景诗，同一地点的诗歌要和韵。创作这样的唱和诗是当时流行的智力游戏。诗歌的交流与合作实际是文人对文学界发出的声明，本质上是一种承诺，公开展示了诗歌作者之间的社交关系。当时，朱之蕃正在北京翰林院求学。当他返回南京时，他的父亲给他展示了这本唱和诗集。父亲的热情给朱之蕃留下了深刻的印象，于是他竭尽全力，在每一位作者的个人作品集中收集诗歌，并出版了这套作品。朱之蕃一直在和时间赛跑，因为他回到南京两年后，两位原作者就去世了，五年后又有两人去世。这本诗集成了朱父最后的精神寄托。[99]

10 年后，另一套唱和诗集面世了。这是第二次旅游的产物。这次的三位新作者来自三个家族——顾氏、焦氏和朱氏，他们都参加了"北游"。焦竑比其他旅游伙伴更加长寿，因此能够参加第二次旅游。顾起元和朱之蕃继承父训，继续发扬家族传统，游历南京，并押同样的韵，创作了山水诗。这次旅游的成果是《金陵雅游编》，其中南京境内及周边景点的数量增加了三倍多（一共 20 个）。《金陵雅游编》原书无序，没有详细说明旅行全程的文字——作者们描述景点的简短文字就是景点诗歌的序言。按照合著者朱之蕃的说法，《金陵雅游编》的原稿在余孟麟（另一位合著者）的家中保存了 20 多年，后来被 1624 年出版的第二版《金陵图咏》收录，终获出版。这是一次想象中的观光之旅，书中所收的景点数量是《金陵雅游编》中的两倍。除了诗歌之外，每个"景"都采用木刻雕版技术印刷。

前几次的旅游目的是纪念当年发起旅游的家族友谊，但朱之蕃的《金陵图咏》与此不同，该书记录的是一次虚拟的旅游，目的是满足朱之蕃的愿望——他想要"参观"这座家乡城市内全部的景点。朱之蕃称，这场虚拟的"卧游"向读者展示了一种迟来已久的南京的全景。的确，扩容后的《金陵图咏》收录了大量的景点，因为作为地方荣誉的象征，不同的"景"在当时发生了激烈的竞争。朱之蕃在序言中说，现在所有的地方志都会收录一份景点名录，强调该地区的美景，并保存历史记录。南京是一个历史悠久的城市，而当时的南京志书毫无差别地列出"八景"或者"十六景"，朱之蕃对这种做法颇为不满。作为一名南京人，朱之蕃感到身负重任——他必须创作出最全面的"景"的清单来向世人展示其家乡的壮丽美景。[100]

最后，在三次旅游的过程中，南京旅游的地理覆盖范围从南京北部的山地扩展到了整个城市附近的地区，对旅游的记录也从个人唱和诗演变为大众导游作品和指南。南京旅游本身也从一种加强南京精英群体社会关系的活动，变成了一本教授公众如何欣赏南京的指南，这一发展在《金陵图咏》的文字和图画中得到了清晰的体现。

从纪念手册到指南手册：本土范式的诞生

与《金陵雅游编》相比，《金陵图咏》不仅介绍了更多配有插图的风景名胜，它还指导读者以非常不同的方式来看待南京。这个发展与书籍的一个功能的变化密切相关。在三次出游过程中，旅游出版物的性质从纪念一个团体出游的抒情文学变成了为"卧游"精心设计的工具。在《金陵雅游编》中，各"景"的前言主要发挥了解释说明的作用，为整组诗歌提供一个地理背景。而在《金陵图咏》中，这些文本为对每个景点的观赏提供了明确说明，再加上为各个景点单独绘制的插图，它们为虚拟的观光游览创造了一种可视的、文本合成的体验。例如，《金陵雅游编》提到了著名的栖霞寺：

> 都城东北四十里，产摄生草，名摄山。《南史》明僧绍居此，舍宅为栖霞寺。齐时承石势大小凿佛像千余，名"千佛岩"。今庄严彩错，灿然夺目。右为"天开岩"，镌徐铉、沈传师、张稚圭题名。山门侧有唐高宗碑。其洞壑横开台殿，互映裂石，流泉沉沉，净彻古今，以为胜概云。[101]

同一景点在《金陵图咏》中呈现出了不同的面貌。在"栖霞胜概"条目里，景观发生了变化：

> （栖霞山）在府城东北五十里，多药草，可以摄生，故名摄山。重岭孤峙，形如伞盖，故又名"伞山"。《南史》明僧绍居此，舍宅为寺。有千佛岭、天开岩，深入愈见幽旷。登顶俯临，大江周回，其址云光映带，以"栖霞"名寺，匪虚尔。[102]

168

这两本书的共同之处是它们都提到了《南史》中明僧绍的历史典故，以及该地产出摄养调伏之用的本草药物的民间传说——这些都为探访和旅行体验提供了文学吸引力。然而，两本书对欣赏景点的指导变化很大。同样的场景关注不同的内容（例如它与南京城的距离，以及特产草药的名称），并为这些"内容"赋予了不同的视觉色彩：《金陵雅游编》的描述将读者的注意力集中在千佛山和天开岩上；《金陵图咏》则引导读者在欣赏长江时要采用全景的视野。虽然基本的景观（千佛山、天开岩和栖霞寺）的色彩是一样的，但两书推荐的旅游路线有所不同，读者渴望得到的视觉愉悦和享受也同样不同。早期的作品希望游客能留在寺庙和石窟区域进行观览，后来的作品则鼓励他们向更远的地方进发，一直到达山顶，在阳光的照耀下俯瞰长江——在那里，他们终于可以解开"栖霞"这个名称之谜。

牛首山是另外一个例子。《金陵雅游编》和《金陵图咏》都突出了它的"双峰"地形特征。除此之外，它们还介绍了公元 4 世纪关于晋元帝（317—322 年在位）计划在山上建造宫殿的逸事。当时有人持反对意见，认为该处地形不利于建造宫门双阙。为了反击此异议，晋元帝的尚书王导（南京望族后裔）指着双峰说："此天阙也！"不过，撇开相似之处不提，《金陵雅游编》列出了该地区的主要历史遗迹，而《金陵图咏》则提醒读者注意附近的景点，例如祖堂山和献花岩——前往这些景点的路线并不难找。除此之外，《金陵图咏》还详述了静待探险者的壮丽景色：当他回头眺望远山时，山坡上的寺庙和宫殿逶迤而去，就像一幅精美的绘画。《金陵图咏》中介绍牛首山的文章骄傲地说，拂晓的云霞和黄昏的余晖是如此壮观，足以令游客忘记翻山越岭时的疲劳。该条目甚至指出，对牛首山的探访不受季节限制，因为该景点在一年四季中，无论昼夜阴晴，始终都具有诱人的魅力。正如这两个案例所示，《金陵雅游编》对特定景观的一条简单注释，在《金陵图咏》中被扩展为教导人如何领略该美景的详细说明。

除了这些改变之外，以上两本著作共同关注的背景信息也值得一提。的确，表象上对历史细节和文学典故的偏爱不仅是个修辞技巧的问题，文化观光的一个中心要素便是向直接的视觉感受注入文化或历史的内容。在极少数情况下，《金陵图咏》甚至会提醒观众，最近的变化可能会使那些对文学掌故抱有期望的人感到沮丧。一个名为"杏村问酒"的景点就是一个例子。该主题来源于晚唐诗人杜牧（803—852）的诗《清明》："清明时节雨纷纷，路上行人欲断魂。借问酒家何处有，牧童遥指杏花村。"

受到此种意境的启发，《金陵图咏》在南京城门外紧邻凤凰台的地方设立了这样一个景点。一片古老的杏林恰到好处地为这个故事提供了一个发生地。然而，根据《金陵图咏》的描述，正所谓树大招风，这个景点差点给自己带来了灭顶之灾：因为杏花村的典故广为人知，所以在春暖花开时节，该地常常挤满了慕名而来的游客。他们前呼后拥，在杏林里践踏、攀爬，甚至会攀折树枝。圃农对这些行为冒失的游客极为厌倦，于是干脆砍倒树木，一了百了。成千上万的杏树，大多数化为薪炭，只有十分之一存活了下来。自此，再也没有"杏花"村可供牧童"遥指"了。尽管这一地区仍然是一个令人愉快的旅游地，但它的凄凉现状和古代诗歌典故的背离，显然使它的魅力大打折扣。幸运的是，《金陵图咏》指出，近年来，杏树又如雨后春笋般生长出来了，成片的杏花星罗棋布，代替了旧的杏花。《金陵图咏》如释重负地说："盛以衰成，旧迹不至终泯耳！"[103] 这里的"旧迹"并不是真实的历史遗迹，而是一个建构完善的抒情背景，这是《金陵图咏》提倡的旅游体验必须具备的元素。

尽管《金陵雅游编》和《金陵图咏》都强调文化旅游，但总的来说，《金陵图咏》对风景名胜的鉴赏采取了更为激进和指导性的方式。为了进一步增强其虚拟"卧游"的功能，《金陵图咏》特意为每个景点都绘制了插图，而编者也通过漩涡纹饰标注出值得多加注意的地方。这些插图不仅方便读者更直接地欣赏空间，更重要的是，它们标志着在人们对南京的想象中，开始出现了一种本土的范式。诚然，早在明代以前，关于"景"的悠久文学传统已经很成熟了。它的规范效应是如此强大，以至于宇文所安（Stephen Owen）甚至认为，人们在想象南京时，几乎不可能不对它那悠久的诗情画意产生憧憬。用宇文所安的话来说，"面对南京就是怀念往昔，但是历史的往昔和文学的往昔总是难分难解地纠缠在一起"[104]。直到明代初年，景物欣赏活动仍然深深植根于人们赋予这座城市的诗情画意中，绝大多数南京风景画呈献给世人的仍然是建立在过去诗歌传统之上的风貌。也许是因为艺术家们主要生活在苏州地区，所以这些作品描绘的，通常也都是长江两岸的景色，游客不需要进入南京城就能看到这种景色。朱之蕃的抱怨不无道理，主导这些插图的是一个"外来者的视角"，因此对南京城景色的描绘难免有些短视。[105] 基于这个原因，朱之蕃下定决心要将自己的家乡风貌完整地展示给世人，于是创作出了《金陵图咏》——《金陵图咏》及时地颠覆了过去"诗意南京"的影响，使后来的艺术和文学创作都建立在本土视角之上。

《金陵图咏》的插图之所以会如此流行，可能是因为在三次南京之旅的过程中，一连串显赫的人物与《金陵图咏》产生了联系。这种联系很容易引发公众的追捧，获得商业上的成功。其中，焦竑和朱之蕃的合作格外引人瞩目。焦竑和朱之蕃都是当地知名的"偶像派"人物，他们获得过科举考试体系中的最高头衔——状元。南京的一条街道甚至以朱之蕃和他的头衔命名。在明末竞争激烈的出版环境中，将一本书归在某位名人的名下是一种常见的营销策略。由于他们声名显赫，焦竑和朱之蕃的名字便不止一次被假托为科举考试范文（"时文"）的作者。[106] 正因如此，《金陵图咏》这种与大量著名人物有关的旅游指南才会给读者留下深刻的印象。

最重要的是，作者们的显耀身份——他们都是南京人——显著影响着当地方对书中地标景观的归属感。这种感情在明清易代之际变得特别强烈，《金陵图咏》中的风光在当时被金陵画派的画家们频繁描摹。[107] 显然，从晚明交游的角度来看，《金陵图咏》图画的改编实际上再现了晚明经济繁荣时期的旅游盛况，并且促成了跨越王朝更替的持续的团体意识。在那个江山易主，既有的想象被破坏的时代，《金陵图咏》提供的"观看方式"对促进城市的"再想象"发挥了重要作用。

这种文化连续性的感觉在南京一位实力派文学家、艺术收藏家周亮工（1612—1672）的手中达到了新的高度。17 世纪 60 年代，周亮工承担了编纂《江宁府志》的任务，并委托"金陵八家"之一的高岑采用与《金陵图咏》完全相同的视角和构图框架来绘制南京插图。[108] 这一姿态具有极为深远的文化意义，因为地方志在晚明已发展成为一个表达地方认同的特殊方式。[109] 通过地方志对《金陵图咏》插图的改编，与《金陵图咏》有关的交游团体从一群本土文人急剧扩大到整个南京社区。这种改编把最初为纪念一个精英群体而创作的景观绘画转变成为南京的正式形象——此时此刻，这片土地的文化认同正随着外族入侵而产生动摇。然而，努力与晚明的经济繁荣建立某种联系，并非意味着彻底忘记生活在一个新王朝的现实。鼎革易代确实对大众的南京想象产生了影响，并且留下了自己的印记。通过把《金陵图咏》的插图与清初的改编版进行比较，我们能够进一步说明这一点。

鼎革之际《金陵图咏》插图的转变

《金陵图咏》中南京的民俗表达形式 《金陵图咏》产生于晚明旅游高峰时期，书中插图对"景"的演绎相当独特。如果考虑到山水画在当时已经发展成了名为"胜景图"的成熟类型，那么《金陵图咏》的创新是最为明显的。"景"的形象一般表现为与山水画相近的风格。然而，与文人画不同的是，"胜景图"常常以特殊的地理位置为中心，文人画则以抽象的方式反映地理特征。在帝国后期，中国的山水画家不再钟情于对景点的自然外观进行描摹。[110] 相反，他们致力于创立"某种章法，某种排列方式，来确定景物物体的相对位置，山峰的形状特征，等等"[111]。这些插图是概要式的，更重要的是，它们充满了文化气息。通常情况下，文学联想和历史典故（而非现实）支配了文人的创作。这种方法会被人们广泛使用，这一点也不奇怪。正如卜正民所说，使用视觉的表达方式来描绘一个景点，就是实现一个已经接受的愿景，将"一个已经形成的、明确定义的看法投射到一个已知的景象之上"[112]。就此而言，"景"的形象化实际上与地图测绘区别不大，它们都需要将自然景观简化或者将环境建构为经过选择的一系列可识别的符号，从而对空间进行一番特殊的解释。[113] 因此，山水画的概括性质不应被视为一种简化的地形展示，相反，山水画是在为一种共同的空间想象创造词汇语言。[114]

作为居住空间的南京　那么，《金陵图咏》创造的是一种怎样的世俗视觉形式？《金陵图咏》一共附有 40 幅图片，每个旅游景点都配有一张图，它们共同展示了南京及其周边的一系列景观。《金陵图咏》按照约定俗成的顺序对"景"进行了编排，为读者提供了一种逐渐累积的空间感受，也让读者全面了解了该地的文化风俗。然而，《金陵图咏》中每个"景"的组成与传统的"胜景图"不同，后者倾向于以风景中的某一特定项目为中心，并且通常不描绘人物，除非绘制者希望通过一般人物形象来吸引观众去欣赏景观的某些亮点。相反，《金陵图咏》中的插图则在场景中创建了大量的"次级空间"，并将观众的注意力吸引到一系列次级场景上，场景中无一例外都是从事各种活动的人。由此可见，《金陵图咏》的编者对视觉细节拥有非同寻常的兴趣。当然，对主体景观来说，这些场景是次级的，也是辅助性的，它们中的某些场景在相应的文字中甚至没被提到。然而，成群结队的小人物，以及他们密切的交流活动，在绘画中是如此普遍，以至于他们远离了中央场景（中央场景"缺失"了这一部分）。因此，在《金陵图咏》的插图中，代表性的空间不再以壮丽的景观为主宰，而是服从于特殊的社交活动。

例如，《金陵图咏》就再现了南京著名娱乐区秦淮河周围的场景（图 3.14）。画面显示了这条河的三个弯道，它们将空间划分成了六个区域。[115] 图画的左上角是城墙，这使得画面上端又增加了一个层次。从图的上部开始看，观众首先看到的是山上的宝塔。进入城墙，沿着河流走向，左边第一个弯的建筑群是"旧院"——南京最老的娱乐场。游客并没有出现在图中，这说明娱乐业在当时可能非常凋敝。大桥的对面是夫子庙和县学，人们在街道和桥上来来往往。图的左边是钞库

图 3.14 青溪游舫；《金陵图咏》（1624），31a

街，我们能看到许多游客和居民。第二个弯的右边是考院，河流环绕着它，河里的船上挤满了人。这里的确是一片人头攒动的景象，围绕主要景点（秦淮河）的第二层次空间里全都是人。《金陵图咏》使用类似的构图描绘了许多其他景象，例如长干里（图 3.15）。[116] 这个场景的中心是一个街坊组织。游客首先要进入城门，走过一座桥，然后穿过一个带有"长干里"字样的牌楼。从那里开始，观众就像图片中的小人一样，在街坊四周徘徊。游客的右边是大报恩寺及著名的琉璃塔，左边是财神庙。画的南面是另一座寺庙和桥梁。插图中的人物不仅在寺庙区域内创造了许多次级空间，而且还帮助画面

174

图 3.15　长干里:《金陵图咏》
（1624），11a

表现出空间潜在的多种用途。正如我们在图片中看到的，有些人似乎正在欣赏风景，有些人正在工作，还有一些人在闲聊，有几个人只是出来溜达。

《金陵图咏》试图传达这样一个信息：对"景"进行欣赏不单纯只是引导一个人的目光，更不是瞥一眼就能完成的对空间的了解——生活和体验空间的方式不止一种。"景"可能是诗人或画家的主题，然而，对大多数人来说，"景"是人们在日常生活中玩耍、工作，或者偶然路过的生活空间。《金陵图咏》中的图画拥有丰富的细节，我们可以看到人们在踢球、舞剑、在田野里劳作、搬运货物，或者只是简单地和邻居闲聊（图 3.16—3.20）。[117]事实上，《金陵图咏》对南京城的展示，始终表现出作者对场景中的人物多种不同的生活形态的强烈兴趣。为了实现这一目标，《金陵图咏》的插图倾向于突出地形分区，并将次级空间与那些休闲、工作的人物及其活动紧密地联系在一起。由于这些居住空间取自中心地标，而且附注文字也没有对它们进行介绍，因此，我们只有通过观察发生在那里的活动才能得知它们的意义。与前面讨论过的南京地图集相比，这些图画不再站在帝国的角度，或是站在历史的宏大立场上来描摹南京的城市空间，相反，它们都围绕人们日常生活和社会交往的细节来进行组织。

描摹南直隶的城市繁荣　在《金陵图咏》中，次级空间大量增加，这明显不同于主流的风景画——传统的风景画都会设定一个中心场景。

175

176

通过关注视觉细节，《金陵图咏》创造出了一种独一无二的，借助画面呈现的各种社会活动来看待和审视南京生活空间的方法。《金陵图咏》对南京城市特质的表述，可能受到它作为旅游手册功能的启发。换句话说，通过对城市各区域的可能用途进行分类，《金陵图咏》使观众能够最大限度地感知空间的多样性。然而，强调空间的社会用途的同时也唤起了观众对城市繁荣的感受。事实上，《金陵图咏》独特的视觉手法并不是某种孤立的发明，它让人们联想到了城市景观画的传

图 3.16　踢球;《金陵图咏》（1624），17a

统——通过社会活动（而非自然景观）来表达并区分代表性的空间。[118]

图 3.17　舞剑;《金陵图咏》（1624），39a（局部）

名为《南都繁会图》的南京当代城市风景画就是一个很好的例子，它描绘了明末南京城内充满活力的城市生活。[119] 按照《清明上

图 3.18 人们在城门外搬运货物；　　　图 3.19 田 野 劳 作；《金 陵 图 咏》
《金陵图咏》(1624), 16a　　　　　　　(1624), 15a

河图》这幅城市风景手卷的传统，南京城完整地呈现了一个普通城
市的发展历程。从乡村景色开始，最后达到高潮部分——都城，南
京城展现了繁华城市的魅力。纵观整个"旅程"，观众从出发到最后
结束旅行，他们一路走过的城市空间并非以其空间物理结构为标志，
而是以一系列绘制得栩栩如生的场景为特色。然而，有趣的是，这
幅看似真实的城市风景画却充满了虚构的细节。例如，中心街道的
中间有一座灯笼串成的山，这暗示着农历新年的到来，然而，图画
的上端却是龙舟竞渡的场景。我们知道，端午节赛龙舟的举行时间
179　是每年农历五月（图 3.21）。[120] 然而，如果这幅画被视作城市空间外
观的展示，与《金陵图咏》中的图画一致，那么这幅画的核心信息
就是城市空间的各种功能用途，而非南京城中某一个真实确切的场
景。城市空间充分以其社会活动为标志，不再被一种单一的、政府

认可的文化景象垄断，而是不断
被居住其中的人们层层分割和享
有。普通百姓以及他们之间的交
往活动使城市空间充满了活力，
同时也赋予了城市空间特殊的内
涵，这正是《金陵图咏》表达的
风格。

　　清初对南京的再想象　在清
初《金陵图咏》的改编版中，晚
明版《金陵图咏》中独特的视觉
插图细节与画家对城市社会性的
关注消失了。画家保持了原有的
观看视角和构图，但大大减少了
晚明版本中的次级空间。在秦淮

图 3.20　射箭练习;《金陵图咏》
（1624），14a

河的插图中（图3.22；比较图3.14），这三个弯被缩减成了一条曲线。
出现在图画中的人物，过去被赋予了一种明确的功能——标识城市

图 3.21　《南都繁会图》，17 世纪早期的手卷（局部）

空间的种种可能性，然而现在，他们被降至次级细节，仅仅发挥一些美学的作用，成为指向中心画面的线索。[121] 整个插图以画家想要重点描绘的景为中心，而这个重点描绘的景就是画面的主导成分。不能让次级空间来分散观众的注意力。

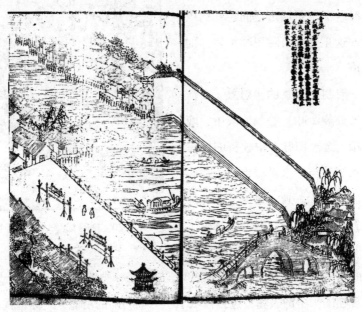

图 3.22　青溪镇；《江宁府志》(1668)，2.28b‑2.29a

182　　　在长干里的场景中，我们也可以看到同样的构图过程：画面仍然集中于中心区域，其余的蜿蜒街道和后巷一律被省略，《金陵图咏》曾经详细描绘的那些寺庙也被忽略了（图 3.23；比较图 3.15）。[122] 门楼、宝塔和三对人物只不过显示了文字叙述指出的场景，而并没有展现《金陵图咏》描绘的空间的诸多其他可能性。最重要的是，插图中的"人物"不再是空间的主动阐释者，而是由画家安排的"场景线索"。我们在整个图集中都能看到类似的更改。在 40 个场景中，超过 30 个场景都表现了同样的简化过程。

　　　　　　　　　　　　谈判中的城市空间

图 3.23　长干里；《江宁府志》(1668)，2.7b‑2.8a

　　在清初改编的《金陵图咏》中，城市的视觉细节及其都市生活色彩都被画家去掉了，这似乎与它的时代有着千丝万缕的联系：《金陵图咏》刻版 20 年后，明清易代的战争爆发了。最终，明朝的统治被清朝取代。随着攻城略地的军事斗争逐渐平息，以文化景观为中心的战斗开始了。作为明朝的第一个也是最后一个首都，明故宫与明孝陵的所在地，南京具有特殊的政治象征意义。毫无疑问，南京是战乱时期的重要战场。[123] 因此，17 世纪末在南京极为流行的《金陵图咏》插图改编本也就呈现出了截然不同的视角。在南京著名艺术家如高岑（地方志）、邹喆、胡玉昆等八位大师的作品中，他们反复表达了和《金陵图咏》相同的主题。然而，尽管构图和文字看似相同，但清代早期的绘画还是回到了传统模式，将注意力集中在中心画面。对《金陵图咏》插图的持续改编，唤醒了晚明交游发展出的仪式，清楚地表明了南京精英交游团体正在努力跨越王朝更替。然而，我们如何解释改编者将城市景观从这些作品中移除这一做法

183

呢？也许大多数清初画家都是职业艺术家，所以他们认为对风景画来说，传统的形式是更为合适的选择。毕竟，《金陵图咏》创建的次级空间相当特殊，并且很可能是因为它被用作游览指南。尽管如此，鉴于清初高度敏感的政治氛围，这些南京画家之所以会刻意隐去城市社会性的所有视觉线索，更有可能是因为这些线索是晚明南京城市的想象——画家要和过去保持距离，远离明末以都市魅力为标志的景观。[124] 对晚明插图进行再造，抹去它的城市社会性，画家使用这种深思熟虑的暧昧姿态，认可了政权更替的社会现实：一方面，画家采用和《金陵图咏》相同的视觉语言，试图在王纲解纽的时期传递文化延续的感觉；另一方面，为了适应新的政治环境，和前朝保持必要的距离，画家也做出了明显的修改。通过这种方式，《金陵图咏》在清初的复活表现出了过去旧身份和现在新身份的调和。

在王朝更替时期，通过景观欣赏来完成身份认同的协商，这种做法并非南京独有。与南京相比，扬州就显得比较有趣了。扬州是大运河沿岸的港口城市，那里缺乏从晚明继承下来的名胜古迹，因此，当经历了战争创伤和政权更迭的这座城市恢复了元气之后，城市精英们不得不重新发明一种明末风格的文化环境来为这座城市提供一种文化持续的感受。[125] 梅尔清在她对清朝扬州早期的有趣研究中，描绘了一个在政治转型和随之而来的文化混乱之间挣扎的城市：

> 在战后的扬州，重建和拜访名胜古迹成为文化精英们的一种工具。他们通过纪念一种共有的文化价值观——传统上表现为对一个地方的欣赏——来表明自己是某一阶级的一员。因此，通过休闲旅游和聚会，清初的社会精英表现出一种文化建构下的扬州的姿态。此外，他们还从过去挖掘那些人所熟知的文学偶像，使这座城市在帝国诸多著名城市中占据了一席之地，尤

其是江南地区。在这个过程中，文化精英创造出了一个新的扬州，充满了对前明往昔的怀念。令人啼笑皆非的是，扬州在那时并没有什么威望。[126]

为了弥合王朝更替造成的文化鸿沟，明代之后的扬州城为自己发明了明代江南的历史，这其中的核心关键便是文化观光。

这些事件表明，景观欣赏在建立文化认同和社会凝聚力方面发挥了重要作用。这种具有地域特色的情感不可能是永久的，它形成于特定的时代，王朝更替对此似乎是至关重要的。在扬州，政权更迭期间的失落和混乱，促使清初的人们通过纪念从未出现过的"过去"，来重新想象这座城市。以南京为例，尽管画家对《金陵图咏》的"景"的再创作营造出了一种跨越王朝更替的统一连续性的感觉，但为了获得一种时过境迁的感受，他们仍然对城市空间的描绘做了微妙的调整。朝代变更对地方感受的影响不是过渡性的，而是持续增长的。于是，进入 18 世纪后，晚明风格的交游必然面临帝王巡幸及其相应的文化作品的正式挑战，笔者在本章的结语中对这一发展做了简要的论述。

185

结语：制造地方和再造地方的政治

以上故事讲述的是一场有关城市形象的持续谈判。《洪武京城图志》成书于明朝立朝之初，它是明太祖对南京城的城市想象的缩影。它的多层次投影制图方式，创造性地展示了城市空间的复杂本质。南京在过去仅仅被视为分裂时代的一个国都，而共同的地理基础底图进一步将它从这个晦气的历史中解放了出来。陈沂的《金陵古今图考》完成了这个任务，该地图集将明代南京城覆盖在了这座城市过去的图像之上，显示出明代南京独一无二的特质。同时，它消除了明太祖强大的个人影响，将南京重归为历史的产物，这一方法更接近文人和学者的处事风格。

随着强调地方特殊性的旅游文学和地图作品的数量越来越多，国家或历史无处不在的地位受到了挑战，并逐渐黯然失色。在社会交游的影响下，文人鉴赏景观的活动逐渐与展示身份的活动融为一体，明末著名景点的制造也与地方团体的活动密切结合在一起。[127] 随着这一趋势不断发展，公共景点的塑造越来越多地与私人活动互相交织。个人的，甚至家庭的历史作为绘画元素开始出现在地方风景插图中，就像《金陵图咏》一样。

从很多方面来看，《金陵图咏》的出版结束了明代南京的景点创造过程，但并非就完全终结了它。由于王朝更替明显使晚明时代的社会交游政治化了，在新王朝的统治下，《金陵图咏》中的插图出现了微小的变化：城市社会性的浓厚氛围在清初的改编本中完全消失了。在某种意义上，《金陵图咏》插图的变化，象征着一个城市形象地域化时代的结束，在新朝（清）的征服下，城市迎来了一个强大的"再中心化"的时代。事实上，《金陵图咏》出版20年后，清朝接替了明朝，他们很快就意识到，尽管他们控制了自然的土地，但文化景观已经深深融入地方社会的组织之中。随着自然空间区域逐渐统一，标志性景观的高度地方化和碎片化促使政府发起了另一项文化事业。到了18世纪，清帝开始在帝国内进行巡游，并且制作了图文并茂的导游书籍，罗列出那些被皇帝巡幸驻跸过的地方；天子足践四方，将细致入微的地方景观置于帝国的注视之下。事实上，在17世纪晚期和18世纪，频繁的天子"南巡"不仅被动地标识了这片新征服的土地，而且还在绘画艺术的表达中重建了中央集权的观点。因为这些努力，晚明形成的地域性的景观被帝王巡游再次联系在一起。在天子目力所及之处和御驾所至之处，新的地标建筑很快就出现了。因此，文化旅游从展示社交网络和地位的场所逐渐变成了国家权力和地方社会之间的角斗场。

南京的景点中，最著名的便是乾隆皇帝南巡金陵期间创作的 156 首诗所代表的众多景点。这一套御制插图和诗赋强势地介入了地方文化传统。在官编地方志以及私人著述中，它们有时甚至会取代《金陵图咏》中的 40 个场景。例如，19 世纪早期的府志作者认为以前的画图方式都十分"滑稽可笑"，并删除了所有的风景插图，大量使用"南巡"文献中的内容取而代之。[128] 甚至像《摄山志》这种私人纂修的志书也必须顺应帝王的口味，该书的编者站在皇权的角度，重新绘制了一套栖霞寺插图。[129] 虽然这种被强行推行的因素压倒了一切，但帝国的目光并不是绝对的，抵制依然存在。在清朝的地方志中，某些志书从未提及皇帝的"南巡"[130]，另外一些志书也只是简单地承认了这两个时代制作插图的努力，并将其记录下来。[131] 在某种意义上，想象南京不再是构建团体的过程，而是一个充满了争议的过程。

最后，中华帝国晚期越来越多的导游出版物，常常被解读为大众旅游和消费得到加强的信号，被认为是经济繁荣推动的文化发展的一部分。[132] 虽然在表面上，《金陵图咏》这种 17 世纪的旅游指南与现代旅游指南极为相似，但它并没有提供现代旅游指南中的购物、餐饮或住宿信息。《金陵图咏》只关注（自然的，或者想象中的）空间和空间的体验。绘图者专注于空间和空间体验，因此《金陵图咏》不仅提供了景观导游，而且还记录了城市空间观念变化的一系列关键时刻。正如本章所示，《金陵图咏》的扩大版实际上来自两个单独的项目：地图集（其中包括《洪武京城图志》和陈沂《金陵古今图考》），以及（三个阶段的）南京旅行。这两个单独的项目是不同时期的产物，代表了明代城市图画作品的两种截然不同的流行模式，城市空间也因为它们而呈现出完全不同的解释。朱之蕃的著作，弥缝和重组了这两个项目，将它们变成了南京的两种截然相反的面孔，一种呈现了明太祖中央集权式的愿景，另一种则体现了南京地方精英的想象。通过对《金陵图咏》的改编，朱之蕃完成了南京城作为一个想象空间的转换过程——从一个皇帝的首都变成一个南方大都市。

第四章

时人口耳相传中的南京

描述这座城市

在以上几章中，我们已经探讨了南京城的不同"身份"：城市社 188
区、大都市地区以及作为想象的空间。本章我们将通过对两种"客
谈"的研究来检验这座城市是如何被建构成为一种谈资的。成书于
17世纪早期的顾起元的《客座赘语》和周晖的《金陵琐事》[1]详细地
记录了南京城文人精英们的对话。在序言中，顾、周二人都承认这
部作品的灵感来源是与客人的生动谈话。周晖的《金陵琐事》最早
的名字是《尚白斋客谈》，事实上，这个名字明确交代了其内容的来
源。为了保存这些珍贵的谈话记录，顾起元让他的仆人们把这些对
话誊录了下来。相比之下，周晖的经济不太富裕，没有钱雇佣书手，
因此很可能亲自动手完成了这项工作。正如周晖在他的《金陵琐事》
的序言中提到的，"虽兰菊异芬，箕毕殊好，要皆闻之于客坐者"。
周晖特意摘录了与南京相关的部分内容，并将其付梓刻版。[2]在这个
意义上，顾起元和周晖作为谈话的记录者，记录下来的内容也许会
比较准确，至少是符合历史情境的。当然，他们也可能自己创作了
某些条目，或者对某些条目进行了润色和加工。这两部作品问世后
反响极佳。周晖的《金陵琐事》很快推出了两本续集。这些作品在
社会上大受追捧，激励顾起元出版了他的《客座赘语》——这也是
一部经常被时人提起的作品。[3]

"客谈"并非发轫于明代，亦非南京所特有。18世纪成书的《四 189
库全书》总目列举的一些"客谈"类书目可以上溯至宋代，例如晁
说之编著的《晁氏客语》。这部作品通常被认为是"语录"的一种变
体，记录了儒家学者或佛学大师及其弟子们的对话。晁说之收集了

他的客人们关于官场政治和时事的交流对话。[4]每个条目都注明了提供该内容信息者的姓氏。[5]大部分的奇闻逸事都出自目击者本人之口，因此晁说之的"客谈"多采用半口语化的叙述方式，提供了该时期有关政治和社会的珍贵记录。[6]

尽管"客谈"这种体裁并不新鲜，但《客座赘语》和《金陵琐事》对南京的明确关注为当时读者们展现出了一幅全新的南京城市生活画卷，这与当时流行的政治和文学描述截然不同。毫无疑问，如果明代的读者想要搜集某个特定城市的信息，他必须求助于地方志乘。在明代，地方志乘的编纂已经成了官府的常规工作。[7]早在1412年，官府就已经开始制定具体的编纂体例。[8]尽管这些规则并没有被严格地执行，但明代的志书通常会遵循一个通用的体例模式："星野"和"建置"必须被记录和绘制下来，因为它们反映了一个地方作为一个政治单位的演变过程。"土地"、"物产"和"赋役"也必须被调查并备案，"职官"和"仕宦"表罗列了地方官员的姓名，以及取得了科举功名的人。"名宦"专门记录官绅中对当地社会产生影响的人。"耆旧""忠孝""节烈""方伎"则记录了具有忠诚、孝顺、贞洁这类美德，或者具有异于常人的特长的人。公共建筑如亭台楼阁和私家园林都会在诗歌和抒情散文中得到赞美，而地方史迹和政府的工作也会被一一记录下来。

政府颁布的体例，使政府能够建立一个系统全面的地情档案。对那些从异地前来就任公职的人来说，地方志乘是进行地方管理的珍贵参考资料。[9]地方志乘的编纂更多考虑的是行政管理，我们不难发现，城市并非独立的行政单位，它只是一个更大的领土单位（县、州）的一部分。唯一的例外是帝国首都。首都是自成体系的行政管理单位，被载入"都邑簿"[10]。其他城市的外在形态和民户信息都被记录在地方志书的不同章节中，因此读者需要综合许多分散的论述，才能得到一幅完整的城市图景。

政治叙事通常会采取一个较大的行政管理的视角来观察城市，与此相反，文学叙述则完全以城市为中心，通过居民在城市中体验到的时间、空间来完成。这种文学传统可以追溯到《东京梦华录》（见第三章）。它描述了开封被女真人攻陷之前该城的城市生活，那是一种怀旧的乡愁记忆。作者试图通过文字描述来重现业已消逝的城市魅力，以及充满诱惑的市井生活。大量似乎触手可及的细节描写以及乡愁情怀，给人留下一种印象，似乎作者相信写作能够挽回过往。那是一个城市商业繁荣、人口超百万的时代，中国第一次见证了大都市的发展。《东京梦华录》的作者对城市诱惑力的不遗余力的夸赞，以及对城市魅力形象生动的描写，使得该书名垂后世。

"都邑簿"视城市为帝国的仪式和礼仪的所在地，与此相比，《东京梦华录》将首都描述为一个个人经验的舞台和生活空间。《东京梦华录》并没有受政府影响，它的条目是按特定的时间和空间模块来组织的，其目的是捕捉瞬息万变的城市生活。的确，对城市地标场景和节庆的详尽描述，向读者呈现出了一幅丰富的城市生活画面。尽管传统的评论家仍在争论《东京梦华录》的文学价值，但它对城市和城市生活描述的创新手法却影响了明朝人的城市探索。《帝京景物略》、《长安客话》和《如梦录》都是受其影响而诞生的作品。[11] 虽然，在这一特定的文学传统中，对个人回忆的强调可能不如《东京梦华录》那么强烈，但早期作品的模式仍在延续：城市的时间、空间被整合为叙述城市的文字。

相比之下，在这两本看似随机取材的"客谈"中，这种明确的时空意识消解了。的确，这两本"客谈"的读者首先会被顾起元和周晖在表现其丰富多彩的条目内容时，那种即兴、随意的态度感染。例如，读者一打开《金陵琐事》，首先看到的就是记录朱元璋曾经到访两个平民之家的《天子幸布衣家》；《署书》介绍了为南京主要宫殿和庙宇石碑题字的书法家；《前身》写的是居住在南京的两位皇亲国戚的故事，传说此二人是历史上著名的英雄关羽和岳飞的化身；《泉品》点评了南京城内最好的泉水的优劣等级。与地方志书或者传统的城市文献不同，"客谈"的结构既不按照政府颁定的形式，也不按照时空界限来编排。一个故事和另一个毫无关联的故事混杂地排列在一起，这似乎是随意聊天时的转折起伏。因此，"客谈"的条目内容更具包容性和宽容性——神怪故事、碑刻诏令、城市的滑稽小品和街谈巷议、智者和街边商贩的隽语箴言都包括在内。可以肯定的是，"客谈"的随意性和折中性，让它最终成为表达城市高度混杂、流动人口变动不居的生活体验的最合适的媒介。更重要的是，"客谈"本身就是增强城市生活流动性和加速交流的产物——精英沙龙。顾起元在《客座赘语》的序言中，将其收集的谈话内容归因于以下这些缘由：

> 余顷年多愁多病；客之常在座者，熟余生平好访求桑梓间故事，则争语往迹近闻以相娱，间出一二惊奇怪诞者以助欢笑，至可裨益地方，与夫考订载籍者，亦往往有之。[12]

这些故事最终催生了《客座赘语》。顾起元是朱之蕃《金陵图咏》和《金陵雅游编》的共同作者，出身于南京城最显赫的家族。顾起元的父亲顾国辅于1574年考中进士。顾起元则拥有更为出色的生平履历，他在1598年的省试中夺得第一，并很快于翌年考中了进士，殿试又名列第三，迅即担任翰林院编修一职。顾起元曾任吏部左侍郎和翰林院侍读学士，致仕后返回南京，修建了著名的"遯（遁）园"，在那里定期举办文人雅集。[13]由于其官宦生涯和与当地

192

　　　　　　　　　　　　　　　　　　　　　　谈判中的城市空间

的关系，顾起元的雅集成为南京文人士绅建立社交网络和交流信息的场所——《客座赘语》中的许多故事都发生在该园。就周晖而言，尽管其官场履历远不如顾起元那么耀眼，但他的《金陵琐事》同样是城市沙龙文化的产物。[14]

在这些聚会中，主客双方到底谈论了些什么内容？虽然"客谈"二字的表面意思是"与客人交谈"，但书中收录的谈话并非全都是作者参与的对话。实际上，大量的对话是在其他地方发生的，但因为有价值，所以也会被记录下来。作为街谈巷议的接收站，"客谈"本质上是活跃的口耳相传的网络，通过这个网络，明末社会的新闻和流言得以传播。"客谈"的这一明显特征，实际上正是明末文化景观的一个显著趋势。小说家和戏剧作者大量利用社会事件，游移于新闻、谣言和传闻之间。[15]这些以新闻为基础的出版物大受人们欢迎，十分有影响力，以至于在某种意义上，它们将私人间非正式的流言蜚语和荒诞故事的交流提升为一种共同的社会想象。本章的下一节首先考察晚明时期新闻和流言在印刷物中的传播情况，然后检验关于南京的看法是如何经由流行故事而得到讨论的，而这些看法最终流传到精英沙龙，成为写作《客座赘语》和《金陵琐事》的资料库。

虽然这些有趣的奇闻逸事占据了"客谈"作品的大量篇幅，但它们并没有完全反映这两本书中收集的条目内容。顾起元认为，他的"客谈"在收录趣闻逸事的同时，还收录了对话者对公共福利的看法，以及与南京有关的学术交流问题。的确，顾起元的《客座赘语》和周晖的《金陵琐事》同样都深入探究了当时城市精英特别感 193 兴趣的问题。明代晚期，当乡村士绅迁入城市之后，城市精英开始拥有了更多居高临下的主导地位。但奇怪的是，当代评论家却极少关注乡村士绅的城市化。大多数社会评论都将注意力集中在商业和消费对既定的社会等级秩序和文化礼仪造成的破坏上。城市精英在公共话语中的缺席，使"客谈"这扇窗显得更加珍贵。总而言之，城市精英密度的日益增长将城市变成了社交和网络的沃土。很明显，这改变了精英与其生活空间之间的关系。在本书第三章，我们探讨了对城市景观的"观看"怎样促进了城市精英之间的联系和联盟，而本章将要探索的是居住模式的变化怎样影响了文人的政治参与和文化活动。

最后，在探讨了促使"客谈"形成的固有方面，即不断加剧的信息和人口的流动问题之后，本章会对《客座赘语》中将这种流动性正式理论化的一篇文章进行探究。这篇名为《风俗》的文章，根据"主"（当地人）、"客"（旅居者）两者实力的对比与消长，将南京划分为五个区。由于各区环境不同，该文采用了比较广泛的观念，其中包括"身份""经济能力""社会地位""文化资本"等，重新定义了"主"和"客"这对概念。[16]这一独特的框架使作者能够利用进出城市的人口和资源的即时流动性来描述城市生活的变动特性。尽管使用"主"和"客"作为研究城市空间的一种"方法"，在传统的"风俗"论中的确是革命性的，但它绝非作者灵机一动的发明。事实上，"主""客"之间的对立，实际上是当时人们广泛援引的一种比喻——人们借助这种比喻来表达过时的移民控制政策造成的当地人和旅居者之间的日益紧张的关系。在一个特殊的历史转折时期，明朝初年的乡村村社理想与晚明时期城市社会的冲突决定了城市空间的构想方式。

　　　　　　　　　　　　　　　　谈判中的城市空间

"客谈"在晚明的发展

沙龙在晚明时期变得异常活跃，而"客谈"则利用口头网络来收集沙龙对话。的确，学者们认为，这个时期是一个全民交游的时代，不同阶层的人热衷于组织成立各类社团和组织（即"社"和"会"）。[17] 事实证明，在"客谈"的创作中发挥了核心作用的文人沙龙，也只是当时社交网络的一种形式。毫无疑问，这一趋势导致了异常频繁的信息交流。然而与早期"客谈"集中关注官场政治的特点不同，大部分出版于明代的"客谈"作品对街头的流言蜚语和地方丑闻更感兴趣。因此，趣闻是大多数明朝"客谈"的主要内容。陆采的《冶城客论》就是一个很好的例子。[18] 它收录了一系列以新闻和传闻为基础的玄幻故事，这些故事是他离开家乡，在南京的太学[19]求学（"肆业南雍"）时从朋友那里收集来的。陆采这本书的每一个条目都以文中主人公的姓名作为条目名称（大部分只是姓），偶尔标题也会透露出主人公的身份职业。通过这本"客谈"，我们看到了一幅粗略的监生交游图。陆采接触了许多人——从乡亲父老到城里偶遇的来自全国各地的太学生（他们相互分享家乡的趣闻逸事），从行伍军士到僧道方士。尽管陆采从熟人那里挖掘了很多故事，但他很少直接提到具体的故事讲述人——他只想复述一个消息来源极为广泛的传闻。

从金陵"客谈"里大量的新闻报道来看，顾起元和周晖的社交圈同样热衷于传播有关南京的街谈巷议和市井故事。与地方志书或是文人小品相比，在好奇心的驱使下，给他们提供信息的人不自觉地让南京的"客谈"带上了更多与城市生活有关的民俗色彩。《客座赘语》中一篇名叫《产怪》的文章讲述了南京城内妇人生出怪胎的 195

故事，"某家一仆妇产巨卵，五色者一，余渐小。至数十枚"，另一家仆妻生的孩子"产如鳖，蹒跚能行……下关一妇产一夜叉"[20]。

顾起元所讲的这些"惊奇怪诞"的故事，有一些可谓绘声绘色，在南京城的居民中颇为有名。《客座赘语》一篇名为《飞盗》的文章讲述了万历年间一位闻名遐迩的盗贼的故事。他翻墙越脊，如履平地，偷盗手法出神入化，"步瓦上若飞而无声……有盗人楼阁中物，经数月主人犹不知者"。直到这个盗贼的仆人向官府揭发了他，人们才发现，这位混迹于南京精英圈，"衣冠车从若大家然"，倍受大家敬重的人，竟然是一个臭名昭著的梁上君子。[21]

口头网络是延长社会记忆的关键因素。周晖《续金陵琐事》中的另一篇社会逸闻《王绣二》讲述了当地的一个恶霸王绣二所犯下的罪行。王绣二在新生儿身上施展巫术，"采生折割"[22]。不过，他的罪行很快就被人发现了；尽管他有钱有势，不少达官贵人为他求情，但他最后还是被处以死刑。这个故事在南京居民间流行甚广，还被编成了一出折子戏。尽管在周晖的时代，已经没有人能找到这个故事的剧本了，但他还是听说了这件事，这或许是因为这个故事被口耳相传了下来。事实上，许多金陵"客谈"中的条目都取自口头文学。口头网络记录下的故事最早可以追溯到14世纪晚期，那是南京成为一个新兴王朝首都的黄金时代。[23]对时效性的松散限制表现出了当时"新闻"的特殊内涵。中文里的"新闻"这个词语拥有双重含义，"新"不仅是指小说、笔记、戏曲等各种媒介中所流行的信息的时效性，而且还暗示了一种新奇的感觉，它进一步刺激了大众了解新信息的渴望心理。对新奇事物的迷恋是尚"奇"美学的一部分，这是晚明文化景观的一个显著特征。"奇"在出版物的名字中反复出现，证明了它在当时的受欢迎程度：《初刻拍案惊奇》《二刻拍案惊奇》《今古奇观》《海内奇观》《明文选奇》《新刻眉公陈先生编辑诸书备采万卷搜奇全书》《远西奇器图说录最》以及《高奇往事》。196
"奇"在该时代反复出现，顾起元本人对此评论说："十余年来天网毕张，人始得自献其奇。都试一新，则文体一变。新新无已，愈出愈奇。"尽管顾起元对当时科举考试的文风进行了严厉批评，但他也的确捕捉到了当时大众的品位。[24]"奇"的不断变化的本质催生了永不停息的竞争，推动自己前进。对"奇"的追求一旦开始，就会这样存在下去：越能产生感观刺激，就越发引人入胜。

日常生活中对新奇和刺激的热切追求不仅增加了"客谈"的人气，同时也刺激了新的出版潮流：新闻趣事和闲言碎语杂糅为一体，发展成为不同的流派，例如时事剧[25]和小说（民俗故事）。这些作品的作者们叙述、评论和批评着当下时事以及他们生活的那个世界。这种新兴的文化趣味显著地扩大了街头新闻和地方流言的传播；在这之前，人们只能采取非正式的口头传播。通过阅读出版物，时人对他们的社会有了更广泛的认识，这些"知识"远远地超出了日常直接交往所获得的信息。活跃的口头网络与繁荣的出版业使"客谈"这种早在明代以前就出现的文体形式，发展成为一种明末特有的文化产品。尤其因为我们缺乏与读者反馈相关的文献材料，因此，仔细观察明末的出版业，对于帮助我们评估金陵"客谈"的社会影响和文化意义就更显重要。

社会视野的扩大

市民接触到的新闻出版物越多，明末社会的联系也就越紧密。传播消息据说已经成为当时城市居民日常生活的一部分了。一位著名的文化名流陈继儒评价说，吴人特别喜欢关注外界的情况，一坐下来就要打听新闻（"吴俗，坐定辄问新闻"）。[26]大众对时事的好奇心不仅集中在政治领域，还延伸到了琐屑的社会事务上。

社会上出现了各种新的职业，例如专门收集和出版社会新闻事件的"新闻贩子"。明末小说《欢喜冤家》中的《两房妻暗中双错认》一文，叙述了两对夫妇混居一室，结果在一个漆黑的夜晚，发生了在卧室里认错人的荒唐故事。其中一个丈夫发现情况有异，大发雷霆。然而，有人劝他还是不要声张为妙，因为：

> 若是播扬起来，外边路上行人口似碑，一个传两，两人传三，登时传将起来，那卖新文的巴不得有此新事，刊了本儿。待坊一卖，天下都知道了。[27]

除了最直接的印刷新闻的形式之外，具有较高娱乐价值的故事（例如"客谈"）有时也会被整合进出版物，更有甚者会被改编成戏剧或是小说。到了明代晚期，将现实生活中的故事改编成书，或者编排成戏剧进行表演的做法，已经很普及了。例如，孔尚任的《桃花扇》就改编自南京秦淮河两岸的真实事件。孔氏曾经说过，剧社利用社会新闻来炒作自己，创造新的演出纪录，在当时已是普遍做法。[28] 一旦有重大政治丑闻发生，市场上便会迅速出现几十种以其为题材的戏剧来满足大众的好奇心。[29] 俗话小说也常常利用时事故事。例如明末著名的话本小说家凌濛初，在他编著的《二刻拍案惊奇》中，介绍了自己是如何创作故事的：当他在南京参加科举考试时，他"偶戏取古今所闻一二奇局可纪者，演而成说，聊舒胸中磊块"[30]。根据作者亲身经历编著而成的作品不止《二刻拍案惊奇》一部。另一个流行话本小说系列，冯梦龙创作的"三言"（《喻世明言》《警世通言》《醒世恒言》）也同样收录了许多发生在当时的新闻事件。[31]

如果我们考虑公众对新闻故事日益增长的需求，就不会对"客

谈"能够脱颖而出感到奇怪，因为它所收录的内容具有独一无二的时效性。"客谈"注重现实细节，多次引用人名和地点等信息，便进
一步增强了其对事实和真实性的内在主张。[32] 然而，"客谈"的流行
也加剧了出版业的激烈竞争，这可能会迫使作者不得不充分利用有
限的资源来进行创作，甚至还会牺牲故事的真实性。这种激烈的竞
争，在陆采对沈周的批评中得到了淋漓尽致的展现。陆采认为，沈
周的《客座新闻》过分轻信了"客"讲述的故事，罔顾了这些故事
的真实性。然而，陆采本人很快也犯了自己批判的这种错误——当
他听到苏州另一位名士祝允明讲述的趣闻时，他自己顿时失去了冷
静判断。[33] 陆采之前确信，祝允明肯定早已将这则奇闻收入自己的文
集了，但是他之后开心地发现，这则奇闻并没有出现在祝允明的笔
记及其两部续集里——极有可能是因为这则故事缺乏可信度。于是，
尽管陆采意识到这则材料存在问题，但他最终还是寻找合适的机会，
在其《冶城客论》的结尾录入了这则趣闻。因此，对"奇"的过度
追求，在很大程度上模糊了新闻、传闻和谣言的界限。

当代的批评家们采取不同的眼光来看待新闻和传闻的浪潮。有
人认为这种文化现象为道德教诲提供了新的机会。明末学者陈良谟
（1482—1572）认为，从大众道德的教育角度来看，新闻故事远比儒
家经典和历史文献更具说服力和时效性。经典文献太过于晦涩深奥，
除了学者之外几乎没有人能够欣赏。尽管"四书"在民众教育中很
盛行，但它们的道德理论只是简单地过了一下大众的耳目，并没有
真正被人们吸收。街谈巷议和新闻逸事却不是这样。人们一旦听到
新闻事件，立刻就会被它所吸引，并且记忆深刻。这是为什么呢？
陈良谟认为，这是因为古代典籍距离当下太过遥远，缺乏时事的说
服力。"无征弗信，近事易感，人之恒情也。"[34] 新闻故事直接与民
众的日常生活有关，对观众产生了如此直接的影响，以至于以新闻

为基础的话本小说，也开始享有同样程度的社会影响，就像儒教、道教、佛教等一样，逐渐成为第四大"教义"。[35]

然而，同样的说教，如果运用不当，其效果可能适得其反。最大的问题是，作者们为了从中获利，不惜大肆渲染所谓的"真实生活"来满足读者的窥视欲。在某些极端的情况下，为了在激烈的市场竞争中站稳脚跟，出版商只得简单地捏造出一些色情故事。这些出版物的流行，被认为严重败坏了公众的道德操守。17 世纪的作家陆文衡就列出了一大串苏州的作家姓名，指责他们专门编造淫秽下流的小说故事来诱使读者购买他们的书。[36] 陆文衡谴责这些低俗写手破坏了社会道德：他们应该遭受严厉的报应，无论是现世报还是来世报。[37]

此外，新闻的即时性让它们变成了处理个人恩怨或是政治事件的现成工具。这种现象不只发生在文化城市苏州府——据说这里的文人会编排谣言俚语或戏曲段子来诽谤对手。[38] 在某些偏远地区，例如吕坤的故乡宁陵（在河南），当地的戏园也逐渐成为尖锐的社会评论的传播源头。本书第二章已经讨论过，吕坤的筑城主张引起了激烈的批判和攻击，其中许多是通过揭帖或是地方演剧来表现的。这些文化产品的宣传效果是相当惊人的：它们不仅立即阻止了筑城的建议，同时还迫使吕坤发表了一封公开信，以此安抚民情涌动的公众。[39] 这些媒体的社会影响和流传范围是如此广泛，以至于无论儒家大师还是高僧大德都惊讶地发现，它们已经渗透到人们的日常生活之中。袾宏（1535—1615）是一位著名的佛家方丈，他的《自知录》是一本供弟子们检讨每日行为的功过格。《自知录》特意提到，利用小说、戏剧和歌谣来诋毁无辜的人是一种罪恶，要扣掉 20 分。如果逐一对比，我们会发现忤逆父母的罪恶最高处罚也只扣 10 分，这意味着利用"媒体"来诋毁他人这种行径在当时被视为是性质极其恶劣的。[40]

总而言之，出版物对市井消息和当代社会事件的浓厚兴趣并不 200
鲜见，至迟在 12 世纪洪迈的《夷坚志》中便可窥见。然而，明末时
期围绕这一文学种类的争辩和论战表明，这种文体的流行规模已经
出现了深刻的变化。简言之，对当代社会的窥视已经发展成了一个
有利可图的文化产业，扩散当地新闻和丑闻成为社会生活的一个显
著要素。尽管它们具有很强的蛊惑性，但似乎政府很少对利用戏剧、
话本故事或者"客谈"进行艺术编造的行为进行约束。因此，这些
作品变成了一种非常流行的形式。随着大众对新闻故事的兴趣日益
提高，儒家学者开始在儒家平民道德教育体系中为它寻找合适的解
释。另一些人则利用它来实现政治目标以及发动群众。还有一些人
认为，这些新闻报道的数量在不断增多，内容耸人听闻，对知识群
体的道德操守构成了威胁。怎样发挥新闻故事在社会上的作用？这
个问题引起的忧虑显示出这个新兴文化产业潜在的颠覆性。历史学
家注意到了小说和戏剧在集体行动和政治抗议中的催化作用。在一
些极端案例中，例如在反对著名文人董其昌（1555—1636）的"民
变"过程中，某篇讽刺文章就批评董其昌的家奴欺凌附近的村民，
从而引发了民众针对董其昌及其家人的大规模民变。[41]虽然这些文
化产品大部分是非政治性的，但它们仍然提供了一种世俗的社会想
象，这与地方志、政府文件正式的叙述完全不同。

南京，一个充满趣闻掌故的城市

对新闻事件的社会功能的争论证明了，在晚明时期，市民和他
们身处的社会的接触大大增加了。不断扩大的社会视野，反映了南
京社区在本书第一章讨论的赋役改革过程中表现出的那种令人印象
深刻的基层团结，以及乐观的政治参与：城市社区的连通性不再局

限于政治事件，还扩大到了新闻和传闻的日常交流，就连粗俗丑闻也成为人们津津乐道的话题。随着出版业日渐繁荣以及信息流动速度加快，日常经验之外的生活和事件不再是遥不可及的了。在某些情况下，新闻故事（例如王绣二的故事）是通过口耳相传的方式，或者通过戏剧这类正式的媒介传播开来的，甚至成为社会审判的另一种形式。那么，关于南京的理念是如何通过这些交流方式来协商达到的？

首先，"客谈"里的条目提供了一种观点，即南京社区更为宽容、包容。在这些作品中，读者们既能看到著名的达官贵人，也能看到他们那些处于社会底层的邻居，例如那些不幸吃了毒蘑菇、坏西瓜或者烂芋头而被毒死的人。[42] 在这些作品中，城市社区生活变得生动鲜活、有血有肉。在地方志书的传记中，对那些在地方上有影响的人物的记录都是一大串的封赠谥号和他们的丰功伟绩，而"客谈"则揭露了他们个人生活中不为人知的一面。例如，读者可以看到，顾起元曾受牙痛困扰，于是他的一位朋友建议说："目有病当存之，齿有病当劳之。"[43] 顾氏长篇大论地引用了古代文献中类似的观点来支持这种民间验方。读者还发现，顾起元信仰民间神灵，他相信在黑帝庙求到的签非常灵验。据说黑帝的雕像起源于南唐（937—975）城墙的一个城门上。"余生平凡有祈，靡不奇中。"顾起元说。在黑帝庙求到的签对人们的祈祷会做出回应，就好像神灵在亲自对他们说话一样。有一次，顾起元求签，向神灵祈问女儿的病情，结果签上显示的是荒丘上的一副白骨。果然，他的女儿不久以后就去世了。顾起元后来自己也生病了，每当他祈祷的时候，求到的签都能准确地预测出他后来将要面临的情境。[44]

这些被记录下来的谈话也让普通人的故事得以流传，这些故事的主人公都是平民百姓，正常情况下不会在历史上留下痕迹。例如周晖的《金陵琐事》便讲述了晚明时期一位算命先生的故事。这位算命先生的儿子寒窗苦读，考取了举人，因此他的家人朋友劝他放弃算命这种难登大雅之堂的职业，但都被他婉言拒绝了。果真，算命先生的儿子不久以后就英年早逝了，甚至还没有等到官方的正式任命。这时，算命先生才透露说，他占卜时已经得到了儿子的凶信。另一个故事则与一位在南京开香烛店的苏州吴姓商人有关。这位吴姓商人饲养了一条黑狗，某一天黑狗突然变得凶猛好斗。无奈之下，他将狗卖给了当地一个屠夫。屠夫出价75文，商人开价要100文。结果当天晚上，商人就做了一个梦，梦中一位身穿蓝袍的人说，他前世欠了商人75文钱，所以今生投胎为犬，来偿还前世欠下的债。因此，到了第二天，吴姓商人接受了屠夫所出的价钱。[45]

除了城市里的劳动群体外，"客谈"对南京城内少数群体也给予了相当多的关注。回族人以擅长珠宝交易闻名于世，奇闻野谈记录了他们在人们认为最不可能有珍宝的地方找到了奇珍异宝的故事，以及他们为了获得珍宝而采用的奇技妙策。[46]与此同时，我们也从政府官员录用名单里感受到这些群体取得的主要成就，这说明他们在一定程度上融入了南京的精英社会。

"客谈"均取自随意的聊天内容，因此，南京"客谈"中的大部分条目都是发生在日常城市生活舞台上的小插曲和奇闻逸事。这种耳熟能详的叙述方式肯定引起了明末读者的注意，他们已经习惯通过耸人听闻的故事和引人入胜的戏曲来理解这个世界。[47]与地方志推崇的那些神灵偶像相比，这些奇闻逸事里的主人公包括了来自不同社会阶层、不同地域的人——只要他们身上发生过让人感兴趣的事。这些小人物开始经由人们的口耳相传，以及"客谈"的出版印刷而被人们铭记。

这些自由随意的奇闻逸事也从完全不同的角度呈现了这座城市

的景观。以后湖的黄册库为例，它建立于明朝初期，是明王朝储存人口赋役档案的重地，为王朝的财政运转奠定了基础。后湖周围地区戒备森严，每个通往外界的道路都有重兵把控。然而，《客座赘语》没有关注黄册库，却对打开黄册库的一把钥匙产生了兴趣。据说，这把钥匙穿有一条黄绒丝带，是开国皇帝朱元璋的夫人亲手所系。

203 有一次，一名监生在当值期间将钥匙带回了家，他的妻子不知道这条破旧丝带的来历，就擅作主张，给钥匙换上了一条新的丝带。这个可怜的家伙，直到归还钥匙的时候，才发现原来的旧丝带被人调换了。于是，一条旧丝带让全体当值人员陷入了恐慌。每个人都害怕受到严惩。故事的最后当然是旧丝带被找到了。尽管主人公最后平息了危机，但这起事故和这条传说中的黄丝带一起构成了民间对于黄册库的最核心的想象。通过这个坊间传说，市民对神圣后湖的难以捉摸的感觉最终被转化为对国家法律和权威的感同身受的恐惧。

另一个故事则涉及南京钦天山观象台（插图 4.1），那里放着一架著名的铜浑仪——帝国利用这台重要的仪器来观测天象，制定历法，顺应天时。然而，读者的注意力都被铜浑仪支脚上起装饰作用的龙所吸引——据说它们曾经在一个狂风骤雨的夜晚飞走了。人们害怕它们会再次飞走，所以就给这些龙加上了两对银锁，确保它们能被拴牢，不会逃走。人类对这些桀骜不驯的龙表现出的痴迷，反映出整个社会对观象台介入人类与上天之间的神

图 4.1　南京钦天山观象台，葛寅亮《金陵梵刹志》（1627）

204

圣安排的普遍不安。

顾起元和周晖对这座城市的叙述不那么正统，这或许可以解释为什么他们都会选择在他们的书名加上"琐事"和"赘语"这样的字眼。然而，对我们来说，这些琐屑的对话是非常可贵的，因为它们展现了在当时社会上流行的观点：南京，就像它在坊间传说和街谈巷议中显现出来的那样，是一个充满了奇闻掌故的城市，社会精英和底层平民的贤愚故事在这里随处可见。对当代读者来说，与其他有关城市的记录相比，这些奇闻掌故更易于理解，它们构成了关于城市社会的通俗想象。

"客谈"和城市精英对城市社会的参与

士绅阶层的城市化

如前所述，金陵"客谈"的条目在来源上被划分为两个层级：一些是众所周知的逸闻，另一些则表达了讲述者对城市公共事务（例如城市福利和市政运作，或者"南京"概念本身）的关注。对城市精英来说，无论他们是本地人，还是旅居此地的流寓，他们不只关心南京城传闻发生的那些趣闻逸事，同时也关注这座"城市"，以及与这座城市有关的事：城市在帝国行政制度中是怎样运作的，以及它在人文世界中是怎样得到解释的。当农村乡绅涌入城市，使精英阶层原有的精神面貌变得更为复杂时，这些对话内容对城市概念的详尽无遗的关注，反映出城市中的文人士绅正努力重新寻找自己在城市社会中的定位。那么，城市居住环境给这些精英的行为和自我认知带来了怎样的影响呢？

金陵"客谈"中的两则故事为我们理解这个问题提供了一些线索。《客座赘语》里的某篇文章颂扬了一位备受尊重的南京官员王以 205

旂（1511 年中进士）的美德。显然，王以旂居住在离闹市不远的一个普通社区里。但每次回家，他都尽量不从这个市场中间穿过，避免扰民，因为"此皆我邻居父老子弟为贸易者，吾不忍以车前三驺妨其务也"[48]。与此相反，周晖的《见御史不起身》则讲述了另一位名叫李饮虹的御史的故事。李御史每次离家前往衙门，都必须经过一个铁器作坊。作坊里的工匠们常常因忙于自己手中的活计，没有起身以示尊敬。这种"无视官员"的怠慢行为令李御史心生不快。于是，他请中城御史逮捕了一个铁匠，意欲惩戒示众。结果该铁匠辩解说，前尚书倪岳（1444—1511）也曾经居住在铁器作坊附近，但倪大人无论什么时候路过这里，都不会妨碍铁匠们干活，大家该干什么还干什么。中城御史被倪岳这种博爱仁慈的人格感动，便告诉李御史："听众人之说，吾尚惭愧。"[49]李御史对"君子、小人应该尊卑有别"这种传统的坚持的确令人尴尬，但却受到持"古法"的人的高度赞扬。《清江县志》（江西）的编者就对已经消逝的黄金时代表示了怀念："（当时）士人危服入肆，则市人拱立起敬。"[50]

这些彼此矛盾的观点，揭示了城市环境向传统社会伦理提出的挑战和困惑。"城市"二字的字面意思是"城墙"和"市场"，它们强调了城市的两大主要职能：行政管理和商品交易。就单独的职能而言，城市能够产生出与另一种职能相冲突的社会等级（例如高官显宦的社会地位和富商巨贾的影响力）。在古典的城市规划中，例如唐朝的长安城，市场被封闭在各自独立的坊中，政治和经济领域在同一个城市独立运转。然而，经历了 10—11 世纪的城市革命之后，这种区域划分方式瓦解了，不同的城市社区类型（官员、商人、工匠）混为一体。[51]各行各业的人们在城市中进进出出，形成了混合式的社会结构，它与乡村的村社理想并不一致。在农村，明政府制定了常规的村社集会和礼仪（例如乡饮酒礼）来灌输和维护社会秩

序。明代后期衰败后，精英们的个人努力（例如乡约组织）取代了
这一系统。[52] 然而，城市完全缺乏类似的自主性。在城市中，人的
地位、身份频繁变动，而这进一步增加了将农村村社理念与城市背
景相结合的难度。

规范性措施的缺乏为城市伦理的不同（或者对立）解释埋下了
伏笔。在清江县的案例中，我们发现了一个努力应对日益城市化
的环境的经济繁荣的市镇。志书编纂者发现这些变化是有问题的，
并谴责人们涌入市镇给社会带来了严重后果，使社会礼仪日益败
坏——这些"外来人口"对居住在乡下的地方士绅一无所知，同时
也不尊重他们。结果，曾经紧密联系的社会因受到在商业利益驱动
下流入城市的人口的冲击而变得四分五裂。在这个蓬勃发展的市镇
里，面对日益商业化的地方社会，当地人采取了保守立场，重申了
原先为农村设计的社会秩序的重要性。然而，我们发现，在南京这
样一个早已建成的大都市里，人们对同样的情形却采取了一种更为
豁达的态度——官方的礼仪不应该依靠牺牲城市的日常生活来维持。
值得一提的是，在故事中受到赞赏的两位官员倪岳和王以旂，碰巧
都是南京本地人。他们都在一个简朴的社区中长大，与城市社区建
立了一种更加有机的联系。而李饮虹御史很可能是一个外来居民，
他来到南京只是为了赴任而已。

顾起元和周晖编写的"客谈"直白地表达了对南京居民的同情，
这很有可能是因为两人所属家族都世代生活在南京城，与这座城市
及其居民建立了根深蒂固的友好联系。值得注意的是，顾起元和周
晖等城市精英在中华帝国晚期已经成为一个独特的群体。他们的
家族几代人之前就已经搬进了城市，成为不在地地主。一方面，被
"城市化"的士绅与城市的政治中心的距离很近，他们能够与地方官
员结成牢固的联盟，从而加强对农村的控制。这些士绅构成了霸权

主义学者所谓的"乡绅支配"。[53] 另一方面，远离乡野田宅也使得这些士绅疏远了农业生产，而对农村的这种淡漠有时会带来灾难性的后果——江南三角洲的灌溉困境正是一个经典的案例。一旦搬离农村，许多地主就远离了维修地方灌溉系统的公共义务，这间接地造成了当地经济的恶化。[54] 然而，这种现象的另一面就是这些被"城市化"的精英变成了城市政治的热情参与者。的确，本书第一章讨论过的南京精英们在支持丁宾改革时发挥的影响便是一个有意义的案例。[55] 在这里，"客谈"记载的城市事务的范围和广度使我们能够更全面地看待这些精英的政治参与。南京精英们对赋役改革给予的关心并非孤立的现象，这是他们对市政运作的广泛关注的一部分，小到对城门锁钥的管理，大到城市税费改革、军户管理、漕运等。大多数"客谈"作品都涉及一些非原则性问题，例如对南京水道和桥梁的调查，以及随后关于如何改善南京水上交通的讨论，而这证明了南京精英的确积极参与具有争议的城市政治事务。[56]

例如，某则故事提到了城市土地使用权引发的政治冲突丑闻。[57] 这场冲突的主角是魏国公徐达的旧宅。徐氏旧宅位于大功坊，紧邻应天府学。两处建筑相距不远。徐氏后人徐天赐想扩建自己的宅院，却苦于没有多余的空地。为了解决这个问题，徐天赐和京兆蒋公、督学赵公商讨，试图贿赂几个学生，提议用私人土地交换学宫右边的空地。然而，一位生性耿直的学生周皋，在府学墙外张贴了一篇名为《非非子》的揭帖，将这一阴谋公之于众。[58] 在这篇文章中，周皋虚构了一个故事：孔子贫厄，以至于他的学生不得不卖地为生。通过这个故事，周皋暗讽这宗土地置换属于不正当交易。这篇文章当然激起了大家的抨击——"公论不容"，使得徐天赐私下的密谋破产了，徐天赐被迫放弃了这个交易。周皋因此赢得了许多南京民众的赞赏。

城市精英和城市社区的深入互动，并没有被当时的人们遗忘。有些人将此归因于他们和城市居民密切的日常互动。例如，《金陵图咏》最主要的作者、南京本地显宦朱之蕃，当他和友伴来到南京附近的村庄旅行时，他们注意到了城市居民相对于农民的政治优势。在旅途中，他们登高望远，与僧人一起修道参禅。夜晚，一行人依次列坐，焚香品茗，讨论南京城最近开展的赋役改革。当朱之蕃和附近村庄的朋友热情洋溢地谈论南京的问题时，他意识到，城市居民之所以能够轻易地将他们的问题上呈给当道者或显贵，是因为他们之间的地理距离很近；相比之下，农民意见上达的途径却被堵死了，农民反映问题的权利实际上已经被剥夺了。地方到城市管理中心的距离使得官府对地方的管理更加困难，农民们也因此更容易遭受贪官污吏的掠夺——他们几乎无法向法律求助。[59]

　　在一个人口稠密的城市环境中，日常互动对吸引社会精英参与城市政治生活可能发挥了重要作用，而城市市民之间和沙龙中的精英之间的意见交换，对这种政治激进主义来说，即使不是必要的，也是同样重要的。类似现代民主的概念和实践十分稀少，因此，无论是乡绅公议还是广义的市民公议，它们都只能从这些非制度化、私人的对话中成长出来。尽管大多数日常交流可能并非因政治而起，但它们的确有助于城市社区建成一个重要的交流途径，以便大家达成共识，并采取积极行动，正如我们在南京"火甲"改革中看到的那样。事实上，当代某些学者甚至断言，积极的信息交流和讨论将城市精英与当时的乡绅区分开来，促使他们更加关注民意并做出回应。例如，1579 年成书的《杭州府志》便分别描述了城市精英（省城士大夫）和乡村绅士（士大夫居乡者）的不同类别，赋予其不同的角色，并给予不同的道德期许。[60]编者认为，这些区别之所以存在，是因为城市中的公论具有更强的约束力。他在经过观察后指出，农村乡绅对权力的滥用，已经严重破坏了乡村（而非城市）的社会关系。杭州的城市精英非常看重个人清誉，更为克制，而且洁身自好，不干预地方事务。编者相信，与农村乡绅相比，城市精英的表现更好是因为城市拥有"清议"。这一观察证实了我们在南京的发现：活跃的信息网络增强了"公论"的影响力。这在"非非子"的故事中得到了证明。[61]

精英身份的城乡分化的确十分有趣，因为它与明朝行政体系的制度框架产生了冲突——在明朝行政体系的制度架构下，城市被主要由村庄构成的更为广大的区域单位所淹没。士绅的城市化，不仅改变了国家与其治下城乡之间的互动关系，而且也引发了统治精英之间的分化，当代人似乎对这一分化已经有所感受。事实上，城市精英的自我认同与城市生活紧密相连，以至于在明朝灭亡后，城市变成了这些精英效忠故国的根本象征。贬弃城市生活，以及"不入城"（从不踏入城市），被很多人视为效忠故明的最佳姿态。[62]虽然这一姿态在一定程度上可能与城市是新朝的统治治所有关，但类似的表达从未出现在此前的任何王朝更替时代中，这意味着，在明朝末期，精英身份与城市生活早已经紧密地交织在一起。

关于南京的理念

当这些城市精英们的头脑开始关注城市福利时，城市概念也就自然而然地在他们的学术研究或鉴赏行为中占据了突出地位。金陵"客谈"的作者们认为自己是南京文化知识领域的组织人，因此他们细致地收集和研究了关于南京的文字资料。这个城市拥有悠久的历史，因此，"客谈"作者需要对许多神话故事和历史信息进行进一步

澄清和纠正，用顾起元的话来说，这就是"考订载籍"。这些微观考证笔记考察了南京周边的古遗迹以及城门、河流、山脉的名称和古

墓冢遗址。其中的某些条目试图澄清谣言，厘清有争议的说法。例如"鸡鸣寺"条目中的"施食台"的故事。据说这座寺庙创设于明初，当时朱元璋刚刚命人建成了太学。太学场景宏大，皇帝之母也想亲自观瞻，皇帝于是专门为她修筑了一个高台，方便她俯瞰这所学校。然而，据考证，这个高台的遗址其实是一个"六代战场"和刑场"万人坑"，经常有鬼魂出没。根据地方传说，朱元璋迎请了七位西藏高僧营造此台，做法事超度亡灵，幽魂才从此消散。这个故事在16世纪中叶的僧人道果的著作中再次被提到。不过，《客座赘语》中的一则故事却认为，在洪武统治时期，皇帝反对中宫举行醮祭布施，规定极为严厉，因此，"施食台"这个故事是不可能发生的。[63]

南京城市精英们的知识探索超越了他们对当代城市的记录，例如妇女们的时尚服饰，或者广为传诵的某位神僧的故事。他们竭尽全力，穷尽有关南京城的古今典故去编制一本引人入胜的"金陵琐事"合集。他们搜集一则则故事，只是为了记录短暂的城市生活：方言俚语是只有南京本地人才能破解的密码；南京本地特有的鸟类和花卉植物被载入"客谈"；优秀的诗赋、画作、书法和南京当地民谣等都被编入书中。其中某些文章给读者留下的印象是，它们除了记录了纯粹的琐事之外，并没有任何其他目的。例如，周晖编写的一份名单详细列举出了在北京、南京或其他省份通过了乡试的南京士子的姓名（中顺天乡试、中外省乡试）；那些最早是越南人或者穆斯林，后来入籍本地，参加并通过省试的人；同一年通过考试的南京父子，或取得相同头衔的父子（如父子尚书、父子御史）；或通过科举考试的南京籍传胪、解元、进士、进士未官、举人未官、贡士；南京籍"同年"；连续三届连任的户部尚书，或三届连任的礼部官员（三掌户部、三任提学）；被朝廷赐第的文武官员（功臣赐第、文臣赐第）。

211

尽管内容很无聊，但长篇累牍的"金陵琐事"就是文人们对"南京"内涵的探究。归根结底，南京是什么？南京首先是容纳本地人和寓居者的多变空间。除此之外，什么造就了南京呢？使用零碎的"文化知识"来回答这个问题，在我看来是毫无意义的，当然，从清朝考据学者的角度来看也是如此。醉心于对当地琐碎信息的搜集和胪列，看似奇怪，但这却是明末文人喜闻乐见的一种活动。在他们看来，品评人物，月旦时事，不仅是最为风雅时尚的智力消遣，同时也是树立社会地位的一种手段。[64] 意识到资料搜集行为带来的浓厚文化价值，"金陵琐事"的编写提升了明末文人构建一种"南京特性"的共同体验的速度。周晖、顾起元及其朋友的辛勤努力定义了南京的话语边界。最终，两份金陵"客谈"收录的"琐事"，建构了一个带有独一无二的晚明印记的新南京。

总而言之，尽管金陵"客谈"的外在形式不拘一格，但我们不应该将其谈话内容视为"主""客"之间无足轻重的随意闲聊，而应该将它们视为城市精英不断参与城市生活的标志。正如我们在金陵"客谈"中看到的那样，南京城行政管理和档案文献工作的不断改进表明，士绅阶层的城市化进程对精英群体的政治活动和文化兴趣造成了强烈的冲击。文人士绅对这座城市的多方面思考，最终导致了某种适应明末知识分子之时尚的对"南京特性"之意的探究：一系列看似琐碎平淡的笔记。在收集素材和鉴别交流的过程中，南京的概念边界被挑战，被解释。然而，对南京的探求却并没有局限在鉴赏的层面。本章的最后一节将探究顾起元创作的一篇文章，该文章进一步探讨了城市内部的分化。如果所有这些对南京的鉴赏性探询为南京建立了一个概念轮廓，那么顾起元的文章就进一步解释了南京特有的政治和经济力量能够塑造出不同的城市社区的原因。为此，顾起元将已经建立的主、客二元关系重新定义为城市空间理论的核心概念。

主与客：城市空间的理论化

在《客座赘语》和《金陵琐事》中，南京城是一个典型的信息
交流中心，不断有新成员涌入城内。尽管"客谈"这种体裁早在顾
起元和周晖之前就已经存在了，但以体裁命名的"客"，与书中城市
生活的稍纵即逝的性质是一致的。这一富有成效的巧合在某种程度
上激发了顾起元的灵感——他将"客"这个体裁视为能够被分析的
概念。《客座赘语》收录了一篇名为《风俗》(从字面意思来看，"风
俗"指的是"像风一样的"习俗，通常译作"社会习俗")的极具体
验性的文章。[65] 文章把南京划分为五个区，利用"主"和"客"二分
法对每个区进行区分。正如下文讨论的那样，这篇文章将金陵"客
谈"展示出的活跃的公众生活变成了一个分析对象，重点思考怎样
理解这种社会、文化和政治的流动性，并将其上升为概念。在这个
意义上，《风俗》篇不只是金陵"客谈"的一则普通文章，更是对这
部看似随意的谈话集的总结。

实际上，《风俗》篇的意义极为深远。城市社区的社会构成可谓
变动不居，对它的论述使顾起元能够探索前沿性的概念，正式将城
市空间及其居民之间的社会关系理论化。这篇文章将多变的城市体
验提炼成令人信服的哲学抽象理论，它是中国城市空间概念发展的
一个分水岭。尽管顾起元对城市空间性的思考极具原创性，但它并
不是凭空产生的。相反，它与当地居民和寓居者之间的紧张关系密 213
切相关。本章的其余部分将对该文章及其提到的社会问题进行深入
的研究。

顾起元关于南京社会风俗的论述

顾起元对空间抱有特殊的兴趣，这使得对"风俗"的讨论成为他建立分析理论的适合对象。"风俗"的观念可以追溯到战国时期和汉代，当时的人们习惯通过一个地方的环境特征来判定该地居民的气质和秉性。[66] 我们可以在《汉书》的《地理志》中找到最具代表性的观点："凡民函五常之性，而其刚柔缓急，音声不同，系水土之风气，故谓之风；好恶取舍，动静亡常，随君上之情欲，故谓之俗。"[67] 根据这一阐释模式，人们的喜好和气质差异并不是偶然的，它们取决于人们赖以生活的空间环境。经由"风"的调解，普遍的人性变成了人们所说的，包括地方性的言行举止和性情秉赋的"俗"。

到了明代，对地方风俗的讨论逐渐变成了常规。"风俗"被政府规定为地方志书的一项标准内容，因此，每个府州厅县都开始记录和品评本地风俗。尽管明代地方志中的"风俗"篇通过总结当地居民的经济民生、年度节庆和仪式活动，呈现了当地居民生活的丰富场景，但总的来说，地方志对当地生活的深度描写，往往被以国家为中心的编纂分类体例所掩盖，每个地方的生活体验被压缩为一系列评价该地的治理水平和难易程度的定性术语，范围从诸如"醇""美""厚""朴"等易于治理的分类，到"薄""恶""陋""粗""鄙""野""淫""奢""黠"等难于治理的分类。现代统计学将社会特征分解为数字和图表，与此相比，上述定性术语有助于地方官员对治下之土进行基本分类管理，从而维持庞大的官僚系统运作，同时保留能够克服中国内地巨大的地方差异的灵活性。[68]

尽管社会风俗被视为自然环境的产物，但对"风俗"有关的叙述仍然带有强烈的政治色彩。这是因为，作为连接人和生活空间的

214

"媒介"("风")可能来自自然环境，也可能来自政治权威产生的影响。前者那种自然现象通常被称为"风俗"，与政治有关的内容则被称为"风教"。[69]"风教"不仅证实了政治权威会对文化进行的干预，而且实际上规定了这种干预（移风易俗）是政治精英的社会责任。因此，在明代后半期，对风俗的论述从普通的描述发展成为抵制明末商业日益强烈的影响的社会批判工具，也就不足为奇了。在这种新型的格局中，时间和变化是社会风俗形成的关键因素。编纂者对风俗的堕落感到痛心疾首，他们将民风的衰败归因于商业的诱惑，而奢靡消费和僭逾礼制是最常被提及的不法行为。[70]

实际上，《客座赘语》中的许多篇章都批判了明末南京社会风俗的堕落现状，例如丧葬方面的靡费无度。[71]然而，在其风俗论中，顾起元更善于观察南京风俗的不同表现，而不只局限于单纯的批判。顾起元发现，即使是在城市内部，当地人的习性气质、言行举止也因地区而异，他试图探索这种差异背后的原因。当时的"风俗论"对城市生活带有根深蒂固的偏见，因此，顾氏对城市中心的关注是极为明显的。在明代地方志的"风俗"中，人们经常引用的一篇文章最能说明以农村为中心的观点："夫齐鲁异俗，吴越殊风，因乎地也。地淳厚则风俗必厚，地浇薄则风俗必薄。"[72]这里的推论显然是以农村经济为基础的，土地的性质决定了当地人的生活方式。在城市环境中，居民的生计不依赖于土壤的性质，因此，土地对地方文化不可能产生相同的影响。中国的城市主要承担政治管理和经济交易中心的职能，因此，政治资源和经济资源的总量（而非土地的质量）主导了当地人的生活。这种不同的动力机制被顾起元概念 215 化为"人文"和"物力"；这是一组相对概念，每个社区的社会构成（特别是"主"与"客"之间的比例）进一步决定了它们的特定属性。

表 4.1 展现了顾起元对城市空间性进行的概念化过程。顾起元首先按照各空间区域内驻留的主要社会、政治或经济机构来对该空间进行划分命名，他认为这些机构吸引了不同类型的本地人和寓居者，并使各种政治和经济资源涌入该地区。这些资源反过来又决定了每个社区的"人文"和"物力"。换句话说，"人文"和"物力"的不同表现构成了空间（左侧第一栏）与当地居民（"小人"［最右侧一栏］）之间的联系。在《风俗》篇中，"小人"是一种被想象出来的普罗大众，他们持有中立的道德倾向，因此很容易被内部成员的日常生活经历和体验影响。对于城市环境中的"小人"来说，"人文"和"物力"的综合作用塑造了他们的气质和行为。最有趣的是，在顾氏的表述中，"人文"与"物力"并非抽象的力量，而是由每个地区的当地人与寄居者之间的互动决定的具体现象。

表 4.1　顾起元对南京各片区的"风俗"论

政治制度与社会景观	人文	物力	"小人"表现的文化景观
		1. 城东	
大内百司庶府之所蟠亘也	客丰而主啬，达官健吏，日夜驰骛于其间，广奢其气		小人多尴尬而傲僻
		2. 城中	
京兆赤县之所弹压也，百货聚焉		客多而主少，市魁驵侩，千百嘈哜其中	小人多攫攘而浮嫐
		3. 城南	
世胄宦族之所都居也	其人文之在主者多，其物力之在外者侈	游士豪客，竞千金裘马之风。而六院之油檀裙屐，浸淫染于闾阎，膏唇耀首，仿而效之	至武定桥之东西，嘻，甚矣！故其小人多嬉靡而淫惰

谈判中的城市空间

政治制度与社会景观	人文	物力	"小人"表现的文化景观
		4. 城北	
武弁中涓之所群萃，太学生徒之所州处也	主客颇相埒	而物力啬，可以娱乐耳目，膻慕之者，必徙而图南，非是则株守其处	小人多拘狃而劬瘠
		5. 城西	
其地多旷土	主与客并少	物力之在外者啬，民什三而军什七，服食之供粝与疏者，倍蓰于粱肉纨绮	言貌朴僿，城南人常举以相嘲哳，故其小人多悴卼而蹇陋
		上元县（乡村部分）	
其田地多近江与山，硗瘠居其半			其民俗多苦瘁，健讼而负气
		江宁县（乡村部分）	
田地多膏腴			近郊之民，醇谨易使

顾氏文章的建立基础是"人文"和"物力"的概念，他将南京的城市空间概念化为五个各拥有一个标志性建筑的片区，并使用相同的概念对片区进行分析。顾起元之所以将南京分为五个片区，也许是因为北京与南京都被正式划分为五个"城"（东、西、南、北、中，详见图 4.2）[73]——它们都处在五城兵马司[74]的管辖之下。五城兵马司制度最早在南京建立，明廷迁都北京后，朝廷在北京沿用了这一制度。五城兵马司负责巡捕、火警和城内的税收。他们受巡城御史监督，并与府县衙门合作开展工作。然而，顾起元的五个片区并非确切地对应五城（图 4.3），因为顾起元的划分基础是社会和文化动态，而不是行政效用。下文将描述顾起元划分的每一个区，并探讨人文和物力是怎样起作用的。（请参阅附录中的完整解释。）218

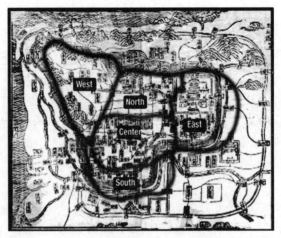

图 4.2　南京"五城"的划分（资料来源：《金陵古今图考》）

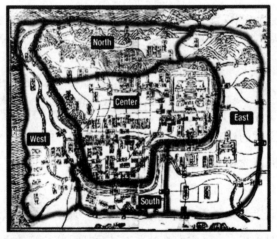

图 4.3　顾起元的五个片区的划分（资料来源：顾起元，《客座赘语》，1617 年）

南都风俗

城东　在顾起元的分析框架中，第一个区（见图 4.3）位于城市的东部，是旧宫殿和各级衙门的所在地。顾起元描述该地的人"尴尬而傲僻"。地方文化并没有受强大的国家权力影响，相反，它通过

"人文"来进行自我调节，而这种宽泛的社会关系概念在很大程度上取决于当地居民之间的权力关系。当地居民由"主"和"客"两个群体组成。按照顾起元的说法，"客"指的是官员，根据异地任职的原则，他们都是从其他地方来此地做官的人；"主"指的是南京的本地人。基于这一划分原则，东部地区的权力分配似乎更有利于"客"而非"主"。这种不平衡的权力关系在日常生活中体现为"达官健吏，日夜驰骛于其间，广奢其气"。面对这种日常的权力压力，普通人习惯了被轻视，被一种脆弱感淹没，这一感觉逐渐变成了"多尴尬而傲僻"。

219

城中　顾起元划分的第二个片区是南都的行政和贸易中心。府、县衙门都被安置在这一区域，它们负责监督市场上进行的全部交易。贸易集中在该地区，每天都有丰富的货物陈列于集市，所谓"百货聚"。"物力"主要体现在"主"拥有的财力上。顾起元估计，"客多而主少"。这表现出了寓居者和南京本地人之间影响的不平衡。在日常生活中，"物力"则表现为行商坐贾、商业掮客麇集其中的嘈杂市场场景；这种"物力"创造了一个如此激荡和混乱的环境，以至于该地区的民众显得浮躁、肤浅、天性好斗，为了争夺有限的资源不停地相互竞争。

220

城南　第三个片区是南都最繁华的地方，高官显宦和名门望族都居住在这里。因为这些权势之家的存在，这里的"人文"受到了当地居民社会地位的影响，变得更有利于"主"，也就是南京本地人。这里的"物力"不再是人们拥有的金融力量的象征，而是以消费模式的形式出现在公众面前。因此，这一地区的人往往显得更加奢华。在"主"的强烈影响下，所有的"客"，包括旅居的文人和有钱的游客，都热衷于奢靡消费，竞相斗富。这种生活方式延伸到了内部。由于该地区邻近灯红酒绿、夜夜笙歌的秦淮河，平民家庭的良家妇女也受到秦淮河的影响，开始效仿那些著名女伎流行的装扮。这种情况在武定桥东、西地区最为明显——那里的市井小民们沉溺于此，最终成为游惰之民。

城北　第四个片区是太学生、武弁和宦官的生活区。"主"和"客"之间的"人文"关系是平等的，而总的"物力"水平却几乎可以忽略不计。虽然在本质上，这里适合居住，但那些寻欢作乐的人越来越多地搬到了南区，而那些不愿搬走，或者无力搬走的居民往往陷于保守和贫困之中。

城西　最后一个片区位于南京的西北部，这里大部分是旷野之地，人烟稀少。民户与军户的比例是3：7。这里的"人文"被形容为"并少"，换句话说，"主"和"客"都很稀少。"物力"表现为"啬"，即经济艰难。当地居民，大约30%为民户，70%为军户。当地居民以蔬菜、粗粮为食，缺少肉类，衣服穿着也很粗糙，这些现象都反映出了这一地区的贫困状况。由于生活环境极为艰难，谦卑的人们看起来很沮丧，穷困潦倒。他们经常成为南京南部富人的嘲笑对象。

城市与农村：空间化的社会习俗　顾起元的著作的创新之处不仅在于他对城市街区的细腻分析，还在于他对南京地区城乡空间的有意区分。在考察了南京五个街区的社会习俗之后，顾起元又描述了上元、江宁两县的城市郊区，即两个县城城墙以外的区域。顾起元指出，上元的农村土地中的一半位于河流和山脉附近，山岩遍布，土地贫瘠。因此，那里的人们看起来疲惫不堪，性格容易激动，遇事动辄诉诸官司。相比之下，江宁的农村土地很肥沃、多产。肥沃的土地造就了诚实、淳朴和甘于服从政府管理的人。与传统的地方习俗的形成互相呼应，在顾起元的著作中，农村地区的人口和空间之间的联系是相当直接的：富裕的土地出产模范公民，只要政府发出号召，他们就会配合提供徭役；而穷山恶水之地驱使人们为有限的资源进行争夺，容易导致冲突和诉讼。与传统的社会风俗观一致，顾氏认为，土地的性质与地方文化存在直接的联系。

　　然而，顾起元和同时代其他人有所不同，南京的城市社会十分复杂，顾起元并没有发现适合南京的同样的分析模式。可以肯定的是，就农村定居点而言，土地的性质在很大程度上决定了当地人的生活方式。然而，这个"空间—人类"的关系概念是怎样被人们引入城市环境之中的呢？哪种相应的土壤会滋养和塑造城市居民的言行举止？正如我们已经展示的那样，顾起元的最大创新在于他运用"人文"和"物力"的概念来表达城市环境与城市居民之间的一种概念联系。根据这一观点，城市空间的本质不是由土地的肥沃程度代表的，而是由各行各业的人们带入这个生存环境中的政治、社会或金融资本来代表的。在顾起元的分析框架中，"人文"是一个描述城市环境的社会动力的复杂概念性工具。政治权力和权威能够塑造"人文"，例如，南京宫殿临近区域（1区）；社会地位也能够塑造"人文"（3区）；"人文"的缺失会对地方文化的形式产生重大影响（5区）。沿着同样的思路，"物力"能够代表寓居商人（2区）的财政实力，或者是当地上层阶级（3区和4区）的奢靡消费水平。利用这一分析框架，顾起元能够根据驻地机构（政府机关、学校、军事活动场地）的位置来划分城市社区。这些机构吸引着不同的人群（官员、学生、商人、外来者），而这些人群则相应地引起了不同的"人文"和"物力"，最终塑造了平民的行为。在这一分析模式中，城市空间的分化是由"人文"和"物力"共同决定的，而它们的形成又与两种身份形式紧密地交织在一起：籍贯（作为"主"的南京本地人与作为"客"的流寓的相互作用）和社会阶层（富贵之人的行为对平民产生的影响）。

顾起元对社会学的兴趣延伸到了性别问题上，他的城市空间的概念也考虑到了居民家庭空间。由于"人文"和"物力"的影响主要来自日常生活中政治或财力资本的特殊公开展现，人们可能会认为，那些不被允许在公共场合抛头露面的妇女应该不受其影响。然而，顾起元经过观察认为，"风俗"的力量如此具有穿透力，以至于它能够进入原本封闭的单元内部。秦淮教坊中的妓女如此有名，甚至深深地影响了四周普通人家的妇女。这些妓女不仅吸引了登徒子们的目光，而且还通过《金陵百媚》和《秦淮仕女表》等出版物，吸引了公众的注意。在这些出版物中，她们的美色和魅力得到了极力吹捧，某些作者甚至还会对妓女的美色进行排名。事实上，花枝招展的妓女们公然在街面上招摇过市，令街区内士绅之家的家眷们也感到十分艳羡，甚至竞相模仿她们的穿着打扮与时尚。这种颠倒传统社会美德的效仿之举，在顾起元的时代变得如此明显，甚至成为他传记作品中反复出现的主题。在传记作品中，顾起元根据良家妇女们抵制妓女时尚的诱惑的能力来判定她们的妇德。[75]

话语根源：顾氏论文的文化与社会语境

当代风俗论中的空间分化　可以确定的是，顾氏的文章与传统风俗论中以农村为中心的核心思想完全背离。当然，顾起元也并非完全脱离了时代。南京风俗论的关键概念——社会风俗的空间化和"主""客"的动态关系——也在同时代的风俗议论中出现过，当然，这些风俗议论的复杂程度相对要低一些。对这些概念抱有同样的兴趣表明顾起元的文章不只是一次抽象思考的演练，它同时也展现了当时社会经历的更大的发展。因此，对顾起元核心思想的语境解读暴露出隐藏在其分析中的社会背景。

　　　　　　　　　　　　　　　　　　　　谈判中的城市空间

例如，一些同时代的地方志书也提到过城市空间的内部分化。在一般情况下，地方志的"风俗"部分倾向于使用定性的方式去描述当地的独特之处（例如"勤"或者是"惰"），但某些编者也确实喜欢将程式化的描述扩大为一部当地社会的"准民族志"——这些"准民族志"详细地描述了人们的生计（主要的和次要的地方职业）、方物、时令、仪式（婚姻、死亡或成年仪式）和社会活动（年节）。当编者将这种"民族志"式的编写方法应用于诸如太湖地区的苏州府这种高度商业化的城市时，空间分区的结果——例如顾起元对南京总结——就变得格外明显了。例如，1642年的《吴县志》中的"风俗"部就描绘了苏州因居民职业而有被分化的城市空间。苏州城分属两个县管辖，西部为吴县，东部为长洲。《吴县志》集中描述的是城市的西部。据志书总纂王焕如介绍，这一地区的大部分居民都是手工业者，因此该地非常活跃和喧闹。王焕如特意提供了详细的城市人口社会学地图：金门和阊门附近的地区挤满了商人，而捐客主要居住在城墙附近。胥门和盘门之间是衙门，里面满是衙门书手或官吏。受过教育的 ₂₂₄ 士绅家庭主要居住在阊门附近的地区。这里的女性长期以来以擅长刺绣而享有盛誉。最重要的是，随着商业化进程迅速发展，城市居民和手工业者溢出城墙之外，扩大了城市空间的实际范围。这片广阔的墙外区域布满了小片贫瘠土地，被群山和湖泊点缀，人们想尽一切办法谋取生存。除了农业和渔业，成年男女还从事各种各样的工作，例如纺织、采石、造船，或者生产砖瓦、建筑材料和其他商品。大部分居民终年游走各处，从事合同制佣作。[76]《吴县志》的"风俗"突出了苏州西部城墙内外不同地区相似行业的集中度，构成了一幅社会学地图，类似于顾起元的南京分区地图。在这两个案例中，城市空间的分化都以高度商业化的经济所带来的各种社会活动为基础，证明了"物力"对城市生态的影响。

同理，一些"风俗"论作者发现，商业力量不仅使城市居民的生计变得更多种多样，而且也推动了城市与农村之间不同的经济环境的发展。1579 年版《杭州府志》的编纂者陈善注意到，当地的经济活动已经产生了事实上的城乡"分野"。由于城市经济增长迅速，城市里挤满了来自全国各地的人，因此而产生的激烈竞争削弱了每个人的利润份额。大多数城市居民，尽管表面上看起来光鲜照人，实际上却深陷债务危机。据陈善估计，半数以上的城市人口每天只能勉强果腹度日，根本没有节余或积蓄。农村地区也出现了现金流问题，只是起因有所不同。农民过去可以依靠当地富户提供的贷款救急，然而，自从政府在 30 年前遏制了这种做法以来，农民就失去了正常的救急途径，他们只能去求助那些放高利贷的借贷"大鳄"，而借贷"大鳄"则利用破产的农民经济大发不义之财。[77]

　　当然，物质力量（"物力"）对社会生活的影响是晚明"风俗"论的共同主题。作者们普遍认为奢靡之风的盛行是伴随商业繁荣而来的一个不幸的副产品。明朝对物质消费的严格管制加剧了人们对商业影响的争论：针对各个社会阶层，政府颁布了有关服饰、房舍、甚至出行工具的严格规定。根据精心制定的禁奢令，任何逾制的奢靡炫富之举都被视为犯罪和堕落。虽然顾起元和王焕如、陈善等地方志编者对传统的修辞手法十分熟悉，但他们不同意对"物力"持有过分简单的看法。他们认为，不同地区的地方志编者应该将对奢靡消费一边倒的批评意见扩大为一种人类学调查，研究商业力量对社会面貌产生的不同结果。

　　社会风气堕落的外来因素　除了表现出更为多元化和差异化的社会景观之外，某些当时的"风俗"论还充分注意到了"主""客"互动对塑造地方风俗的重要性。例如，在 1642 年的《清江县志》一书中，编者注意到，由于城市流寓的大量存在，城市和农村形成了不同的社会动力。根据主纂者的说法，清江的农村由一些大宗族控制治理，其中的每个大宗族都拥有成千上万的族人。尽管这种聚族而居的社会组织（超规模的家庭社区）看似完美，但从他们向当地衙门提起的诉讼数量极为众多看来，这些村庄其实仍然深受内部冲突和争端的困扰。城市地区的社会凝聚力较低，人们关注的是外来人口带来的巨大影响：

> 市人多异民杂处，有客胜主之患。闻往时市风甚朴，士人危服入肆，则市人拱立起敬。今市人则僭侈逾分，而士人或窜身市籍矣。古道不复，可胜叹哉！[78]

显然，寓居者带来的商业生活方式让当地精英们感到担忧。

事实上，流寓给本地带来了负面影响，这种焦虑似乎并不局限于城市地区，它弥漫于整个帝国范围。位于东南沿海地区的福宁州便是一个颇具说服力的例子，该地区在 16 世纪经历了一次大规模的移民潮。与晚明"风俗"论的典型观点有所不同，编著于 17 世纪早期的一本福宁地方志书将地方文化的衰落归因于商业力量的膨胀和政府管理的失败，该志中的"风俗"论认为，该地出现的所有问题与涌入本地的客民不无关系。[79]《福宁府志》编纂成书的时间（1538 年）早于这次移民大潮，因此，该书中的"风俗"论对当地的文化似乎还是满意的。[80] 由于福宁地处偏远，在 16 世纪上半叶，商业还没有给当地人的生活方式带来影响。据纂修者说，福宁的居民不会穿华而不实的衣服，也不会从事诸如商贩、工匠或仆佣人等"贱"业。当地居民安土重迁，不轻去乡土。事实上，本地人并不想旅居或移民到大城市去。游走于市面的工匠和商贾，田野中替人佣工的佃农，以及衙门中的小吏都不是本地人。

然而，到了 17 世纪初，当地人开始喊出自己的不满。[81] 随着外地人不断涌入，当地居民开始指责外来人口使社会变得不再安定。对新移民的敌意似乎起因于源源不断的迁徙浪潮：第一波是新驻卫军，然后是从人口众多的邻县（漳州和汀州）流入的游民。这些"客民"填满了山谷和山区，改变了福宁地区旧有的生活方式。正如编纂者们尖锐指出的那样，"客倍于主，米价涌腾，偷盗昌炽。嚣讼烦拿。闾阎之间，俭者日靡于侈，厚者日趋于薄"[82]。

福宁人面临的困境，同样也出现在其他许多地方。例如，湖广和四川这些地区都已经成为明末流民的主要流入地。[83] 据说，营山（在今四川）的社会习俗已经严重恶化了，因为"迩来侨寓半于土著，民情多不务实，健讼者时有之"[84]。这种典型的抱怨针对的是外地人，编纂者们将当地民风的衰败归因于土著（"主"）和侨寓者（"客"）之间关系的恶化。在某些极端情况下，这种对立甚至升级为社会冲突的主要原因。[85]

城市空间的异质性　简言之，如果将顾起元编著的文章放置于明末"风俗"论的大背景下进行考察，那么他的大部分"创新因素"都不能算作是孤立的发明，而是当时流行的社会情感。商业的繁荣不仅使社会礼崩乐坏，而且使城市与乡村以及城市内部的分化更加明显。不断增加的自然流动也使"主""客"之间的关系得到加强，因此，在那些最受国内流民影响的地区，侨寓者和流民通常被视为导致社会风俗恶化的最重要的原因。在谈论类似的社会现象时，顾起元对南京的描述比同时代其他任何文章都更加有力。它扩大了当时已经形成的思潮，并将之系统化。可以肯定的是，当时的观察评论者们都充分认识到了商业力量的影响，并且指认它是社会变坏的罪魁祸首。然而，顾起元指出，即使在南京这样的大都市，商业力量也绝对不是决定社会习俗的唯一因素。政治影响力和社会声望——"人文"——在塑造普通人的思想和行为方面也发挥了重要作用。与此同时，虽然顾起元充分意识到流寓与本地人之间的关系日益紧张，但他认为流寓并非入侵者——他们是"人文"和"物力"的积极贡献者。顾起元对流寓给城市生活带来的影响提供了更为公允和全面的观点。通过这一点，顾起元令人信服地证明，"人文"和"物力"的总的结果对城市居民的习性产生影响的方式与土地与农民之间那种紧密联系有所不同。这一概念的深刻性，使顾起元有别于其他的"风俗"论。顾起元提出明确的论断：与农村地区不同，城市空间的异质性不是自然地形地貌造成的结果，而是人口迁移的一项功能。总而言之，城市人口构成的多样化和流动性决定了城市空 228 间的分化。

最后，城市空间的理论被归结为"主""客"之间的变动。然而，尽管这一对概念在区分城市空间时显示出极其深刻的分析力量，但它们也展现了政治和社会的紧张关系，与顾起元同时代的读者对此具有强烈的共鸣。事实上，随着人口和空间的流动日益频繁，"主"与"客"竞相争夺有限的肥沃土地以养家糊口，争夺风水好的吉地来建造阴宅。[86] 在城市中，"主"与"客"也同样开展竞争，争夺市场和资源。因此，"主"对"客"的普遍不满不仅是针对流寓的仇外心理，同时也是新、旧人口之间潜在利益冲突的表征。这也说明，晚明"主"与"客"之间的紧张关系是商业化的产物，也是一种不合时宜的移民政策造成的结果——这种政策的目的就是将农民和土地捆绑在一起，建立一个以同质化的农民为基础的农业帝国。正如下节所述，勃兴的商业经济与陈腐的体制框架之间的冲突为顾起元"风俗"论中最核心的"主""客"观念注入了非同寻常的迫切感。

"主"与"客"：晚明社会的核心概念

移民与人口控制　在顾起元文章中占据中心的"主"与"客"比喻，不仅准确地反映了城市生活转瞬即逝的特性，同时也引发了移民们不断增长的紧张气氛。明朝严厉的户册制度使不断加深的"主""客"差别在一定程度上制度化了。原则上，一旦一个家庭完成了户册登记，其中任何成员的擅自移徙都会被视为非法的。对大明来说，这种严格的移民管制政策是必要的，因为注册在籍的民户为地方政府提供了重要的役力，他们的人数必须要确保稳定。尽管明代政府就某些特殊情况做出了一些明确具体的规定，但为了推行反移民政策，政府通常会对非法移民进行无情的驱逐，有时甚至不惜付出沉重的社会代价。[87] 然而，对地域流动性的严格监管，却因为非法移民问题，制造了一个意想不到的财政制度漏洞：由于缺乏游民登记的场所和法律依据，这些移民事实上逃避了赋税或劳役。这对寓居人口来说是制度上的优势，但却在明朝中期之后遭受过剩人口冲击的地区造成了严重的后果。[88]

例如，人们注意到，在沔阳州（在今湖北），"客常浮于主。然客无定籍，而湖田又不税亩，故有强壮盈室而不入版图，阡陌遍野而不出租粮者……天下无无籍之民，亦无无税之田也。今使客丁必登籍，而复其常役，则口增而民徭之偏重可省也"。此外，在户册制度下，移民不负劳役之责。因此，这些富裕的移民占有大量的土地和巨额的财富，却不用承担任何义务，而那些收入较低的本地人不得不承担所有的责任和税收负担。在当地人的眼中，"客"享受了一种超出国家控制的奢华生活，最糟糕的是，它们牺牲了"主"的利益。[89] 据估计，在赣州（在今江西），"客"民拥有超过四分之三的土地。虽然移民需要缴纳土地税，但由于缺乏正式登记，他们实际上都逃脱了徭役。[90]

毫无疑问，这种制度缺陷刺激了非法移民的进一步发展。当地人纷纷逃离乡土，从而躲避纳税和劳役，留下来的人则不得不承担更多的负担，而这又迫使更多人设法逃避政府的登记。虽然政府官员们意识到了这种恶性循环，但直到 16 世纪末期，朝廷才认识到问题的严重性，开始解除对人口流移的禁令。[91] 这一政策的改变在某种程度上是通过实施"一条鞭法"来实现的。"一条鞭法"将大部分的劳役折算为统一的白银支付。随着国库收入越来越多地依靠土地，而非以徭役为基础，政府便能够在不损害地方衙门运作的情况下，放松对户籍登记的控制。虽然这项新政极大地扩大了帝国内部的人身迁徙自由，但其主要目标是向未登记在册的人口征税。因此，这项改革得不到流动人口的热情合作，也就不足为奇了。流动人口早先挥泪告别故土，目标就是逃离极度的贫困。[92]

　　由于缺乏对移民和寓居者征税的手段，城市管理面临着多方面的挑战。例如，在 16 世纪 90 年代的北京，据实际掌握了首都一半司法权的宛平县令沈榜（1540—1597）所言，徭力短缺的根本原因在于"客"民家庭所占比例太高。北京城挤满了各种政府衙门，它们需要征用大量的役力，但该县簿册上可供佥派的"丁"（成年男子）的数量却非常有限，因为大多数居民都被归类为"客"民，而且其中的大多数还优勉了兵役。[93] 然而，城市中"客"与农村中"客"的性质极为不同，即使是加征更多的土地税也并不能完全解决这个问题。最重要的是，城市中"客"的问题因大量寓居商人的出现变得更为复杂。与农村移民相比，寓居商人的行踪更难掌控，政府无法让他们承担赋役。虽然晚明以后，许多商人越来越多地定居在某个特定的城市，并以其作为经营基地，但他们没有田产，因此，哪怕是之后推行的"一条鞭法"，也无法在根本上管辖他们。[94]

　　万历时期的工部尚书林燫曾对城市问题发表过深刻见解。他指出，在农村地区，衙门书吏能够完成土地登记，不会遇到什么阻力；但在城市里，政府却没有相应的办法向寓居商人们征税。因此，尽管寓居商人们充分利用了他们定居城市之便，与所居城市的高官显宦们建立密切的联系，并通过收取高额利息，从穷人那里获取暴利，但"乘富厚，交王公大人。而质贫民子钱，乃县官不得其粒粟寸帛"[95]。城市商人利用这个政策漏洞为自己捞取好处，的确令人感到不安，因为一种赋税计划以牺牲农民为代价，却让商人受益，这在根本上违背了长期以来的儒家信条，即农业才是中华文明之本，商贾当为"四民"之末。虽然"一条鞭法"能够向土地拥有者征税，无论他们的籍贯在何处，但同样的措施却不适用于那些游走于城市之间的行商坐贾，以及那些不依靠土地赚钱的人。

231　　**南京移民问题**　同理，南京城也面临着"主""客"关系的困扰。外来人口的涌入，不仅改变了城市的自然景观，而且也向现有的行政管理制度提出了挑战，征役问题尤为严重。迁都北京之后，南京的城市风貌逐渐偏离了它在洪武朝作为都城时的宏伟规划。[96]城市商业的发展吸引了大量行商坐贾，他们迅速挤满了原有的宽广街巷，极大地改变了南京的城市面貌。由于寓居者不断涌入，房产市场变得非常繁荣，这破坏了洪武时代以行业为基础的坊巷制度的整体规划。[97]人口迁徙带来的影响远远超过了环境建设的水平。据顾起元介绍，寓居者的涌入严重侵蚀了南京当地人的生计。例如，正德朝（1506—1521）之前，大多数当铺都是由南京本地人经营的。然而，到了顾起元生活的那个时代，当地的业主已经被外来的商人挤出了典当行业。同样的局势也出现在丝绸业和盐业行业。顾氏认为，"客"是南京本地人日益贫困的罪魁祸首。[98]这一问题产生的原因是寓居者充分利用了南京的致富机会，却又逃脱了劳役的压力。不公平的财政负担及其社会后果在顾起元脑海中萦绕不去，他认为该问题远远不是一个政策漏洞那么简单。他说："留都力征之法，有大不均者。军家自营操屯操外，粮船、马船、驾运、编丁、修仓、巡逻，盖亡人不受役也，非仅仅以田地课税而已。民家则惟有田地者计粮编丁，非是，即钜万之家，曾无一丁之役，比于支离之攘臂不受功矣。虽有坊厢之役，然惟在版籍者应之，而流寓之在籍外者，固不胜数也。且田粮之丁有限，或家有仕宦，即编审时，数十年曾不得加一丁。故粟米之征平，而力役之征，则民与军异，民之无田者与有田异，有田之流寓者与土著异。""军家"（军户）对劳役金派负有责任，劳役名目繁多，甚至军户之家总有一个成员处在服役期中。相比之下，民家（民户）只有在其拥有土地时，才会受到劳役征派的伤害。纵使百万富翁之家，只要他们没有土地，他们就不需要服役，哪怕短短一天时间。当然，城市／郊区家庭也都面临着役力金派，但只有登记在南京户册上的人才需要服役，这实际上就免除了居住在城内，却并未在本地注册的寓居商人的义务。因此，顾起元发现，根据土地征税总体上是公平、公正的，但劳役征派对军户、地主和本地在籍民户却是不公平的。[99]

  顾氏的深邃分析暴露了明代徭役制度固有的偏见。虽然军户超出了本书探讨的范围，但其他两个因素对于我们了解晚明城市面临的挑战却是至关重要的。对南京民众来说，财政的不公正最终起因于流寓和无地富户。纠正这一问题依赖于对城市管理方式的修订：如何衡量城市资产？如何确定城市居住？尽管有人提出了对城市资产征税的几种标准（例如对房地产征税，见第1章），希望通过征税能够平衡土地拥有者和城市无地居民之间的负担，但与寓居城市者有关的问题却从未得到充分解决。

  为了确保城市中的寓居者承担起合理的财政义务，南京官员努力扩大其法律选择。他们在首都北京找到了一个现成的案例。在北京，由于登记在册的本地居民和未登记的寓居者之间的税务负担极不均衡，因此早在1527年，北京政府就对流寓人口进行了一系列的人口普查（"查流移"），要求所有在该城居住了一定时期，并购买了房产的商人都要接受徭役征派。[100] 依照这一先例，包括南京政府在内的许多地方都进行了类似的调查，希望能够平衡本地人和寓居者之间的税负。[101] 然而，另一个大麻烦很快又来了：实际上，"客""主"二者之间的界限是很难划分的。按照通常的理解，一位"流寓"在当地定居足够长的时间后（"年久"），其身份理应化"客"为"主"，从而能够承担所有应担负的徭役。然而，时间如何界定？多长时间才算足够长？此外，由于"流寓"没有被登记在册，政府又怎能确知他们是否住够了时限，并应记入簿册，成为本地人？为了解决这一问题，顾起元建议政府制定更为具体的居住标准，例如，以家族墓地或城市资产作为参照标准来判断这些"流寓"是否已经在南京扎根。

可以确定的是，随着财政改革达到高潮，以及人们对财政公平的迫切追求，政府制定了更为具体的规则来管理流寓人口。颁布于1602年的一项法令规定，以定居30年为标准划分，在此年限以上的寓居者都可以申请登记在册，解除自己的"客"民的身份。[102] 除此之外，一些城市随后开始对城市房地产征税，就像对农村土地所有权征税一样。他们还设法对寓居商人的财产进行注册登记，以之作为新的城市税的基础。毫不奇怪，这项措施遇到了抵抗。地处大运河沿线的主要贸易中心临清，为了逃避城市房地产税，所有的富商都想方设法保留其作为寓居者的身份。[103] 即使政府采取了越来越多的具体措施，试图将流寓人口转为在籍居民，但对流寓征税的努力仍没取得什么效果。目睹了南京城对流动商贩进行注册登记的屡次失败，周晖总结道，依靠人口登记不可避免地注定了改革的失败，因为"掌握最新的登记信息"需要花费十分高昂的成本。[104] 因此，周晖提出了一套更为激进的方法，该流程采取的是先前荆州的做法——当地政府已经决定对在长江沿岸从事季节性经营的富商进行征税。这样一来，政府就不是按照籍册上的户籍信息来收税，而是对寓居商人直接征收税赋。它远远超过了一项商业税的性质：不论商人在哪里正式注册，只要他在荆州辖区内做生意，就必须向当地政府纳税。不过，尽管这种激进措施确实改善了现状，但明朝政府依然没能把该政策推向深远。

南都的"主"与"客"　鉴于晚明本地人与流寓之间的紧张关系——南京并未置身事外——在顾起元"风俗"论中，"主""客"互动的平衡观念就显得极为重要。毕竟，在南京这样的大都市，顾起元抨击的没有田产的富商只占寓居人口中很小的一部分。知识分子——无论是否得到政府任命的官职——和文人，在短期逗留于城内的人群中占据突出地位。晚明政治团体"复社"的创始人之一吴应箕在其回忆录中评论了南京寓居者的流动状况："京师为五方所聚，要皆贸易迁徙之民，及在监游学之士而已，而移家者固未数数也。"[105] 除了从全国各地选拔到南京国子学就读的监生之外，每三年在南京举行的省试也吸引了源源不断的人流。随着科举考试的竞争日益激烈，应试考生的流量也越来越大。吴应箕，这位著名的、活跃的文学家，一生参加过八次省试，这意味着他在南京"游历"的时间至少有 24 年。吴应箕是南京城地地道道的寓居者，而他的这种经历在当时确实并非罕见。

除了科举制度之外，社会名流的魅力也是将士子们召唤到南京的重要因素，这是晚明社会的时尚之举。[106] 复社就是一个典型的例子：1632 年，文人们在苏州城外的一个著名风景区"虎丘"召开了复社大会，来自山东、江西、山西、湖南、福建和浙江的数千名青年才俊涌入会场，衣冠盈路，这一场景给与会者留下了深刻的印象。"社"是各地科举士子们在各大城市或周边地区举行的文人聚会，而复社实际上是许多"社"（文社，文人社团）的联盟。举行于1605年的金陵大会就是其中一次著名的文社聚会。该聚会在中秋节期间兴行，120余位文人应邀见面。在诸多庆祝活动之中，40多位来自秦淮教坊的绝色女伎参与其中，为庆典活动增色不少。据记载，她们打扮成士子模样，穿梭于会场，对答酬唱，落落大方；其流风余韵令人叹为观止，值得人们怀念与铭记："承平盛事，白下人至今艳称之。"[107]

有趣的是，文人骚客的涌入，以及他们与城市的关系也通过"主""客"对比的透镜被反映了出来，正如钱谦益描绘的嘉靖年间南京的文化景观："嘉靖中年，朱子阶、何袁朗为寓公，金在衡、盛仲交为地主；皇甫子循、黄淳父之流为旅人，相与授简分题，征歌选胜……此金陵之初盛也。"[108]

在这里，"主""客"之间的关系被进一步阐述为寓公、地主和旅人。南京众多本地文人和非本地文人的盛会，不仅丰富了城市的"人文"，也使得这座城市成为一个重要的文化中心，源源不断地吸引来自帝国各地的游人。文人咸集此地，使南京成为理想的社交场所和最佳的交游地（第3章）。它也对普通城市居民产生了重大的政治影响。如上文所述，与精英阶层的密切互动使城市居民能够更容易、更有效地向当局表达他们的困境和不满。

当那些进行交游的文人涌入城市时，他们给城市带来了文化声望和智识上的活力；而富商的涌入则给城市带来了物质繁荣的持续展示。尽管地方志书通常记录的都是文人士绅对商业势力的批评意见，但当时一些观察家已经认识到，在城市环境中，"物力"的社会效应是一个难以评估的复杂问题。对南京居民来说，虽然那些逃脱登记的寓居商人利用了财政制度的漏洞，动用手上的丰裕资金，采取各种商业手段，毁坏了本地人的生计，但他们也同样创造了就业机会，并推动了城市经济的发展。因此，诸如"崇奢论"（推崇奢靡消费）这类激进言论在明末广为流传：人们褒扬繁荣的货币经济带来的社会效益，并且对此充满了信念和热情。虽然"物力"被认为破坏了农耕社会的机体组织，但它同时也被认为是城市社会不可或缺的基础。[109]

在精英阶层，"物力"的影响力通过某种不同的方式被表现出来。物质财富的涌入支撑了活跃的文化市场，文人们开始依靠这个市场来为自己获取优渥的生活条件。士商逐渐融合，二者有时甚至形成了一种共生关系，这也是当代观察家们经常注意到的。[110]周晖的《金陵琐事》引用了发生在南京著名寺庙瓦官寺中，晚明文化领袖王世贞（1526—1590）与徽州人詹东图的一次机锋对话。王世贞说："新安贾人见苏州文人如蝇聚一膻。"詹东图立刻反唇相讥："苏州文人见新安贾人亦如蝇聚一膻。"对此挖苦，王世贞笑而不答。[111]

这一对话的广泛传播表明，它激起了当时观众们强烈的共鸣，这是对晚明社会商人与文人相互利用的尖锐讽刺。一方面，商人们急于跻身精英圈子，从而提升自己的社会地位；另一方面，由于竞争激烈的科举考试需要花费漫长的时间去准备，陷入贫困的士子们也更能够接受"成为商人"这一提议。和吴应箕一样，许多士子长期准备考试，终身多次应试。一些运气欠佳的人，多年枯坐青灯，仍免不了名落孙山的命运。例如，伟大的小说家冯梦龙就终身未能通过科举考试。这些文人的职业生涯飘忽不定，因此他们的生计逐渐与富有的襄助者或活跃的出版市场紧密地交织在一起，而将这两者带入城市中的决定性因素就是"客"的"物力"。

总而言之，像南京这样的大城市对劳动力和资本长期拥有较高

236

需求，这极大地加剧了"主""客"之间的力量消长：它们相互竞争，相互依赖。尽管流寓问题充满争议，明末观察者也并未完全忽略城市生活的这个事实，正如顾起元在文章中证实的那样，城市空间的基础就是"主""客"二者的互动。与农村地区对移民一般持敌视态度相比，在南京这样的大城市里，本地居民针对移民的情绪更为混杂和矛盾。在某些情况下，人们会对"客"抱有同情，具有被善意接纳的特点。例如，像钱谦益这样的社会名流就认为，城市精英们来源广泛，而这正是让南京的文化获得恢宏发展并且形成独特城市魅力的基础。同理，顾起元在南京度过了他一生中的大部分时间，每天目睹从事各种行业的寓居者在道路上穿梭往来，不绝如缕，因此，他能够占据优势，全面了解"主""客"力量角逐的积极面和消极面。这种感同身受的知识是他那篇独特的"风俗"论的"理论支撑"——在对南都的分析中，道德判断让位于理性分析。因此，在顾氏最为核心的概念中，日常的互动和人口的流动最终决定了城市空间的这种理解才是最恰当的。

结　论

　　本章探讨了在一个广泛城市化的时代不断变化的城市概念。它不同于传统的政治化或文学性的城市叙事，而是通过一部文人之间关于南京城的对话记录来考察这个问题。这一视角使我们能够探索城市在当时的日常对话中是怎样被记录的，而这些谈话又反过来证明了它们与当时城市面临的文化和社会变化是密切相关的。

　　"客谈"的出版是晚明时期重要的文化现象之一：人们对街巷传闻和时事消息充满了兴趣。这一发展在很大程度上提高了新闻逸事的可视性和影响力，而在过去，人们只能通过口耳相传的方式来传播它们。因此，晚明时代的人进入社会的机会增多了。通过小说和戏剧的出版，宫廷政治事件、城市闲谈和地方丑闻都成了人们共同分享的知识。考虑到这一趋势，回头再看，许多这样的奇闻逸事流入文人团体之中，最终成为"客谈"文集的内容，也就不足为奇了。这些故事以南京为重点，向公众展示了一种比地方志的正统描述和传记资料更具有包容性、体验性的城市社会形象。"客谈"宣扬的是算命先生的狡黠智慧，以及店铺老板的投机冒险，而不是褒扬忠臣孝子，或者赞美节妇烈女。在这个平行的世界里，庄严肃穆的政府机构只是某个人诙谐故事中的道具与背景。在某种重要的意义上，城市中剧烈的信息流动将非正式的、私下交流的琐碎八卦和荒诞传说提升成了大众对南京城的通俗想象。

除此之外，物质流动的增长也对城市社区的内部运行产生了影响。最重要的是，乡绅不断涌入城市，将南京这种大都市变成了繁忙的社交场。历史学家发现，在晚明时代，越来越多的文人涌入城市。他们希望能够从事宦涯以外的职业，同时也希望能扩大自己的社交圈。虽然当代评论家很少关注这一社会发展，但是"客谈"中的对话为我们提供了丰富的资料，帮助我们去考察城市中的生活经验对文人的政治、文化活动，甚至对他们的身份产生影响的方式。就南京而言，在城市里居住，不仅使城市精英和城市管理事务产生了紧密的联系，而且也强化了视南京为一个知识考察和文化鉴赏主题的观念。

从多种方面来看，当南京在大量的对话中浮现出来时，它最大的特点就是密集的信息流动，以及不断变化的市民成分。城市环境的流动性被顾起元提炼成一个强大的分析工具，他利用"主""客"关系的变动，将南京城划分为五个区。在这个过程中，顾起元对城市空间进行了颇具意味的思考，将城市生活的转瞬即逝的性质正式

238

确立了下来。由于过时的移民控制政策，"主""客"之间的二元关系引起了社会对移民的高度的紧张情绪。基于这一概念，顾起元的论著重塑了形成已久的"风俗"论，将它发展成为一个对城市空间的正式分析。在农村，土地的性质决定了农民的生活方式；而在城市，伴随"主""客"而来的不同经济和政治资源的组合塑造了城市不同地区的独特文化和行为。南京在行政管理上被划分成了"五城"，于是顾起元也根据他的"主""客"分析框架，将南京划分成了五个区。在这个过程中，顾起元将行政区划变成了一个以社会行为和互动为特征的"地方"——这种方式明确地对城市和乡村做出了区分。

这种城乡差别并不是制度强加的，它建立在以政治、经济和文化资源涌入为标志的城市生活的日常经验之上。这种对城市空间的特殊诠释，让人不禁联想到了《金陵图咏》中的插图，城市的社会性质决定了这些被描绘出来的城市空间的种类和分布。基本上，在缺乏制度基础的情况下，明代中国的城市空间的显著特点是流动人口和新式的社会活动，而非正式的法律自治。与此同时，尽管城市不具有独立的政治地位，但不断出现的城市发展事实仍然给政府对城市的规定提出了巨大挑战。正如本书的前半部分表明的那样，城市空间的制度边界，无论是以一种新的城市税为标志，还是以城墙为标志，都已经成为政治谈判和游说的主题。关于城市概念的社会争论并非南京独有，相反，它的出现是对出现在大明帝国广泛的城市化进程中的一系列城市问题的回应，本书结论部分对这一发展进行了分析。

结 语

通向晚期帝国城市化研究的新视角

明代的城市化

通过对南京城的考察，本书踏上了探索明代城市化的意义及后果的征程。导言部分首先对明末南京城多面向的空间发展与时人对晚明繁荣盛况的记述之间的差异进行了详细的考察。这个分析提醒我们，在研究晚明中国时，我们需要进一步将城市化带来的影响与商业化带来的影响二者区分开来。换句话说，尽管明代中期的商业繁荣与同时期城市机构的扩张密切相关，但我们不应该将它与城市化混为一谈。导言进一步指出，就其自身而言，城市化研究需要更集中地在空间这种分析范畴下，考察城市空间构成是如何随着城市化进程的发展而变化的。在这里，"城市空间"的概念获得了更为广泛的理解——除了街道、城墙等有形建筑和空间本身，它还意指决定这种空间的方式，以及空间在经济、政治和文化秩序中的功能。正如施坚雅（G. William Skinner）极具启发意义的模式表明的那样，城市化不仅增加了城市和城市人口的数量，而且还扩大和重塑了中华帝国晚期城市制度的空间布局。最重要的是，在这种方法的影响下，我们能够将空间视为正在发生的历史进程的一部分，而不是被动的历史背景。那么，城市化是否影响了城市空间在制度上的调整和文化呈现的方式？本书将四个南京案例研究分为两组，它们是解决这些问题的出发点。

通过政治行动去谈判城市空间

本书的第一章和第二章重新审视了赋役制度改革和筑城纠纷，它们向城市空间的制度规定提出了挑战：政府应该怎样对城市空间征税，以及如何划分城市空间的界限？这两个案件都体现了积极的地方举措和高度的社会动员：召集会议、调查民意、制作小册子和传单、努力达成地方共识。尽管这两种集体行动都代表着地方社区，显示了当地社区的凝聚力，但这两个行动的议程——再造一个应纳税赋的城市和抗议城墙边界——实际上是由更深层次的结构性原因驱动的。

历史上，在宋元时期，国家对城市的管理具有完善的规定。与它们相比，在明代的国家制度中，城市的位置更为模糊，它围绕着洪武朝的乡土社会理想而构建，目的是在全国范围内推行实行自我监督管理的村社。明代的城市空间没有与农村区分开来，实行单独管理，甚至精心设计的城市税方案也被临时徭役征派制度所取代。尽管明朝的商业政策也有类似的模棱两可之处，但历史学家认为，实际上，商业中的"善意忽视"可能在不经意间将经济推动到了一个前所未有的水平。[1]然而，对城市的类似的"忽视"，带来了更多的麻烦。从15世纪中叶开始，持续的财政改革努力开始将劳役转化为建立在农村土地所有权基础之上的常规税收。这一举措使明初税收方案中潜在的、根深蒂固的城乡差别凸现了出来，它提出了以下问题：如果农地田亩不能作为征税基础，政府该如何征收城市居民税？政府如何对城市居民手上更具流动性的资产进行征税？政府如何从一直不愿纳税的人那里获取信息？奇怪的是，尽管朝廷积极支持"一条鞭法"，对其充满期许，但政府从未正式强调过城市税收问题，而是将问题交给地方，令其便宜行事。因此，颇具讽刺意味的是，明王朝对农村根深蒂固的偏好促使城市居民们聚集在一起，以自己的方式商讨改革。在他们努力将财政改革移植到城市背景的过程中，许多城市最终采取了向城市居民征收城市财产税（类似于在农村向地主的土地所有权征税）的做法，这是明朝政府首次将城市空间放置于国家的管辖之下。

　　城市化不仅迫使人们对财政活动中的城乡差别形成制度化的认识，而且对城市制度的管理产生了明显的影响。本书的第 2 章考察了在 17 世纪早期提出并招致人们批评的对城市空间的另一种政府规定：筑城。尽管城墙一直是中国城市形态的重要元素，但明代持久推行的筑城政策使城墙成为国家权力的标识。伴随着 16 世纪的商业繁荣，没有城墙的市镇数量激增，城墙开始成为行政性城市制度和商业性城市制度之间的分界线。然而，界线看似明确，实际上却游移不定，它的位置取决于政府干预和地方抗争两种力量的竞争：自宋代以来，国家一直尝试将市镇提升为行政治所单位（或者反过来，将衰落的大城市降级为市镇）来满足地方行政管理不断变化的需要。在南京大都市区管辖的高淳县，反筑城抗议活动进一步凸显了地方自主性的地位，以及文人士绅为确定城墙边界而进行的游说的作用。

　　在这一部分，毋庸惊讶的是，为了反对筑墙，高淳县的地方民众辩称，与其将高淳提升为县治所在地，还不如保留其作为一个商业市镇的现状，这样对高淳的发展更为有利。高淳县的争论令人瞩目，但它并不只是一种托词，它深深根植于 16 世纪商业市镇快速发展之后城镇居民努力获得的新身份中。令人苦恼的是，市镇缺乏正式的行政建置地位，为了褒扬当地的传统，市镇居民们开始私下编纂出版"本镇镇志"，最终向国家强加的城市空间定义提出挑战。在民俗宗教领域，我们也可以找到类似的"僭越"行为。例如，对镇城隍（镇神）的崇拜就明显地违反了国家对崇祀礼仪的规定。市镇与城市之间显露出的紧张关系，使筑城分歧进一步升级。因此，"城"或"不城"的问题不只是一个事关地方建设的难题，同时也是行政性城市制度和商业性城市制度之间的一场公开谈判。随着历史不断向前发展，这两种城市制度渐行渐远。

242

利用对空间的表达进行城市空间谈判

虽然帝国的城市总体而言并非正式的行政单位，但随着城市化浪潮席卷明朝帝国，我们发现，新的社会需求迫切要求国家调整现有的制度来适应城市社会的发展。在本书的后半部分，我们通过考察描绘南京的视觉和文本表达作品，进一步研究了新出现的都市生活是怎样留在时人的记忆中的。另外，南京居民的深度政治参与似乎也表现在对南京——作为一个由居民定义的城市——的表达中。另外，本书的第三、第四两章借助城市居民的日常活动反映了他们对南京空间的想象和构想：通过《金陵图咏》中的插图来说明南京的城市空间是由本地人和游客的活动所定义的；通过顾起元的"风俗"论，以及"主""客"之间的日常互动来描绘城市社区的风貌。这些作品对城市社会性的强调，也反映了这样一个事实，即它们自身的出现也是当时城市社会生活日益丰富的产物。这两部作品都不是孤立之作，相反，它们是宏大项目的一部分：《金陵图咏》收录了一系列纪念南京当地若干名门望族之间的世谊的唱和诗；顾起元的"风俗"论取自一部"客谈"作品，该书记载了主人／作者和他的客人／访客之间的谈话。"图咏"和"客谈"主要体现了南京城市精英中的两种主要纽带——家族联盟和文人网络，除此之外，这两部著作还通过对南京的独特演绎反映了当时更强大的文化潮流。

《金陵图咏》中对南京的视觉想象，体现了一种新兴的大众旅游插图模式，它将城市空间想象为休闲旅游和社交的场所。这与大量出现在地方志中的城市地图形成鲜明对比——这些地方志呈现了官方对城市空间的解释，将城市空间展现为国家权力的中心，以及它对内陆闭塞地区的文化影响。这一发展与文化观光活动存在密切联系。冠以鉴赏山水的崇高名义，社会旅游为文人建立、展现其社会关系和忠诚度提供了一个具有文化品位的场所。聚集了大量身价不

243

菲的名人的大都市，被那些胸怀抱负的文人士子视为能"看到"的，也是能"被看到"的最具有回报潜力的地方。人们绘制具有纪念意义的山水画，创作诗词歌赋，甚至制作附带精美插图的旅游指南（例如《金陵图咏》）并不只是一个多愁善感的抒情问题，更重要的是，这些作品见证和展示了现存的或新近形成的社会关系。

探讨了观察城市空间的不同方式后，本书在第四章讲述了城市的叙事。《客座赘语》和《金陵琐事》这两部著作都是以"客谈"的形式出版的，它们是关于南京城的非正式的谈话集，引用了许多街谈巷议和八卦新闻。对荒诞不经的故事抱有兴趣是晚明出版业的典型特点，出版业具有高度的新闻敏感性，将时事和"真实故事"巧妙地组织成小说或戏剧，从而满足观众日益高涨的好奇心。在这种文化活动的影响下，"金陵"这座城市及其居民成为一个日益扩大的公共阅读群体共同关注的讨论主题。在与南京这个观念有关的无数思考中（其中许多思考乏善可陈），我们发现了一种将城市居民的日常体验转换成为城市社区的社会学地图的城市空间理论。与《金陵图咏》类似，顾起元的"风俗"论也推动了南京的城市空间与国家本位的特定的城市愿景之间的对话。利用"主"与"客"分析框架，南京城被划分成为五个社区，这与政府将它划分为五个行政管辖区的做法极为相似。行政区划地理和社会学地理之间的密切相互作用，使顾起元最终能够证明，城市居民之间的社会和经济互动（而非五城兵马司行使的国家权力）决定了南京的内部边界。

本章进一步指出，"主""客"模式这一匠心独具的设计是一个时代的产物，挑战了当时人们对流民的总体加剧的敏感认知。"主""客"之间的关系之所以日益紧张，并非只是因为排外心理。它的体制根源在于洪武时期奠定的流动人口控制政策，这一政策的目标是保障农业村社理想。这些规定基本上禁止了任何形式的境内

244

迁徙，因此国家无法对流动人口进行登记和征税，这个政策的失误成了本地人和流移人口之间关系紧张的主要根源——整个明朝都在周而复始地为城市寻找城址：在这个具有讽刺意味的历史转折中，洪武朝的村社愿景（它阻碍了国家对城市的正式认可）最终决定了明朝晚期对城市空间的认知方式。

明代早期的制度遗产和城市的缺位

总而言之，以上各章呈现在我们面前的是，在整个 16 世纪，明帝国经历了长达一个世纪的城市化进程。在这一过程中，城市的概念一直在被重新定位，被广泛争议，并被重新构想。四个章节内容的中心主题都体现了南京的特性：令人赞叹的基层合作似乎是因丁宾创新地将当时民粹主义改革措施综合在一起而出现的；高淳县对筑城的坚决反对与南京大都市政区地理的变动存在内在联系。然而，城市在明朝的地理景观上越来越普遍，因此引发以上那些政治行动的根本原因普遍存在于整个帝国范围之内：如何将城市纳入新的税收计划中？如何平衡政府体系和商业城市系统？尽管不是所有的晚明城市都形成了自己的"图咏"或"客谈"作品，但许多城市的确采取了同样的文化活动（交游）和词语（"主"与"客"）来表达城市空间的变化性质。

这些发现进一步凸现了明代早期政治遗产的重要性，因为这些发展的驱动力似乎早就根植于明初成形的一系列文化和制度之中。明代早期政策的持久影响，揭示了明朝两个阶段之间似乎不可能存在的联系。这两个阶段通常被认为是断裂的；它们即使不是极端对立的，也是被王朝中期的经济繁荣割裂的。在这两个阶段中，洪武时期形成的实行自我监督、静若止水的村社构想显得尤为重要。在这个以农村为中心的愿景下，城市被保守地视为行政场所，而非实

谈判中的城市空间

现商业扩张、可供国家开发利用的场所。这一立场不仅成为本书集中关注的许多城市问题的根源，而且也明显使这些城市问题边缘化，导致了政府对城市化浪潮的异样的、不协调的反应。

明代制度中的农村倾向及其城市政策的后果，在持续了三分之二个王朝时代的财政改革过程中表现得最为明显。随着市场经济不断发展，农村村社的团结互助精神逐渐受到蚕食，村社层面的自我治理模式开始瓦解，这种瓦解很快成为农村中产阶级制度性财政压力和贫困的根源。明王朝花费了一个多世纪的时间，试图挽回正在崩坍的农村村社，但它最终还是放弃了最初的社会愿景，向一个现实的行动过程低头，逐步继承土地所有权是国家征收税赋的唯一基础。因此而诞生的"一条鞭法"改革降低了政府对农村中数量正逐步减少的自耕农——漕粮的集散者和转运者——阶层的依赖。尽管这一举措确实有效遏制了农村中滥征徭役的行为，但正如本书展示的那样，它对城市的影响则是更为矛盾的——即使是对其目标受益者（农村居民）来说，结果也是令人遗憾的。"一条鞭法"允许国家将其影响力从乡村收缩，回到县一级。国家权力的撤离在社会基层造成了一个真空地带，并且促发了明末一系列的基层运动，例如建立乡约（村庄契约）和保甲（互助安全保卫）组织，恢复乡学和义仓，所有这一切的目的都是通过地方的积极参与，重振乡村社区的早期理想。[2] 然而，与国家推行的财政改革一样，私人的自主性也致力于拯救贫困化的农村社会。因此，在一个城市快速发展的时代，几乎很少有人会对城市基础设施的建设和扩建，以及日益复杂的城市社会需要的新的精神理念给予关注——这的确是很奇怪的事。在某种意义上，明代初期以农村为中心的制度倾向决定了修复它的努力。

我们也可以在话语层面看到同样的倾向。随着大米、棉花等日 ₂₄₆ 常生活用品的远距离国内贸易逐渐兴起，普通农民必然被广泛卷入活跃的市场经济中，城市开始影响到农村生活。在经济上，作为贸易转运枢纽，这些商业网络的运作和扩张对日益增多的市镇和城市过于依赖。就社会影响而言，大批地主精英从农村涌入城市，他们带走了农村急需的资本投资，也进一步远离了农村里的农民。尽管在现实中，自给自足的村庄的消失和城市领域的扩张是互相联系的，但是，"城市因素"在当代的话语中明显消失了。晚明的评论家们意识到，农村村社的解体，不仅威胁着帝国的生存，而且也引发了一场深刻的道德危机。然而，对他们来说，明初乡村理想的大敌是"金令司天"和"钱神卓地"[3]，而不是城市社会的崛起。换句话说，冲突主要被理解为既定的礼仪等级和商业社会的奢靡消费之间的关系。晚明的官员和活跃分子全神贯注于即将到来的农村危机，但却对城市问题视而不见。

国家对农村村社的执着偏爱掩盖了晚明城市化对时人的多方面影响，反过来，这也遮蔽了现代学者的视野。然而，对城市缺少关注，应被视为出于一种优先性的考虑，而不是因为对这个问题漠不关心。对决策者和公议来说，重建农村社会是首先要考虑的问题，城市问题只能退居第二。因此，与城市问题有关的讨论和反应往往是以一种间接的、支离破碎的方式呈现出来的。在明代，城市问题常常被忽略，这就要求我们必须通过特殊案例来追溯此前被掩盖的历史情境。本书之所以选择南京作为案例研究的中心，不仅是因为这一时期的文献资料极为丰富，同时也是因为它在大明帝国中处于一种特殊地位。作为最早的明朝首都，南京经历了大规模的重建，体现了农民起义领袖、开国皇帝朱元璋的帝国愿景。然而，随着明王朝1421年迁都北京，从明朝后半期开始，南京城逐渐从政治首都转变成了一个商业大都市。

247　　南京城市特色的巨大转变，使得城市空间的重新整合——无论是制度层面上的整合还是概念层面上的整合——变得更为常见和清晰。

事实上，对南京的密切关注，以及将南京与其他城市不断进行比较，贯穿了本书的四个章节，这被证明是非常有价值的。总而言之，它们指出一个重要事实：除了地方差别之外，政府应对城市化进程的总的改革轨迹，并非为了建立一种不同的城市行政管理或文化传统，相反，它的目的只是更新或者修订现有的体制和文化习惯。这种认知解释了为什么历史学家总是未能揭示帝国晚期城市的新发展，例如政治意义上的自治，或者城市特有的文化表达。更重要的是，正如下一节讨论的那样，这一发现也为我们提供了一组衡量帝国晚期城市主义的表达和性质的特殊规范——这一规范植根于中华王朝历史（而非欧洲西方的历史经验）之中。

对中华帝国晚期城市主义的界限的探讨

正如导言所示，韦伯范式的问题不仅在于它的欧洲中心主义，还在于它强加给中国的具体化的"城市"概念。在中国，"城市"的边界一直处在不断的变动之中，可以通过谈判来界定。想要超越韦伯理想城市的影响，我们必须对中国语境中的"城市"一词进行历史考察，并检验这类经济实体是如何介入政治和文化领域的。鉴于明朝政府官员和文人对城市问题所言甚少，我们不得不借助一些不那么明显的材料，例如从根本上塑造了城市日常生活的基础设施和经验的各种制度和文化实践。本书的中心研究——城市化怎样从制度上和文化上对城市的各个方面产生影响——最终凝练为这样一个分析框架。如下所示，这个分析框架使我们能够对中国的城市主义采取同情的理解，而这种城市主义与中华帝国占主导地位的农村性质，以及它们独特的权力和空间概念是互相呼应的。总而言之，这个分析得出的最终结论凸现了王朝对长时段的、由市场驱动的城市化的影响。

制度实践：城市空间的行政与管理

本书的前半部分，着重探讨了在明代发挥作用的城市空间的两种制度定义：应该怎样向城市征税，以及城市居民点是怎样转变为官方的城市。这些制度实践对不同地方产生的社会影响区别很大，因此，这种分析框架能够有效地防止我们将城市空间管理视为国家与社会之间的激烈争夺。例如，尽管南京城热衷于实施城市税，但在那些大多数财富都投入土地的城市，这种税收也可以被视为一种滥税（见第1章）。即使是在杭州这种更加商业化的地区，同样的征税提议也引发了巨大的争议，甚至最终引发了民变。同理，地方居民对城市管理制度也持有不同看法。高淳县民对自己的市镇被提升为行政治所感到痛心疾首，而浙江的乌青镇居民却发起了多次请愿，争先恐后地要求中央朝廷将乌青镇升设为县治。

除此之外，通过揭示各地在接受某项特定政策时呈现出的多样性，这个分析框架有助于我们抛开同质化的国家概念，用不同的机构取而代之：这些机构里塞满了具有各种技能，肩负各类决策职责的官吏。例如，尽管朝廷宣称，"一条鞭法"或筑城是在全国范围内推行的策略，但明朝政府依然放手让地方官员自行审慎地决断具体的行动过程——理论上，这些官员们始终在与地方民众进行谈判磋商。正如本书前两章显示的那样，最终在地方层面得到实现的，是国家大政方针的不同解释的混合体。首先，并非每一位官员都认为征收城市税对财政公正是至关重要的。在许多地方（包括南京），缴税的主动权源自地方。鉴于当时政府缺乏进行这类调整的明确标准

或指导方针，因此，商业市镇转化为地方政府的过程十分混乱。一 249
些官员注意到了这些问题，并且费尽苦心地确保这些政策调整能够
满足当地居民的需求⁴，但我们同样也能看到高淳这样的案例——将
其提升到县城治所的决定显然出自脱离基层现实的官僚之手。

国家各部门机构迥然不同的政策立场展现了帝国统治的开放性。
这一发现的含义是深刻的：实施这些规定松散的制度性实践需要地
方民众的配合，因此它为政治谈判开辟了空间，照顾到了地方的自
主性和利益。我们在明末的财政改革中看到的政治行动主义就是一
个很好的例子。为了让改革的目标合情合理，并促进其实施，地方
官员们对朝廷下达的"一条鞭法"进行了灵活调整，设法寻求地方
共识和民众参与。与传统的理解不同，地方行动主义并非来自国家
和社会的对立，相反，它是国家权力代理部门和地方百姓为了共同
的目标而联手完成的。在这个意义上，尽管出现在明末改革过程中
的激进的民意调查和听证会与现代民主实践存在明显的相似之处，
但它们实际上产生于一个完全不同的权力动力学背景。

这种见解使我们能够重新审视棘手的中国自治问题。在中国，
国家和社会是如此紧密地交织在一起，以至于一个独立自治的公共
领域几乎不可能被明确地划分出来。例如，帝国晚期市镇的扩张引
起了历史学家的高度关注，因为它们的自治地远离政府的城市管辖
范围。然而，这些市镇通常请求提升（而非降低）国家在市镇中的
"存在感"。在某些情况下，当地人甚至会做出努力，让既成事实的
自治获得官方认可和授权。然而，如果我们不优先考虑政治自治的
观念，不拘泥于它强调的独立于国家权力之外的核心概念，我们就
会发现，在中国，在国家与社会错杂交织的世界里，在体制内（而
非在体制外）获得巨大的灵活性和政治优势才是最重要的事。这种
灵活性并非必然通过操纵和争论而来，更确切地说，它是一种内在

的机制，对统治中国这样一个幅员辽阔和多样化的国家来说是至关重要的。

文化实践：城市空间的想象与概念

晚明的城市化不仅推动了制度的调整，而且改变了人们对城市空间的观看方式和理解方式。正如本书导言讨论的那样，尽管新兴的城市文化并没有引发独特的建筑风格或城市美学去挑战恒久的田园理想，但在文学和艺术流派中缺乏明确的城市主题，并不应该被误认为是文化对城市存有惰性的标志。相反，正如本书的后半部分所示，晚明时期出现了一种关于城市空间的新的感知和概念，抓住了当时城市生活的精神。然而，这些概念的创新并没有创造出不同的城市种类和主题，而是被纳入在当时社会发挥着特定功能的、既有的文化实践中。这种独一无二的特征使得城市情感可能通过许多现成的媒介表达出来；更重要的是，它将城市空间的文化构想从一种抽象的智力练习转化为一种积极活跃的力量，塑造和批判着城市社会的运作。

例如，游山玩水历来是文人雅士的一种嗜好，然而，士绅阶层的城市化，以及随之而来的、城市中社会生活的加剧将这种传统活动转化为一种加强城市精英之间社会纽带的途径。正如《金陵图咏》的出版目的是纪念南京城内几个本地名门望族的世谊，而苏州、扬州等其他城市描述风景名胜的诗歌或艺术的创作也同样反映了社会上的各种联盟。城市观光的变化特征在城市空间作品里得到了明确的体现。随着品评风景名胜和文人结社逐渐合二为一，城市空间的视觉化从一种国家权威的展示，扩展为一种充满了社交和日常活动的场所。

事实上，晚明的精英们认识到，城市的性质和城市的空间差别，更多地表现为社会活动，而不是其空间外观：本书第四章对一篇名为《风俗》的文章进行了详细考察。该文章是对古代"风俗"论的巧妙改造，它根据居民们的行为和态度对城乡差别和城市内部的差异进行了理论分析。"风俗"论拥有悠久的历史，到了明代晚期，它已经发展成为一种受人们欢迎、专门批评社会的文体。为了在自然环境和当地人（当地人指的是在此地生活的人）之间搭建起联系，这种话语形式提出了一个有趣的空间问题：在城市中，如果人们不依靠土地养活和滋育，那么，空间及其居民之间的调节力量是什么？南京的名人顾起元提出，"人文"和"物力"发挥了同样重要的作用，它们是"主"（本地人）与"客"（流寓）互动的产物。主/客双重概念不仅表现出了作者杰出的分析力度，而且还在新发展的内部边界或城市环境中，引起了当地人和外地人之间普遍能感受到的敌意——寓居者和移民的涌入，连同他们带来的政治、经济和文化资本，改变了日常生活的现状。"主""客"类比的流行，让顾起元对南京城内社会关系的分析变得更加深刻，同时也额外增添了辛辣的意味。

251

从这个角度来看，那种认为在中华帝国晚期，能够赋予"城市"之名的新型文化潮流是极为稀缺的观点的确具有误导性。缺少明确的城市意识形态，并非就自然而然地意味着乡村文化占据了主导地位，因为城市情感的表达是通过和现存的文化种类或话语的再谈判（而非划出一个单独的文化领域）来进行的。这一发现不仅有助于我们更好地欣赏诸如《金陵图咏》或《客座赘语》这类精英文化产品，而且也有助于我们理解其他形式的文化实践，例如民间宗教信仰——这是文化影响力的重要来源，不过这已经超出了本书的研究范围。尽管民间宗教信仰和习俗似乎并不存在明确的城乡差别，但这并不意味着它们没有受到城市化的影响。由滨岛敦俊揭示的"总管"崇拜是一个极其有趣的故事，也是一个颇具说服力的例子。在这个例子中，与地方神祇有关的传说故事的演变轨迹，反映了明代晚期乡村—城市关系的变动。"总管"信仰起源于元末明初，在民间极为流行，该神祇负责护佑漕粮的运输——一项由农村地主承担的徭役。然而，随着 16 世纪城市化进程不断向前推进，"不在地"的城居地主数量迅速增加。地主们带着他们的社会资源和经济资源流向城市，极大地削弱了农村村社的凝聚力，同时也破坏了农业生产的完整性。由于农村经济不断恶化，农民无法自给自足，于是他们不得不在当地市场用手工产品交换大米，来补充他们的口粮。因此，稻米的价格和供应对农民的生存至关重要。在此期间，与"总管"有关的故事的主要内容便从对贡粮运输的保护转变为对饥民的救援。"总管"有了新的形象，不再是地主的保护人，而是一位低级军官。他因目睹农民的困境而痛苦不堪，于是违背上命，将税粮发放给了饥民。为了对自己的渎职行为负责，"总管"自杀身亡，以身谢罪，变成了农村新近贫困化小农的保护神。[5]这一发现再次证实了这样一种观点：人们对城市化的文化反应可能包括了对现存的文化实践的重新阐释，而且只有关注这一过程，我们才能就其本意，完整地把握和理解中国的城乡差别。

王朝城市化的连续和断裂

最后，当我们超越西方—东方二分法的时候，王朝传统在支配中国城市化诸方面的重要性就变得越来越明显了。正如我们看到的那样，晚明城市化的制度实践和文化实践无一例外都带有一种不同的王朝特征。在某种意义上，贯穿本书的故事的主题就是明代晚期的社会怎样突破了明代早期树立的一个乡村的帝国的愿景——在这个帝国中，城市主要是行政治所，具有标志性的城墙，象征着帝国的存在。陈腐的财政管理和移民政策的崩溃，又反过来在制度和文化方面促成了人们对城市的重新认知。这一发现恢复了人们对帝国制度架构的重要性的认识，但这种制度架构变得越来越过时了，因为中国场域的主要焦点已经从朝廷政治转移到了商业力量带来的文化和社会变化上，其范围不可避免地跨越了王朝边界。从这个角度来看，王朝的断裂——尤其是城市空间的管理方面的断裂——的确是引人注目的。中国封建王朝的最后一个千年经历了宋（960—1279）、元（1271—1368）、明（1368—1644）、清（1636—1912）四个朝代，城市的统治管理服务于不同的愿景。宋朝兴起于"中国棋逢对手"的时代，经常面临巨大的财政压力，既要维持军事存在，又要向游牧民族政权支付"岁币"。为了应付这种局面，宋朝政府采取了一种激进的国家经济形式，它对城市实施剥削性的税收——从针对城市居民房屋地产提出的复杂的征收计划，到扩张城市税，宋朝政府将征税对象从行政管理中心推广到普通市镇。对城市的财政依赖，可能导致了宋朝政府对筑城的忽视，因为这些城墙有可能会阻碍商业流通，妨害国家财政收入。在宋朝，国家仅在需要军事保护的地区修筑城墙——这是中国城市空间的地理标识。[6]

　　在此之后的元朝将城市视为统治的基础，因此不再执着于城市的财政能力。为了进一步扩大对农村的控制，元朝政府下令毁坏城墙，特别是过去南宋境内的城墙。元朝政府还在各大城市设立了独立的行政机构：这是中国历史上唯一一个对城市和农村实行区别管理的时代。元朝独特的城市治理机构"录事司"最早是北方政权设置的机构，后来的游牧政权继承了这一行政管理的传统，一直沿用到了元朝。到了明代，开国皇帝设想他的帝国首先应该是一个农村村社的帝国，在对帝国的统治中，城市的中心地位因此被撤销了。明朝的理想是建立一个农业帝国，到了王朝中期的商业大发展时期，这种制度被证明是难以为继的。在随后寻求财政改革的洪流中，城市获得了一种新的地位，并逐渐被重新纳入税收体系，来实现对税收公平的迫切需求。

尽管在大多数情况下，"一条鞭法"创立的制度框架被继承了下来，一直沿用到最后一个朝代清朝，但这个征服民族对城市却持有截然不同的看法。元朝统治者视城市为抽税的基础，与之不同的是，254清朝统治者将城市视为种族隔离和共存的场所。城市空间的管理也因为民族隔离和旗营圈占而变得更为复杂了。鉴于这种新情况，无论晚明的城市居民发起了何种变革，城市税收都无法得到延续就不足为奇了。[7] 到了 18 世纪，因为中国面临来自海上的前所未有的挑战，大城市中"满汉分城而居"的政策逐渐瓦解。[8]

这条调查线索不仅证明，对城市在一个庞大的农业帝国中发挥的作用的种种设想，彼此之间是断裂的，而且也揭示了这些设想之间内在的辩证关系。例如，人们普遍认为，朱元璋独特的理念是一种自然反应，即希望推翻元朝的统治。同理，在明朝后期，社会旅游活动的兴起，以及由此催生出的大量风景名胜，也对后世的政权影响甚巨。清政府意识到，尽管他们控制着实际的土地，但文化景观已经深深融入地方社会的组织结构之中。随着自然疆域逐渐统一，高度本土化的代表性景观迫使朝廷开创了另一种文化事业：到了 18 世纪，清朝皇帝开始巡幸天下，制作图文并茂的纪念图册，罗列他们驻跸的每一个地点。通过皇帝御足所践，那些极为特殊的地方名胜都处在天子的双目凝视之下。皇帝还通过为碑文、御题御赐寺观和学校，以及当地的园林宫观来创造一种实体的存在，而这些反过来又变成了当地的景观。

在顾起元的城市空间观念中占据核心位置的城市主—客动力机制，在不同朝代之间也表现出明显的波动。在激进的经济政策指导下，宋朝政府规定，寓居者只需要居住满一年时间，就可以在地方上登记为长久居民。[9]在元朝统治期间，横跨欧亚大陆的贸易路线变得更加便捷，人口流动因此也进一步加快了。元朝灭亡后，明朝回归农耕社会的帝国理想导致了严格的移民控制政策，它只允许最低限度的人口流动。对物资流动的限制成为财政制度的发展障碍，导致本地人口和移民人口之间冲突不断升级。到了明朝末期，朝廷放宽了对移民的限制。清朝延续了这一宽松的政策。与此同时，通过商人 255行会和文人社团，城内"主""客"之间的互动被逐渐制度化了。[10]根据罗威廉对汉口的研究，久住的客人也因为他们对城市福利事业积极参与，逐渐融入了城市社会。

　　本书以南京为起点，以对城市主义和城市化的一些反思作结。城市化不仅在中国版图上创造了更多更大的城市，而且也激励国家和社会重新考虑和规划城市在一个中央集权的农业帝国中的地位。这一发现不仅揭示了过去被忽视的晚明社会发展的空间维度，也补充和完善了中华帝国晚期城市化长时段视角的细节。中世纪的城市革命标志着中国以市场为驱动的城市化的开始，它跨越了中华帝国晚期的四个朝代。所有这些政权都面临着一个处在城市化进程中的农业帝国所带来的挑战和机遇。在明朝这个案例中，变革的动力来源于制度化的乡村理念与经济发展之间的内在张力，它最终迫使中央政府对日益扩大的城市领域中的行政管理和概念化进行调整。然而，有一点很明显，明朝的例子仅仅是昙花一现。在过去的一千年里，各个统治王朝对城市在帝国统治架构中的地位都拥有不同的愿景，而这又反过来制约着该王朝对城市化做出的社会反应和文化反应。然而，尽管各王朝彼此之间有所不同，似乎仍然有一种明确的王朝间的对话，探讨着最后一千年里城市主义的表达方式。这是一个令人着迷的现象，我们需要进行更多研究来追溯它特定的轨迹和内在动力机制。本书的方法简单适宜于对中国和其他前现代农业政权所遭遇的城市化问题进行比较研究。这个问题引起的关注尚少，但它的确值得进一步研究。城市化对我们的生活是如此重要，以至于它的当代特征很可能在不经意间就使我们忽略了它的前当代、前资本主义历史。从这个意义上讲，本书起着抛砖引玉的作用，希望有更多的学界同人参与其中，关注世界上类似中国这样处于前工业化、农业背景的国家，研究其城市化的意义和后果，并产生更多更好的研究成果。

顾起元《风俗》

南都一城之内，民生其间，风尚顿异。自大中桥而东，历正阳、朝阳二门，迤北至太平门，复折而南，至玄津、百川二桥，大内百司庶府之所蟠亘也。其人文，客丰而主啬，达官健吏，日夜驰骛于其间，广奢其气，故其小人多尴尬而傲僻。

自大中桥而西，由淮清桥达于三山街、斗门桥以西，至三山门，又北自仓巷至冶城，转而东至内桥、中正街而止，京兆赤县之所弹压也，百货聚焉；其物力，客多而主少，市魁驵侩，千百嘈哜其中，故其小人多攫攘而浮兢。

自东水关西达武定桥，转南门而西至饮虹、上浮二桥，复东折而江宁县至三坊巷贡院，世胄宦族之所都居也；其人文之在主者多，其物力之在外者侈，游士豪客，竞千金裘马之风。而六院之油檀裙屐，浸淫染于闾阎，膏唇耀首，仿而效之，至武定桥之东西。嘻，甚矣！故其小人多嬉靡而淫惰。

由笪桥而北，自冶城转北门桥鼓楼以东，包成贤街而南，至西华门而止，是武弁中涓之所群萃，太学生徒之所州处也；其人文，主客颇相埒，而物力啬，可以娱乐耳目，膻慕之者，必徙而图南，非是则株守其处，故其小人多拘狃而劬瘵。

北出鼓楼达三牌楼，络金川、仪凤、定淮三门而南，至石城，其地多旷土；其人文，主与客并少，物力之在外者啬，民什三而军什七，服食之供粝与疏者，倍蓰于粱肉纨绮，言貌朴儳，城南人常举以相嘲哳，故其小人多悴氓而蹇陋。

上元在乡地，在城之北与东南，北滨江，东接句容、溧水。其田地多近江与山，硗瘠居其半，其民俗多苦瘠，健讼而负气。江宁在乡地，在城之南与西，南滨江，西南邻太平，田地多膏腴，近郊之民，醇谨易使。其在山南横山、铜井而外，稍不如，而殷实者在在有之。

　　　　　　　　　　　　　　　　谈判中的城市空间

注　释

导言

1. 见徐泓（Hsu Hong）：《明初南京皇城》，以及《明初南京的都市规划》。（注释中所出现的文章名、书名，皆根据情况以其部分代指全称，不再一一说明。）

2. 为了安置那些被强制迁徙的富户和官员，明初政府建立了许多住房，例如"塌房"。见夫马进（Fuma Susumu）："Mindai Nankin no toshi gyosei"（明代南京の都市行政）。

3. 的确，正如万志英（Richard Von Glahn）的研究结果显示的那样，在晚期中华帝国的研究领域，"对该阶段知识分子、艺术、文学以及流行文化的研究成果，几乎都在序言中提到了市场经济的增长带来的社会后果"。见von Glahn, *Fountain of Fortune*, 2-3。

4. 在晚明时代，繁荣的商业发展刺激了文化的变化，关于此专题最完整的分析，详见 Brook, *Confusions of Pleasure*。

5. Spence, "Energies of Ming Life."

6. Ko, *Teachers of the Inner Chambers*, 31.

7. 对靡烂的社会风气的批判似乎是出现在全国范围内的一种现象，而这种风气的流行来自对晚明地方志的全面调查，例如徐泓编著的《明末社会风气》和《明代后期华北商品经济》。在过去的 20 年里，对晚明社会风俗的研究已经成为中国史研究的热点。

8. 森正夫（Mori Masao）："Minmatsu no shakai kankei"（明末の社会関係 における秩序の変動について），以及 "Minmatsu ni okeru chitsujo"（明末における秩序変動再考）。在这些文章中，森正夫对宋、明和清代关于社会风俗的讨论进行了比较，他认为，就社会秩序紊乱和文化危机而言，晚明的社会风俗讨论表现出了比宋代和清代更深层次的焦虑。

9. Elvin, "'Female Virtue.'"

10. Clunas, *Superfluous Things*.

11. 王畿:《书太平九龙会籍》,《龙溪王先生全集》, 卷 7, 37a–38b; 王艮:《语录》,《王心斋先生全集》, 卷 3, 9a。

12. 钱大昕:《杂著一"正俗"》,《潜研堂文集》, 卷 17, 282。

13. Zurndorfer, "Old and New Visions."

14. 关于"资本主义萌芽"的研究, 最早见于傅衣凌, 如《明代江南市民经济初探》。傅衣凌将中国本土的商业革命定位于 16 世纪。关于这个研究的回顾, 见费维凯 (Albert Feuerwerker)《从封建主义到资本主义》("From 'Feudalism' to 'Capitalism'")。

15. 关于中国的现代性, 观点最激烈的是罗威廉 (William Rowe) 的研究, 详见其著《汉口: 商业和社会》(*Hankow: Commerce and Society*) 的"序言"; 另见其文章《近代中国社会史研究方法》("Approaches to Modern Chinese Social History")。

16. 罗晓翔对晚明南京的研究, 见《从帝国都城到大都市》(*From Imperial City to Cosmopolitan Metropolis*), 该书指出了城市发展过程中非商业因素的重要性。她认为, 南京作为首都的特殊地位, 并没有压制它的商业活力; 相反, 中央政府的存在, 以及跨地区的社会精英, 斩断了南京和地方利益的联系, 把南京提升为一个真正的大都市。与其他一些省会城市或者商业市镇相比, 南京表现出更大的开放性, 它能够将新的政治或者社会潮流整合到城市生活之中。(第 230 页) 罗威廉的观点确实补充了由白银驱动的晚期帝国城市化的历史叙事, 但同时也让这段叙事变得更加复杂了。然而, 晚明南京政治和文化生活充满了活力并非仅仅因为它在江南地区网络中拥有特殊的地位。正如此书所示, 像"火甲"改革 (罗晓翔著作的第 1 章) 这类充满社会动能的事件, 实际上是由晚明城市面临的一系列城市问题所驱动的。

17. 该观点受益于本书书稿的匿名阅读者, 他是哈佛大学亚洲研究中心出版规划的一位匿名阅读人, 作者在此表示感谢。

18. 这并不意味着南京城的发展模式总是独一无二的, 而是倡导对南京城的景观进行更细致入微、就事论事的个案评价。在某些案例中（例如第1章探讨的城市地产税的产生），南京的确是最典型的"解决方案"——但绝非说，它就是该时代的"那个"解决途径。这种比较能够让我们更好地去理解发生在南京城中那些真正的变革。（例如丁宾在"火甲"改革中采取的平民主义措施的意义，本书第1章也讨论了这个话题。）

19. 诚然，许多优秀的城市传记都集中讨论某个具体朝代的某个特殊的城市。然而，积极地探索不同朝代的城市化与基础建设之间的联系的作品却十分稀少。近年来的一些研究开始注意到王朝政治与城市发展之间的紧密联系。例如，韩书瑞（Susan Naquin）在其著作《北京：寺庙与城市生活》（*Peking: Temples and City Life*）的序言中指出，明、清两代城市生活的不同，可能要比许多论文谈论的二者之间的"连续性"大得多。迈克尔·马默（Michael Marmé）的《苏州》（*Suzhou*）也注意到了明代的国家政策对苏州城市发展产生的影响。沿着这种思路，本书希望更进一步，通过南京这个核心案例，对明代城市化的特殊形式和性质进行深入探究。

20. 对城市税的形式进行的比较研究，详见本书第1章。

21. 学者们对"城市主义"这个术语的使用及其含义似乎并没有达成明确的共识。本书采用的是"城市主义"的历史主义视角——在特定的时空条件下，城市化的独特形式和性质。参见《巴洛克城市主义》（"Baroque Urbanism"），收于霍恩贝格（Hohenberg）和林恩·霍伦·李斯（Lym Hollen Lees）编著的《欧洲城市的形成》（*The Making of Urban Europe*,137-178）。换句话说，"城市化"指的是城市定居点的数量变化，而"城市主义"强调的则是在这个过程中城市质量的发展。

22. 韦伯（Weber）对中国城市的分析最早发表于20世纪早期，直到20世纪80年代依然深刻地影响着城市史家。无论中国传统城市体量有多大，具有怎样的经济集中度、社会复杂程度，正如罗威廉在对汉口的研究《汉口：商业和社会》中评论的那样："一个影响深远的西方历史学编纂流派认为，城市机构发育的不足是中国'落后'的主要原因。按照这种观点，中国的城市地带没能发挥催化剂的作用，以带来社会、经济和政治的变化，而这种改变却最终影响了中世纪以来的西方，并且为西方 19 世纪和 20 世纪初高度发达的物质文明提供了基础。"

23. 与欧洲城市的理想类型相比，中国城市到底处于一个怎样的位置？为了解开这个谜团，中国的历史学家们已经开展了大量的专题研究，内容包括市场网络、商团商会、同乡会组织，以及自治式的非政府机构和市民社会，通过将中国城市放置于全世界城市形态的谱系下进行观察，他们希望能够真实地评价中国城市和欧洲城市彼此间的异同。韦伯的观点强调一个自治的城市社区和一个全能的政府的鲜明对比，这与中国历史上的基层管理方式产生了强烈共鸣，因此，韦伯理论的影响无疑被进一步放大了。从对东方古代水利专制主义的辩论，到对资本主义萌芽的讨论，无论东方学家们出自何种智识传统，都毫无例外地将帝国政府视为阻碍、破坏社会自治能力和经济发展的因素。详见魏特夫（Wittfogel）的《东方专制主义》（*Oriental Despotism*），费维凯的《从封建主义到资本主义》，卜正民编著的《亚细亚生产方式》（*Asiatic Mode of Production*），以及蒲地典子（Kamachi）的《封建主义或者绝对君主制》（"Feudalism or Absolute Monarchism"）。

24. 中国的宗教和早期思想研究领域存在着一个可供比较的历史编纂理路，这些领域对韦伯进行竭力反驳，却在无意间加强了韦伯理论的核心前提。见迈克尔·普鸣（Michael Puett）在《成神》（*To Become a God*）一书中的序言。某位匿名读者对此书手稿的评论有益于该观点的形成，在此谨表谢忱。

25. 施坚雅（G. William Skinner）的理论模式强调，中国城市的主要功能是它的经济功能，而非行政管理功能，中国城市的经济功能构成了中国城市发展史上最重要的分水岭。这个模式通过利用一个高度量化的中心地模式，重新审视了传统中国的空间结构。施坚雅从农民日常进行小规模交易的那些集市开始分析，建构了一个交易中心层级，其中每个交易中心都拥有一个六边形的商业腹地。村庄聚集在一个标准市场周围，几个标准市场又聚集在一个中级市场周围，该中级市场又围绕着另外一些中间市场，而这些中间市场则聚集在一个中心市场周围。越靠近市场中心，地方资源和人口的集中度就越高。施坚雅使用一个逐渐扩张的空间中心的连续体的概念取代了过去在中国农民研究过程中一度极为流行的过分简单化的"城乡差距"的假设。换句话说，通过将中国依其地理限制划分为八个大区，施坚雅的空间分析解决了以往过分简单化的观念——这种观念一方面将农村描述为孤立的、自给自足的存在，一方面又将乡村—城市连续统一体刻画成一种天生互相联结的贸易网络。这种模型不但引发了人们对区域城市化研究的灵感，而且对单个城市的研究也具有启发意义。这篇论文被收录在施坚雅编著的《中华帝国晚期的城市》(*The City in Late Imperial China*)一书中。这个模式涵盖的时空范围是如此巨大，以至于它不可避免需要更多的实证研究来予以确认和修正。随着越来越多的研究者采用了施坚雅模型的研究方法，学术成果大量涌现，人们似乎就经济地理因素对形塑中国城市空间过程的影响达成了共识。例如，在王庆成对中国华北市场网络的研究《晚清华北的集市和集市圈》一文中，王氏在对大量地方志中搜集的数据进行分析之后，总结认为，许多市场网络不但不符合施坚雅的核心观点——最优六边形的模式，而且地方市场的数量和人口或者商业化水平也不成比例。这些发现使王庆成认为，在塑造城市层级的地理分布过程中发挥作用的是其他力量。沿着类似的这条线索，罗威廉综合了张琳德(Linda Cooke Johnson)编著的《帝国晚期的江南城市》(*Cities of Jiangnan in Late Imperial China*)一书的观点(第1—16页)，他发现，一些证据表明，市场经济不是决定一个城市的最终命运的唯一因素，政治力量也会影响城市的发展，即使像扬州这样一个绝对以商业为主导的中心城市也是如此。与施坚雅的推断相反，这些新的个案研究无一例外地说明，地区优势取决于多种因素，不只是经济因素。如果缺少更为全面的考察，关于商业化在城市发展命运中的作用这一问题，我们很难得出明确结论，但是这些新的研究成果就中华帝国晚期城市化的动力问题的确提出了一种更为包容的观点。关于施坚雅提出的城市发展模式的全面的介绍，详见Carolyn Cartier, "Origins and Evolution of a Geographical Idea"。

26. 科大卫(David Faure)在一篇名为《韦伯有所不知：明清时期中国的市镇与经济发展》("What Weber Did Not Know: Towns and Economic

Development in Ming and Qing China"）的颇具挑战性的文章中，直言不讳地提醒说，比较研究领域的确是令人兴奋的，但这同时也容易诱使从事比较研究的人陷入为比较而设立的框架之中（科大卫与刘陶陶：《中国的城镇和乡村》（*Town and Country in China*, 79）。的确，中国历史学家发现他们经常陷入诸如"大分流"这种预设之中。尽管晚期中华帝国的经济和城市发展是可以比较的，但我们也只能求助于历史偶然性来解释为何中国依然沿着一条完全不同于欧洲的现代化的轨迹发展下去。例如，"资本主义萌芽"派坚持认为，如果本土的发展进程没有被西方资本主义入侵打断，那么中国也能用自己的方式完成近代化。我相信，这种困境的症结不在于帝国晚期城市的繁荣，而在于城市化背后的社会环境。换句话说，只有研究城市领域在中国文化和社会环境中完成扩张的特殊方式——这一点无论如何都是与西方社会平行发展的——我们才能全面理解帝国晚期的城市主义。

27. Zurndorfer, "Not Bound to China."

28. Mote, "A Millennium of Chinese Urban History"; idem, "City in Traditional Chinese Civilization." 牟复礼（Frederick W. Mote）在以上两篇文中，都对这个问题做了深度思考。总体而言，"乡村—城市连续统一体"是一个范围甚广的概念，它描述了中国人的生活在制度、外在形态以及心理层面的农村基础。从行政管理角度上讲，城市并没有被视作独立的单位，它深深根植于县—府—省行政层级中。到了明清时期，当城市发展到必须将其行政管理权分割下放给更多的县时，城市的制度完整性就进一步被破坏了。结果，中国的城市尽管在外部形体上是由城墙来进行划分界定的，但城墙也只不过是农村在其中占绝对优势的政治组织的附属物。至于心理层面，牟复礼指出，正如我们在山水画、诗赋作品以及城市园林设计中看到的那样，城市精英对田园生活抱有更多的审美热情。最后，在一些普通城市和农村建筑中，设计、材料和建筑装饰的外部特征是十分明显的。一层或者两层的平面式单体建筑形成了"安全、实用、空旷"的传统建筑风格。中国的城市里不存在任何公共纪念建筑，而公共纪念建筑是证明一个明确的城市社会的确存在的标志。这个观点对过去中国农村研究中过分强调城乡差别的做法同样提出了异议。对地方社区和农村在制度、外部形态、心理三个方面的研究加强了城乡差别的概念，详见 Rowe, "Approaches to Modern Chinese Social History," 255-259。

29. 牟复礼的理论模式经由伊懋可（Mark Elvin）的修正，增添了一种更加特殊的经济维度。伊懋可将后中世纪时代的城市发展划分为两个阶段——宋代大城市的快速发展，以及明清时期中级市镇的扩散——伊懋可在《宋代以来的中国城市》（"Chinese City"）中对不同的乡村—城市景观进行了深入研究。在第一个阶段，大城市的扩张打破了此前城市规划将交易市场和居住区分割成不同区域的樊篱，这种割裂导致了一种"大城市、附郭地区以及更小的城市中心肯定存在明显区别"的景观。伊懋可将城市化的第二次浪潮称为"城市权力下移"，因为在这个阶段，最大的一些城市仍旧保留了原来的广袤度，而级别稍低的市镇却雨后春笋般涌现出来，幅度之大，极为醒目，并且进一步模糊了城乡差别，因为很多市镇除了镇域大小、社会构成之外，与村庄并不存在什么区别。伊懋可指出，对"这些中国城镇风格的农村"来说，村庄和城市间的区别更多的是范围大小不同，而非性质不同。伊懋可为乡村—城市连续统一体提供了一个只适用于明清时期的特殊经济基础。

30. Mote, "Transformation of Nanking," 103-105.

31. Mote, "A Millennium of Chinese Urban History," 54.

32. Arnade et al., "Fertile Spaces"; Reynolds, *Kingdoms and Communities*. 关于城市和农业经济的关系问题，见 Britnell, *Commercialization of English Society*; Stabel, *Dwarfs Among Giants*; and Nicholas, *Town and Countryside*。关于城市和农村的宗教信仰问题，见 Rubin, "Religious Culture"。关于城市及其属地主权的关系，见 Chevalier, *Les bonnes villes*; Mundy and Riesenberg, *Medieval Town*, 都讨论了城市生活的外观与现实之间的距离。

33. 则松彰文（Norimatsu Akifumi）："Shindai chūki ni okeru shashi, hayari, shōhi"（清代中期における奢侈、流行、消費：江南地方中心ど）。林丽月：《〈兼葭堂稿〉与陆楫 "反禁奢" 思想》以及《晚明 "崇奢" 思想》。

巫仁恕：《明代平民服饰的流行》及《明清消费文化》。陈国栋：《有关陆楫"禁奢辨"之研究》。钞晓鸿：《近二十年来有关明清"奢靡"之风研究》。

34. 关于这个城市社会的形成和运作，最具原创性和系统的研究是王鸿泰编著的《流动与互动》。该书第 1 章将园林、寺观、茶楼、妓院等视为城市社会不断加剧流动的公共空间。第 2 章和第 3 章研究了以城市为基础的文人士绅的社会生活，以及他们与妓女的关系。最后两章研究了明清城市的商品消费和信息流动。

35. 日本学者对"民变"问题给予了高度关注，他们的一些主要讨论在本书以下各章都有所涉及。对城市集体行动的总的回顾，见巫仁恕：《明清城市民变的集体行动》《节庆、信仰与抗争》《明末清初城市手工业工人》。

36. 详见史华罗（Paolo Santangelo）关于 18 世纪苏州的研究：《中华帝国晚期苏州的城市社会》（"Urban Society in Late Imperial Suzhou"），以及夫马进在《晚明杭州的城市改革》（"Late Ming Urban Reform"）中关于 17 世纪杭州的研究，都收录于《帝国晚期的江南城市》。罗威廉在该文集的导言（第 13—14 页）中指出："在夫马进和史华罗的研究中，最令人震撼的是城市精英和城市行政管理者都对城市问题给予了特殊关注，这两个集体都普遍被认为是对当地的管理问题负责的城市自治组织中的不同部分。"

37. Faure and Liu, eds., *Town and Country in China*, 1-3, 13-15.

38. Harrison, "Village Identity in Rural North China," 86.

39. Faure, "What Weber Did Not Know."

40. Harrison, "Village Identity in Rural North China," 104.

41. Ibid.

42. Faure and Liu, *Town and Country in China*, 14. 在这个导言中，编者认为，尽管城市数量出现了明显增长，但城市文化与乡村文化表现出的相似性证明了以农村为中心的世界观在晚期中华帝国占据上风。这种文化范式的力量是如此之大，以至于不是"中国人没能意识到城镇或者城市的人口集中，它的繁荣，或者它的行政管理或者商业功能"，而是尽管认识到了这一点，但是"无论是村民，还是城镇或者城市居民，他们仍然会站在乡村的利益角度来看待城镇和城市"。（同上，第 5 页）然而，该文集收录的赵世瑜的《庙会中所见市镇与县城的表达》（"Town and Country Representation as Seen in Temple Fairs"）一文向读者展示了即使是同样的宗教活动，当村庄庙会侵入城市，或者城市庙会流播到村庄时，城镇和城市之间的能量差别与经济差别仍然表现得十分明显。我在此想更进一步，我认为城市中不同的社会活动的确有助于利用旧的文化形式来表达关于城市生活新的观念与感知。

43. 顾起元：《懒真草堂集》，卷 14，15b。另见柯律格（Clunas）：《丰饶之地》（*Fruitful Sites*）中关于园林的研究。

44. Berg, "Marveling at the Wonders of the Metropolis."

45. 苏州是一个具有说服力的例子，这座城市是明代前卫艺术的中心。在 18 世纪之前，中国的城市里从未出现过城市景观画。尽管明代作家张岱在其《陶庵梦忆》一书中证实了晚明休闲文化对城市景观的普遍渴望，然而，沈周这种大画家为苏州这座商业之城、时尚之都创作的一幅幅作品，呈现的仍然是一幕幕田园风光（是否是沈周的手迹仍有争议）。见台北故宫博物院编：《苏州风景集》（*Collection of Views of Suzhou*）。关于苏州画的发展，更多内容详见马雅贞（Ma Ya-chen）：《商人社群与地方社会的交融——从清代苏州版画看地方商业文化》（"Picturing Suzhou"），这篇文章也指出了同一个现象。

46. 详见王鸿泰：《流动与互动》，第 2 章。这个观点在本书第 3 章中得到了进一步阐发。

47. 的确，即使是牟复礼，他在《南京的转型》（"Transformation of Nanking", 117）中也承认，"夸大乡村与城市的一致性将会是一个错误"。

48. Yinong Xu, *Chinese City in Space and Time*.

49. Rowe, *Hankow: Commerce and Society*; idem, *Hankow: Conflict and Community*.

50. 见 Rowe, *Hankow: Conflict and Community*, 342。罗氏的研究尽管吸引了很多历史学者，但却受到了大量批判。魏斐德（Frederic Wakeman）在其《市民社会与公共领域问题的论争》（"Civil Society and Public Sphere

Debate"）一文中明确地提醒，这个新近形成的城市身份似乎还十分脆弱，因此，它并不能完全替代特殊的出生地身份。例如，汉口的大多数商人组织都是由从上海来到此地的寓居者组成的。魏斐德认为，城市事务是由那些与其出生地存在紧密关系的寓居者来经营管理的，因此汉口不可能是一个具有牢固自我意识的城市。魏斐德还认为，罗威廉定义的一个城市社区的存在实际上充满了来自不同地区的群体的冲突。一个明显的例子是 1888 年，徽商行会和湖南行会就码头使用权的问题而产生冲突。最后，在年度龙舟赛上，当地人之间的冲突开始升级，以至于政府不得不彻底禁赛。一些类似的案例也说明，城市因为出生地、职业和邻里关系等几种因素而被割裂开来。罗威廉注意到了这个问题，他在著作中使用整整一章的篇幅对社会冲突进行研究，试图证明这些冲突事实上加固了整个城市范围的凝聚力。他通过借助一些坚持"冲突是合作的必要补充，通过制度参与，冲突为准则和规则提供了一个安全阀"的社会学家的理论来强调这种明显的矛盾之处（Rowe, *Hankow: Conflict and Community,* 216）。罗威廉相信，真正给社区的形成带来危害的不是激烈的冲突，而是漠不关心的态度。

51. 当然，罗威廉并不认为前近代早期的中国城市与欧洲城市是完全相同的。在罗威廉看来，中国城市与欧洲城市的主要区别在于，在中国城市中，社会抗议活动的频率很低。社会之所以稳定，不是因为政府实施高压政策，相反，而是因为政府具有社会调节和自我治理的能力，而且"城市社区的高度制度化的感觉……来自地方社会自身的主动性，特别（但并非仅仅）是来自城市精英"。换句话说，城市公众抗议的频率特别低，意味着传统中国城市具有更高程度的市民团结。详见 Rowe, *Hankow: Conflict and Community*, 344-346。

52. Ibid., 3-5.

53. 公共领域和市民社会诞生于 18 世纪的欧洲，当时的小资产阶级正在崛起，开始在国家事务中努力发声，因此，政府和商业（以及家庭）的封闭领域之间形成了一个崭新的谈判空间。本质上，这种模式构建了一种理想化的公共领域，个人可以在其中就公共福利进行公开讨论，做出理性决策。这是一个调节政府和社会二者关系的自治空间。除此之外，学者们还注意到，一旦将这种历史现象理论化，它就会变成一种"理想模型"。这种"理想模型"是任何历史社会甚至当代社会永远无法完全实现的。因此，它不是一个明确的衡量标准。见 Brook and Frolic, eds., *Civil Society in China*, 8-9。

54. Rowe, "Public Sphere in Modern China."

55. 罗威廉发现，当盐商、茶商以及厘金（一种传统税收）的收缴之责逐渐从政府官员向地方精英转移时，汉口的城市就已经开始了自治。然而，魏斐德（《市民社会与公共领域问题的论争》）对此持有异议，他认为政府控制了这些表面上的行商组织。魏斐德表示，即使是全城范围的行会协作，它实际上也是通过帝国法令来实现的，而且是在两名监司自上而下的严密监管之下完成的。换句话说，商人还远远不具备自治的权力，它们特别依赖官员的恩惠，因此，国家才是真正的控制者。

56. Wong, "Great Expectations." 王国斌（Wong, R. Bin）对中国的国家与社会之间的关系的研究，尤其是与欧洲近代早期的比较，详见其专著：《转变的中国》（*China Transformed*）。

57. Wong, "Great Expectations."

58. 在实际的层面上，王国斌认为，如果对晚期中华帝国的发展轨迹赋予过高的意义，给它贴上诸如"市民社会"这类标签，那么问题就被简单化了。应该这么说，晚期中华帝国的社会精英行动，至少存在两个阶段。18世纪对社会的管理，是在帝国官僚自上而下的整合控制之下才最终完成的；而在19世纪晚期，对地方事务的监管包含了官僚和地方精英的主动性。换句话说，在16世纪和20世纪之间，社会—国家的动力机制发生了剧烈变化，我们无法给它们贴上同一个概念标签。

59. Philip Huang, " 'Public Sphere' / 'Civil Society,' " 232. 黄宗智（Philip Huang）关于"第三领域"的论文有力地揭示了中国的政府与社会之间盘根错节的关系，他对魏斐德与罗威廉的争论进行了新的解读。然而，黄宗智引用的解释"第三领域"性质的主要例证是清代司法制度，而他对"民法"的理解受到了法国国家科学研究中心巩涛（Jerome Bourgon）的批评，见其作

品 "Uncivil Dialogue" 和 "Rights, Customs, and Civil Law"。

60. Philip Huang, " 'Public Sphere' / 'Civil Society,' " 168.

61. Wakeman, "Boundaries of the Public Sphere.

62. 例如，尽管魏斐德怀疑一个正式的公共领域应有的表现并不一定真实存在，但他依然承认，"充足的材料已经证明了这个论点，在地方层面，就非政府行为的感觉而言，晚清经历了公共领域的扩张，晚清政府致力于为公共福利提供服务和资源"。这里讨论的是这一发展的概念化过程。

63. Kuhn, *Review of Peking: Temples and City Life.*

64. Naquin, *Peking*, 170.

65. Ibid., Preface, xxxi.

66. 最具说服力的是关于会馆及其非正式的政治影响的例子。见 Susan Naquin, *Peking*, 598-621。

67. 在对韩书瑞（Susan Naquin）的著作的评论中，孔飞力在评价政府对城市公共空间的作用与影响时，指出了理论和实践之间的差别："人们只是在匆忙中，或者惊鸿一瞥，感觉到有一种游离于国家权力控制之外的宗教'空间'，任何这种感觉都被带入实践（而非理论）之中……尽管寺庙生活对社会产生了独特影响，然而，没人会认为它是一个免受国家权威影响的地带。"

68. Naquin, *Peking*, 248.

69. Belsky, *Localities at the Center.*

70. Farmer, *Zhu Yuanzhang and Early Ming Legislation*; and also Schneewind, "Visions and Revisions."

第一章

1. 关于南京"火甲"改革的最重要的文献是当时主事官员丁宾编写的《征钱雇募总甲以苏军民重困疏》一文。见其著：《丁清惠公遗集》，卷2，3a-11a。

2. "火甲"是一种普通的负责地方安全防御的"保甲"制度在城市的表

现形式，它在明代中期开始流行。正如著名学者、官员吕坤（1536—1618）所说："火夫枪夫之累。火夫在城市关厢巡夜，原为救火防贼。枪夫在乡间编为保甲，原为挨查救护。"见《上巡按条陈利弊》，收于其著：《去伪斋集》，卷5，63b-64a。宛平（负责北京城的地方行政管理的两个县之一）县令沈榜也认为"火甲"和"保甲"代表了同一种体系，只不过它们分别位于城内和城外。见其著：《宛署杂记》，卷42，"街道"。这两种组织的功能类似于现代社会的地方治安警察。

3. 为了推行赋役改革，政府对相关内容进行了统计。据记载，南京城有 670 个铺，每个铺内约有 100 个家庭；见《南京都察院志》（1623），卷20-21。尽管"铺"的字面意思是一个小棚户，供从事公务的人歇息，以及临时拘押嫌犯，但并非每个"铺"都拥有棚户掩体，因此我们应该把"铺"当作一种行政管理单位，而非一种具体的建筑。由于北京城（顺天府）的城市行政管理制度和南京具有相似性，因此，对北京城街坊组织的叙述也具有一定的参考价值。见 Wakeland, "Metropolitan Administration in Ming China," 245-260。

4. 引用自周晖：《续金陵琐事》。这篇文章描述的"火甲"制度总的情况与其他同时代对"火甲"的描述相符。它简要总结了"火甲"制度的功能、组织以及相应的问题。它将"火甲"的职能定义为夜巡和火警：

> "太祖所行火甲，良法也。每日总甲一名，火夫五名，沿门轮派。富者雇人，贫者自役。有锣有鼓，有梆有铃。有灯笼火把。人支一器，人支一更。一更三点禁人行，五更三点放人行。有更铺，可蔽雨雪，可拘犯人。遇有事，则铺之甲乙灯火相接，锣鼓相闻。凡刀枪兵器，与救火之具，一损坏有修铺家整理。独飞差与人命事，种种弊端，皆总甲当之，甚至数年不结局。此最害事，所当急急更张者。"

以上见周晖：《火甲》，《续金陵琐事》，卷下，135 页。序言标注的年份为 1610 年，即南京财税改革后的第一年。英译取自 Wakeland, "Metropolitan

Administration in Ming China," 252–253。

5. "火甲"旨在保护一方平安，与"里甲"或者"坊甲"等其他常规徭役存在区别，后两者的基础是里甲黄册制度。更多内容请详见本章有关"里甲"和"坊甲"的记述。

6. 顾炎武：《天下郡国利病书》，卷 6。该书列举了许多类似的情况。流寓商贾，尤其从其他地方入籍的人，经常会在本地逃避徭役。具体内容详见本书第 4 章有关明代对流寓实施管理的规定。

7. 关于一条鞭法的施行方式，以及它带来的历史影响，详见梁方仲：《一条鞭法》（ Single Whip Method ）。

8. 例如，罗晓翔在其《明代南京的坊厢与字铺》中，将南京"火甲"改革视为形成了城市身份认同，以及城市具备了自治地位的明确证据。她认为，南京居民之间牢固的联系并非来自商业活动的推动，而是来自行政管理的需要；这否定了韦伯视行会联盟为城市身份认同的前提的观点。我同意商业力量在塑造南京改革行动过程中只发挥了部分作用。然而，正如本章所示，尽管行政管理机构"铺"起了催化作用，但南京基层民众的广泛参与并非一种独特的城市现象，因此不应该视之为"城市意识"的证据（第 55 页）。

9. 王云海与张德宗：《宋代坊郭户等》；梅原郁（ Umehara Kaoru ）： "Sōdai toshi no zeifu"；（宋代都市の税赋）；柳田节子（ Yanagida Setsuko ）： "Sōdai toshi no kotōsei"（宋代都市の戶等制）；熊本崇（ Kumamoto Takashi ）："Sōdai no okuzei to chizei"（宋制「城郭之赋」の一つ检讨）。

10. 关于元代政治制度，见 Farquhar, Government of China Under Mongolian Rule。

11. Skinner, "Cities and the Hierarchy of Local Systems," in idem, ed., City in Late Imperial China, 307–344. 施坚雅认为，晚期中华帝国经常通过将中等城市划分成至少两个县来加强中央对城市的控制，这已经成为一种普遍的做法。

12. 按照爱宕松男（ Otagi Matsuo ）的说法，录事司带有强烈的欧洲

谈判中的城市空间

城市议会的特点，只有将它置于欧—亚帝国的背景之下考虑时才是合理的
（"Gendai toshi seido to sono kegen"）。最近的研究进一步将这种情形追溯到
辽和金，它们都是游牧政权，都强调对城市的控制，详见韩光辉：《元代中
国的建置城市》及《金代诸府节镇城市录事司研究》。

13. 这解释了为何南京的改革不得不依靠居民自愿提供自己的纳税信
息——地方政府并不拥有城市居民财产的记录。事实上，对没有土地的城市
富裕商人的赋税进行评估的依据也是不存在的。更多的信息见下文。

14. 关于此专题的综合研究，详见 Heijdra, "Socio-Economic Development
of Rural China."

15. 事实上，关于晚明城市赋税改革的研究成果十分丰富，例如夫马进：
"Minmatsu no toshi kaikaku to Kōshū minpen"（明末の都市改革と杭州民変），
以及万志英：《晚明中国的市政改革与城市社会冲突》（"Municipal Reform
and Urban Social Conflict"）。本章以这些前沿研究为基础，进一步探讨了对
晚明城市赋役改革产生影响的那些制度设置。

16. 明政府在制定最基本的行政管理单位时采用了黄册制度。通过这种
设计，一种统一的基层组织"里甲"制度最终能够在全国范围内推行，推动
了施行自我监督管理的村社组织的形成。赋役都是通过"里甲"制度来完
成，扩展到城市"里甲"制度具有许多不同的名目（城内的"坊"和附郭
乡村的"厢"）。关于明代乡村管理的细节，详见 Brook, "Spatial Structure of
Ming Local Administration."

17. 在这里，我借用了包弼德（Peter Bol）的论文《社会》（"Society"）
中的一个术语——"民间治理"。在包弼德的论文中，"自我监督的村社"的
制度化被视为明代早期立法的结果，它建立在东南地区知识分子精英的历史
经验之上，而不是一种被设定出来的自然村社"共同体"的表达，这一概念
是日本历史学家争论最为激烈的主题。包弼德试图解释，为何朱元璋更信任
地方村社，而不像宋代那样通过政府官僚制度来达到"文治"的理想。在这
个意义上，尽管早在明代以前，依靠地方自我管理已经是传之已久的做法，
但由于疏远了地方官员，明太祖的理想仍然显得特别另类。

18. Bol, "Society; Farmer, *Zhu Yuanzhang and Early Ming Legislation.*"

19. Bol, "Society; Nakajima Yoshiaki, *Mindai gōson no funsō.*"

20. 朱元璋：《大诰》，卷 3，34页；引自 Schneewind, "Visions and Revisions," 41-43。原译文引自 Dardess, *Confucianism and Autocracy*, 245-246.

21. 关于这个过程的讨论，详见 Heijdra, "Socio-Economic Development of Rural China"。

22. 学者们已经指出，如此广泛的劳役征派并非朱元璋立法的一部分，它起因于官僚制度的膨胀以及快速的人口增长。因此，地方征派经常是临时推行的，政府无法对此制定具体的制度规范。详见岩见宏（Iwami Hiroshi）：*Mindai yōeki seido*（明代徭役制度の研究），1-86页；谷口规矩雄（Taniguchi Kikuo）：*Mindai yōeki seidoshi*（明代徭役制度史の研究），3-34 页；岩井茂树（Iwai Shigeki）："Yōeki to zaisei no aida"（徭役と財政のあいだ）。刘志伟对广东的研究也支持这种观点，详见其著：《在国家与社会之间》，71-92 页。

23. 其他的一些改革措施只在局部地区推行。例如，"十段锦法"只在15 世纪晚期到 16 世纪中叶的江南地区推行。这种方法以土地所有权和体质合格的成年人的数量为基础，将徭役折算成赋税，它并非在行政管理社区轮流执行，而是以县、府为基本的会计核算单位。关于明代财政改革的整体研究，英文研究著作见 Heijdra, "Socio-economic Development of Rural China"; or Liang Fangzhong, *Single Whip Method*。

24. 本章所讨论的明末财政改革运动，主要是在"一条鞭法"的指导下进行的。历史学家的共识是，这种"方法"只是一个一般性的指导方针，刻意保持其灵活性，以便考虑不同地方的需求，其中南北方的差异是主要考虑因素。本章认为城乡差异也应考虑在内。在接下来的讨论中，这些总方针被称为"一条鞭法"，在这种方法指导下进行的实际财政改革运动被称为"一条鞭改革"。"方法"代表一种超越错综复杂的地方政治的理想，而"改革"则体现了新旧实践的协商所产生的地方差异。

25. 梁方仲将"一条鞭法"的总纲归纳如下：1. 将力役摊入田赋征收；

2. 赋役征收解运事宜由民众自理变为官府办理；3. 每年各项轮值徭役折银缴纳。另外，各地采用新法的时间也各不相同。见梁方仲：《明代一条鞭法年表》，收于《梁方仲经济史论文集》，485-576 页。

26. 见梁方仲：《明代粮长制度》；Heijdra, "Socio-economic Development of Rural China"。

27. 梁方仲：《一条鞭法》。

28. 梁方仲：《易知由单的研究》，收于《梁方仲经济史论文集》，368-484 页。

29. 祁彪佳：《按吴檄稿》。

30.《广东通志》（1602），卷 10，53b-54a。

31. Heijdra, "Socio-economic Development of Rural China," 480-482. 岩井茂树（Iwai Shigeki）："Yōeki to zaisei no aida"（徭役と財政のあいだ），第 4 部分，30-33 页。岩井茂树也认为，在"一条鞭法"在全国推广的过程中，发布地方预算是一种普遍做法。另见梁方仲《一条鞭法》，收于《梁方仲经济史论文集》，87-89 页。

32.《南宁府志》（1637），卷 3，14a-14b。

33. 同上书，卷 3，15a-15b。

34. 明代财政制度中的主要问题是赋役和劳役的征派问题，它们特别依赖地方权威部门的取舍与研判。见梁方仲：《一条鞭法》，15-19 页。

35.《明神宗实录》，卷 367（1612），9238-9241 页。

36. 朱国祯：《自述行略》，《朱文肃公集》，334 页。

37.《海盐县图经》（1624），卷 6，6a-6b；"令该里区甲人户公议，照田认役"。

38.《绍兴府志》（1683），卷 15，9b，节选自《两浙均平录》，签署于 1566 年。

39.《明神宗实录》，卷 58（1577），1337-1340 页。

40. 对于晚明社会出现的"公论"，日本学术界进行了大量研究，详见岸本美绪（Kishimoto Mio）："Minmatsu shinsho no chihō shakai to seron"（明

末清初の地方社会と世論）。夫马进："Chūgoku kinsei toshi"（中国近世都市）；"Minmatsu no toshi kaikaku"（明末の都市改革）；"Minmatsu minpen to seiin"（明末民変と生員）；"Minmatsu han chihōkan shihen"（明末反地方官士変）；"Minmatsu han chihōkan shihen horon"（明末反地方官士変補論）。

41. 钱谦益：《与杨明府论编审》，《牧斋初学集》，卷 87，17a-21a。杨氏任常熟县令的时间是 1628 年至 1635 年。

42. 的确，在以上所引的大多数案例中（见注释 39），我们看到，"地方公议"和"士人公议"这两个词语几乎是可以完全互换的。例如，夫马进（"Minmatsu minpen to seiin"，明末民変と生員）便通过对一系列的抗议和请愿行动进行分析，证明了自发汇集起来的地方社团是决定"公议"导向的关键性因素，甚至"公论"实质上也成为主要由统治精英表达的政治主张。

43. 就此而言，滨岛敦俊（Hamashima Atsutoshi）提供了有关江南乡村社会冲突的主要案例，详见其著：*Mindai Kōnan nōson shakai*（明代江南农村社会の研究），215-642 页。另见 Richard von Glahn："Municipal Reform and Urban Social Conflict"。后者集中研究了发生在江南地区城市中的阶级冲突。

44. 对士绅阶层的构成情况的结构性和历史性分析，详见 Shigeta, "The Origin and Structure of Gentry Rule"。

45. 见滨岛敦俊："Minbō kara gōshin e"（民望から乡绅－へ）。尽管这两者之间的鲜明对比可能是因为人们对过去持有太多浪漫主义的看法，但是这种现象仍然说明，在晚明社会，人们对有地地主滥用权力的行为抱有越来越强烈的敌意。

46. 夫马进和岸本美绪都指出，隐藏在"公议"现象背后的本质是地位的多样化和权力之争。另外，滨岛敦俊根据地方士绅优免徭役的情况，对这些士绅的不同地位进行了研究，详见其著：*Mindai Kōnan nōson shakai*（明代江南農村社会の研究），215-642 页。

47. 《绍兴府志》（1683），14 卷，42b-43a。文献记至 1547 年。

48. 金之俊：《抚吴檄略》，卷 3。金氏的命令颁发时间为 1642 年。

49. 顾炎武：《天下郡国利病书》，卷 23，46-47 页。

50.《兴宁志》(1637)，卷2，72b-73a。

51. 一些学者以为，晚明财政改革意味着"资本主义萌芽"的诞生，它反映了出现在中国本土的一种近代性质。尽管学术界对这种说法争论不断，但整体的看法是，"一条鞭法"改革是从日本以及新大陆流入国内的白银支撑的货币经济的产物。对于该专题的更详细的讨论，见本书导言。

52. 见刘志伟：《在国家与社会之间》，186-275 页。

53. 在宋代财政改革的对比下，这种史无前例的发展趋势就变得更加清晰了。在表面上，晚明财政改革将劳役折算成白银支付的改革方式与北宋新政时期（1069—1073）的雇役法十分相似。然而，当时的新政改革是建立在正努力和兼并之家做斗争的文官政府之上。相比之下，明代早期的社会愿景，对政府的期许比对地方村社的期许要低得多，而且有意要强化后者；这种强化对晚明的财政改革产生了持续性影响。Bol，"Society."

54. 根据《明史》记载，丁宾之所以长期在南京任职却从未获得升迁，是因为他在北京为官时，曾经怠慢了位高权重的首辅张居正，详见《明史》，卷221。

55. 见《江宁府志》(1668)，卷30，31b-32a。该生祠的《记》署名李长庚，焦竑题序，作于1630年，亦即丁宾于91岁高龄去世三年前。在明代晚期，为清正廉洁的官员修建生祠尽管有僭越礼制之嫌，但这仍然是一种普遍的做法。

56. 虽然北京在1421年就最早开始将"火甲"职业化，但这种创新并未能真正阻止官僚主义的盘剥。例如，永乐朝结束不久，1436年，政府便签发了一道文书，将北京居民划分为三个等级，来推动坊厢徭役制度。《皇明条法事类纂》收有颁发于1488年的一道法令，要求北京的有产民户每年服务一次"火甲"。王圻《续文献通考》(卷16，2913.3-2915.1)中的《历代役法》一文也收录了类似的案例。

57. 事实上，南北二京（南京和北京）通过相互援引对方来为自己提出的改革做辩护，这在当时已不鲜见。例如，过去对北京商户应负徭役的清审，每十年进行一次，但1579年的一道法令，将清审周期从十年缩短为五年。该法令指出，这项决定采用了南京新近引进的一项制度。这则档案引自沈榜《宛署杂记》的第93-94页，《铺行》。然而，20年后，情况却发生了翻天覆地的变化。1599年，李廷机在一份文件中提议，南京政府应该按照北京现行的方法来对南京的铺行进行改革，见《明神宗实录》，卷342（1599），6337-6339页。

58. 丁宾：《征钱雇募总甲以苏军民重困疏》，《丁清惠公遗集》，卷2，3a-11a。

59. 官员和士绅都被赋予特权，得到优待，从而能够豁免部分徭役（当时称为"优免"），但具体的优免程度却依赖一套复杂的规则。为了建立优免制度的基本原则，海瑞编订了一本《简可照繁册》，见《南京都察院志》（1623），卷20-21。

60.《南京都察院志》（1623），卷20，81b-82a。

61. 事实上，南京"火甲"改革是一个漫长的过程。早在1586年，担任南京御史的海瑞就已经将政府的部分征役折算成一定量的银钱征收，并且编写了《简可照繁册》和《地方夫差册》来记录标准化的徭役金派。详见海瑞：《海瑞集》，290-306页。关于海瑞的改革，我们将在下文进行讨论。

62. 焦竑：《排门条编便民册序》，《南京都察院志》（1623），卷36，69b-71b。顾起元：《地方夫差册序》，《懒真草堂集》，卷16，29a-30b。另外，周晖也写了一篇有关"火甲"的文献，收于其著《金陵琐事》（卷下），135页。这是周晖最畅销的一本著作。关于南京"火甲"改革的丰富文献表明，这个事件具有历史借鉴作用，而当时南京的名门显贵对此也极为关注。丁宾的相关记录提供了这段故事的官方版本，这个版本同时也被收入几部重要文献之中，例如《南京都察院志》和顾炎武的《天下郡国利病书》。与此同时，越来越多的文人开始撰写相关私家撰述，例如顾起元、焦竑，以及周晖的著作，这些人都是晚明时代公共生活中的关键人物（更多的介绍见本书正文第3章和第4章）。在事件的事实的层面，官方和私家撰述是一致的，只在侧重点上有所不同。丁宾集中记载了官僚制度过程，特别强调民众对改革的支持，而地方精英们却从制度范例的角度来记载此事。焦氏、顾氏和周氏的文章强调的事实是：由于北京的"火甲"制度早已经将劳役折算成货币支付，南京城只需要仿效施行就行。焦竑认为，南京改革之所以成功，是因为两个首都共同推动了这一改革（换句话说，南京最后追上了北京的步伐）。顾起元更进一步，他认为南京新推出的制度比北京的制度更具优势。北京作为先行者，之所以在地方精英的文献中被再三强调，可能是因为地方文人希望通过强调北京的法律地位来使他们自身的改革更具合法性。

63.《五城职掌》，见《南京都察院志》（1623），卷20-21。

64. 令人惊奇的是，丁宾的官方报告全都专注于向社会底层寻求共识，丝毫没有提及地方精英们的贡献。然而，焦竑和顾起元不仅写文章支持新的制度，他们还都担任了丁宾的个人顾问，积极参与整个改革过程。为了庆祝改革取得成功，焦竑特别强调了在推动改革过程中遇到的困难，毕竟改革对如此之多的权贵的利益产生了威胁。焦竑指出，推动改革的最关键的因素是"公意"。为了达到这个目标，丁宾向官员、士绅、乡老、富户、贫民，以及被旧政剥夺财产的民户广为咨询，希望能够获得一个全面的认识。需要注意的是，焦竑在这里提出了一种公共征询的理想制度，它体现了地方社区的内在秩序。虽然焦竑的表达不同于丁宾的平民主义的解释，但他仍然使用最直接的方式确认了丁宾对其追求"公意"的表达。丁宾和地方精英之间的差异，反映出了各自视角的不同。尽管向地方的咨询被划分为多个阶段，但丁宾仍然认为，在改革取得成功的过程中，那些与最广大民众有关的阶段最为重要。

65. 唯一的例外是南宋时期的都城杭州，在那里，城市税经历了两个王朝的更替，一直到明代还发挥着作用。最新的研究证明，杭州是整个明代唯一的例外。见《杭州府志》（1579），卷7，34a-34b。

66. 除了为一些特别的城市居民指定的某些职责，例如在税务部门（"税课司"）任职，或者从事治安工作（"巡栏"）之外，城市徭役（"坊厢役"）和总体的"里甲"徭役并没有太大区别。见《万历大明会典》，卷20，10b。

67.《坊长》，见嘉靖《重修太平府志》，卷4，12b-15a。

68.《田赋》，见《建昌府志》（1613），卷2，7b、10a。

69. 史鉴:《论郡政利弊》,《西村集》,卷 5。对此文本更进一步的分析,见滨岛敦俊: *Mindai Kōnan nōson shakai*(明代江南農村社会の研究),241 页。

70.《南昌府志》,卷 8,33a-33b。

71.《琼州府志》(1617),卷 5,51b-52a。

72.《永嘉县志》(1566)卷 3,45a-47a。

73. 见《户赋议》,《歙志》(1609),卷 3。

74. 这解释了税率在某些地方有利于城市居民的原因。例如,在义乌县,"一条鞭法"改革之后,新的城市人头税比农村人头税减少了三分之一。见《义乌县志》(1640),卷 7,15a。

75. 顾炎武:《天下郡国利病书》,卷 25,441a-441b。

76. 刘光济:《差役疏》,《新修南昌府志》(1588),卷 25,18a-19b。

77. 滨岛敦俊对这些案例进行了更详细的研究,见其著: *Mindai Kōnan nōson shakai*(明代江南農村社会の研究),284-328 页。

78.《均田十议》,《嘉兴县志》(1637),卷 10,38a-39a。

79. 朱国祯:《附市户议》,《朱文肃公集》,329-330 页。

80. 丁元荐所要反对的主要目标是一项地方议案,该议案提出用一项城市居民税来代替减少士绅特权。尽管丁氏承认,在原则上,改革应该增加富商承担的职责,进一步缓解农民的负担,然而,在士绅和城市富人之间进行选择只不过是回避人们对士绅特权的批判的手段。见丁元荐:《尊拙堂文集》,卷 2,33a-34b。对丁氏在改革中的地位的详细讨论,见滨岛敦俊对这些案例更详细的研究,见其著: *Mindai Kōnan nōson shakai*(明代江南農村社会の研究),322-324 页。

81.《泉州府志》(1612),卷 6,76a-76b。编者的观点与滨岛敦俊在《明代江南農村社会の研究》中的观点一致(详见第 449—522 页),即激进的士绅之所以违背其阶层利益,支持徭役改革,是因为明末清初此起彼伏的民变带来的威胁令人恐惧。他们相信,只有废除令人憎恶的士绅特权,才能有效缓和阶级之间的紧张关系。

82.《吴县志》（1642），卷9，9b-12a。

83.《松江府志》（1630），卷11，22a-24a。

84. 岩井茂树（Iwai Shigeki）："Yōeki to zaisei no aida"（徭役と財政の
あいだ）；"Chō Kyosei zaisei no kadai to hōhō（張居正財政の課題と方法）。

85. 孙承泽：《春明梦余录》，卷35，36b-38a。

86. 王裕明：《明代总甲设置考述》；陈宝良：《明代的保甲与火甲》。

87. 杨希淳：《义士赵白石善继传》，收于焦竑：《国朝献征录》，卷113，
43a-46b。

88. 顾起元：《坊厢始末》，《客座赘语》，卷2，64-66页。

89. 赵善继希继希望能够改革"坊厢役"——"坊厢役"是独立于"火甲"
之外的一种徭役。然而，终明之世，"坊厢役"和"火甲"都因为政府的滥
征而变成了一种让人难以负担的沉重徭役。

90. 杨希淳：《义士赵白石善继传》，收于焦竑：《国朝献征录》，卷113，
43a-46b。

91. 顾起元对该发展过程进行了详细描述，见《坊厢始末》，《客座赘语》，
卷2，64-66页。然而，他并没有确认所有这些问题是在什么时候得到最终
解决的。正如我们通过丁宾的传记看到的那样，坊厢役改革仍然是一个严重
的问题，而且变成了丁宾在南京的主要任务之一。见《江宁府志》（1668），
卷19，18a。

92. 见夫马进："Mindai Nankin no toshi gyōsei"（明代南京の都市行政），
245-247页。

93. 无论是城市还是乡村，它们都处在同一个县衙的管辖治理之下，因
此，部分预算短缺可以通过挪借农村徭役的款项来解决。但这种财政上的补
救措施只是暂时措施，拆东墙补西墙只能解决燃眉之急，因此注定会失败。
以南京为例，在15世纪早期，县衙官吏利用坊厢役的余资来弥补农村的里
甲，而到了16世纪最后的25年，他们开始通过地方政府的其他渠道来筹措
资金，填补坊厢役的预算不足，并以此来安抚坊厢户的怨言。无论补贴最终
到了谁的手里，资金不足问题一直存在。见顾起元：《坊厢始末》，《客座赘

语》，卷 2，64-66 页。

94. 海瑞：《地方夫差册》，《海瑞集》，290-306 页。

95. 关于海瑞的传记，以及当时对他的特立独行的职业生涯的看法，详见黄仁宇：《万历十五年》。

96. 岩井茂树："Yōeki to zaisei no aida"（徭役と財政のあいだ），第 4 部分，62-79 页；黄仁宇：《十六世纪明代中国之财政与税收》。对广东地区的研究，见刘志伟：《在国家与社会之间》。

97. 海瑞：《地方夫差册》，《海瑞集》，290-306 页。该发展趋势反映出，在北京，过度官僚化的国家体制首先会要求政府通过"火甲"来抽取徭役。结果，尽管"火甲"的建立初衷是加强地方治安和巡逻，但该制度实际上已经被地方政府部门制度化地滥征了——地方政府经常抽调当地居民来充当衙役、书手或者跑腿。详见沈榜：《力役》，《宛署杂记》，50-52 页。

98. 根据岩井茂树的研究，清代的地方财政亏空问题更为严重。详见其著："Yōeki to zaisei no aida"（徭役と財政のあいだ）。

99.《明神宗实录》，卷 383（1603），7210-7211 页。

100. 尽管"火甲"是一种名义上已遭废除的坊厢役制度的复活，但该制度是通过各户之间"排门"来完成的，带有某种公平的性质，因此，"火甲"被视为一种能够体现社会公正的赋役形式。其原因是：它将那些寓居本地的流动人口也考虑在内。作为南京地方精英，顾起元提议，南京应该采取这种形式的劳役征派，因为将坊厢役折银缴纳会带来严重的问题：政府无法对那些流动人口进行登记。事实上，终明之世，没有法律规定对城市里的寓居人口进行注册登记。见顾起元：《力征》，《客座赘语》，卷 2。

101. 关于本地人与流寓之间的紧张关系的讨论，详见本书第 4 章。

102.《革排门杂差》，《建昌府志》（1613），卷 2，40b。

103.《杂役》，《琼州府志》（1617），卷 5，65a-67a。该文列举了几种非法定的，但在后来变成正式征役种类的徭役，例如"总甲"。不同名目的各种"火甲"应该归因于明代地方防卫制度的高度复杂性。详见陈宝良：《明代的保甲与火甲》。

104. 吕坤：《新吾吕先生实政录》，465–467页。

105. 关于晚明"火甲"制度的改革，详见夫马进："Minmatsu no toshi kaikaku"（明末の都市改革と杭州民変）；von Glahn, "Municipal Reform and Urban Social Conflict"。

106.《征钱雇募总甲以苏军民重困疏》，《丁清惠公遗集》，卷2，3a-3b。自主进行纳税登记是早先均徭改革的一种遗存，它将劳役折算成白银计算缴纳。由于此前评估无地城市富户应纳赋税的现成方法并不存在，征税官员只能先让城市居民主动申报他们的财产，然后再决定其应该承担徭役的等级。这种方法被称作"自占"，详见王圻：《历代役法》，收于其著：《续文献通考》。

107.《征钱雇募总甲以苏军民重困疏》，《丁清惠公遗集》，卷2，3a-3b。

108. 在针对城市税的种种提议中，杭州的城市房产税最为激进，它引发了猛烈的社会骚动。这项新税制建立在"间架"（即房屋建筑框架）的具体面积基础之上，因此，税率之高史无前例。在此新政之下，富民们将主要担负起雇佣劳役需要的财政负担，而贫民在旧政之下，已经家财无几，因此，新法引发了富民和贫民之间的剧烈冲突。详见夫马进："Minmatsu no toshi kaikaku"（明末の都市改革と杭州民変）。

109. 这些例子出处同上，夫马进对此进行了详细讨论。

110. 尽管对这个问题进行深入讨论已经超出了本书的关注范围，但人们对各个城市的历史背景和该城采用的城市税基础之间的某种联系抱有兴趣。例如，在松江府，建立"役田"来解决财政短缺问题的传统做法就可以追溯到宋代。见《松江府志》（1630），卷11，22a-24a。

111.《海盐县图经》（1624），卷6，31b-32b。

112. 吕坤：《新吾吕先生实政录》，465-467页。

113. 顾炎武：《天下郡国利病书》，卷16，2b-4b。

114. 相比晚明时期的城市改革，继之而起的清王朝选择了免征城市税这一措施，这是一个值得深入研究的问题。在朝代兴替过程中，我们可以发现少许线索。在晚明改革时期，为了克服内部的叛乱和来自外部的侵略，晚明政府越来越多地采用"房号银"。1636 年，为了筹措军费，政府正式施行城市房地产税。然而，按照吴甡《房号得饷无多征派滋扰疏》的说法，人们广泛认为房号税是对人民的掠夺——它肯定不是"一条鞭法"的一个部分——因此它遭到强烈抵制。相反的理解大概能解释为何后来向明朝发难的清政权决定放弃城市税。事实上，在清初，曾经仕明，后来仕清，时任漕运总督的吴惟华曾经提出过这个方案。然而，康熙皇帝谴责这种压榨百姓的政策过于贪婪，吴惟华因此受到严厉处分，并遭流放。见《吴惟华列传》，收于周骏富：《贰臣传》。

第二章

1. 这里的"南京大都市区"指的是"京兆"地区。本地区是以帝国首都为中心的未正式命名的府地，它与"直隶"或者南方大都市地区"南直隶"（1421 年之后）有所区别，后者大约由现在江苏和安徽两地所辖范围组成。Hucker：*Dictionary of Official Titles*.

2. 我们不能狭隘地将"城"这个词的意思理解为政府治所。明代行政管理体制包括了"州县"和"卫所"两个平行的体系。按照范德（Edward L. Farmer）《明代城墙的等级》（"Hierarchy of Ming City Walls"）的说法，这两个体系在明代都开展了积极的筑城活动。本章对浦子城的案例分析就包含了这样一个军事卫所。

3. 明朝高度重视筑城，这一现象最早在牟复礼的《南京的转型》（"Transformation of Nanking"）一文中被提到。牟复礼认为，明代醉心于筑城，反映出明王朝继元朝统治之后，在心理上具有强烈的不安全感。范德通过更多系统性的研究，在其"明代城墙等级"相关论述中发展了这一观点。他将这种情况归因为继外族统治之后出现的文化保守主义。如果与宋、元相比，明朝对筑城的强烈关注则更为明显。根据成一农《宋、元以及明代前中期市城墙政策的演变及其原因》的研究，就筑城而言，除了一些政治形势极度严峻的军事地区，宋朝在总体上推行一种"不修城"的政策。到了元代，为了加强统治，这种政策进一步发展成为一种正式的禁止筑城政策。明代的筑城政策极为严格，这是因为朝廷的政策立场十分坚决，除此之外，朝廷还将对地方官员政绩的考评，对官员仕途的黜陟和筑城事务捆绑在了一起。关于明代筑城政策以及该政策在一些特殊地区的推行与落实情况，详见徐泓：《明代福建的筑城运动》。徐泓的案例研究表明，明代涌现过三次筑城高潮：最初是在大明刚取代元朝的明初时段；然后是海盗频繁入侵沿海沿江地区的 16 世纪；最后是明代末期。

4. 海盗侵略的主要目标是沿海地区以及水路畅达的地区，其中包括了南京这种并不沿海的城市。在那些受海盗骚扰的地区，福建和浙江是受灾最严重的省份，因此，这些城市的筑城活动尤为活跃。见徐泓：《明代福建的筑城运动》；以及庞新平（Pang Xinping）："Kasei wakō katsuyakuki"（嘉靖倭寇活躍期における築城）。

5. Mote, "Growth of Chinese Despotism"；Grimm, "State and Power in Juxtaposition"；Danjō Hiroshi, *Minchō sensei shihai.*

6. See Hucker, *Traditional Chinese State in Ming Times.* 中国历史学者普遍持有这种观点，详见钱穆：《国史大纲》，498-512 页。

7. 出现在明世宗和明神宗统治期间的"大礼仪之争"对此表现得最为明显。详见黄仁宇：《万历十五年》。

8. See "Introduction", in Esherick and Rankin, eds., *Chinese Local Elites*; and Shigeta, "Origins and Structure of Gentry Rule".

9. Brook, *The Chinese State.* 详见该书"前言"与"结语"部分。这句话引自该书第 13 页。

10. Ibid., 189.

11. Schneewind, *Community Schools*。这句话引自导言第 5 页。

12. 在明代，就地方利益（例如争取更多的科举考试的人数名额）而言，新的县 / 府的建立推动了地方安全，完善了基础设施并最终推动经济增长。详见白桦：《明代州县政治体制研究》，52-74 页。

13. 韩仲叔：《难城说》，《高淳县志》（1683），卷 22，43b-45b。

14. 御史最初是皇帝的"耳目"，在巡按时期，御史能够直接指挥地方政府的行为，接纳地方民众的诉状，并且直接向朝廷奏事。这属于中国独有的、独立于行政官僚制度的"御史监察"制度。然而，在明代，御史的职责逐渐由"监察"变为"管理"，而且变成了地方行政管理系统的一个辅助功能。详见小川尚（Ogawa Takashi）：*Mindaichihō kansatsu*（明代地方監察制度），19-36 页。

15.1573 年的圣旨要求包括御史在内的地方官员负责落实筑城政策。见《明神宗实录》（1573），卷 2，23-26 页。本节下文介绍了这道圣旨的全文，并对此进行了讨论。

16. 从时间上判断，促使县令夏大勋采取行动的关键因素可能就是 1573 年下发的这道圣旨。《明神宗实录》（1573），卷 2，23-26 页。

17. 庞新平："Kasei wakō katsuyakuki"（嘉靖倭寇活躍期における築城），39-42 页。

18. 徐泓：《明代福建的筑城运动》。

19.《明实录》至少收录了 300 多条关于筑城的文献。尽管大多数文献的内容是强调各个特殊地区的情况，但仍有一些文献只是普遍的筑城命令。例如，1449 年，明英宗被俘之后，继起的代宗下发了一道圣旨，公布了他重振朝纲的计划。该圣旨重申了筑城的重要性，承认全国各地普遍出现了城垣颓圮、年久失修的问题，将其归因于地方官员缺乏重视。朝廷督促地方官员对老旧的城墙进行修缮，并且鼓励那些没有城墙的地方官员向朝廷提出筑城计划。详见《明英宗实录》，卷 186，7323-7324 页。到了 1488 年，明孝宗继位时，同样的事再一次发生了（《明孝宗实录》，卷 12，276 页）。1513 年，收到董整上疏之后，正德皇帝签发法令，要求全部未曾筑城的城市修筑城墙。《明武宗实录》，卷 98，2054 页。

20. 登丸福寿（Tomaru Fukuju）和茂木秀一郎（Mogi Shūichirō）：*Wakō kenkyū*（倭寇研究）。

21.《明神宗实录》，卷 2，23-26 页。

22. 在中华帝国，就筑城这种公共工程的资金支持而言，地方的积极主动性至关重要。Yang Lien-sheng, "Economic Aspects of Public Works", in

idem, *Excursions in Sinology*, 191-248.

23. 地方政治会影响地方志书的表达，《萧山县志》（1935）就反映了这个现象（卷32，24a-24b）。志书收录了一篇记载1568年一场请愿活动的文章，但书中抱怨说，本地最新版的地方志书在提及请愿者的祖父时，说他是一位"邑人"，但却对他的"御史"身份绝口不提——地方志书故意模糊这一家族为地方做出的贡献。关于明代地方志书的发展，详见本书第4章。

24. 韩仲叔：《难城说》，《高淳县志》（1683），卷22，43b-45b。尽管此文在现存的全部高淳志书中均署名"韩仲叔"，但韩仲叔申明，他只不过总结了由"韩仲孝"执笔写就的请愿文稿。"韩仲孝"是高淳地方上一个比较活跃的生员团体的成员。因此，尽管引用的这个史料署名为韩仲叔，我讨论的中心依然是由韩仲孝领头的生员团体的政治游说活动。

25. 黄秉石：《城高淳议》，《高淳县志》（1683），卷22，51b-53b。

26. 尽管我们现在已经很难找到编纂于1606年的地方志书，但这些文章均被1683年版的志书转引。

27. 项维聪：《重修高淳县志序》，《高淳县志》（1683），卷23，1a-3a。

28. 对高淳县地方网络的描述，见陈作霖：《金陵通传》，卷19，1a-6a。

29. 黄秉石：《城高淳议》，《高淳县志》（1683），卷22，51b。

30. 项维聪：《建城论》，《高淳县志》（1683），卷22，50a。

31. 筑城由县衙负责筹措资金，费用由全体高淳居民（既包括居住在县城治所之内的居民，也包括居住在县城治所之外的居民）共同分担。根据原始的字面解释，我们只有通过特殊含义才能将高淳县和高淳城区分开来。通常来说，在讨论与筑城费用相关的问题时，作者笔下的"高淳"是高淳县；而在辩论高淳是否"可城"的问题时，作者谈论的大多是高淳县城的城治，即高淳城。

32. 这句话出自传统经典《国语》："众心成城，众口铄金。"通过生动形象的词语，它向我们强调了赢取民心对统治者的重要性。

33. 黄秉石：《城高淳议》，《高淳县志》（1683），卷22，51b-53b。

34. 项维聪：《建城论》，《高淳县志》（1683），卷22，50a。

35. 黄秉石：《城高淳议》，《高淳县志》（1683），卷22，51b。

36. 韩仲叔：《难城说》，《高淳县志》（1683），卷22，43b。

37. 同上。韩仲叔所言与项维聪的《建城论》是一致的。项维聪不仅强调了高淳城作为"城"的性质，同时也强调了该城没有合适空间来修筑城墙的问题。"盖高淳县治，原溧水之一镇耳。南临大河（即官溪河，见图2.1），固城湖水所经。东西皆圩，倾侧而洼下。北负山势，半为坟墓。"项维聪的文章响应了黄秉石，我们将在下文对他的观点进行讨论。项维聪认为，高淳因水域而受限制。沿河两岸是主要的居民住宅区和商业区，高地是墓葬区（"风水"影响了这一布局），其余的则变成了开拓地。因此，开辟出一片空地来修筑城墙会给高淳居民造成巨大的经济和社会损失。

38. 黄秉石：《城高淳议》，《高淳县志》（1683），卷22，51b-53b。

39. 同上。

40. 同上。

41. 同上。

42. "地脉"出自"风水"原理，指的是一个地方随着地形行走的"气脉"，它严禁受到打扰。

43. 黄秉石：《城高淳议》，《高淳县志》（1683），卷22，51b-53b。

44. 童维生：《高淳县建县的时间》。该文认为，高淳建县的时间是1491年。

45. 庞新平："Kasei wakō katsuyakuki"（嘉靖倭寇活躍期における築城），39-42页；徐泓：《明代福建的筑城运动》。

46. 吕坤：《展城或问》，《去伪斋集》，卷7，14b-29b。

47. 《吴县志》（1642）；另请参考徐亦农对苏州城的研究讨论：《时空经纬中的中国城市》。

48. 吕坤：《展城或问》，《去伪斋集》，卷7，14b-29b。此文成文的标注时间大概是1601年阴历元月初一。

49. 吕坤：《与槪县乡亲论修城》，《去伪斋集》，卷7，30a-34a。

50. 同上书，卷7，32b。

51. 吕坤:《展城或问》,《去伪斋集》,卷7,16b。

52. 对于晚明时代"公议"的讨论,详见本书第1章。有关中华帝国晚期的"市民社会"和"公共领域"的研究更多集中在城市,或者像江南这种经济较发达地区。详见 Brook and Frolic, *Civil Society in China*; Rowe, "Public Sphere in Modern China"; Wong, "Great Expectations"; and Bergère, "Civil Society"。关于印刷媒体在晚明公共生活中的作用的进一步研究,详见本书第4章。

53.《绍兴府志》(1586),卷2,6b-7a。

54.《松江府志》(1631),卷19,1a-16b。

55.《高淳县志》(1683),卷15,7b-8a。

56. 同上书,卷16,6b-7b。

57. 陈作霖:《金陵通传》,卷19,2a。

58. 韩邦宪:《广通镇坝考》,《高淳县志》(1683),卷22,32b-36a。

59. 关于长江的历史,详见《高淳县志》(1751),卷4,3b-5a。

60. 韩邦宪:《高淳事宜》,《高淳县志》(1683),卷22,31b-32a。

61. 韩邦宪:《减税议》,《高淳县志》(1683),卷8,21a-23a;韩邦宪:《寺田议》,《高淳县志》(1683),卷8,23a-25a。

62. 韩邦宪:《高淳事宜》,《高淳县志》(1683),卷22,31b-32a。

63. 陈作霖:《金陵通传》,卷19,1a-2a。

64.《赋役考》,《高淳县志》(1683),卷8,1a-30b。

65. 黄秉石:《城高淳议》,《高淳县志》(1683),卷22,51b-53b。

66.《江浦县志》(1726),卷2,6a-8b。

67. 南京守备是负责南京军事的三位长官之一。Hucker, *Dictionary of Official Titles.*

68.《江浦县志》(1726),卷1,26a。

69.《江浦埂乘》(1891)卷5,5b-6b。

70. 在南京,最重要的官职是南京守备和协同守备,1420年之后,此二者全面掌控了南京军务。南京守备通常由南京兵部尚书领任。详见《明史》,

卷76。

71.《江浦县志》（1726），卷1，4a。

72. 郎达：《巡盐察院碑记略》，《江浦县志》（1726），卷8，128b-130a。

73. 朱觉：《户部分司公署记》，《江浦县志》（1726），卷8，79a-80a。

74. 见《武备志》，《江浦县志》（1726），卷3，1a-5b。

75. 焦竑：《开对江河记》（1594），《江浦县志》（1726），卷8，98a-101a。

76.《江浦县志》（1726），卷1，13a。

77. 京操军是两京（北京和南京）大型军营，全国的卫军要轮流赴京，以俟临阅、操练。到了明代后半期，他们不再是用于实战的战斗部队。通常来说，这些军队是国家工程建设的主要力量，朝廷有时候也会安排他们从事其他不太重要的工作，这可能就是他们参与筑城工程的原因。

78.《江浦埠乘》（1891），卷5，4a-9b。

79. 同上书，卷5，5b-6b。

80. 同上。

81. 张邦直：《筑旷口山土垣记》，《江浦县志》（1726），卷8，82a-84a。

82. 姜宝：《江浦新城记》（1580），《江浦县志》（1726），卷8，86a-88b。何宽：《建旷口山城记》（1580），《江浦县志》（1726），卷8，88b-92a。以上文章还被收录在《江浦埠乘》（1891），卷5，1a-4b。

83. 余孟麟在《建文明楼记》中说："公之谋始也，众以工钜赀勘难之，公弗顾。商工议庸，授以成度。百执事逢以周旋，勿敢逾尺寸……盖事有法，役无颇，故功易就而从不谲。"《江浦县志》（1627），卷8，92a-94b。

84. 详见姜宝：《江浦新城记》；以及何宽：《建旷口山城记》，《江浦县志》（1726），卷8，86a-88b，88b-92a。

85. 江浦城墙筑成之后，县令何宽曾列出当时参与筑城工程的南京官员名单。见何宽：《建旷口山城记》，《江浦县志》（1726），卷8，88b-92a。

86.《江浦埠乘》（1891），卷3，7a-13a；《六合县志》（1884），卷1，19-24页。

87. 学术界许多学者都对此问题进行过研究。详见费维凯（Albert Feuerwerker）:《从封建主义到资本主义》（"From 'Feudalism' to 'Capitalism"）；李文治:《晚明民变》；以及傅衣凌:《明代后期江南城镇下层士民的反封建运动》，收于《明代江南市民经济试探》。受到晚明社会批评启发，一些日本汉学家也为研究晚明经济发展对与人们普遍接受的绝对的中国专制主义观念相抵牾的社会、政治条件的诞生的推动做了不小贡献。一些历史学家，例如田中正俊（Tanaka Masatoshi）、左伯由一（Saeki Yūichi）、小山正明（Oyama Masaaki）等人，将中国的抗捐抗税活动视作一种自发的阶级斗争形式。他们认为，如果没有这种斗争，依照当时的政治环境，经济发展永远不可能生根发芽。这些学者研究了大量案例，他们发现当时社会底层的人们形成了稳定的组织，提出了自己的要求，喊出了他们的不满。与他们的中国同道一样，日本汉学家得出了结论：16世纪大规模的商业浪潮催生了一种新的社会关系，这种关系会对"封建主义权威"提出挑战。这些日本汉学家的代表作品有: Tanaka Masatoshi, "Popular Rebellions"; and Kobayashi Kazumi, "The Other Side of Rent and Tax Resistance Struggles"。日本汉学家的有关研究概况, the editors' introduction in Grove and Daniels, *State and Society in China*。

88. Zurndorfer, "Violence and Political Protest"; and Wakeman, "Rebellion and Revolution". 后者提出了与前者相似的观点。

89. Kobayashi Kazumi, "The Other Side of Rent and Tax Resistance Struggles."

90. James Tong, *Disorder Under Heaven,* 194-197.。

91. Ibid.

92. Zurndorfer, "Violence and Political Protest", 317-319.

93. Wu Jen-shu, "Ming Qing chengshi minbian yanjiu."

94. Tong, *Disorder Under Heaven*, 155-157.

95. Ibid., 156.

96. Fang, *Auxiliary Administration*.

97. 关于长江（扬子江）的历史，详见《高淳县志》（1751），卷4，3b-5a。

98. 许毅：《溧水县改建便民新仓记》，《高淳县志》（1683）。施坚雅最早是以清代的史料为基础做出这个论断的，但是最近关于明代基层管理的研究证实了他的发现。详见白桦：《明代州县政治体制研究》，52-74页。

99. 施坚雅在其《城市与地方体系层级》一文中引入了由三个地理层级组成的空间结构：自然地理（以自然地形为基础）、区域经济地理（建立在施坚雅提出的中心地模型之上），以及官僚行政地理（省—府—县等级）。通过数据，施坚雅证明了前二者，即自然地理和宏观区域经济地理是紧密相关的，而第三个层级形式则更为复杂。官僚行政层级表面上似乎是由国家强权施加所致，受到了过去形成的地方管理传统的强烈影响。通过近距离观察，施坚雅发现，清政府实际上一直在自然地理和经济地理二者之间审慎地寻求一种平衡。简言之，建立官僚行政层级时，国家主要关注的是两个方面：税收和军事防御。财政的重要性要求官僚行政层级必须适应地区市场分布：一个城市在一个经济层级中的位置取决于它产生税收的能力。类似的，一个城市的军事防御功能与它周边的地理环境存在内在联系。因此，在核心地区，官僚部门更多地与经济层级互相联系，但在那些以军事防御为第一要务的前线地区，官僚体系则更多地被自然地理塑造。换言之，为了完成这两个任务（税收和防卫），官僚行政层级只能在经济地理和自然地理之间维持一种平衡。在实际操作过程中，清政府采取含有四种衡量标准的体系来考量其行政安排：冲（地处交通要冲、枢纽）、疲（难于管理，令官员疲于奔命）、繁（公务繁杂、税种繁多）、难（诉讼、犯罪率高）。这种复杂的制度极大地增强了国家根据经济和自然地理调节行政管理制度的能力。施坚雅发现，"这个制度的核心是对城市进行详细分类，它真实地反映了地区的核心—边缘结构，反映了城市在经济中心地的层级中的层次、国家对城市的控制幅度，以及不同的行政管理任务的相对重要性"。鉴于这种灵活性，施坚雅总结认为："官僚政府可能为帝国的城市带来了统一模式的某些因素，但在实际操作层面，基层管理表达了（而非压抑了）城市制度中的功能区别。"详见 Skinner,

"Cities and the Hierarchy of Local Systems", in idem, ed., *City in Late Imperial China*, 275–277；以及刘铮云：《"冲、疲、繁、难"》。

100. 川胜守（Kawakatsu Mamoru）：*Min Shin kōnan shichin*（明清江南市镇社会史研究），73-142 页。

101. 一些学者经常批评传统地图绘制比例失调，精准度不高。然而，至少在明代，舆图绘制技术已经相当先进，足以制作出比例适当的网格地图，例如被收录在《广方舆志》中的地图。但这些地图为何没能流行起来？这可能是因为理念的差别。关于明代地图的更多研究，详见本书第 3 章。

102. 见黄秉石：《城高淳议》，《高淳县志》（1683），卷 22，51b-53b。

103. 以宁洋县为例，它由龙洋分出，升格为县，但被视为龙洋县利益团体的一个威胁，并最终导致了激烈的斗争。那些领导宁洋县请愿运动的生员都被褫夺了功名。详见青山一郎（Aoyama Ichirō）："Mingdai no shin ken"（明代の新县设置と地域社会）。

104. 森正夫（Mori Masao）："Kōnan deruta no kyōchinshi"（江南デルタの郷镇志について）；"Shindai Kōnan deruta no kyōchinshi"（清代江南デルタの郷镇志と地域社会）；"Ming-Qing shidai Jiangnan"（明清时代江南三角洲的郷镇志與地域社会）。

105. 关于地方志书的发展问题的更多研讨，详见本书第 3 章。

106. 例如，官修志书和乡镇自编志书之间的差别在《平望镇志》（1732）的序言（该书第 3— 4 页）中得到了清晰的表述。另见森正夫："Ming-Qing shidai Jiangnan"（明清时代江南三角洲的郷镇志與地域社会），803-811 页。

107. 根据森正夫《明清时代江南三角洲的乡镇志与地域社会》一文的研究，这种情感到了清代开始淡化，因为许多镇志的编纂者开始将其作品视为对官修志书的补充。

108. 见徐鸣时：《横溪录序》，《横溪录》（1629），卷 5，162 页，《杂记》部。王济撰写的《乌青镇志序》（1601）也发出了类似的感叹："吾乌青当吴越之交……侈靡华丽，闻于江表。其间名儒硕望，接武于时；而郡邑图志，略无记载。岂非以僻去，并邑萧然为野落者耶。然以郡邑视兹土，则兹土为小；以吾乡视兹土，则兹土为大。"

109. 滨岛敦俊（Hamashima Atsutoshi）：*Sōkan shinkō*（総管信仰），113-234 页。

110. 唐守礼：《乌青镇志跋》（1601），212-213 页。

111. Skinner, ed., *City in Late Imperial China*, 17-23.

112. 反击韦伯观点最为有力的研究是罗威廉关于汉口的两部著作（*Hankow: Commerce; Society* and *Hankow: Conflict and Community*）。该研究选取的城市汉口是清代最著名的商业市镇之一。

113. Faure, "What Made Foshan a Town?"

114. 川胜守：*Min Shin kōnan shichin*（明清江南市鎮社会史研究）；陈国灿：《略论南宋时期江南市镇的社会形态》。

115. 在远离县城治所的较小地区设立巡检司能够让国家权威的触角深入最基层。巡检司的最高长官是巡检，官阶为正九品，经常会配给低级别的人员。Hucker, *Dictionary of Official Titles*.

116. 川胜守（*Min Shin kōnan shichin*, 543-572）认为，巡检司和税课司局数量的减少表明明代市镇的重要性正在逐渐降低。然而，夫马进（"Chūgoku kinsei toshi"）却辩论说："这是帝国减少商业税的总方针的一部分，而不是用来专门对付市镇的措施。"

117. 张研：《清代市镇管理初探》；林绍明：《明清年间江南市镇的行政管理》；陈忠平：《宋元明清时期江南市镇社会组织述论》。

118. 张研：《清代市镇管理初探》。

119. 川胜守：*Min Shin kōnan shichin*（明清江南市鎮社会史研究），73-142 页。

120. 关于明清市镇崛起的文学性描述，见范毅军：《明清江南市场聚落史研究的回顾与展望》。

121. Farmer, "Hierarchy of Ming City Walls."

122. 由于元代不注重筑城，到了明初，中国北方的多数城市都没有城墙。详见徐泓：《明代福建的筑城运动》。

123. 宋元两朝的筑城政策是非常不同的，详见本章注释 3。

第三章

1. 傅立萃（Li-tsui Flora Fu）：《谢时臣的名胜古迹四景图》；衣若芬：《旅游、卧游与神游》。

2. 事实上，一些文人认为，如果拥有合适的心境，神游是一种比真正的出游更有价值的文化活动。本章的后半部分将对这一点进行更多的讨论。

3. 在台湾台北图书馆的珍本藏书中，我们可以找到两种不同版本的《金陵图咏》。

4. 虽然宗族问题已经是明清史研究的一个重要领域，但其研究重点主要集中在农村。直到最近，相关领域的学者才开始对城市宗族进行个案研究，例如井上彻（Inoue Tōru）研究苏州的成果（*Chūgoku no sōzoku to kokka no reisei*, chap. 5）和黄海妍关于广州的研究（《在城市与乡村之间》）。与传统学者关注的城市宗族社会组织相比，本章研究了南京家庭群体的本土认同的文化表现以及其对南京社区的影响。

5. 顾起元的《客座赘语》（卷 6，198-199 页）的《雅游编》条目记载了《金陵雅游编》的起源和出版情况。

6. 为了方便分析，《金陵古今图考》和《洪武京城图志》在这里都被称作"地图集"，因为它们具有与现代地图相似的性质。但我们要记住一点，同时代的人对这些插图的看法，就像他们对《金陵图咏》的想象一样——《金陵古今图考》和《洪武京城图志》都是"图"。关于"图"和"画"在明代的文化内涵的进一步探讨，详见 Clunas, *Pictures and Visuality*, 104-109。

7. 详见顾起元：《金陵人金陵诸志》，收录于其著《客座赘语》，卷 7，219 页。另一位南京本地人周晖编著的《金陵琐事》也提到了类似的区别。通过广泛应用这一地方化标准，顾氏和周氏都能够为南京本土画家、诗人、鉴赏家、高官等建立一系列谱系。有关这方面的更多信息，参阅本书第 4 章。

8. 此列表只列出了现存的作品。当代记录南京本地人及其有关南京的作品清单，范围更为广泛。晚明的南京文人对为描写过南京的本土作家们重建谱系有着浓厚的兴趣，资源极为丰富，详见本书第 4 章。

9. 关于《金陵图咏》各位作者之间的关系，详见下文。表格列出的其他作品的作者都与他存在联系。

10. Brook, *Geographical Sources of Ming-Qing History*, 49-72. 根据卜正民对地理文献的全面调查，明代中叶，人们对"地方的特殊性"的兴趣激增，而这种兴趣通过视觉艺术和文字作品的形式被进一步表现了出来。对这一发现的说明和讨论，请参阅 Naquin, *Peking*, 249-258。

11. Lewis, "Cities and Capitals", in idem, *Construction of Space*, 135-188.

12. 这幅名画的许多信息都是未解之谜，例如作者的身份、画的主题以及创作目的。Hsingyuan Tsao, "Unraveling the Mystery of *Qingming shanghe tu*."

13. Steinhardt, "Mapping the Chinese City."

14. Steinhardt, *Chinese Imperial City Planning*, 93-108.

15. 王俊华：《洪武京城图志·序》。王氏任承务郎（并非实职，只是一个荣誉称号，"散官"），并任詹事府右春坊右赞善。此处所用版本系柳诒徵（1880—1956）于 1928 印刷的版本。

16. 编写南京地方志书时，陈沂被允许参阅《洪武京城图志》。我们将在下一节讨论陈沂的故事。

17. 该年，南京被正式命名为京师（首都）。

18. 例如三国时期的吴国，六朝的东晋、宋、齐、梁、陈，五代的南唐。

19. 1373 年，当时的中都（现安徽凤阳）最终建成。在祭城仪式上，太祖解释了修建新都的原因：南京不在帝国的中心位置，朝廷无法完全控制整个帝国。详见《明太祖实录》（1373），卷 80，1447 页。《皇明泳化类编》中的一份记录指出，除了战略考虑外，太祖对南京历史的担忧也是他决心建造中都的原因之一。"金陵，六朝旧地，国祚不永。"邓球：《都邑》，收录于其著《皇明泳化类编》，卷 80，2a。

20. 朱元璋：《阅江楼记》；朱元璋，《又阅江楼记》。

21. 宋濂：《阅江楼记》。朱元璋的陵墓（孝陵）进一步增强了南京作为帝国中心的风水地位，"王气"在晚明政治语境中出现了新的"转折"。详见罗晓翔：《"金陵根本重地"》。

22. 朱元璋：《阅江楼记》。

23. 唯一已知的例外是宋代的南京。《景定建康志》（1261）中的一张宋代地图描绘了南京城左上角凸出的一个地域，但该图总体而言仍然被绘制成四边垂直的正方形，而不是《洪武京城图志》那种不规则轮廓。这张地图的标题是《龙盘虎踞》，它强调了南京的自然地形，因此略微偏离传统。宋代的南京城只是一个县城治所，受理想化城市形态的强制要求影响较小。

24. 中国城市形态特有的连续性，以及对城市的象征意义的强调，一直受到学者们的关注。芮沃寿（Arthur Wright）的《中国城市的宇宙论》（"Cosmology of the Chinese City"）认为，与其他文明中城市的普遍模式相比，中华帝国的城市是一个例外。在那些文明中，随着城市的发展，"古老信仰的权威越来越暗淡，而经济、战略和政治等世俗方面则逐渐成为城市地理位置和设计的主导因素"。相比之下，中国的城市是意识形态的产物，而非出自实用的考虑。这种空间意识形态在帝国都城的规划中被表现得淋漓尽致，它是"中国宇宙"的缩影，所有的象征力量都集中于王庭。在象征性的天下之中，帝国首都在很大程度上代表了政权合法性。然而，这一论点在很大程度上被最近的考古发掘成果修正了。根据最新的资料来源，夏南悉（Nancy Steinhardt）的作品证明了中华帝国城市规划的连续性和转型是真实存在的，详见其作品《为何长安和北京如此不同？》（*Why Were Chang'an and Beijing So Different?*）和《中华帝国的城市规划》（*Chinese Imperial City Planning*）。夏南悉承认，中国城市传统具有特殊的连续性。帝国城市规划的共同特征包括了四面城墙、城门、雉堞，明确标识和指向的空间，这些都体现了"宇宙秩序"的方位和安排、敌台、城池、幅员、庞大的人口，以及建筑的秩序等级。值得注意的是，规划者在城市建设中遵循的这些基本规则已经存在超过两千年了。然而，夏南悉指出，这种看似令人印象深刻的统一性可能只是一种展示，而非出于实际的需要。根据近20年的考古资料，夏南悉向我们证明，中国的皇家规划并非毫无例外地模仿或者照搬"宇宙秩序"，规划者在考虑多种综合因素之后才最终完成了设计。大多数规划反映了诸如排水、地势或军事防御等实用性。除此之外，与平常的理解相反，帝国的城市规划拥有三种不同的模式，每种模式都具有两千多年的历史。然而，为了利用传统设计中的某些"联系"来获得继承大统的政治合法性，新兴的政权有时会发布理想化甚至是虚构的建都计划，从而构建一个大一统的中华帝国城市计划的神话。

25.《明太祖实录》(1366)，卷21，295页。

26. Hui-shu Lee, *Exquisite Moments*, 21–23.

27. Steinhardt, *Chinese Imperial City Planning*, 5.

28. Steinhardt, *Chinese Imperial City Planning*, 5. 作者认为，在中国，"城市规划"具有双重的含义。它既指在真正的城市建设开始时，规划者对城市空间布局的实际规划，同时也带有昭告天下的意味——新兴政权通过这种"仪式"来获得、强化意识形态的合法性。后者往往使前者黯然失色，因此，许多真实的设计创新都没有得到反映。

29.《洪武京城图志》(1395)："山川图"（图3.7）清楚地展示了洪武朝在极限自然条件下对这座城做出的规划，四周的山川紧紧地捍卫着它。

30.《重刊江宁府志》(1736)，卷3，2a-2b。

31. 杨尔曾：《新镌海内奇观》。

32. 王俊华：《洪武京城图志·序》。

33.《皇明泳化类编》记录了明太祖和刘基（明朝建立之前和建立之初，朱元璋最亲密的近臣）两人就南京皇城的特殊位置进行的一段对话。宫殿的地址最初预定在南京城中心位置。然而，刘基提醒说，历史上在南京建都的六个王朝，其国祚均不长久；太祖听闻之后，心生忌讳，于是将宫殿定在了南京的东方，并引用了《易经》中"帝出乎震"来论证这一英明决定。详见邓球：《都邑》，收录于其著《皇明泳化类编》，卷80，3a-3b。虽然我不能在《明实录》中找到相关条目，但与其他可能作为首都的城市——例如中都——比较，这条文献可能是准确的。中都创建于南京之前，对南京规划的许多方面产生了影响。然而，中都的宫殿的位置与布局也都严格遵照传统范

　　　　　　　　　　　　谈判中的城市空间

式。因此，南京的宫城被故意放置于全城的中心之外，有可能是出于其他象征性的考虑，例如与六朝历史相关联的问题。有关中都建设计划的更多内容，请详见王剑英：《明中都研究》。有关南京宫城建设的详细讨论，以及明太祖对南京城特殊位置的象征意义的重新诠释，请参阅徐泓：《明初南京皇城》。

34. 事实上，所有的寺观都必须由国家进行登记管理。任何想要出家的人都必须领取由国家专门机构颁发的度牒，因此，世俗通往宗教的道路一直处在国家严格管制之下。详见何孝荣：《明代南京寺院研究》，1-20 页。

35. 《明太祖实录》（1382），卷 280，3099 页。

36. 例如，娱乐区一共有两层，一层是官伎，她们是招待官员和商人这类人的"服务者"；另一层只对商人开放，专门提供性服务。详见徐泓：《明初南京的都市规划》，94 页。

37. 《洪武京城图志》，7a。

38. 同上书，6b。

39. 同上书，8a。

40. 同上书，8b，5b。

41. 根据青山定雄（Aoyama Sadao）（唐宋时代の交通と地志地圖の研究）的说法，到了宋代末期，地方志已经发展成一种格式化著作，具有标准化的体例——文人使用地方志来展示一个地方的地情。到了明朝，地方志的编纂和体例、内容进一步规范，不仅国家通过地方管理部门系统地编写地方志，而且地方志似乎也已经发展成为地方人士著录本地相关信息的重要途径。关于这一发展及其对城市的影响，本书第 4 章进行了进一步论述。

42. 这一意见与张哲嘉编著的《明代方志中的地图》的研究结果一致，张哲嘉也将明代的地图划分为同样的三个大类。

43. Farmer, "Hierarchy of Ming City Walls."

44. 张哲嘉的《明代方志中的地图》认为，中国地图中的这种特殊文化视角能够与中世纪欧洲城市地图形成鲜明对比，欧洲城市地图的表达方式，就像在城外架上一个广角镜头，从高处俯视城市。张哲嘉对明代地图的描述与夏南悉对中国城市规划的综合研究结果是一致的。她总结说："中国城市地图的现实性在于它象征的皇权制度。那里总有一个地方是留给皇帝御用的：位于中央，面南背北。"(《绘图中国城市》，第33页)。

45. 柳诒徵：《重刊跋》，收录于陈沂：《金陵古今图考》(1928)，36a。

46. 钱谦益将明代南京文坛划分为几个阶段，其中"金陵三俊"是最早的，详见其《金陵社集诸诗人》一文，收于钱谦益：《列朝诗集小传》，丁集，502页。这一时期是艺术界的黄金时代，详见石守谦：《浪荡之风》。

47. 陈沂：《金陵古今图考·序》，1a–1b。

48. 同上。

49. 陈沂：《金陵古今图考》，8a-8b，10a-10b，12a-12b。

50. 同上，33a-33b。

51. 王鸿儒为1489年再版《京城图志》创作的跋。

52. 同上。

53. 关于明代两京制，详见 Farmer, *Early Ming Government*。

54. 新宫学(Aramiya Manabu)：*Pekin sento no kenkyū*（北京迁都の研究)，65-66页。新宫学认为，在洪武朝末期，文人似乎就将首都迁往西安这一问题进行了激烈的讨论，而建文太子是迁都的主要支持者之一。结果，在永乐皇帝篡位，建文帝流放（或死亡）后，所有与此有关的记录在官方文件中都消失不见了。到了15世纪中期，当洪武朝的建都提议重新浮出水面时，这个计划中的北方首都已经变成了北京，而不是原定的西安——这一迁都规划保持了洪武朝和永乐朝的连续性，并且落实了永乐皇帝统治的合法性。

55. 归有光：《题洪武京城图志后》，收录于《洪武京城图志》(1928)，也收录于归氏《震川集》，卷5，1b-2b。

56. 王圻：《三才图会》，卷3，1034-1035页。

57. 杨尔曾：《新镌海内奇观》，卷2，7b-8a。

58. 有趣的是，尽管陈沂的图集主要描绘了昔日的南京，但它的明代南京地图却经常被清朝地方志据为己有。详见《江宁县志》(1748)、《上元县志》(1722)和《上元县志》(1824)。

59. 虽然比例制图方法在中国拥有悠久的历史，但直到 19 世纪，它才进入主流公众视野。在编纂于 19 世纪的一部南京地方志中，编辑明确地批评了过去的制图是"荒唐的制图"，并将这一失败归因于一部宋代的地方志。详见《重刊江宁府志》(1811)，"舆图"，卷 3，1a–9a。

60. 牟复礼的《中国城市千年史》认为，中国的"地方"是由空间的文本化构成的，它创造并重建了过去和现在的意义。

61. Cahill, "Huangshan Paintings as Pilgrimage Pictures."

62. 例如，在南京，这个潮流引发了编纂各种地方志的热潮。16 世纪以后，除了政府行政机构编著的地方志外，名山志和机构志也变得流行起来。南京本土作者编写的《栖霞小志》《牛首山志》和《献花岩志》名山志就属于这种新出现的志书类型。这一潮流还引发了政府机构志的编纂热潮，例如《六部志》，尽管六部中只有《礼部志稿》(1620)、《南京户部志》(序言时间为 1550 年) 和《南京刑部志》三部志书幸存下来。其他现存的机构地名录包括《南京太仆寺志》《南京光禄寺志》《龙江船厂志》《京学志》和《南雍志》。其他现存的地方志作品包括《金陵梵刹志》《金陵玄观志》《后湖志》以及《灵谷禅林志》。

63. 关于晚明读者群，详见 Brokaw and Chow, eds., *Printing and Book Culture*。

64. Brook, *Geographical Sources of Ming-Qing*, esp. the Introduction, 49-72.

65. 赵吉士：《诗原》，收录于赵氏《寄园寄所寄》，129 页。

66. Liscomb, "The Eight Views of Beijing"；史树青：《王绂〈北京八景图〉研究》；White, "Topographical Painting"。

67. 有关这些导览作品的更详细讨论，详见 Meyer-Fong, "Seeing the Sights in Yangzhou"。

68. 巫仁恕：《晚明的旅游风气与士大夫心态》。

69. Meyer-Fong, "Seeing the Sights in Yangzhou", 213-216.

70. Brook, *Confusions of Pleasure*, 74-182；巫仁恕：《晚明的旅游风气与士大夫心态》。

71. Meyer-Fong, "Seeing the Sights in Yangzhou", 213.

72. 例如，陈继儒在他的《闽游草序》（收于《陈眉公小品》重印版，第16—17页）中便煞费苦心地确立了"游"的礼节。这样的澄清是非常重要的，陈继儒引用了好友周公美的批评：许多当代的做法不值得用"游"这个字来描述。更详细的讨论，参见巫仁恕：《晚明的旅游》。

73. 李日华（1565—1635）曾评论道："游道之盛，无如孝廉。"（《味水轩日记》，卷6，385页）

74. 谢肇淛：《近游草自序》，收录于谢氏《小草斋集》，卷5，21a。

75. "山人"在明末发展成为一个特殊的社会群体。其中许多人受过良好教育，只是未能获得科举功名。一些人依其文学或经学造诣，加入了名宦的行列；另一些人则加入盛极一时的出版业，实现了某种程度的独立。他们不同寻常的职业生涯成为社会争论的焦点，"山人"也成为被批评和嘲弄的对象。详见张德建：《明代山人文学研究》，以及张德建：《明代山人群体》。

76. 巫仁恕：《晚明的旅游》；Meyer-Fong, "Seeing the Sights in Yangzhou"。

77. 钱谦益：《越东游草引》，收录于钱氏《牧斋初学集》，卷32，927-928页。

78. 粗制滥造的胜景诗盛极一时，饱受人们诟病，参见沈恺：《奇游漫记序》，收录于沈氏《环溪集》，卷3，12a。

79. 详见汤显祖为何镗《名山胜概记》创作的序。

80. 关于在文化鉴赏活动中的社会差异，柯律格开创了中国在此研究领域最为著名的理论先河。在《长物志》（*Superfluous Things*）中，柯律格通过分析晚明时代人们在鉴赏活动中使用的语言，强调了官僚精英阶层与附庸风雅的商人之间充满争议的社会界限。柯律格的理论后来引发了大量有关品位和社会分野话题的研究。尽管他的观点确实适用于许多案例，但我在这里的发现表明，实际上，由显示的品位定义的充满争议的社会界限是十分复杂的，我们必须采取一种更细致的分析方法。总而言之，我们应该更多地关注精英阶层的内部分化。张德建在《明代山人群体》中对"山人"的研究就是

谈判中的城市空间

一个很好的例子。有关消费和社会阶层问题的评论，详见巫仁恕：《明清消费文化》。

81. 巫仁恕：《晚明的旅游》。

82. 详见《香严略纪》（1675），1a，引自卜正民《明清历史地理文献》（*Geographical Sources of Ming-Qing History*），38 页。

83. 葛寅亮：《金陵梵刹志》（1627）。

84. 其他收录旅游文献的寺院志也沿袭了这一时尚。（例如盛时泰：《牛首山志》）。

85. 的确，书中的 10 幅寺院建筑图清楚地反映了这种编辑原则。这些插图旨在表现被视作"大寺"的寺庙，但有两个例外格外显眼：弘济寺和清凉寺。此二寺均因风光绝佳而被破例收录其中。这一安排证明，这些插图的确拥有两个方面的目的：促进寺院管理，提高寺院对真实的游客（或者虚拟的观众）的吸引力。例如，矗立于长江之畔的弘济寺，其寺院志提供了一幅典型的寺院视觉作品，展示出一幅正面全景图，其中包括了河流与山川，点缀其中的寺院建筑群，以及这一遗产的各处细节——这些信息很少出现在其他资料中。这些图片组合和相应的文字标题向读者提示了寺院建筑群中所有经过登记的建筑物，它的公产（田地山）和所有的著名景点——本书是一本够指导虚拟的或实际的游客的"旅游指南"。这张图片高效地标示出了所有重要地标景点，以及一条作为主要步道的"大路"，除此之外，它还特别描绘了波涛中的燕子矶，而这是南京的一个著名景观，因为通往它的道路正对长江的壮丽景色。事实上，寺院本身也是长江边上的一个绝佳景色，一个受人欢迎的旅行目的地。长江对面是进入南京的主要海关"龙江关"，一个著名的风景名胜。寺院周围拥有这么多著名景点，以至于葛寅亮不得不违背自己的编辑原则，破例为读者制作了一张单独的弘济寺插图。

86. 傅立萃：《谢时臣的名胜古迹四景图》。

87. 袁中道：《送石洋子下第归省序》，收录于袁氏《珂雪斋集》，卷 9，445 页。

88. 钱谦益：《秦秀才镐》，收录于钱氏《列朝诗集小传》，682 页。

89. 孔尚任:《郭匡山广陵赠言序》, 收录于孔氏《孔尚任诗文集》, 卷6, 459-460 页。

90. 同上书, 459 页。

91. 钟惺:《题灵谷游卷》, 收录于钟氏《隐秀轩文余集》, 题跋, 5b-6a。

92. Siggstedt, "Topographical Motifs".

93. Ibid.

94. 卜正民的《明清历史地理文献》(第 55—64 页) 指出, 16 世纪中国地方志和山水地形插图作品的大规模制作, 反映出整个社会对空间和位置的敏感度正逐渐提升。除此之外, 相互交叉的作者群进一步表明, 山水地形插图艺术和地方志是单一文化运动的产物, 它们表现出了文人对地方特殊性的强烈兴趣。史美德 (Mette Siggstedt) 对明中期苏州的案例研究 ("Topographical Motifs") 也证实了这一观点。

95. Lin Jiaohong, "Wan Ming Huangshan"; Cahill, "Huangshan Paintings as Pilgrimage Pictures".

96. McDermott, "The Making of a Chinese Mountain", 147.

97. Debevoise and Jang, "Topography and the Anhui School", 43-50.

98. 姚汝循:《游城北诸山记》, 朱之蕃:《雨山编》, 1a-7a。

99. 朱之蕃:《雨山编》, "序", 20a。

100. 朱之蕃:《金陵图咏》, "序言"。

101. 余孟麟等:《金陵雅游编》, 9a-9b。

102. 朱之蕃:《金陵图咏》, 17b。

103. 同上书, 14b。

104. 宇文所安 (Owen) 在《地方: 沉思金陵往事》("Place: Meditations on the Past of Chinling") 这篇论文中, 追溯了几个世纪以来有关南京的诗歌的发展历程。在此历程中, 南京的形象在不断被塑造和美化, 最终导致了占绝对地位的风行一时的诗歌的出现。宇文所安认为, 在这种几乎无法拒绝的遗产的影响下, 后世的作家不得不通过这些已经被接受的特殊形象来表达南京。

　　　　　　　　　　　　　　　谈判中的城市空间

105. Mei, "Mass-Production of Topographic Pictures".

106. 据说这种做法在苏州的商业出版中十分普遍。详见邱澎生:《明代苏州营利出版事业及其社会效应》。

107. 除了梅韵秋("Mass-Production of Topographic Pictures")列举的例子之外，著名的南京本土画家，例如胡玉昆，也根据《金陵图咏》创作了南京的风景画（James Cahill Collection, Berkeley Art Museum）。关于胡玉昆、周亮工和金陵画派，见 Kim, *The Life of a Patron*。

108.《江宁府志》(1668)。周亮工的笔记显示，高岑为这个项目创作了60多幅画。不过，我们只在府志中找到了其中的38幅。

109. Bol, "The 'Localist Turn' and 'Local Identity'"; and idem, "The Rise of Local History: History, Geography, and Culture in Southern Song and Yuan Wuzhou"。关于明代地方志发展的更全面的讨论，参见本书第4章。

110. 在高居翰（James Cahill）的《黄山朝圣图册》("Huangshan Paintings as Pilgrimage Pictures")和周绍明的《中国的山的形成》("The Making of a Chinese Mountain")中，我们发现了这样的演化轨迹。高居翰的重点集中在黄山画派的发展上，时间截至17世纪初，而周绍明对黄山绘画的分析延续到了近代。

111. Cahill, "Huangshan Paintings as Pilgrimage Pictures", 279.

112. Brook, *Geographical Sources of Ming-Qing History*, 49-72.

113. 苏州景观绘画的发展演变就是一个很好的例子：视觉实践在很大程度上规范了对"景"的描绘。Siggstedt, "Topographical Motifs".

114. Cahill, "Huangshan Paintings as Pilgrimage Pictures", 279-280.

115. 朱之蕃:《金陵图咏》，31a。

116. 同上书，11a。

117. 同上书，27a，39a，16a。

118.《清明上河图》的传统清楚地展现了这一点。

119. Ma Ya-chen, "Citizen's Perspective Versus Imperial Perspective".

120. 王宏钧、刘如仲:《明代后期南京城市经济的繁荣和社会生活的变化》。对绘画的复制，见中国历史博物馆：《华夏之路》，90-92 页，90-93 页。

121.《江宁府志》（1668），卷 2，28b-29a。

122. 同上书，卷 2，17b-18a。

123. Hay, "Ming Palace and Tomb". 乔迅（Hay）表示，这两个地点成为
17 世纪末和 18 世纪早期画家，包括清朝宫廷画家，最喜欢的主题，因为有
关这两个地点的话题具有隐晦的政治象征意义。

124. 这一点是文以诚（Richard Vinograd）在其《樊圻》（"Fan Ch'i"）
的研究中，对樊圻的山水画和《金陵图咏》的插图进行比较之后首先提出
的。除此之外，梅尔清（Tobie Meyer-Fong）在《清初扬州文化》（*Building
Culture in Early Qing Yangzhou*）中指出，清初文学具有感伤的特点，它们普
遍哀叹王朝兴替造成的破坏（精神层面的或者现实的）。这些文学作品大概
能反映出当时的文人在情感上对晚明繁华时光的怀旧与依恋，正如我们在有
关南京的案例研究中看到的那样。

125. Meyer-Fong, *Building Culture in Early Qing Yangzhou*; also idem,
"Seeingthe Sights in Yangzhou".

126. Meyer-Fong, "Seeing the Sights in Yangzhou".

127. Ibid.

128.《重刊江宁府志》（1811）编辑说明，4a-4b。《上元县志》（1824）
也表达了类似的立场。

129.《摄山志》（1790）。

130. 18 世纪南京才子袁枚编制的地方志《江宁县志》（1784）是一个典
型的例子。它收录了南京的 12 幅风景图片，与《金陵图咏》中的插图互相
呼应。

131.《上元县志》（1721）就是一个很好的例子。《上元县志》收录了南
京二十四景的绘画，标题和构图都模仿《金陵图咏》，它同时也强调了圣驾
南巡的记忆。

132. 详见巫仁恕：《晚明的旅游》；Brook, *Confusions of Pleasure*, 174-
182; Clunas, *Pictures and Visuality*, 183-184; 郑焱：《中国旅游发展史》，2-3 页。

第四章

1. 周晖的《尚白斋客谈》后来以《金陵琐事》《续金陵琐事》和《二续金陵琐事》为名出版面世。

2. 周晖：《金陵琐事》，序言（1610）。书名标题的改变使这个系列不再那么个人化，更能吸引对南京感兴趣的读者。对市场进行考虑可能是因为当时周晖囊中羞涩，经济困难几乎阻碍了他的作品的出版。事实上，周晖在完成手稿很久之后才出版了自己的作品，他的一位朋友曾经主动提出，想要在自己的作品中"收录"周晖的这个集子。然而，周晖并没有将自己的作品拱手送人，最终等到了明末著名的文化事业赞助人焦竑主动帮助他出版这本书。这本书出版后，迅速在书肆畅销，周晖的悲惨境遇因此发生了戏剧般的扭转：两部续集没用多长时间就相继出版面世了。如今，作为知名作家和畅销书写手，周晖在他的第三部续集《金陵琐事》中占用了其他两位作者的未刊稿：陈沂的《欣慕编》和何良浚的《金陵先贤诗集》。

3. 顾起元：《客座赘语》，序言（1617）。顾起元在他的作品（第292页）中赞扬了周晖的《金陵琐事》。

4. Gardner, "Modes of Thinking".

5. 然而，并不是所有的"客谈"都符合最初的格式。例如，两种南京"客谈"都是由他们的作者编辑的，而且许多条目都没有说明原始出处。

6. 纪昀等编：《杂家》，《四库全书总目提要》，卷120，1037页。

7. 关于宋代地方志的标准化，详见青山定雄（Aoyama Sadao）："Tō-Sō jidai no kōtsū"（唐宋时代の交通と地誌地圖の研究）。现存最早的志书展现了人们对新奇事物和宗教内容的强烈兴趣。根据青山定雄的说法，到了宋末，志书已经从为了行政管理目的而编的"图经"逐渐演变成一种体例成熟的文本，它的作用是表达某个地方在文化传统中的位置。

8. 明成祖（1402—1424年在位）分别于1412年和1418年颁布了两道规范地方志编纂的诏旨。记载了1412年诏旨的《寿昌县志》（1586）的序言同时也概述了地方志的基本部分：建置、星野、区划、城池、山川、卫所、市镇、物产、税赋、风俗、人口、学校、军事、衙门、神庙、桥梁、遗址、名宦、名贤、方伎、杂著、文学。

9. 尽管各地的地方志编目严格遵守上级行政要求，但地方政府在方志的编纂过程中仍然发挥了重要作用。即使编目越来越标准化，按规定填写内容仍然是一个由地方政府主观选择的问题。例如，有关名人的部分不仅收录当地的人，同时也收录了那些具有政治功绩，或者具有德行，为本地增添文化声望的人。包弼德对各种版本的婺州地方志的研究提供了一个很好的例子。随着地方文人群体自我认识逐渐发生改变，婺州地方志 1480 年和 1578 的版本在人物传记部分出现了显著的修改。为了强调文人知识分子比宗教人员更重要，在后一版本中，该地方志不再提及数百座寺观。详见 Bol, "The Rise of Local History", 50-54。在收录名宦、孝子、节妇等内容时，地方志创立了许多用来纪念的谱系，表达了一种共同的身份和地方自豪感。由于存在如此多的利害关系，这一过程充满争议也就不足为奇了。即使是被国家严格规定的节妇这一类别，也会因某妇女是否拥有被收入志书的资格的问题而引发一些争议。例如，当地人极力提倡将"贞妓"列入其中就是一个有趣但有些极端的例子。"贞妓"是一类高级妓女，她们在主顾去世后从良，发誓保持贞洁。这场争斗持续了多年，但最后不了了之。详见 Fei, "Cong dianfan dao guifan", 161-163。这些例子表明，地方志的出版实际上开启了一场关于地方意义的对话：国家规定的类别（贞节、孝道等）是通过地方解释而形成的。

10. 根据刘知几（《史通》，卷 10，《杂述》）所述，"都邑簿"是记录首都的正式文档。第 3 章中讨论的《洪武京城图志》就属于这个范畴。

11. 奚如谷（West, Stephen H）（《一个梦的解释》（The Interpretation of a Dream）和《皇后、葬礼、油饼与猪》）认为，《东京梦华录》之后的作品具有更多的模式化空间结构，而《东京梦华录》则是以作者为主进行考察。换句话说，《东京梦华录》的作者解构了空间秩序，他的回忆更接近城市生活的世俗与无序，而其他文本则或多或少反映了法律规定的空间等级和文化秩序。

12. 顾起元：《客座赘语》，"序言"，1 页。

13. 王颖（《顾起元生平》）认为，顾起元的职业生涯并不像学者们认为的那样短暂。离开北京后，顾起元在南京国子监工作了近十年。结束这一职务之后，顾起元婉拒了朝廷的多次邀请，在南京致仕。虽然在法律上，顾起元应该避免在他的家乡任职，但王颖指出，这条规则在万历朝并没有被严格执行。事实上，从明朝中期开始，规避制度已不再适用于和教育有关的职位。

14. 在遁（遁）园，顾起元建造了一个名为"七召亭"的建筑来纪念他7次婉拒朝廷任命的经历（Goodrich and Fang, Dictionary *of Ming Biography*, 734-736）。相比之下，《金陵琐事》的作者周晖的科举生涯并不那么成功。与顾起元提前致仕和拒绝复出相反，周晖使出浑身解数，却没能进入官场。尽管周晖的才华得到了顾起元等当代名人的极大赞扬，但周晖从未获得过超出生员的功名。屡战屡败之后，周晖最终放弃了举业，从此投身于写作。《金陵琐事》是周晖最著名的作品。虽然周晖是一位受欢迎的作家，他也因其博学而受社会精英的青睐，但他最为人熟知的公众形象是一位历经科举考试失败，饱经挫折，最终仍然保有自己的生活品位的高洁之士（顾起元：《客座赘语》，292 页）。到了明末，科举制度变得十分激烈，因此，周晖的经历肯定引发了诸多同龄人的共鸣，而这种共鸣使他变成了一种另类文化偶像。然而，尽管就社会地位和职业生涯而言，周晖与顾起元的确存在天壤之别，但他与顾起元的社交圈交往甚密，两种南京"客谈"之间的多次交叉引用，正好证明了这一点。

15. 关于明清图书文化的概况，详见 McDermott, *A Social History of the Chinese Book*。

16. "主"和"客"是传统对话中常见的比喻。例如，在宋代，"主""客"指的是地主和无地佃户。事实上，对本地人和寓居者来说，更常见的一对术语是"土"与"客"。将"土"改为"主"更能强调顾起元作为南京本地人的地位，以及他在观察南京空间时表现出的优越感。

17. 关于中国不同社会团体组织的总体研究，见陈宝良：《中国的社与会》。历史学家们已经注意到，在晚明时期，社会团体组织数量异常庞大。

虽然没有关于具体社会组织数量的结论性数据，但一些研究已经将这一数字提高到200多个。例如，郭绍虞的《明代的文人集团》（收于《照隅室古典文学论集》）便列举出了176个文人社团，其中的115个社团可以追溯到明末。这个数字后来在李圣华著《晚明诗歌研究》中提升到213个。尽管上流社会的男男女女为这些雅集赋予了崇高的使命（例如吟诗作画），但普通民众只是因为饮宴的乐趣才聚集在一起，正如我们在小说《金瓶梅》中见到的那样。在《金瓶梅》中，西门庆（小说男主角）及其会友每个月都在当地的风月场举办宴饮，而这些被用作处理谈判、争议和买卖交易的场合的宴会是这部以城市中产阶级为中心的小说的重要内容。参加各种雅集和宗教社团的不只是男人，甚至坊间妓女也会定期举行"盒子会"。例如，在《金瓶梅》第45卷中，西门庆的一位小妾桂姐（一名从良妓女）就特意返回娘家，去参加一个"盒子会"。据说南京的"盒子会"很受妓女的欢迎。详见周晖：《盒子会词》，《续金陵琐事》，104a-105a；余怀：《盒子会》，《板桥杂记》，28-29页。根据陈宝良的调查，在所有这些社团中，有些社团具有实用目的，例如为流寓商人设立的会馆，而另一些社团则纯粹是为了娱乐才成立的，例如蟹会、荔社和饮社。除此之外，我们还能找到一些特殊的社团，例如为了回忆他们在夜晚做过的各种梦，一群人定期举办聚会，并且最终出版了一本名为《梦鉴》的小册子。

18. 另一部著名的作品是《客座新闻》。《客座新闻》的作者是苏州文化权威沈周，内容由沈周的宾客提供的新闻和街谈巷议组成。

19. 陆采：《冶城客论》。

20. 顾起元：《产怪》，《客座赘语》，卷7，233页。

21. 顾起元：《飞盗》，《客座赘语》，卷9，291页。

22. 周晖：《王绣二》，《续金陵琐事》，75b-76a。

23. 尽管在沈周的《客座新闻》收录的逸闻确实提到了沈周同时代的人，但某些"新闻"实际上可以追溯到明朝立国之初。

24. 有关晚明社会痴迷于"奇"的更多讨论，详见白谦慎：《傅山的世界》（Fu Shan's World），16-20页。顾起元原文的翻译是依据白谦慎的书改编的。事实上，南京人痴迷于志怪小说和奇珍异宝，以喜欢猎"奇"著称。然而，尽管"奇"无处不在，但文人似乎对这个词并没有进行明确定义。事实上，这种模糊性和捉摸不定为艺术、知识和文学创新开辟了新的空间。有关"奇"在艺术史上的发展趋势的讨论，请参阅石守谦：《由奇趣到复古》。

25. 时事剧的数量在 17 世纪激增。详见巫仁恕：《明清之际江南时事剧》。

26. 陈继儒：《长者言》，6 页。

27. 西湖渔隐主人：《欢喜冤家》，第 13 章《两房妻暗中双错认》，632 页。在《醒世姻缘传》中，我们也可以找到与卖新闻的人有关的片段，获得其中一条新闻需要花费约两个铜板。关于明清城市新闻传播更全面的讨论，详见王鸿泰：《流动与互动》，第 4 章。

28. 孔尚任：《燕台秋兴四十首》第八首诗的注释，《孔尚任诗文集》，卷 4，369 页。

29. 巫仁恕：《明清之际江南时事剧》；王鸿泰：《流动与互动》，第 4 章。

30. 凌濛初的作品似乎在那些参加应试的士子伙伴中间很受欢迎。凌濛初说起他第一次写这些故事的缘由："丁卯之秋事，附肤落毛，失诸正鹄，迟回白门。偶戏取古今所闻一二奇局可纪者，演而成说，聊舒胸中磊块。非曰行之可远，姑以游戏为快意耳。同侪过从者索阅一篇竟，必拍案曰：'奇哉，所闻乎！'为书贾所侦，因以梓传请。遂为钞撮成编，得四十种。"（凌濛初《二刻拍案惊奇》序）翻译改编自韩南（Hanan）的《中国白话小说史》（*The Chinese Vernacular Story*）（144 页）。

31. 例如，谭嘉定在其《三言两拍资料》中调查了这个文集内容的起源，发现其中许多文章都来源于真实的新闻时事。

32. Brook, "Printing in the Age of Information and the Wider Circulation of Official News", in idem, *Confusions of Pleasure*, 167-172.

33. 祝允明也是苏州著名书法家，与唐寅、文徵明和徐祯卿一起被评为"吴门四才子"。详见纪昀等编：《四库全书总目提要》，卷 144，"小说家类存目"，1229 页。

34. 陈良谟：《见闻纪训》（1566），"序言"，551 页。

35. 钱大昕：《杂著一：正俗》，《潜研堂文集》，卷 17，282 页。

36. 关于苏州商业出版及其社会影响的研究，详见邱澎生：《明代苏州营利出版事业》。

37. 详见陆文衡：《啬庵随笔》，卷 5，3b。凌濛初在其著名白话小说《初刻拍案惊奇》的序言中也做出了类似的道德评价。对于将那些超出我们耳目所及的东西，例如"牛鬼蛇神"、超自然生物、幻象等视为唯一值得我们注意、令人惊奇的事情的看法，凌濛初感到痛心疾首。凌濛初认为，在"街头巷尾"得到的以日常生活经验为基础的事件才构成文学创作的主要来源。不幸的是，他那个时代的白话小说，由于"承平日久，民佚志淫。一二轻薄恶少初学拈笔，便思污蔑世界，广摭诬造。非荒诞不足信，则亵秽不忍闻。得罪名教，种业来生"。凌濛初建议："以功令厉禁，宜其然也。"凌濛初"序言"的英译参考了韩南的《中国白话小说史》（145 页）。

38. 伍袁萃：《林居漫录》，卷 3，445 页。

39. 有关此案例的详细讨论，详见本书第 2 章。

40. 袾宏：《自知录》，卷下，18 页。

41. 王鸿泰（Wang Hongtai）：《流动与互动》，第 4 章；佐伯有一（Saeki Yūichi）："Minmatsu no Tō-shi no hen"（明末的董氏の变）。

42. 周晖：《菌毒》，《金陵琐事》，卷 3，163-164 页。

43. 顾起元：《客座赘语》，卷 3，106 页。

44. 顾起元：《玄武灵签》，《客座赘语》，卷 7，232-233 页。

45. 周晖：《断桥挂⅄狗偿主债》，分别载于《金陵琐事》，卷 3，153 页、156-157 页。

46. 周晖：《识宝》，《金陵琐事》，卷 3，154-156 页。

47. 王鸿泰的《流动与互动》很好地研究了印刷业是如何对晚明时人感知自己生活世界的方式产生影响的。王鸿泰认为，晚明时期的读者实际上已经成了这种虚拟现实的观察者，通过印刷或者时事剧等媒体形式即时再现时事，这种虚拟现实最终得到了实现。

48. 顾起元：《王襄敏公不易居》，《客座赘语》，卷7，223页。

49. 周晖：《见御史不起身》，《金陵琐事》，卷1，17a-17b。

50.《清江县志》（1642），"风俗"，卷1，34b。

51. 有关这种转变的详细讨论，详见 Kiang, *Cities of Aristocrats and Bureaucrats*。

52. 关于晚明时期"乡饮酒礼"的衰落过程，详见邱仲麟：《敬老适所以贱老》。

53. 本文的观点首先是由日本学者，特别是重田德（Shigeta Atsushi）提出的，详见其作品：《乡绅支配的起源与结构》（"The Origin and Structure of Gentry Rule"）。

54. 滨岛敦俊：*Mindai Kōnan nōson*（明代江南農村），67-130页。

55. 例如，"客谈"收集的改革相关文件也证实了国家与居民达成了某种协议，详见本书第1章。

56. 包弼德在《斯文：唐宋思想的转型》（"This Culture of Ours"）和《历史上的理学》（*Neo-Confucianism in History*）中证明了，在一定程度上，"理学"的崛起是对精英行动主义的回应。正如本节讨论的那样，城市精英的行动主义是否激发了任何形式的智识发展，这一问题是值得探讨的。许多阳明学派学者在城市中举办的公开讲学可能是这方面的一个重要现象，详见吕妙芬：《阳明学讲会》。

57. 周晖：《非非子》，《金陵琐事》，卷1，27b-28a。

58. 根据周晖的描述，"子"指的是孔子。然而，尽管知道了这些信息，我们依然难以断定"非非子"这个题目的真实含义。

59. 朱之蕃：《游城北诸山记》，《雨山编》，5a-6a。

60.《杭州府志》（1579），卷19，1a-11a。

61. 夫马进是第一个提醒读者注意城市精英和农村士绅之间差异的人。在这个短小的专题讨论中，夫马进以杭州为例，试图说明城市精英在国家和社会之间已经构建了一种不同的动力机制，因此，他们在城市的存在不应该仅仅被视作乡绅治理的城市版本。虽然夫马进没有进一步阐述城市精英的性质和精神，但他提出了几个重要问题：在城市，土地所有权不能像在农村充当乡绅统治的权力基础那样，充当城市精英的权力基础，因此，当城市精英发动当地民众与国家展开政治谈判时，当时的不确定因素是什么？在国家缺乏资源的情况下，与传统士绅施行的仁政（例如善堂善会和地方治理）相比，城市精英的提议有什么不同？虽然南京"客谈"的条目提供了一些线索，但为了获得对城市社会结构和权力关系的更深层次的理解，这些问题要求更全面的案例研究。

62. 王泛森：《清初士人》。

63. 顾起元：《施食台》，《客座赘语》，卷2，39页。

64. Clunas, *Superfluous Things*.

65. 收于《客座赘语》。这篇文章并未标明作者。与书中的大多数条目一样，它很可能来源于朋友之间的对话（根据顾起元的说法）。然而，大多数后来的参考文献（包括在顾起元那个时代编著的地方志）都认为这篇文章出自顾起元之手。我遵循这一主流说法，除非以后发现了新的证据。无论谁是此文真实的作者，都不会影响此文的论点，因为此文的焦点并非在个人传记的语境中进行分析，而是在晚明的总的话语场域背景下进行分析。换句话说，我并未追踪顾起元的知识轨迹，而是将此文观点与其他同时代文本的观点进行比较。

66. "社会习俗"思想的起源可以追溯到两千年前。详见 Lewis, *Construction of Space in Early China*, chap. 4, "Regions and Customs"。

67. 班固：《汉书》，卷28，"地理志"；译文改编自 Lewis, *Construction of Space in Early China*, 190。

68. 政府也采用这种定性分类方法对基层管理的困难程度进行分级。例如，一项1566年颁定的法令规定，所有行政管理区应根据下列综合标准来进行分级：大小、繁简、冲僻和难易。参见大泽显浩（Osawa Akihiro）："Chirisho to seisho"（地理書と政書），475页；Skinner, "Cities and the Hierarchy of Local Systems", in idem, ed., *City in Late Imperial China*, 275-351。

69. 这个想法可以追溯到应劭编著的《风俗通义》："风者，天气有寒暖，地形有险易，水泉有美恶，草木有刚柔也。俗者，含血之类，像之而生，故言语歌讴异声，鼓舞动作殊形，或直或邪，或善或淫也。圣人作而均齐之，咸归于正，圣人废则还其本俗。"Lewis, *Construction of Space in Early China*, 190。

70. 在对明朝方志的一项研究中，徐泓发现，到了 16 世纪，社会习俗颓败引起的广泛关注已经成为一种全国性的现象。详见徐泓：《明代后期华北商品经济》《明末社会风气的变迁》；邱仲麟：《明代北京》。

71. 例如顾起元：《俗侈》《礼制》《服饰》，分别收录于《客座赘语》，卷 7，231-232 页；卷 9，287-290 页；卷 9，293 页。

72.《高淳县志》（1683），卷 4，1a-3a；《江浦县志》（1726），卷 1，21a-21b。

73. 这里所使用的地图来自陈沂：《金陵古今图考》。作者根据《南京都察院志》的描述绘制了地图的边界。

74. Wakeland, "Metropolitan Administration in Ming China", 62-64.

75. 在传记部分，顾起元特别颂扬了那些不盲目追随时尚的仕女，例如《潘儒人墓志铭》（《懒真草堂集》，卷 33，22a-22b），或者《敕封儒人关氏墓志铭》（《懒真草堂集》，卷 33，29b-30a）。事实上，顾起元认为，南京妇女的奢靡生活是社会风俗败坏最为严重的方面。详见顾起元：《民利》，《客座赘语》，卷 2，67 页。

76.《吴县志》（1642），卷 10，1b-3a。

77.《杭州府志》（1579），卷 19，4a-21b。

78.《清江县志》（1642），《风俗》，卷 1，34b。

79. 在晚明语境中，客民有时指的是客家人和生活在福建等地区的民族。然而，从本节的背景来看，"客"不是适用于客家人的名词，而是所有非本地人的代称，包括军户和前往漳州、汀州的移民。这种用法一直延续到了清代。在一篇讨论边境防卫的文章中，严如熤（1759—1826）指出，在森林遍布的山区，例如四川、陕西、湖南，本地居民稀疏，大约十分之二的土地需要招聘客民来完成开垦。详见严如熤："策略"，《三省边防备览》，卷 11，

296 页。

80. 1538 年地方志的"风俗"部被收录在《福宁州志》（1593）中（卷 1，12b-13b）。

81.《福宁州志》（1616），卷 2，14a–16a。

82. 同上。

83. 杨国安：《主客之间》。

84.《营山县志》（1576），卷 1，"风俗"。

85. 地方利益团体之间的武装械斗一直困扰着中国东南部地区，其中一个颇具说服力的例子请参见 Lamley, "Hsieh-Tou"。

86.《杭州府志》（1579），卷 19，11a-11b。编纂者指出，杭州郊外最受欢迎的墓地是南山和北山（风水绝佳），而现在它们已经被寓居于此的徽州商人占据。徽商利用手上的钱，成功夺取了最好的土地，而这也大量引发了与本地人的诉讼。

87. 明朝政府将离开了户籍登记地的人划分为四种类型："逃户"，他们逃避了徭役；"流民"，他们是逃离战争或饥荒的难民；在其他地方寄居的"附籍"；按照政府规定移往他处的"移徙"。按照《明史》中有关"附籍"的说法，除了政府计划的强迫迁移外，移民需要定期申请许可，而且最后必须返回本籍。实际上，明帝国完全禁止了任何形式的主动迁移。详见《明史》，卷 77，"食货"。

88. 杨国安：《主客之间》。

89.《沔阳州志》（1530），卷 9，12a-12b。

90. 以前也有人提出过类似的建议，但朝廷拒绝了这一设想。详见刘敏：《试论明清时期户籍制度的变化》；《明神宗实录》（1584），卷 154，2847-2848 页。

91. 黄志繁：《国家认同与土客冲突》。

92. 杨睿（Yang Rui）：《题为议事疏》。

93. 沈榜：《力役》，《宛署杂记》，50-52 页。

94. 王振忠：《明清徽商与淮扬社会变迁》；王日根：《乡土之链》；龙登

高：《从客贩到侨居》；祝碧衡：《论明清徽商》；许敏：《论晚明商人》。

95. 林燫：《赠节斋刘公之江西左辖序》。

96. 详见本书第3章关于《洪武京城图志》的讨论。

97. 夫马进："Mindai Nankin no toshi gyōsei"（明代南京の都市行政），245-247页。

98. 顾起元：《民利》，《客座赘语》，卷2，67页。

99. 顾起元：《力征》，《客座赘语》，卷2，57页。

100. 详见《万历大明会典》（1576），卷19，《流民附籍人户》。尽管北京是官方文件中最常被提到的先例，但它并不是第一个进行流寓登记的城市。1506年，为了平衡本地人和流寓商贾之间的税赋，芜湖的官员已经开始对流寓商贾进行登记管理。详见王世茂：《客商设置浮户专册》，《仕途悬镜》，卷2。

101. 《太平府志》（1903），卷12，26b；《南京都察院志》（1623），卷20；《巡视五城职掌》。

102. 《明神宗实录》（1602），卷367，6869-6872页。

103. 顾炎武：《天下郡国利病书》，卷16，2b-4b。

104. 周晖：《御史奏查流移》，《金陵琐事》，卷3，151a-152a。周晖提到的御史司马泰相关文献时间为1530年。

105. 吴应箕：《留都见闻录》。

106. 王鸿泰：《流动与互动》，第3章。

107. 钱谦益：《齐王孙承彩》，《列朝诗集小传》，丁集上，551页；陆世仪：《复社纪略》。

108. 钱谦益：《金陵社集诸诗人》，《列朝诗集小传》，丁集上，502页。

109. 曹志涟：《忆苏州》（"Remembering Suzhou"）；林丽月：《〈蒹葭堂稿〉》以及《晚明"崇奢"》；陈国栋：《有关陆楫"禁奢辨"》；钞晓鸿：《近二十年来有关明清"奢靡"之风研究》。

110. 余英时：《士商互动》。

111. 周晖：《蝇聚一膻》，《二续金陵琐事》，51a-51b。詹东图（1519—

1602 ），字景凤，1567 年进士。

结语

1. Marm, *Suzhou*. 明初商业税税额极低，详见岩井茂树："Yōeki to zaisei no aida"（徭役と財政のあいだ），第 3 部分；黄仁宇：《十六世纪明代中国之财政与税收》，第 6 章。最近，林枫（《万历矿监税》）等学者甚至认为轻商业税是万历年间臭名昭著的矿税的根本基础。

2. 有关保甲或乡约丰富文献的总体概述，参见 Martin Heijdra, "Socio-Economic Development of Rural China. 施珊珊对乡学的研究《明代的社学与国家》也表明，这样的地方志愿服务与当地官方赞助是互相联系的。

3. Brook, *Confusions of Pleasure*, "Introduction".

4. 川胜守：*Min Shin Kōnan shichin*（明清江南市鎮社会史研究），117 页。

5. 滨岛敦俊：*Sōkan shinkō*（總管信仰）。

6. 成一农：《宋、元以及明代前中期城市城墙政策的演变及其原因》。

7. 除了民族因素之外，明末清初对房号银的滥用也对清朝统治者"不征收城市税"这一决定产生了影响。

8. Elliott, *The Manchu Way*, esp. "Manchu Cities", 89-128；定宜庄：《清代八旗驻防研究》。

9. 程民生：《论宋代的流动人口问题》。一年规则（《宋史》，卷 210，5b）的法律依据似乎针对的是农村移民。就城市而言，案例显示，每三年进行一次城市人口普查的制度允许"流民"转换为本地人身份。详见胡建华：《宋代城市流动人口》。

10. 关于明清时代的行会概况，详见王日根：《乡土之链》。关于这些商人组织如何在繁荣的苏州市场经济中进行运作的具体案例研究，详见邱澎生：《市场、法律与人情》。

参考文献

机构与地方志

Chongkan Jiangning fuzhi (1811) 重刊江宁府志 (Gazetteer of Jiangning prefecture). Facsimile reprint of 1880 edition. Zhongguo fangzhi congshu. Taipei: Chengwen chubanshe, 1974.

Funing zhouzhi (1593) 福宁州志 (Gazetteer of Funing subprefecture). Xijian Zhongguo difangzhi huikan, 33. Beijing: Zhongguo shudian, 1992.

Funing zhouzhi (1616) 福宁州志 (Gazetteer of Funing subprefecture). Facsimile reprint of 1616 edition. Ribencang Zhongguo hanjian difangzhi congkan, 8. Beijing: Shumu wenxian chubanshe, 1990.

Gaochun xianzhi (1683) 高淳县志 (Gazetteer of Gaochun county). Facsimile reprint of 1682 edition. Xijian Zhongguo difangzhi huikan, 12. Beijing: Zhongguo shudian, 1992.

Gaochun xianzhi (1751) 高淳县志 (Gazetteer of Gaochun county). Facsimile reprint of Qianlong edition. Gugong zhenben congkan, 87. Haikou: Hainan chubanshe, 2001.

Ge Yinliang 葛寅亮, *jinshi* 1601. *Jinling fancha zhi* 金陵梵刹志 (Gazetteer of Buddhist monasteries in Nanjing). 1627. Reprinted—Zhenjiang: Jinshan ji- ang tian si, 1936.

Guangdong tong zhi (1602) 广东通志 (Gazetteer of Guangdong province).

Haiyan xian tujing (1624) 海盐县图经 (Gazetteer of Haiyan county). National Library, Taipei.

Hangzhou fuzhi (1579) 杭州府志 (Gazetteer of Hangzhou prefecture). Facsimile reprint of 1579 edition. Mingdai fangzhixuan. Taipei: Xuesheng shuju, 1965.

Hengxi lu (1629) 横溪录 (Record of Hengxi). Facsimile reprint of Ming edition. Huadong shifan daxue tushuguan cang xijian fangzhi congkan, 6. Beijing: Beijing tushu chubanshe, 2005.

Hongwu jingcheng tuzhi 洪武京城图志 (The illustrated gazetteer of the Hongwu capital). Preface dated 1395. Reprinted and prefaced in 1928 by Liu Yizheng 柳诒徵 (1880–1956) based on a 1492 edition. The images are from another facscimile reprint, based on a Qing copy; see Beijing tuzhuguan guji zhen- ben congkan, 24. Beijing: Shumu wenxian chubanshe, 1988.

Houhu zhi 后湖志 (Gazetteer of Xuanwu Lake). 1514, 1549, and an expanded edition in 1611. Facsimile reprint of a handcopy. Nanjing: Guangling guji keyinshe, 1987.

Jianchang fuzhi (1613) 建昌府志 (Gazetter of Jianchang prefecture). National Diet Library, Tokyo.

Jiangning fuzhi (1668) 江宁府志 (Gazetteer of Jiangning prefecture). Microfilm.

Jiangning xin zhi (1748) 江宁新志 (New gazetteer of Jiangning county). Facsimile reprint of 1748 edition. Xijian Zhongguo difangshi huikan, 11.

Jiang pu pisheng (1891) 江浦埠乘 (Gazetteer of Jiangpu). Facsimile reprint of 1891 edition. Zhongguo difangzhi jicheng, 5. Nanjing: Jiangsu guji chuban- she, 1991.

Jiang pu xianzhi (1726) 江浦县志 (Gazetteer of Jiangpu county). Facsimile re- print of 1726 edition. Gugong zhenben congkan, 87. Haikou: Hainan chu- banshe, 2001.

Jiao Hong 焦竑. *Jingxue zhi* 京学志 (Gazetteer of the prefectural school in the [Southern] Capital). Facsimile reprint of 1603 edition. Taipei: Guofeng chu- banshe, 1965.

Jiaxing xianzhi (1637) 嘉兴县志 (Gazetteer of Jiaxing county). Kunai shō, To- kyo.

Jingding Jiankang zhi (1261) 景定建康志 (Gazetteer of Jiangkang prefecture). Facsimile reprint of 1801 edition. Zhongguo fangzhi congshu. Taipei: Cheng- wen chubanshe, 1983.

Jinling xuanguan zhi 金陵玄观志 (Gazetteer of Daoist monasteries in Nanjing). Reprinted— Guoxue tushuguan, 1937. Also, facsimile reprint of Ming edi- tion. Xuxiu Siqu quanshu, 719. Shanghai: Guji chubanshe, 1997.

Libu zhigao 礼部志稿 (Gazetteer of the Nanjing Ministry of Rites). 1620. Jin-ying Wenyuange siku quanshu, 685. Taipei: Taiwan Shangwu yinshuguan, 1979.

Linggu chanlin zhi 灵谷禅林志 (Gazetteer of Linggu Chan Monastery). Facsimile reprint of 1886 edition. Zhongguo fosishizhi huikan. Taipei: Zongqing chubanshe, 1994.

Liyang xianzhi (1498) 溧阳县志 (Gazetteer of Liyang county). Microfilm.

Long jiang chuanchang zhi 龙江船厂志 (Gazetteer of the Longjiang Shipyard). 1552. Xuanlantang congshu, 117–19. Taipei: Zhengzhong shuju, 1985.

Luhe xianzhi (1884) 六合县志 (Gazetteer of Luhe county). Facsimile reprint of 1884 edition. Zhongguo difangzhi jicheng 中国地方志集成. Nanjing: Jiangsu guji chubanshe, 1991.

Mianyang zhouzhi (1530) 沔阳州志 (Gazetteer of Mianyang prefecture). Facsimile reprint of 1926 edition. Taipei: Chengwen chubanshe, 1975.

Nanchang fuzhi (1574) 南昌府志 (Gazetteer of Nanchang prefecture). Naikaku bunko, Tokyo.

Nanjing duchayuan zhi (1623) 南京都察院志 (Gazetteer of the Nanjing Censorate). Microfilm at Academia Sinica, Taiwan. Original copy at Naikaku bun- ko, Tokyo.

Nanjing Guanglusi zhi 南京光禄寺志 (Gazetteer of the Nanjing Court of Imperial Entertainment). 1596. Naikaku bunko, Tokyo.

Nanjing Hubuzhi 南京户部志 (Gazetteer of the Nanjing Ministry of Revenue). 1550. Naikaku bunko, Tokyo.

Nanjing Taipusi zhi 南京太仆寺志 (Gazetteer of the Nanjing Court of the Imperial Stud). Jiajing period (1521–66). Siqu quanshu cunmu congshu, 257. Tainan: Chuanyan chubanshe, 1996.

Nanjing Xingbuzhi 南京刑部志 (Gazetteer of the Nanjing Ministry of Justice). Library of Congress, Washington, DC.

Nanning fuzhi (1637) 南宁府志 (Gazetteer of Nanning prefecture). Naikaku bunko, Tokyo.

Nanshuzhi 南枢志 (Gazetteer of the Southern Pivot). Kyoto, Jinbunkan.

Nanyong zhi 南雍志 (Gazetteer of the Southern Academy). 1626. Microfilm. Washington, DC, Library of Congress.

Pingwang zhenzhi 平望镇志 (1732) (Gazetteer of Pingwang town). Facsimile reprint of a handcopy. Zhongguo difangzhi jicheng: xiangzhenzhi zhuanji, 13. Shanghai: Shanghai shuju, 1992.

Qing jiang xianzhi (1642) 清江县志 (Gazetteer of Qingjiang county). Facsimile reprint of Chongzhen edition. Siqu quanshu cunmu congshu, *shi* 212. Tai- nan: Zhuangyan chubanshe, 1996.

Qiongzhou fuzhi (1617) 琼州府志 (Gazetteer of Qiongzhou prefecture). National Diet Library, Tokyo.

Quanzhou fuzhi (1612) 泉州府志 (Gazetteer of Quanzhou prefecture).

Shangyuan xianzhi (1721) 上元县志 (Gazetteer of Shangyuan county). Naikaku bunko, Tokyo.

Shangyuan xianzhi (1824) 上元县志 (Gazetteer of Shangyuan county). Facsimile reprint of 1824 edition. Taipei: Chengwen chubanshe, 1983.

Shaoxing fuzhi (1586) 绍兴府志 (Gazetteer of Shaoxing prefecture). Microfilm prints.

Shaoxing fuzhi (1683) 绍兴府志 (Gazetteer of Shaoxing prefecture). Microfilm prints.

Sheshan zhi 摄山志 (Gazetteer of Mount She). Facsimile reprint of 1790 edition. Zhongguo fosizhi, 34. Taipei: Mingwen shuju, 1980.

She zhi (1609) 歙志 (Gazetteer of She county). Sonkeikaku bunko, Tokyo.

Shouchang xianzhi (1586) 寿昌县志 (Gazetteer of Shouchang county). Facsimile reprint of 1650 edition. Mingdai guben fangzhixuan. Beijing: Guojia tushu- guan difangzhi he jiapu wenxian zhongxin, 2000.

Songjiang fuzhi (1630) 松江府志 (Gazetteer of Songjiang prefecture). Facsimile reprint of 1630 edition. Ribencang Zhongguo hanjian difangzhi congkan. Beijing: Shumu wenxian chubanshe, 1991.

Taiping fuzhi (1577) 太平府志 (Gazetteer of Taiping prefecture). Naikaku bunko, Tokyo.

Wuqing zhenzhi (1601) 乌青镇志 (Gazetteer of Wuqing town). Facsimile reprint of 1601 edition. Zhongguo difangzhi jicheng: xiangzhenzhi zhuanji, 23. Shanghai: Shanghai shuju, 1992.

Wuxian zhi (1642) 吴县志 (Gazetteer of Wu county). Facsimile reprint of 1642 edition. Tianyige cang Mingdai fangzhi xuankan xubian, 15. Shanghai: Shanghai shudian, 1990.

Xiaoshan xianzhi (1935) 萧山县志 (Gazetteer of Xiaoshan county). Facsimile reprint of 1935 edition. Zhongguo fangzhi congshu. Taipei: Chengwen chu- banshe, 1983.

Xingning xianzhi (1637) 兴宁县志 (Gazetteer of Xingning county). National Diet Library, Tokyo.

Xinxiu Nanchang fuzhi (1588) 新修南昌府志 (New edition of gazetteer of Nanchang prefecture). Naikaku bunko, Tokyo.

Yingshan xianzhi (1576) 营山县志. Facsimile reprint of 1576 edition. Tianyige Mingdai fangzhi xuankan xubian. Shanghai: Shanghai shuju, 1990.

Yiwu xianzhi (1640) 义乌县志 (Gazetteer of Yiwu county). Naikaku bunko, Tokyo.

Yong jia xianzhi (1566) 永嘉县志 (Gazetteer of Yongjia county). Sonkeikaku bunko, Tokyo.

Zhizheng Jinling xinzhi (1344) 至正金陵新志 (New gazetteer of Jinling). Facsimile reprint of 1344 edition. Zhongguo fangzhi congshu. Taipei: Chengwen chubanshe, 1983.

其他资源

Aoyama Ichirō 青山一郎. "Mingdai no shin ken setchi to chiiki shakai" 明代の新県設置と地域社会 (The establishment of new counties and local so- ciety). *Shigaku zasshi* 史学雑誌 101, no. 2 (1992): 82–109.

Aoyama Sadao 青山定雄. *Tō-Sō jidai no kōtsū to chishi chizu no kenkyū* 唐宋時代 の交通と地誌地圖の研究 (A study of the communication systems of Tang and Sung China and the development of their topographies and maps). Tokyo: Yoshikawa kōbunkan, 1963.

Aramiya Manabu 新宮学. *Pekin sento no kenkyū: kinsei Chūgoku no shuto iten* 北京迁都の研究：近世中国の首都移転 (A historical study of the transfer of the capital to Beijing in the Ming dynasty). Tokyo: Kyūko shoin, 1995.

Arnade, Peter J.; Martha C. Howell; and Walter Simons. "Fertile Spaces: The Productivity of Urban Space in Northern Europe." *Journal of Interdisciplinary History* 32, no. 4 (2002): 515–48.

Bai Hua 白桦. *Mingdai zhouxian zhengzhi tizhi yanjiu* 明代州县政治体制研究(A study of the prefecture-county political governance in the Ming dynasty). Beijing: Zhongguo shehui kexue chubanshe, 2003.

Bai, Qianshen. *Fu Shan's World: The Transformation of Chinese Calligraphy in the Seventeenth Century*. Cambridge: Harvard University Asia Center, 2003.

Belsky, Richard. *Localities at the Center: Native Place, Space, and Power in Late Imperial Beijing*. Cambridge: Harvard University Asia Center, 2005.

Berg, Daria. "Marveling at the Wonders of the Metropolis." In *Town and Country in China: Identity and Perception*, ed. David Faure and Taotao Liu. New York: Palgrave, 2002, 17–40.

Bergère, Marie-Claire. "Civil Society and Urban Change in Republican China."*China Quarterly* 150 (1997): 309–28.

Bernhardt, Kathryn. *Rents, Taxes and Peasant Resistance: The Lower Yangzi Region, 1840–1950*. Stanford: Stanford University Press, 1992.

Bol, Peter K. "The 'Localist Turn' and 'Local Identity' in Later Imperial China." *Late Imperial China* 24, no. 2 (2003): 1–50.

———. "The Rise of Local History: History, Geography, and Culture in Southern Song and Yuan Wuzhou." *Harvard Journal of Asiatic Studies* 61, no. 1 (2001): 37–76.

———. "Society." In idem, *Neo-Confucianism in History*. Cambridge: Harvard University Asia Center, 2008, 218–69.

————. *"This Culture of Ours": Intellectual Transitions in T'ang and Sung China*. Stanford: Stanford University Press, 1992.

Bourgon, Jérôme. "Rights, Customs, and Civil Law Under the Late Qing and Early Republic (1900–1936)." In *Realms of Freedom in Modern China*, ed. Wil- liam C. Kirby. Cambridge: Harvard University Press, 2004, 84–112.

————. "Uncivil Dialogue: Law and Custom Did Not Merge into Civil Law Under the Qing." *Late Imperial China* 23, no. 1 (2002): 50–90.

Britnell, Richard H. *The Commercialization of English Society, 1000–1500*. 2nd ed. Manchester: Manchester University Press, 1996.

Brokaw, Cynthia, and Kai-wing Chow, eds. *Printing and Book Culture in Late Imperial China*. Berkeley: University of California Press, 2004.

Brook, Timothy. *The Chinese State in Ming Society*. London: RoutledgeCurzon, 2005.

————. *The Confusions of Pleasure: Commerce and Culture in Ming China*. Berkeley: University of California Press, 1998.

————. *Geographical Sources of Ming-Qing History*. 1st edition. Ann Arbor: Center for Chinese Studies, University of Michigan, 1988.

————. "The Spatial Structure of Ming Local Administration." *Late Imperial China* 6, no. 1 (1985): 1–55.

Brook, Timothy, ed. *The Asiatic Mode of Production in China*. Armonk, NY: M. E. Sharpe, 1989.

Brook, Timothy, and B. Michael Frolic, eds. *Civil Society in China*. Boulder, CO: Westview Press, 1997.

Cahill, James. "Huangshan Paintings as Pilgrimage Pictures." In *Pilgrims and Sacred Sites in China*, ed. Susan Naquin and Chün-fang Yu. Berkeley: University of California Press, 1992, 246–92.

Cao Dazhang 曹大章 (1521–75). *Qinhuai shinübiao* 秦淮仕女表 (A list of Qinhuai ladies). Copy in rare book collection, Academia Sinica, Taipei.

Cartier, Carolyn. "Origins and Evolution of a Geographical Idea." *Modern China* 28, no. 1 (2002): 79–143.

Chang Che-chia 张哲嘉. "Mingdai fangzhi zhong de ditu" 明代方志中的地图 (Maps in Ming gazetteers). In *Huazhong you hua: jindai Zhongguo de shijue biaoshu yu wenhua goutu* 画中有话：近代中国的视觉表述与文化构图(When images speak: visual representation and cultural mapping in modern China), ed. Huang Kewu 黄克武. Taipei: Academia Sinica, 2003, 179–212.

Chang, Sen-dou. "The Morphology of Walled Capitals." In *The City In Late Im- perial China*, ed. G. William Skinner. Stanford: Stanford University Press, 1977, 75–100.

Chao Xiaohong 钞晓鸿. "Jin ershi nian lai you guan Ming Qing 'shemi' zhifeng yanjiu pingshu" 近二十年来有关明清 "奢靡" 之风研究评述 (Review of studies in the past twenty years on conspicuous consumption during the Ming and Qing). *Zhongguo shi yanjiu dongtai* 中国史研究动态 2001, no. 10: 9–20.

Chen Baoliang 陈宝良. "Mingdai de baojia yu huojia" 明代的保甲与火甲(The *baojia* and *huojia* in the Ming era). *Mingshi yanjiu* 明史研究 3 (1993): 59–66.

———. "Mingdai shehui liudong xing chu tan" 明代社会流动性初探 (A preliminary study of social mobility in the Ming dynasty). *Anhui shixue* 安徽史学 2005, no. 2: 18–24.

———. *Zhongguo de she yu hui* 中国的社与会 (The *she* and *hui* in China). Hangzhou: Zhejiang renmin chubanshe, 1996.

Chen Guocan 陈国灿. "Luelun Nan Song shiqi Jiangnan shizhen de shehui xingtai" 略论南宋时期江南市镇的社会形态 (Local society in Jiangnan market towns in the Southern Song period). *Xueshu yuekan* 学术月刊 2001, no. 2: 59–65.

Chen Guodong 陈国栋. "You guan Lu Ji 'Jin she bian' zhi yanjiu suo sheji de xueli wenti: kua xuemen de yijian" 有关陆楫 "禁奢辨" 之研究所涉及的学理问题：跨学门的意见 (Issues regarding studies on Lu Ji's "Jin she bian": an interdisciplinary perspective). *Xinshixue* 新史学 5, no. 2 (1994): 159–79.

Chen Jiru 陈继儒 (1558–1639). *Chen Meigong xiaopin* 陈眉公小品 (Shorter works of Chen Jiru). Beijing: Wenyi chubanshe, 1996.

———. *Zhang zhe yan* 长者言 (Words from an elder). In *Shuofu xu* 说郛续 (Sequel to *Environs of Fiction*). Shanghai: Shanghai guji chubanshe, 1980.

Chen Liangmo 陈良谟. *Jianwen jixun* 见闻纪训. 1566. Facsimile reprint of 1579 edition. Xuxiu Siku quanshu, 1266. Shanghai: Shanghai guji chubanshe, 1995.

Chen Yi 陈沂. *Jinling gujin tukao* 金陵古今图考 (Historical atlas of Nanjing). Preface 1516. Copy dated 1624 in National Central Library, Taipei, Rare Book Collection. The images are from a 1928 reprint by Liu Yizheng 柳诒徵 (1880–1956).

———. *Xianhuayan zhi* 献花岩志 (Gazetteer of Xianhua Grotto). Preface by the author dated 1576; published and prefaced by Jiao Hong in 1603. Reprinted—Nanjing wenxian, no. 2. Nanjing: Tongzhiguan, 1947.

Chen Zhongping 陈忠平. "Mingqing shiqi Nanjing chengshi de fazhan yu yanbian" 明清时期南京城市的发展与演变 (The development of and changes in the city of Nanjing in the Ming and Qing dynasties). *Zhongguo shehui jing jishi yanjiu* 中国社会经济史研究 1988, no. 1: 39–45.

———. "Song Yuan Ming Qing shiqi Jiangnan shizhen shehui zuzhi shulun" 宋元明清时期江南市镇社会组织述论 (The social structure of market towns in the Jiangnan area during the Song, Yuan, Ming, and Qing eras). *Zhongguo shehui jing ji shi yanjiu* 中国社会经济史研究 1993, no. 1: 33–38.

Chen Zuolin 陈作霖. *Jinling tong ji* 金陵通纪 (The comprehensive chronicle of Nanjing). 1904. Reprinted—Taipei: Chengwen chubanshe, 1970.

———. *Jinling tongzhuan* 金陵通传 (The comprehensive biographies of Nanjing natives). 1904. Reprinted—Taipei: Chengwen chubanshe, 1970.

———. *Jinling xianzheng yanxinglu* 金陵先正言行录. N.p.: Jiangchu shuju, n.d. Cheng Minsheng 程民生. "Lun Songdai de liudong renkou wenti" 论宋代的流动人口问题 (The mobile population of the Song dynasty). *Xueshu yuekan* 学术月刊 2006, no. 7: 136–43.

Cheng Yinong 成一农. "Song, Yuan, yiji Mingdai qianzhongqi chengshi cheng- qiang

zhengce de yanbian jiqi yuanyin" 宋、元以及明代前中期城市城墙政策的演变及
其原因 (The evolution of city-wall policies in the Song, Yuan, and early to mid-Ming
eras and its explanations). In *Zhong Ri gudai chengshi yanjiu* 中日古代城市研究
(Studies on ancient cities in China and Japan), ed. Nakamura Keiji 中村圭尔 and Xin
Deyong 辛德勇. Beijing: Zhongguo shehui kexue chubanshe, 2004, 145–83.

Chevalier, Bernard. *Les bonnes villes: l'état et la société dans la France de la fin du XVe
siècle.* Orléans: Paradigme, 1995.

Chiu Chung-lin 邱仲麟. "Jing lao shi suoyi jian lao: Mingdai xiang yinjiu li de bianqian ji qi
yu difang shehui de hudong" 敬老适所以贱老: 明代乡饮酒礼的变迁及其与地方社
会的互动 (Veneration degrades into denigration: the permutation of the Ming dynasty
community drinking rituals and their interplay with local society). *Shiyusuo jikan* 76,
no. 1 (2005): 1–79.

———. "Mingdai Beijing shehui fengqi bianqian: lizhi yu jiazhigua de gaibian" 明代北
京社会风气变迁：礼制与价值观的改变 (The changing social climate in Ming
Beijing: changes in ritual and value). *Dalu zazhi* 大陆杂志 88, no. 3 (1994): 1–15.

Chiu Peng-sheng 邱澎生. "Mingdai Suzhou yingli chuban shiye ji qi shehui xiaoying" 明
代苏州营利出版事业及其社会效应 (Commercial presses in Ming Suzhou and their
social influence). *Jiuzhou xuekan* 九州学刊 5, no. 2 (1992): 139–59.

———. "Shichang, falü yu renqing: Ming-Qing Suzhou shangren tuanti tigong 'jiaoyi
fuwu' de zhidu yu bianqian" 市场、法律与人情:明清苏州商人团体提供 "交易
服务" 的制度与变迁 (Market, laws, and human nature: the institutional setup and
transformation of transaction services provided by Ming-Qing Suzhou merchant
organizations). In *Chūgoku no rekishi seikai: tōgō no shisutemu to tagen teki hatten*
中國の歴史世界—統合のシステムと多元的發展 (The Chinese historical world:
unified systems and diversified developments), ed. Chūgoku shigakukai 中国史学会.
Tōkyō shiritsu daigaku shuppanbu, 2002, 571–92.

Clunas, Craig. *Fruitful Sites: Garden Culture in Ming Dynasty China.* Durham, NC: Duke
University Press, 1996.

———. *Pictures and Visuality in Early Modern China.* Princeton: Princeton Uni- versity
Press, 1997.

———. *Superfluous Things: Material Culture and Social Status in Early Modern China.*
Urbana: University of Illinois Press, 1991.

Danjō Hiroshi 檀上寛. *Minchō sensei shihai no shiteki kōzo* 明朝専制支配の史的構造
(The historical structure of Ming despotism). Tokyo: Kyūko shoin, 1995.

Dardess, John. *Confucianism and Autocracy: Professsional Elites in the Founding of the
Ming Dynasty.* Berkeley: University of California Press, 1983.

Debevoise, Jane, and Scarlett Jang. "Topography and the Anhui School." In *Shadows of
Mt. Huang: Chinese Painting and Printing of the Anhui School,* ed. James Cahill.
Berkeley: University Art Museum, 1981, 43–50.

Deng Qiu 邓球 (*jinshi* 1535). *Huang Ming yonghua leibian* 皇明泳化类编 (Assorted
records of the civilizing enterprise of the Ming dynasty). Facsimile reprint of Longjing

era (1567–72) copy. Beijing: Shumu wenxian chubanshe, 1988.

Ding Bin 丁宾. *Ding Qinghui gong yiji* 丁清惠公遗集 (The posthumous collection of Ding Qinghui). 1638 preface. Reprinted in Siku jinhuishu congkan, *jibu* 44. Beijing: Beijing chubanshe, 2000.

Ding Yizhuang 定宜庄. *Qingdai baqi zhufang yanjiu* 清代八旗驻防研究 (Studies on the Eight Banner garrisons of the Qing dynasty). Liaoning: Minzu chubanshe, 2003.

Ding Yuanjian 丁元荐. *Zunzhuotang wenji* 尊拙堂文集 (Collection from the Zunzhuo Studio). Facsimile reprint of 1660 edition. *Siku quanshu cunmu cong- shu*, 170–1. Tainan: Zhuangyan chubanshe, 1995.

Dong Jianhong 董鉴泓. *Zhongguo chengshi jianshe fazhan shi* 中国城市建设发展史 (The history of Chinese urban development). Taipei: Minwen shuju, 1984.

Elliott, Mark C. *The Manchu Way: The Eight Banners and Ethnic Identity in Late Imperial China*. Stanford: Stanford University Press, 2001.

Elvin, Mark. "Chinese City Since the Sung Dynasty." In *Towns in Societies: Essays in Economic History and Historical Sociology*, ed. Philip Abrams and E. A. Wrigley. Cambridge: Cambridge University Press, 1978, 79–89.

———. " 'Female Virtue' and the State in China." *Past and Present* 104 (1984); reprinted in idem, *Another History. Essays on China from a European Perspective*. Sydney: Wild Peony, 1996, 302–51.

Esherick, Joseph W., and Mary B. Rankin, eds. *Chinese Local Elites and Patterns of Dominance*. Berkeley: University of California Press, 1990.

Fan I-chun 范毅军. "Ming-Qing Jiangnan shichang juluo shi yanjiu de huigu yu zhanwang" 明清江南市场聚落史研究的回顾与展望 (A review of the studies of Ming-Qing market settlements). *Xinshixue* 新史学 9, no. 3 (1998): 87–133.

Fang, Jun. "Auxiliary Administration: The Southern Capital of Ming China." Ph.D. diss., University of Toronto, 1995.

Farmer, Edward L. *Early Ming Government: The Evolution of Dual Capitals*. Cam- bridge: East Asian Research Center, Harvard University, 1976.

———. "The Hierarchy of Ming City Walls." In *City Walls: The Urban Enceinte in Global Perspective*, ed. James D. Tracy. Cambridge: Cambridge University Press, 2000, 461–87.

———. *Zhu Yuanzhang and Early Ming Legislation: The Reordering of Chinese Society Following the Era of Mongol Rule*. Leiden: E. J. Brill, 1995.

Farquhar, David M. *The Government of China Under Mongolian Rule: A Reference Guide*. Stuttgart: Steiner, 1990.

Faure, David. "What Made Foshan a Town? The Evolution of Rural-Urban Identities in Ming-Qing China." *Late Impeiral China* 11, no. 2 (1990): 1–31.

———. "What Weber Did Not Know: Towns and Economic Development in Ming and Qing China." In *Town and Country in China* (see next extry), 58–84.

Faure, David, and Taotao Liu, eds. *Town and Country in China: Identity and Perception*. New York: Palgrave, 2002.

Fei Siyen 费丝言. "Cong dianfan dao guifan" 从典范到规范 (The normalization of female chastity in Ming China). M.A. thesis, National Taiwan University, 1998.

Feuerwerker, Albert. "From 'Feudalism' to 'Capitalism' in Recent Historic Writing from Mainland China." *Journal of Asian Studies* 18, no. 1 (1958): 1070–116.

Fu Chunguan 傅春官. *Jinling lidai jianzhibiao* 金陵历代建置表 (Chart of the historical development of Nanjing). 1897. Beijing: Zhonghua shuju, 1985.

Fu, Li-tsui Flora 傅立萃. "Xie Shichen de mingsheng guji sijing tu: jian tan Mingdai zhongqi de zhuangyou" 谢时臣的名胜古迹四景图：兼谈明代中期的壮游 (Paintings of four famous views by Xie Shichen: the vogue for travel in the second half of the Ming dynasty). *Taiwan daxue meishushi yanjiu jikan* 台湾大学美术史研究集刊 /*Taida Journal of Art History* 4 (March 1997): 185–222.

Fu Yiling 傅衣凌. *Mingdai Jiangnan shimin jing ji shitan* 明代江南市民经济试探 (A preliminary survey of the Jiangnan urban economy). Shanghai: Shanghai renmin chubanshe, 1957.

Fuma Susumu 夫马近. "Chūgoku kinsei toshi no shakai kōzō no kansuru mitsu no kentō" 中国近世都市の社会構造に関する三つの検討 (Three in- quiries concerning Professor Kawakatsu's "Urban Social Structure in Mod- ern China"). *Shichō* 史潮, n.s. 6 (1979): 91–98.

———. "Late Ming Urban Reform and the Popular Uprising in Hangzhou." In *Cities of Jiangnan in Late Imperial China*, ed. Linda Cooke Johnson. Albany: State University of New York Press, 1993, 47–80.

———. "Mindai Nankin no toshi gyōsei" 明代南京の都市行政 (Municipal administration in Ming Nanjing). In *Zenkindai ni okeru toshi to shakaisō* 前近代における都市と社会層 (Cities and social stratification in the premodern era), ed. Nakamura Kenjirō 中村賢二郎. Kyoto: Jinbun kagaku ken- kyūjo, 1980, 245–97.

———. "Minmatsu han chihōkan shihen" 明末反地方官士变 (A student movement against local bureaucrats in the late Ming period). *Tōhō gakuhō* 東方学報 52 (1980): 595–622.

———. "Minmatsu han chihōkan shihen horon" 明末反地方官士变補論(A supplement regarding a student movement against local bureaucrats in the late Ming period). *Toyama daigaku jinbungakubu kiyō* 富山大學人文學部紀要 4 (1981): 19–33.

———. "Minmatsu minpen to seiin: Kōnan no tosho ni okeru seron no keisei to seiin yakuwari" 明末民变と生員：江南の都市における世論の形成と生員役割 (The late Ming uprisings and *shengyuan*: urban public opinion in Jiangnan and the role of *shengyuan* in its formation). In *Chiiki shakai no shiten: chiiki shakai to rīdā* 地域社會の視点—地域社會リーダー, ed. Nagoya daigaku, Tōyō shigaku kenkyūshitsu 名古屋大学東洋史学研究室. Na- goya: Nagoya daigaku, Bunkakubu, 1982, 12–15.

———. "Minmatsu no toshi kaikaku to Kōshū minpen" 明末の都市改革と杭州民变 (Late Ming municipal reform and the Hangzhou uprising). *Tōhō gakuhō* 東方学報 49 (1977): 215–62.

Gardner, Daniel K. "Modes of Thinking and Modes of Discourse in the Sung: Some

Thoughts on the *Yü-lu* (Recorded Conversations) Texts." *Journal of Asian Studies* 50, no. 3 (1991): 574–603.

Goodrich, L. Carrington, and Fang Chao-ying, eds. *Dictionary of Ming Biography, 1368–1644*. 2 vols. New York: Columbia University Press, 1976.

Grimm, Tilemann. "State and Power in Juxtaposition: An Assessment of Ming Despotism." In *The Scope of State Power in China*, ed. Stuart R. Schram. Lon- don: St. Martin's Press, 1985.

Grove, Linda, and Christian Daniels, eds. *State and Society in China: Japanese Perspectives on Ming-Qing Social and Economic History*. Tokyo: University of Tokyo Press, 1984.

Gu Qiyuan 顾起元 (1565–1628). *Kezuo zhuiyu* 客座赘语 (Superfluous chats from guests' seats). 1617. Reprinted—Beijing: Zhonghua shuju, 1987.

———. *Lanzhen caotang ji* 懒真草堂集 (Collection from the Lanzhen Studio). 1614. Reprinted—Taipei: Wenhai chubanshe, 1970.

Gu Yanwu 顾炎武. *Gutinglin shiwenji* 顾亭林诗文集 (The collected works of Gu Yanwu). Reprinted—Taipei: Hanjing wenhua, 1984.

———. *Tianxia junguo libing shu* 天下郡国利病书 (Book of the benefits and ills of the various states of the world). Original preface by Gu dated 1632. Facsimile reprint of Sibu congkan edition. Xuxiu Siku quanshu, 595–97.

Gui Youguang 归有光. *Zhenchuan ji* 震川集 (Collected works of Gui Youguang). *Jingying Wenyuange siku quanshu*, 1289. Taipei: Taiwan Shangwu yin- shuguan, 1979.

Guo Shaoyu 郭绍虞. *Zhaoyushi gudian wenxue lunji* 昭隅室古典文学论集 (A collection of essays on classical literature from the Zhaoyu Studio). Shanghai: Shanghai guji chubanshe, 1983.

Hai Rui 海瑞 (1514–1587). *Hai Rui ji* 海瑞集 (Collected works of Hai Rui). 1624. Reprinted—Beijing: Zhonghua shuju, 1962.

Hamashima Atsutoshi 浜岛敦俊. "Minbō kara gōshin e: 16–17 seiki no Kōnan shitaifu" 民望から郷紳–へ: 十六，七世紀の江南士大夫 (From *minwang* to *xiangshen*—Jiangnan literati of the sixteenth and seventeenth centuries). *Ōsaka daigaku Daigakuin Bungaku kenkyūka kiyō* 大坂大学院文学研究科紀要 41 (2001): 27–65.

———. *Mindai Kōnan nōson shakai no kenkyū* 明代江南農村社會の研究 (A study of Jiangnan rural society during the Ming dynasty). Tokyo: Tōkyō daigaku shuppankai, 1982.

———. *Sōkan shinkō: kinsei Kōnan nōson shakai to minkan shinkō* 総管信仰: 近世江南農村社会と民間信仰 (Belief in Zongguan: folk religion in rural society in Jiangnan during the Ming and Qing periods). Tokyo: Kenbun shuppan, 2001.

Han Guanghui 韩光辉. "Jindai zhu fu jie zhen chengshi lushi si yanjiu" 金代诸府节镇城市录事司研究 (Researches on the municipal administrative system in the Jin era). *Wenshi* 52 (2000): 37–51.

———. "Yuandai Zhongguo de jianzhi chengshi" 元代中国的建制城市 (Researches on municipal administrative cities in the Yuan dynasty). *Dili xuebao* 50, no. 4 (1995):

324–34.

Hanan, Patrick. *The Chinese Vernacular Story.* Cambridge: Harvard University Press, 1981.

Hargett, James M. "Song Dynasty Local Gazetteers and Their Place in the History of *Difangzhi* Writing." *Harvard Journal of Asiatic Studies* 56, no. 2 (1996): 405–42.

Harrison, Henrietta. "Village Identity in Rural North China." In *Town and Country in China: Identity and Perception*, ed. David Faure and Taotao Liu. New York: Palgrave, 2002, 85–106.

Hay, Jonathan. "Ming Palace and Tomb in Early Qing Jiangning: Dynastic Memory and the Openness of History." *Late Imperial China* 20, no. 1 (1999): 1–48.

He Tang 何镗. *Mingshan shenggai ji* 名山胜概记 (Record of famous mountains and grand scenery). Late Ming edition. Copy at Library of Congress, Washington, DC.

He Xiaorong 何孝荣. *Mingdai Nanjing siyuan yanjiu* 明代南京寺院研究 (A study of Ming temples). Beijing: Zhongguo kexue chubanshe, 2000.

Hegel, R. E. *Reading Illustrated Fiction in Late Imperial China.* Stanford: Stanford University Press, 1998.

Heijdra, Martin. "The Socio-Economic Development of Rural China During the Ming." In *The Cambridge History of China*, vol. 8, *The Ming Dynasty, 1368–1644*, pt. II, ed. Denis Twitchett and F. W. Mote. Cambridge: Cambridge University Press, 1998, 417–587.

Hsu Hong 徐泓. "Mingchu Nanjing de dushi guihua yu renkou bianqian" 明初南京的都市规划与人口变迁 (Urban planning and demographic changes in early Ming Nanjing). *Shihuo yuekan* 食货月刊, n.s. 10, no. 3 (1980): 82–115.

———. "Mingchu Nanjing huangcheng, gongcheng de guihua, pingmianbuju jiqi xiangzheng yiyi" 明初南京皇城、宫城的规划、平面布局及其象征意义 (The design and planning of imperial palaces and their symbolic meanings in early Ming Nanjing). *Taida jianzhu yu chengxiang yanjiu xuebao* 台大建筑与城乡研究学报 7 (1993): 79–96.

———. "Mingdai Fujian de zhucheng yundong" 明代福建的筑城运动 (The wall-building movement in Fujian during the Ming dynasty). *Jida xuebao* 暨大学报 3, no. 1 (1999): 25–76.

———. "Mingdai houqi huabei shangpin jingji de fazhan yu shehui fengqi de bianqian" 明代后期华北商品经济的发展与社会风气的变迁 (The development of a commodity economy and social customs in northern China in the later half of the Ming dynasty). In the conference proceedings for the second *Zhongguo jindai jing jishi huiyi* 中国近代经济史会议论文集. Taipei: Zhongyang yanjiuyuan jingji yanjiusuo 1989, 107–76.

———. "Mingmo shehui fengqi de bianqian: yi Jiangzhe diqu weili" 明末社会风气的变迁：以江浙地区为例 (Changes in late Ming social customs: a case study of the Jiangzhe area). *Dongnan wenhua* 24 (1986): 83–110.

Hu Jianhua 胡建华. "Songdai chengshi liudong renkou guanli tanxi" 宋代城市流动人口管理探析 (Analysis of the management of mobile urban population in the Song dynasty). *Yindu xuekan* 殷都学刊 1994, no. 2: 23–33. Huang Haiyan 黄海妍. *Zai chengshi yu xiangcun zhijian: Qingdai yilai Guangzhou hezusi yanjiu* 在城市与乡村之间: 清代以来广州合族祠研究 (Between cities and countryside: study on joint-lineage shrines in Guangzhou since the Qing dynasty). Beijing: Shenghuo, dushu, xinzhi sanlian shudian, 2008.

Huang, Philip C. C. " 'Public Sphere' / 'Civil Society' in China?" *Modern China* 19, no. 2 (1993): 216–40.

Huang, Ray. *1587, A Year of no Significance: The Ming Dynasty in Decline*. New Ha- ven: Yale University Press, 1981.

———. *Taxation and Governmental Finance in Sixteenth-Century Ming China*. Cambridge: Cambridge University Press, 1975.

Huang Zhifan 黄志繁 "Guojia rentong yu tuke chongtu: Ming-Qing shiqi Gan nan de zuqun guanxi" 国家认同与土客冲突: 明清时期赣南的族群关系 (National identification and the conflict between natives and immigrants: relations between ethnic groups in southern Jiangxi during the Ming and Qing dynasties). *Zhongshan daxue xuebao* 2002, no. 4: 44–51.

Huangming tiaofashi leizuan 皇明条法事类纂 (Collections of itemized substatutes in the Ming dynasty). Beijing: Kexue chubanshe, 1994.

Hucker, Charles. *A Dictionary of Official Titles in Imperial China*. Stanford: Stan- ford University Press, 1985.

———. *The Ming Dynasty: Its Origins and Evolving Institutions*. Ann Arbor: Center for Chinese Studies, 1978.

———. *The Traditional Chinese State in Ming Times, 1368–1644*. Tucson: University of Arizona Press, 1961.

Hummel, Arthur W., ed. *Eminent Chinese of the Ch'ing Period (1644–1912)*. 2 vols. Washington, DC: U.S. Government Printing Office, 1943–44.

Inoue Tōru 井上彻. *Chūgoku no sōzoku to kokka no reisei: sōhō shugi no shiten kara no bunseki* 中国の宗族と国家の礼制: 宗法主義の視点からの分析 (Chinese lineage and state rituals: analysis from the perspective of patriar- chism). Tokyo: Kenbun shuppan, 2000.

Iwai Shigeki 岩井茂树. "Chō Kyosei zaisei no kadai to hōhō" 張居正財政の課題と方法." In *Minmatsu Shin shoki no kenkyū* 明末清初期の研究 (Stud- ies on the late Ming–early Qing period), ed. Iwami Hiroshi 岩见宏 and Taniguchi Kikuo 谷口规矩雄. Kyōto: Kyōto daigaku Jinbun kagaku kenkyūjo, 1989, 225–69.

———. "Chūgoku sensei kokka to zaisei" 中国専制国家と財政 (The des- potic state of China and its finance). In *Chūseishi Kōza* 中世史講座 (Lectures on medieval history). Tokyo: Gakuseisha, 1992, 6: 273–310.

———. "Yōeki to zaisei no aida" 徭役と財政のあいだ (Between corvée and finance). 4 pts. *Keizai keiei ronsō* 經濟經營論叢, 28, no. 4 (1994): 1–58; 29, no. 1 (1995): 1–50; 29, no. 2 (1995): 1–68; 29, no. 3 (1995): 1–88.

Iwami Hiroshi 岩见宏. *Mindai yōeki seido no kenkyū* 明代徭役制度の研究(Studies on the Ming corvée system). Kyoto: Dōhōsha, 1986.

Ji Yun 纪昀 et al. *Siku quanshu zongmu tiyao* 四库全书总目提要 (General cata- logue of the *Siku quanshu*, with descriptive notes). 1798. Reprinted—Taipei: Taiwan Shangwu yinshuguan, 1965.

Jiang Weilin 江为霖. *Jinling baimei* 金陵百媚 (Hundred beauties in Nanjing). 1618. Copy in the Rare Book Collection, Naikaku bunko, Tokyo.

Jiao Hong 焦竑 (1541–1620). *Guochao xianzheng lu* 国朝献征录 (Biographies of prominent people in the Ming dyansty). 1616. Facsimile reprint of 1616 edi- tion. Taipei: Xuesheng shuju, 1984.

———. *Jinling jiushi* 金陵旧事 (Past events about Jinling). In *Jiaoshi bisheng* 焦氏笔乘 (Writings of Mr. Jiao). Reprinted—Taipei: Taiwan shangwu yin- shuguan, 1966.

Jin Zhijun 金之俊. *Fu Wu xi lue* 抚吴檄略 (Manuscripts from my tenure as grand coordinator of the Wu area). In *Jin Wentong gong wenji* 金文通公集(Collected works of Jin Wentong). Facsimile reprint of 1686 edition. Xuxiu Siku quanshu, 1392–93.

Johnson, David; Andrew J. Nathan; and Evelyn S. Rawski, eds. *Popular Culture in Late Imperial China*. Berkeley: University of California Press, 1985.

Johnson, Linda Cooke, ed. *Cities of Jiangnan in Late Imperial China*. Albany: State University of New York Press, 1993.

Kamachi Noriko. "Feudalism or Absolute Monarchism? Japanese Discourse on the Nature of State and Society in Late Imperial China." *Modern China* 16, no. 3 (1990): 330–70.

Kawakatsu Mamoru 川胜守. *Min Shin Kōnan shichin shakaishi kenkyū: kūkan to shakai keisei no rekishigaku* 明清江南市鎮社会史研究: 空間と社会形成の歴史学 (Social history of market towns in the Lower Yangtze Delta during the Ming and Qing periods: historical science based on space and the social formation). Tokyo: Kyūko shoin, 1999.

Kiang, Heng Chye. *Cities of Aristocrats and Bureaucrats: The Development of Medieval Chinese Cityscapes*. Honolulu: University of Hawai'i Press, 1999.

Kim, Hongnam. *The Life of a Patron: Zhou Lianggong (1612–1672) and the Painters of Seventeenth-Century China*. New York: China Institute in America, 1996.

Kishimoto Mio 岸本美绪. "Minmatsu Shinsho no chihō shakai to seron: Shō- kō fu o chūshin to suru sobyō" 明末清初の地方社會と世論—松江府中心をとする素描 (Local society and public opinion in the late Ming: a sketch of the Songjiang area). *Rekishigaku kenkyū* 歴史学研究, no. 573 (1987): 131–40.

Ko, Dorothy. *Teachers of the Inner Chambers: Women and Culture in Seventeenth- Century China*. Stanford: Stanford University Press, 1994.

Kobayashi Kazumi. "The Other Side of Rent and Tax Resistance Struggles: Ideology and the Road to Rebellion." In *State and Society in China*, ed. Linda Grove and Christian Daniels. Tokyo: University of Tokyo Press, 1984, 215–43.

Kong Shangren 孔尚任. *Kong Shangren shiwen ji* 孔尚任诗文集 (Collection of poetry and essays by Kong Shangren). Reprinted—Beijing: Zhonghua shuju, 1962.

Kuhn, Philip A. Review of Susan Naquin, *Peking: Temples and City Life*. *American Historical Review* 107, no. 1 (2002): 167.

Kumamoto Takashi 熊本崇. "Sōsei 'jōkaku no hu' no hitotsu no kentō" 宋制 "城郭之赋" の一つの検討 (A review of Song urban taxation). *Shūkan tōyōgaku* 集刊東洋學 44 (1980): 88–97.

Kusano Yasushi 草野靖. "Sōdai no okuzei to chizei ni tsuite" 宋代の屋税と地税について (On the Song house and urban land taxes). *Shigaku zasshi* 史學雜誌 68, no. 4 (1959): 71–88.

Lamley, Harry J. "Hsieh-Tou: The Pathology of Violence in Southeast China." *Ching-shih wen-t'i* 3, no. 7 (1977): 1–39.

Lee, Hui-shu. *Exquisite Moments: West Lake and Southern Song Art*. New York: China Institute, 2001.

Lees, Lynn Hollen, and Paul M. Hohenberg. *The Making of Urban Europe, 1000–1950*. Cambridge: Harvard University Press, 1985.

Lewis, Mark Edward. *The Construction of Space in Early China*. Albany: State University of New York Press, 2006.

Li Rihua 李日华 (1565–1635). *Weishui xuan riji* 味水轩日记 (Diary at Weishui studio). Reprint, Shanghai: Shanghai yuandong chubanshe, 1996.

Li Shenghua 李圣华. *Wan Ming shige yanjiu* 晚明诗歌研究 (Studies on late Ming poetry). Beijing: Renmin wenxue chubanshe, 2002.

Li Wenzhi 李文治. *Wan Ming minbian* 晚明民变 (Late Ming uprisings). Shanghai: Shanghai shudian, 1989.

Liang Fangzhong (Liang Fang-chung) 梁方仲. *Liang Fangchong jing jishi lunwenji* 梁方仲经济史论文集 (Collected essays on economic history by Liang Fangzhong). Beijing: Zhonghua shuji, 1989.

———. *Mingdai liangzhang zhidu* 明代粮长制度 (The system of tax captains in the Ming dynasty). Shanghai: Shanghai renmin chubanshe, 1957.

———.*The Single Whip Method (I-t'iao-pien fa) of Taxation in China*. Trans. Wang Yu-chuan. Cambridge: Chinese Economic and Political Studies, Harvard University, 1956.

Lin Feng 林枫. "Wanli kuang jian shui shi yuanyin zaitan" 万历矿监税使原因再探 (Further investigation into the reasons of Wan-li's eunuchs and army officers as tax-collectors and mining-supervisors). *Zhongguo shehui jing- jishi yanjiu* 中国经济史研究 2002, no. 1: 13–19.

Lin Jiaohong 林皎宏. "Wan Ming Huangshan luyou de xing qi" 晚明黄山旅游的兴起 (The rise of tourism to Mt. Huang in the late Ming). *Shi yuan* 史原 19 (1993): 131–71.

Lin Lian 林爔. "Zeng Jiezhuan Liu gong zhi Jiangxi zuoxia xu" 赠节斋刘公之江西左辖序 (Preface for Liu Jiezhuan to take office in Jiangxi). In *Ming jingshi wenbian* 明经世文编 (Ming documents on statecraft). Taipei: Zhonghua shuju, 1987, 313.3321.

Lin Liyue 林丽月. "*Jianjiatang gao* yu Lu Ji 'fan jinshe' sixiang zhi chuanyan"《兼葭堂稿》与陆楫 "反禁奢" 思想之传衍 (*Jianjiatang gao* and the dis-semination of Lu Ji's antisumptuary ideas). In *Mingren wenji yu Mingdai yanjiu* 明人文集与明代研究 (Anthologies from the Ming era and Ming studies), ed. Zhang Lian 张琏. Taipei:

Mingdai yanjiu xuehui, 2002, 123–29.

———. "Wan Ming 'chongshe' sixiang yulun" 晚明 "崇奢" 思想隅论 (Thoughts on the late Ming's championing of the value of luxury). *Taiwan Shida lishi xuebao* 台湾师大历史学报 19, no. 6 (June 1991): 215–34.

Lin Shaoming 林绍明. "Ming-Qing nian jian Jiangnan shizhen de xingzheng guanli" 明清年间江南市镇的行政管理 (The administration of market towns in Jiangnan area during the Ming and Qing eras). *Huadong shifan daxue xuebao: zhexue shehuikexue ban* 华东师范大学学报哲学社会科学版, 1987, no. 2: 93–95.

Ling Mengchu 凌濛初. *Er ke pai'an jingqi* 二刻拍案惊奇 (Slapping the table in amazement, second collection). Shanghai: Shanghai guji chubanshe, 1984.

Liscomb, Kathlyn. "The Eight Views of Beijing: Politics in Literati Art." *Artibus Asiae*, no. 491–92 (1988–89): 127–52.

Liu Min 刘敏. "Shilun Ming-Qing shiqi huji zhidu de bianhua" 试论明清时期户籍制度的变化 (A preliminary survey of changes in the household- registration system during the Ming-Qing eras). *Zhongguo gudaishi luncong* 中国古代史论丛 1981, no. 2: 218–36.

Liu Zhengyun 刘铮云. " 'Chong, pi, fan, nan': Qingdai dao, fu, ting, zhou, xian dengji chutan" "冲、疲、繁、难" : 清代道、府、厅、州、县等级初探 ("Frequented," "wearisome," "troublesome," "difficult": a study of the classification of administrative units in the Qing dynasty). *Zhongyang yanjiu- yuan Lishi yuyan yanjiusuo jikan* 64, no. 1 (1993): 175–204.

Liu Zhiji 刘知几 (661–721). *Shitong* 史通 (Generalities on history). 710. In *Jing- ying Wenyuange siku quanshu* 景印文渊阁四库全书, 685. Taipei: Taiwan Shangwu yinshuguan, 1979.

Liu Zhiqin 刘志琴. "Chongxin renshi moshi shuaibian" 重新认识末世衰变 (A new understanding on the declining of an era). Preface to *Wan Ming shi- lun* 晚明史论 (Historical studies on the late Ming). Nanchang: Jiangxi gaoxiao chubanshe, 2003.

Liu Zhiwei 刘志伟. *Zai guojia yu shehui zhi jian: Ming Qing Guangdong lijia fuyi zhidu yanjiu* 在国家与社会之间: 明清广东里甲赋役制度研究 (Betweenstate and society: study on the tax and corvée system in Guangdong during the Ming-Qing period). Guangzhou: Zhongshan daxue chubanshe, 1997.

Long Denggao 龙登高. "Cong kefan dao qiaoju: chuantong shangren jingying fangshi de bianhua" 从客贩到侨居: 传统商人经营方式的变化 (From sojourning peddlers to residential merchants: changes in the management style of traditional merchants). *Zhongguo jing jishi yanjiu* 中国经济史研究1998, no. 2: 63–73.

Lu Cai 陆采. *Yecheng kelun* 冶城客论 (Guest talks at Nanjing). Facsimile re- print of a Qing copy now in the possession of Nanjing library. Siku quanshu cunmu congshu, 246. Tainan: Zhuangyan chubanshe, 1995.

Lü Kun 吕坤 (1536–1618). *Quweizhai ji* 去伪斋集 (Works from the Studio of Quwei). In *Lüzi yishu* 吕子遗书 (The posthumous collection of Lü Kun). 1827.

———. *Xinwu Lü xiansheng shizheng lu* 新吾吕先生实政录 (Account of the administration of Mr. Lü from Xinwu). Facsimile reprint of late Ming edition in *Guanzhen shu jicheng* 官箴书集成 (Collection of administrative handbooks).

Lü Miaofen 吕妙芬. "Yangmingxue jianghui" 阳明学讲会 (Public lectures and Yangming xue). *Xinshixue* 新史学 9, no. 2 (1998): 45–87.

Lu Shiyi 陆世仪. *Fushe jilue* 复社纪略 (Brief account of the Fushe). In *Biji xiaoshuo daguan* 笔记小说大观 (Collection of miscellaneous notes and novels). Taipei: Xinxing shuju, 1984, 10.4, *juan* 2, 2097.

Lu Wenheng 陆文衡. *Se'an suibi* 嗇庵随笔 (Casual notes from Se'an). Facsimile reprint of 1685 edition. Taipei: Guangwen shuju, 1969.

Luo Xiaoxiang 罗晓翔. "From Imperial City to Cosmopolitan Metropolis: Culture, Politics and State in Late Ming Nanjing." Ph.D. diss., Duke University, 2006.

———. " 'Jinling genben zhongdi': Mingmo zhengzhi yujing zhong de feng- shui guan" '金陵根本重地'：明末政治语境中的风水观 ("Jinling is a fundamentally important place"—the geomantic viewpoint in the late Ming political context). *Zhongguo lishi dili luncong* 中国历史地理论丛 23, no. 3 (2008): 22–29, 74.

———. "Mingdai Nanjing de fangxiang yu zipu: difang xingzheng yu chengshi shehui" 明代南京的坊厢与字铺：地方行政与城市社会 (Lane and compartment system and bunks in Ming Nanjing: local administration and urban society). *Zhongguo shehui jing jishi yanjiu* 中国社会经济史研究 2008, no. 4: 49–57.

Ma Yachen. "Citizen's Perspective Versus Imperial Perspective: Two Cityscapes of Nanjing." Unpublished paper, 2002, Stanford University.

———. "Picturing Suzhou: Visual Politics in the Making of Cityscapes in Eighteenth-Century China." Ph.D. diss., Stanford University, 2006.

Mann, Susan. *Local Merchants and the Chinese Bureaucracy, 1750–1950*. Stanford: Stanford University Press, 1987.

Marmé, Michael. *Suzhou: Where Goods of All the Provinces Converge*. Stanford: Stanford University Press, 2005.

McDermott, Joseph P. "The Making of a Chinese Mountain, Huangshan: Politics and Wealth in Chinese Art." *Asian Cultural Studies / Ajia bunka kenkyū* アジア文化研究 17 (1989): 145–76.

———. *A Social History of the Chinese Book: Books and Literati Culture in Late Imperial China*. Hongkong: Hongkong University Press, 2006.

Mei, Yun-ch'iu. "Mass-Production of Topographic Pictures in the Seventeenth- Century Exploration for Nanjing's Famous Sites." Unpublished paper, Stanford University, 2002.

Meyer-Fong, Tobie. *Building Culture in Early Qing Yangzhou*. Stanford: Stanford University Press, 2003.

———. "Seeing the Sights in Yangzhou from 1600 to the Present." In *When Images Speak: Visual Representations and Cultural Mapping in Modern China/ Huazhong you hua: jindai Zhongguo de shijue biaoshu yu wenhua goutu* 画中有话:近代中国的视觉表述与文化构图. Taipei: Academia Sinica, 2003, 213–49.

谈判中的城市空间

Ming shi 明史 (Ming history). Taipei: Dingwen shuju, 1982.

Ming shilu 明实录 (Veritable records of the Ming dynasty). Ed. Huang Zhang- jian 黄彰健. Taipei: Academia Sinica, 1984.

Mori Masao 森正夫. "Kōnan deruta no kyōchinshi ni tsuite: Ming gōhanki o chūshin ni" 江南デルタの郷鎮志について：明后半期を中心に (Late Ming town gazetteers in the Jiangnan Delta). In *Minmatsu Shinsho no shakai to bunka* 明末清初の社会と文化 (Society and culture in late Ming and early Qing periods), ed. Ono Kazuko 小野和子. Kyoto: Kyōto daigaku Jinbun kagaku kenkyūjo, 1996, 149–88.

———. "Ming-Qing shidai Jiangnan sanjiaozhou de xiangzhenshi yu diyu shehui: yi Qingdai wei zhongxin de kaocha" 明清時代江南三角洲的郷鎮志與地域社會：以清代為中心的考察 (Town gazetteers and local communities in the Jiangnan Delta during the Qing). In *Zhonghua minguo shi zhuanti lunwen ji* 中華民國史專題論文集 (Special essays on the history of the Republic of China), no. 5. Taipei: Academia Historica, 2000, 1: 787–821.

———. "Minmatsu ni okeru chitsujo hendō saikō" 明末における秩序変動再考 (A reconsideration of changes in the late Ming social order). *Chūgoku shakai to bunka* 中国社会と文化, no. 110 (1995): 3–27.

———. "Minmatsu no shakai kankei ni okeru chitsujo no hendō ni tsuite" 明末の社会関係における秩序の変動について (Changes in the hierar- chies of social relations in the late Ming period). In *Nagoya daigaku Bungakubu sanjisshūnen kinen ronshū* 名古屋大学文学部三十年記念論集 (Essays in honor of the thirtieth anniversary of the foundation of the Humanities Division of Nagoya University). Nagoya: Nagoya daigaku Bungakubu, 1979, 135–59.

———. "Shindai Kōnan deruta no kyōchinshi to chiiki shakai" 清代江南デルタの郷鎮志と地域社會 (Town gazetteers and local communities of the Jiangnan delta in the Qing dynasty). *Tōyōshi kenkyū* 東洋史研究 58, no. 2 (1999): 82–119.

Mote, Frederick W. "The City in Traditional Chinese Civilization." In *Tradi- tional China*, ed. James T. C. Liu and Wei-Ming Tu. Englewood Cliffs, NJ: Prentice-Hall, 1970, 48–49.

———. "The Growth of Chinese Despotism." *Oriens Extremus* 8 (1961): 1–41.

———. "A Millennium of Chinese Urban History: Form, Time and Space Concepts in Soochow." *Rice University Studies* 59, no. 4 (1977): 35–65.

———. "The Transformation of Nanking, 1350–1400." In *The City In Late Imperial China*, ed. G. William Skinner. Stanford: Stanford University Press, 1977, 101–53.

Mundy, John H., and Peter Riesenberg. *The Medieval Town*. Princeton, NJ: Van Nostrand, 1958.

Murphey, Rhoads. 1984. "City as a Mirror of Society: China, Tradition and Transformation." In *The City in Cultural Context*, ed. John A. Agnew, John Mercer, and David E. Sopher. Boston: Allen & Unwin, 1984.

Nakajima Yoshiaki 中島楽章. *Mindai gōson no funsō to chitsujo: Kishū monjo o shiryō to shite* 明代郷村の紛争と秩序:徽州文書を史料として (Disputes and order in rural society during the Ming period: an analysis based on Huizhou documents). Tokyo: Kyūko shoin, 2002.

Naquin, Susan. *Peking: Temples and City Life, 1400–1900*. Berkeley: University of California Press, 2000.

Nicholas, David. *Town and Countryside: Social, Economic, and Political Tensions in Fourteenth-Century Flanders*. Bruges: De Tempel, 1971.

Norimatsu Akifumi 則松彰文. "Shindai chūki ni okeru shashi, hayari, shōhi: Kōnan chihō chūshin do" 清代中期における奢侈、流行、消費：江南地方中心ど (Luxury, fashion, and consumption in the mid-Qing period: a focus on the Jiangnan area). *Tōyō gakuhō* 東洋学報 80, no. 2 (1998): 31–58.

Ogawa Takashi 小川尚. *Mindai chihō kansatsu seido no kenkyū* 明代地方監察制度 (The system of local censors in the Ming era). Tokyo: Kyūko shoin, 1999.

Osawa Akihiro 大泽显浩. "Chirisho to seisho" 地理書と政書 (Geographical books and administrative manuals). In *Minmatsu Shinsho no shakai to bunka* 明末清初の社會と文化 (Society and culture in late Ming and early Qing China), ed. Ono Kazuko 小野和子. Kyoto: Kyōtō daigaku Jinbun kagaku kenkyūjo, 1996, 457–501.

Otagi Matsuo 爱宕松男. "Gendai toshi seido to sono kigen" 元代都市制度と其の起源 (Yuan dynasty's municipal system and its origin). *Tōyōshi ken- kyū* 東洋史研究 3, no. 4 (1938): 1–28.

Owen, Stephen. "Place: Meditations on the Past of Chin-ling." *Harvard Journal of Asiatic Studies* 50, no. 2 (1990): 417–57.

Oyama Masaaki 小山正明. "Minmatsu Shinsho no dai tochi shoyū: toku ni Kōnan deruta chitai o chūshin ni shite" 明末清初の大土地所有：特に江南デルタ地帯をちゅうしんにして (Large landownership in the Jiangnan delta region during the late Ming–early Qing period). 2 pts. *Shigaku zasshi* 66, no. 12 (1957): 1–30; 67, no. 1 (1958): 50–72.

Pang Xinping 庞新平. "Kasei wakō katsuyakuki ni okeru chikujō" 嘉靖倭寇活躍期における築城 (Wall building during the peak of pirate attacks in the Jiajing reign [1522–66]). *Tōyō gakuhō* 東洋學報 75 (1994): 31–62.

Puett, Michael J. *To Become a God: Cosmolog y, Sacrifice, and Self-divinization in Early China*. Cambridge: Harvard University Asia Center, 2002.

Qi Biaojia 祁彪佳 (1602–1645). *An Wu xi gao* 按吴檄稿 (Manuscripts from my tenure in the Wu area). Facsimile reprint of late Ming edition. Beijing tushuguan guji zhenben congkan, 48. Beijing: Shumu wenxian chubanshe, 1990.

Qian Daxin 钱大昕 (1728–1804). *Qianyantang wenji* 潜研堂文集 (Collected prose from the Qianyan Studio). Shanghai: Shanghai guji chubanshe, 1989. Qian Mu 钱穆. *Guoshi dagang* 国史大纲 (An outline of Chinese history). 1940. Reprinted—Taipei: Shangwu chubanshe, 1988.

Qian Qianyi 钱谦益 (1582–1664). *Liechao shiji xiaozhuan* 列朝诗集小传 (Biographical sketches of poets of the Ming dynasty). Taipei: Mingwen shuju, 1991.

———. *Muzhai chu xue ji* 牧斋初学集 (Collection of Qian Muzhai). Facsimile reprint of

Chongzhen edition. Xuxiu Siku quanshu, 1390. Shanghai: Shang- hai guji chubanshe, 1995.

Rawski, Evelyn. "Economic and Social Foundations of Late Imperial Culture." In *Popular Culture in Late Imperial China*, ed. David Johnson, Andrew J. Na- than, and Evelyn S. Rawski. Berkeley: University of California Press, 1985, 3–33.

Ren Jincheng 任金城. "*Guang yu tu* zai Zhongguo dituxue shi shang de diwei jiqi yingxiang" 广舆图在中国地图学史上的地位及其影响 (The contribution of *Guang yu tu* to the history of Chinese cartography and its impact). In *Zhongguo gudai dituji: Ming* 中国古代地图集：明 (An atlas of ancient maps in China: Ming Dynasty [1368–1644]). Beijing: Cultural Relics Publishing House, 1994, 73–78.

Reynolds, Susan. *Kingdoms and Communities in Western Europe, 900–1300*. New York: Oxford University Press, 1984.

Rowe, William T. "Approaches to Modern Chinese Social History." In *Reliving the Past: The World of Social History*, ed. Olivier Zunz. Chapel Hill: University of North Carolina Press, 1985, 236–96.

———. *Hankow: Commerce and Society in a Chinese City, 1796–1889*. Stanford: Stanford University Press, 1984.

———. *Hankow: Conflict and Community in a Chinese City, 1796–1895*. Stanford: Stanford University Press, 1989.

———. "Modern Chinese Social History in Comparative Perspective." In *Heritage of China: Contemporary Perspectives on Chinese Civilization*, ed. Paul S. Ropp. Berkeley: University of California Press, 1990, 242–62.

———. "The Public Sphere in Modern China." *Modern China* 16, no. 3 (1990): 309–29.

Rubin, Miri. "Religious Culture in Town and Country: Reflections on a Great Divide." In *Church and City 1000–1500: Essays in Honour of Christopher Brooke*, ed. David Abulafia, Michael Franklin, and Miri Rubin. Cambridge: Cambridge University Press, 1992, 3–220.

Saeki Yūichi 佐伯有一. "Minmatsu no Tō-shi no hen: iwayuru 'nuhen' no seikaku ni kanrenshite" 明末の董氏の変：いわゆる "奴変" のせいかくに関連して (The Dong family rebellion in the late Ming: the nature of so- called bondservant rebellions). *Tōyōshi kenkyū* 16, no. 1 (1957): 26–57.

Saeki Yūichi 佐伯有一 and Tanaka Masatoshi 田中正俊. "Jūgo seiki ni okeru Fukken no nōmin hanran" 十五世紀に於ける福建の農民叛乱 (Peasant rebellion in fifteenth-century Fujian). *Rekishigaku kenkyū*, no. 167 (1954): 1–11.

Santangelo, Paolo. "Urban Society in Late Imperial Suzhou." In *Cities of Jiangnan in Late Imperial China*, ed. Linda Cooke Johnson. Albany: State University of New York Press, 1993, 81–116.

Schneewind, Sarah. *Community Schools and the State in Ming China*. Stanford: Stanford University Press, 2006.

———. "Visions and Revisions: Village Policies of the Ming Founder in Seven Phases." *T'oung Pao* 87 (2002): 1–43.

Shen Bang 沈榜. *Wanshu zaji* 宛署杂记 (Miscellaneous notes from the Wanping county office). 1593. Reprinted—Beijing: Beijing chubanshe, 1961.

Shen Kai 沈恺. *Huanxi ji* 环溪集. Facsimile reprint of 1571 edition. Siqu quanshu cunmu congshu 四库全书存目丛书 4. Tainan: Zhuangan chuban- she, 1997.

Shen Zhou 沈周 (1427–1509). *Kezuo xinwe* 客座新闻 (News from guest seats). In Biji xiaoshuo daguan 笔记小说大观, no. 40.10. Taipei: Xinxing shuju, 1985.

Sheng Shitai 盛时泰. *Niushou shan zhi* 牛首山志 (Gazetteer of Mount Niu- shou). 1577. Reprinted in Nanjing wenxian, no. 1. Nanjing: Tongzhiguan, 1947.

———. *Qixia xiaozhi* 栖霞小志 (Short record of Qixia Monastery). 1578. Reprinted in Nanjing wenxian, no. 2. Nanjing: Tongzhiguan, 1947.

Shi Jian 史鉴 (1434–96). *Xicun ji* 西村集 (Collections from West Village). Jing- ying Wenyuange siku quanshu, 1259. Taipei: Taiwan Shangwu yinshuguan, 1979.

Shi Shouqian 石守谦. "Langdang zhi feng: Mingdai zhongqi Nanjing debaimiao renwuhua" 浪荡之风：明代中期南京的白描人物画 (The dissolute style of portraiture in mid-Ming Nanjing). *Taiwan daxue me- ishushi yanjiu jikan* 台湾大学美术史研究集刊 1 (1994): 39–61.

———. "You qiqu dao fugu: shiqi shiji Jinling huihua de yige qiemian" 由奇趣到复古：十七世纪金陵绘画的一个切面 (From fantastic novelty to the revival of the ancient style: a facet of Nanjing paintings in the seven- teenth century), *Gugong xueshu jikan* 故宫学术季刊 15, no. 4 (1998): 33–76.

Shi Shuqing 史树清. "Wang Fu *Beijing ba jing* tu yanjiu" 王绂北京八景图研究 (A study of Wang Fu's painting of *Eight Views of Beijing*). *Wenwu* 1981, no. 5: 78–85.

Shigeta, Atsushi. "The Origin and Structure of Gentry Rule." In *State and Society in China: Japanese Perspectives on Ming-Qing Social and Economic History*, ed. Linda Grove and Christian Daniels. Tokyo: University of Tokyo Press, 1984, 335–85. Trans. from *Jinbun kenkyū* 人文研究 22, no. 4 (1971).

Siggstedt, Mette. "Topographical Motifs in Middle Ming Su-chou: An Iconographical Implosion." In *Qu yu yu wang lu: jin qian nian lai Zhongguo meishushi yanjiu guoji xueshu yantaohui lunwenji* 区域与网络：近千年来中国美术史研究国际学术研讨会论文集 (Proceedings of the Conference on Region and Network in Chinese Art History for the Past Thousand Years). Taipei: Na- tional Taiwan University, Graduate Program of Art History, 2001, 223–67.

Skinner, G. William, ed. *The City in Late Imperial China*. Stanford: Stanford University Press, 1977.

Song Lian 宋濂 (1310–1381). "Yuejiang lou ji" 阅江楼记 (Record of the River-Viewing Pavilion). In *Wenxian ji* 文宪集 (Collected works of Song Wen- xian), 3.1a–2b. Reprinted in Siku quanshu huiyao. Taipei: Shijie shuju, 1986.

Spence, Jonathan. "The Energies of Ming Life." 1981. Reprinted in idem, *Chinese Roundabout*. New York: Norton Press, 1992, 101–8.

Stabel, Peter. *Dwarfs Among Giants: The Flemish Urban Network in the Late Middle Ages*. Louvain: Garant, 1997.

Steinhardt, Nancy Shatzman. *Chinese Imperial City Planning*. Honolulu: University of Hawai'i Press, 1999.

———. "Mapping the Chinese City: The Image and the Reality." In *Envisioning the City: Six Studies in Urban Cartography*, ed. by David Buisseret. Chicago: University of Chicago Press, 1998, 1–33.

———. "Why Were Chang'an and Beijing So Different?" *Journal of the Society of Architectural Historians* 45, no. 4 (1986): 339–57.

Sun Chengze 孙承泽 (1592–1676). *Chunming meng yu lu* 春明梦余录. Facsimile reprint of 1883 edition—Hongkong: Longmen shuju, 1965.

Sun Hsi, Angela Ning-jy. "Social and Economic Status of the Merchant Class of the Ming Dynasty, 1368–1644." Ph.D. diss., University of Illinois, 1972.

Tan Jiading 谭嘉定, ed. *San yan Liang pai ziliao* 三言两拍资料 (Sources of the *San yan Liang pai*). Taipei: Weimin shuju, 1983.

Tan Qixiang 谭其骧. *Zhongguo lishi ditu ji* 中国历史地图集 (Historical atlas of China). Shanghai: Xinhua, 1987.

Tanaka Masatoshi. "Popular Rebellions, Rent Resistance, and Bondservant Rebellions in the Late Ming." In *State and Society in China*, ed. Linda Grove and Christian Daniels. Tokyo: University of Tokyo Press, 1984, 165–214.

Tang Lizong 唐立宗. *Zai "daoqu" yu "zhengqu" zhi jian: Mingdai Min Yue Gan Xiang jiaojie de zhixu biandong yu difang xingzheng yanhua* 在 "盗区" 与 "政区" 之间：明代闽粤赣湘交界的秩序变动与地方行政演化 (Between the bandit zones and administrative areas: the changing order and local administration in the border areas between Fujian, Guangdong, Jiangxi, and Hu- nan during the Ming era). Taipei: Guoli Taiwan daxue chuban weiyuanhui, 2002.

Taniguchi Kikuo 谷口规矩雄. *Mindai yōeki seidoshi kenkyū* 明代徭役制度史の研究 (Studies on the history of the corvée system in the Ming dynasty). Kyoto: Dōhōsha, 1998.

Tomaru Fukuju 登丸福寿 and Mogi Shūichirō 茂木秀一郎. *Wakō kenkyū* 倭寇研究 (A study on pirates). Tokyo: Chūō kōronsha, 1942.

Tong, James. *Disorder Under Heaven: Collective Violence in the Ming Dynasty*. Stanford: Stanford University Press, 1991.

Tong Weisheng 童维生. "Gaochun xian jianxian de shijian" 高淳县建县的时间 (The year Gaochun officially became a county). *Nanjing shizhi* 南京史志 1988, no. 4: 39–40.

Tsao, Hsingyuan. "Unraveling the Mystery of *Qingming shanghe tu*." *Journal of Sung and Yuan Studies* 33 (2003): 155–80.

Tsao, Jerlian. "Remembering Suzhou: Urbanism in Late Imperial China." Ph.D. diss., University of California, Berkeley, 1992.

Umehara Kaoru 梅原郁. "Sōdai toshi no zeifu" 宋代都市の税賦 (The tax system in the Song dynasty). *Tōyōshi kenkyū* 東洋史研究 28, no. 4 (1970): 42–74.

Vinograd, Richard. "Fan Ch'i (1616–After 1694): Place-Making and the Semiotics of Sight in Seventeenth-Century Nanching." *Taida Journal of Art History* 14 (2003): 129–57.

von Glahn, Richard. *Fountain of Fortune: Money and Monetary Policy in China, 1000–1700.* Berkeley: University of California Press, 1996.

———. "Municipal Reform and Urban Social Conflict in Late Ming Jiangnan." *Journal of Asian Studies* 50, no. 2 (1991): 280–307.

———. "Myth and Reality of China's Seventeenth-Century Monetary Crisis." *Journal of Economic History* 56, no. 2 (1996): 429–54.

Wakeland, Joanne Clare. "Metropolitan Administration in Ming China: Sixteenth Cecntury Peking." Ph.D. diss., University of Michigan, 1982.

Wakeman, Frederic, Jr. "Boundaries of the Public Sphere in Ming and Qing China." *Dædalus* 127, no. 3 (1998): 167–89.

———. "China and the Seventeenth-Century Crisis." *Late Imperial China* 7, no. 1 (1986): 7–26.

———. "The Civil Society and Public Sphere Debate: Western Reflections on Chinese Political Culture." *Modern China* 19, no. 2 (1993): 124–36.

———. "Rebellion and Revolution: The Study of Popular Movements in Chinese History." *Journal of Asian Studies* 36, no. 2 (1977): 201–37.

Wang Fansen 王泛森. "Qing chu shiren de huizui xintai yu xiaoji xingwei" 清初士人的悔罪心态与消极行为 (The mentality of guilt and passive resistance among early Qing literati). In *Guoshi fuhai kaixin lu* 国史浮海开新录 (A new vision of Chinese history), ed. Zhou Zhiping 周质平 and Willard J. Peterson. Taipei: Lianjing chubanshe, 2002, 405–54.

Wang Gen 王艮. *Wang Xinzhai quan ji* 王心斋全集 (Complete works of Wang Xinzhai). Taipei: Guangwen shuju, 1987.

Wang Hongjun 王宏钧 and Liu Ruzhong 刘如仲. "Mingdai houqi Nanjing chengshi jingji de fanrong he shehui shenghuo de bianhua: Ming ren hui *Nandu fanhui tujuan* de chubu yanjiu" 明代后期南京城市经济的繁荣和社会生活的变化：明人绘南都繁会图卷的初步研究 (Urban economic prosperity and change in social life of Nanjing in the late Ming: preliminary research on *Thriving Southern Capital* by an anonymous Ming painter). *Zhongguo lishi bowuguan guankan* 中国历史博物馆馆刊, 1979, no. 1: 99–106. For a reproduction of the painting, see *Huaxia zhi lu* 华夏之路. Beijing: Chaohua chubanshe, 1997, 4: 90–2–3.

Wang Hongtai 王鸿泰. "Liudong yu hudong: you Ming Qing jian chengshi shenghuo de texing tance gongzhong changyu de kaizhan" 流动与互动：由明清间城市生活的特性探测公众场域的开展 (Mobility and interaction: the emerging public sphere in urban life in Ming-Qing China). Ph.D. diss., National Taiwan University, 1998.

Wang Ji 王畿. *Longxi Wang xiansheng quanji* 龙溪王先生全集 (Complete works of Wang Longxi). Facsimile reprint of 1587 edition. Siku quanshu cun- mu congshu, 98.

Wang Jianying 王剑英. *Ming Zhongdu yanjiu* 明中都研究 (Study on Ming Zhongdu). Beijing: Zhongguo qingnian chubanshe, 2005.

Wang Qi 王圻 (1530–1615). *Sancai tuhui* 三才图会 (Comprehensive illustrated encyclopedia). 1607. Facsimile reprint of 1607 edition. Taipei: Chengwen chubanshe,

1970.

———. *Xu Wenxian tongkao* 续文献通考 (Sequel to *General History of Institutions and Critical Examination of Documents and Studies*). 1602. Reprinted— Beijing: Xiandai chubanshe, 1991.

Wang Qingcheng 王庆成. "Wan Qing Huabei de jishi he jishi quan" 晚清华北的集市和集市圈 (North China's rural markets and marketing areas in the late Qing period). *Jindai shi yanjiu* 近代史研究, 2004, no. 4: 2–69.

Wang Rigen 王日根. *Xiangtu zhi lian: Ming-Qing huiguan yu shehui* 乡土之链：明清会馆与社会 (The link of the land: merchant guilds and society during the Ming-Qing era). Tianjin: Tianjin renmin chubanshe, 1996.

Wang Shimao 王世茂. *Shitu xuanjing* 仕途悬镜 (A hanging mirror for career officials). Late Ming edition. Microfilm copy, Academia Sinica, Taipei.

Wang Ying 王颖. "Gu Qiyuan shengping xin kao" 顾起元生平新考 (New study of Gu Qiyuan's life and career). *Yuwen xuekan (gaojiao ban)* 语文学刊（高教版） 2006, no. 11: 54–56.

Wang Yuming 王裕明. "Mingdai zongjia zhezhi kaoshu" 明代总甲设置考述 (Survey of the *zong jia* system in the Ming era). *Zhongguo shi yanjiu* 中国史研究 2006, no. 1: 145–60.

Wang Yunhai 王云海 and Zhang Dezong 张德宗. "Songdai fangguo hudeng de huafen" 宋代坊郭户等的划分 (The classification of urban households in the Song dynasty). *Shixue yuekan* 史学月刊 1985, no. 6: 33–37.

Wang Zhenzhong 王振忠. *Ming Qing Huishang yu Huai Yang shehui bianqian* 明清徽商与淮扬社会变迁 (Huizhou merchants and social changes in the Huai River–Yangzhou area during the Ming-Qing era). Beijing: Shenghuo, dushu, xinzhi sanlian shudian, 1996.

Wanli Da Ming huidian (1588) 万历大明会典 (Collected statutes of the Ming dynasty). Yangzhou: Guangling guji keyinshe, 1989.

West, Stephen H. "Huanghou, zangli, youbing yu zhu: *Dong jing meng hua lu* he dushi wenxue de xingqi" 皇后、葬礼、油饼与猪：东京梦华录和都市文学的兴起 (Empresses and funerals, pancakes and pigs: *Dreaming a Dream of Splendors Past* and the origins of urban literature). In *Wenxue, wenhua, yu shibian* 文学、文化、与世变 (Literature, culture, and world change), ed. Li Fengmao 李丰楙. Taipei: Academia Sinica, 2002, 197–218.

———. "The Interpretation of a Dream: The Sources, Influence, and Evaluation of the *Dongjing meng hua lu*." *T'oung Pao* 71 (1985): 63–108.

White, Marie Julia. "Topographical Painting in Early-Ming China: *Eight Scenes of Peking* by Wang Fu." M.A. thesis, University of California at Berkeley, 1983.

Wittfogel, Karl A. *Oriental Despotism: A Comparative Study of Total Power*. New Haven: Yale University Press, 1957.

Wong, R. Bin. *China Transformed: Historical Change and the Limits of European Experience*. Ithaca, NY: Cornell University Press, 1997.

—————. "Great Expectations: The 'Public Sphere' and the Search for Modern Times in Chinese History." *Chūgoku shigaku* 中国史学 3 (1993): 7–50.

Wright, Arthur F. "The Cosmology of the Chinese City." In *The City in Late Imperial China*, ed. G. William Skinner. Stanford: Stanford University Press, 1977, 33–73.

Wu Jen-shu 巫仁恕. "Jieqing, xinyang yu kangzheng: Ming Qing chenghuang xinyang yu chengshi qunzhong de jiti kangyi xingwei" 节庆、信仰与抗争：明清城隍信仰与城市群众的集体抗议行为 (Festivals, religious belief, and protests: city god worship and urban collective action during the Ming-Qing eras). *Zhong yang yanjiuyuan Jindaishi yanjiusuo jikan* "中研院" 近代史研究所集刊, no. 34 (2000): 145–210.

—————. "Mingdai pingmin fushi de liuxing yu shidafu de fanying" 明代平民服饰的流行与士大夫的反应 (Fashions in clothing among the common people in the Ming dynasty and literati responses). *Shinshixue* 新史学 10, no. 3 (1999): 55–110.

—————. "Ming mo Qing chu chengshi shougong ye gongren de jiti kangyi xing- dong: yi Suzhou cheng weitantao zhongxin" 明末清初城市手工业工人的集体抗议行动：以苏州城为探讨中心 (Collective protests among handicraft workers in late Ming, early Qing Suzhou). *Zhong yang yanjiuyuan Jindaishi yanjiusuo jikan* "中研院" 近代史研究所集刊, no. 25 (1998): 47–88.

——. "Ming Qing chengshi minbian de jiti xingdong moshi jiqi yingxiang" 明清城市民变的集体行动模式及其影响 (The pattern and influence of collective actions in Ming-Qing cities). In *Jinshi Zhongguo zhi chuantong yu shuibian: Liu Guang jing yuanshi qishiwu sui zhushou lunwen ji* 近世中国之传统与蜕变：刘广京院士七十五岁祝寿论文集 (Tradition and transformation in modern China: in honor of the seventy-fifth birthday of Academician Liu Kuang-ching). Taibei: Zhongyang yanjiuyuan Jindaishi yanjiusuo, 1998, 229–58.

—————. "Ming Qing chengshi minbian yanjiu: chuantong Zhongguo chengshi qunzhong jiti Xingdong zhi fenxi" 明清城市民变研究：传统中国城市群众集体行动之分析 (Popular protest in Ming and Qing cities: collective action in traditional Chinese cities). Ph.D. diss., National Taiwan University, 1996.

—————. "Ming Qing xiaofei wenhua yanjiu de xin qujing yu xin wenti" 明清消费文化研究的新取径与新问题 (New approaches to and new issues in the consumption culture of the Ming-Qing period). *Xinshixue* 新史学 17, no. 4 (2006): 217–54.

—————. "Ming Qing zhi ji Jiangnan shishiju de fazhan jiqi suo fanying de she- hui xingtai" 明清之际江南时事剧的发展及其所反映的社会心态 (The development of Jiangnan *shishiju* during the Ming-Qing transition and social mentalities reflected in them). *Zhongyang yanjiuyuan Jindaishi yanjiusuo jikan* "中研院" 近代史研究所集刊, no. 31 (1999): 1–48.

—————. "Wan Ming de lüyou fengqi yu shidafu xintai" 晚明的旅游风气与士大夫心态 (Travel and gentry mentalities in the late Ming). In *Ming- Qing yilai Jiangnan shehui yu wenhua lunji* 明清以来江南社会与文化论集 (Collected essays on society and culture in Ming and Qing Jiangnan), ed. Xiong Yuezhi 熊月之 and Xiong Bingzhen 熊秉真. Shanghai: Shang- hai shehui kexueyuan chubanshe, 2004, 225–55.

Wu Shen 吴甡. "Fanghao de xiang wu duo zheng pai zi rao shu" 房号得饷无多征派滋扰疏 (Memorial on urban real estate tax, especially the little revenue gain and great abuse it generated). In idem, *Chaian shu ji* 柴庵疏集 (Collection of memorials from Chaian), 16.3a–5a. Reprinted in Siku jinhui- shu congkan, *jibu*, 44. Beijing: Beijing chubanshe, 2000.

Wu Tao 吴滔. "Luelun Ming Qing Nanjing diqu de shizhen fazhan" 略论明清南京地区的市镇发展 (A general discussion on the development of cities and towns in the Nanjing area in the Ming and Qing dynasties). *Zhongguo nongshi* 中国农史 18, no. 3 (1999): 32–42.

Wu Yingji 吴应箕 (1594–1645). *Liudu jianwenlu* 留都见闻录 (What I saw and heard in the Southern Capital). 1680. In *Guichi xianzhe yishu* 贵池先哲遗书, 1920. Reprinted—Taipei: Yiwen yinshuguan, 1961.

Wu Yuancui 伍袁萃. *Linju manlu* 林居漫录 (Idle notes from the residence in the woods). Facsimile reprint of Qing handcopy. Siku quanshu cunmu cong- shu, 242. Tainan: Zhuangyan wenhua chubanshe, 1995.

Xie Zhaozhi 谢肇淛 (1567–1624). *Xiaocao zhai ji* 小草斋集 (Collection from the Xiaocao Studio). Facsimile reprint of Wanli copy. Xuxiu Siqu quanshu, 1367. Shanghai: Shanghai guji chubanshe, 1995.

Xihu yuyin zhuren 西湖渔隐主人. *Huanxi yuanjia* 欢喜冤家 (The happy foes). 1640. Reprinted in *Zhongguo gudai zhenxiben xiaoshuo* 中国古代珍稀本小说 (Rare works of traditional Chinese fiction), vol. 2. Shengyang: Chunfeng wenyi, 1994.

Xiong, Victor Cunrui. *Sui-Tang Chang'an—A Study in the Urban History of Medie- val China.* Ann Arbor: Center for Chinese Studies, University of Michigan, 2000.

Xu Min 许敏. "Lun wan Ming shangren qiaoyu dingju hua quxiang yu shehui bianqian" 论晚明商人侨寓定居化趋向与社会变迁 (Discussion of trends among late Ming merchants to sojourn or settle down and social change). *Jianghai xuekan* 江海学刊 2002, no. 1: 134–41.

Xu, Yinong. *The Chinese City in Space and Time: The Development of Urban Form in Suzhou.* Honolulu: University of Hawai'i Press, 2000.

Yan Ruyu 严如煜. *San sheng bianfang beilan* 三省边防备览 (Overview of border defenses in the three provinces). Facsimile reprint of Daoguang copy. Xuxiu Siqu quanshu, 732. Shanghai: Shanghai guji chubanshe, 1997.

Yanagida Setsuko 柳田节子. "Sōdai toshi no kotōsei" 宋代都市の戸等制(The ranking of households in Song cities). In *Sō Gen shakai keizaishi kenkyū* 宋元社会经济史研究 (Song and Yuan economic and social historical studies). Tokyo: Sōbunsha, 1995.

Yang Erzeng 杨尔曾. *Xinjuan hainei qiguan* 新镌海内奇观 (Fantastic spectacles within the realm). 1609. Reprinted—Changsha: Hunan meishu chuban- she, 1999.

Yang Guoan 杨国安. "Zhu ke zhi jian: Ming dai Lianghu diqu tuzhu yu liuyu de maodun yu chongtu" 主客之间: 明代两湖地区土著与流寓的矛盾与冲突 (Between hosts and guests: contradictions and conflicts between natives and sojourners in the Lianghu area during the Ming era). *Zhongguo nongshi* 中国农史 2004, no. 1: 81–87.

Yang Lien-sheng. *Excursions in Sinology*. Cambridge: Harvard University Press, 1969.

Yang Rui 杨睿. "Ti wei yishi shu" 题为议事疏 (A memorial on proposed matters for discussion). In *Ming jingshi wenbian* (Ming documents on statecraft), 92.1a–3a. Xuxiu siku quanshu, 1655. Shanghai: Guji chubanshe, 1995.

Yi Ruofen 衣若芬. "Lüyou, woyou yu shenyou: Mingdai wenren ti 'Xiaoxiang' shanshui hua shi de wenhua sikao" 旅游、卧游与神游：明代文人题 "潇湘" 山水画诗的文化思考 (Travel, armchair travel, and spiritual travel: the cultural thinking behind the inscriptions on Xiaoxiang landscape paintings in the Ming era). In *Ming Qing wenxue yu sixiang zhong zhi zhuti yishi yu shehui* 明清文学与思想中之主体意识与社会 (Subjectivity and society in Ming-Qing literature and thought), ed. Wang Ailing 王瑷玲. Taipei: Academia Sinica, 2004, 17–92.

Yu Huai 余怀. *Banqiao zaji* 板桥杂记 (Miscellaneous records for the wooden bridge). Preface dated 1705. Reprinted—Nanjing: Jiangsu wenyi chubanshe, 1987.

Yu Menglin 余孟麟, Gu Qiyuan 顾起元, Zhu Zhifan 朱之蕃, and Jiao Hong 焦竑. *Jinling yayou bian* 金陵雅游编 (The elegant tour of Nanjing). 1624. Copy at the National Central Library, Taipei, Rare Book Collection.

Yu Yingshi 余英时. "Shishang hudong yu ruxue zhuanxiang" 士商互动与儒学转向. 1997. Reprinted in idem, *Xiandai ruxue de huigu yu zhanwang* (see below), 3–52.

———. *Xiandai ruxue de huigu yu zhanwang* 现代儒学的回顾与展望 (Retrospect and prospect of modern Confucianism). Beijing: Sanlian shuju, 2004.

Yuan, Tsing. "Urban Riots and Disturbances." In *From Ming to Ch'ing: Conquest, Region, and Continuity in Seventeenth-Century China*, ed. Jonathan D. Spence and John E. Wills, Jr. New Haven: Yale University Press, 1979, 279–320.

Yuan Zhongdao 袁中道. *Kexuezhai ji* 珂雪斋集. Reprint, Shanghai: Shanghai guji chubanshe, 1989.

Zeng Ji 曾极. *Jinling baiyong* 金陵百咏 (A hundred poems about Jinling). Reprinted—Taipei: Taiwan Shangwu yinshiguan, 1983.

Zhang Dejian 张德建. "Mingdai shanren qunti de shengcheng yanbian jiqi wenhua yiyi" 明代山人群体的生成演变及其文化意义 (The formation and development of the "mountain hermits" community and its cultural significance in the Ming dynasty). *Zhongguo wenhua yanjiu* 中国文化研究 2003, no. 2 (2003): 80–90.

———. *Mingdai shanren wenxue yanjiu* 明代山人文学研究 (Study of "mountain hermits" literature). Changsha: Hunan renmin chubanshe, 2005.

Zhang Yan 张研. "Qingdai shizhen guanli chu tan" 清代市镇管理初探 (A preliminary study of the administration of market towns in the Qing dy- nasty). *Qingshi yanjiu* 清史研究 1999, no. 1: 39–52.

Zhang Yongming 张永明 (1499–1566). *Zhang Zhuangxi wenji* 张庄僖文集 (Collected works of Zhang Zhuangxi). Yingyin Wenyuange Siku quanshu, 1277. Taipei: Shangwu yinshuguan, 1983.

Zhao Jishi 赵吉士. *Jiyuan ji suo ji* 寄园寄所寄 (Delivered from the Ji Garden). Lidai biji xiaoshuo jicheng 历代笔记小说集成. 94. Shijiazhuang: Hebei jiaoyu chubanshe,

1996.

Zhao Shiyu. "Town and Country Representation as Seen in Temple Fairs." In *Town and Country in China: Identity and Perception,* ed. David Faure and Taotao Liu. New York: Palgrave, 2002, 41–57.

Zheng Yan 郑焱. *Zhongguo lüyou fazhanshi* 中国旅游发展史 (The history of travel in China). Changsha: Hunan jiaoyu chubanshe, 2000.

Zhong Xing 钟惺. *Yinxiuxuan wenyu ji* 隐秀轩文余集 (Collected work from the Yinxiu studio). Reprinted in Siku jinhuishu congkan, 46.

Zhongguo lishi bowuguan 中国历史博物馆, ed. *Hua xia zhi lu* 华夏之路. Beijing: Chaohua chubanshe, 1997.

Zhou Baoying 周宝偀. *Jinling lansheng shikao* 金陵览胜诗考 (A collection of scenic poems about Nanjing). 1821. Reprinted—Yangzhou: Guangling guji chubanshe, 1987.

Zhou Hui 周晖. *Jinling suoshi* 金陵琐事 (Trivia about Nanjing); *Xu Jinling suoshi* 续金陵琐事 (Supplement to *Trivia About Nanjing*); and *Erxu Jinling suoshi* 二续金陵琐事 (Second supplement to *Trivia About Nanjing*). 1610. Reprinted—Beijing: Wenxue guji kanxingshe, 1955.

Zhou Junfu 周骏富, ed. *Er chen zhuan* 贰臣传 (Biographies of turncoat officials). Taipei: Mingwen shuju, 1985.

Zhou Zhibin 周志斌. "Luelun wan Ming Nanjing de shangye" 略论晚明南京的商业 (A general discussion of commerce in late Ming Nanjing). *Xuehai* 学海 1994, no. 4: 78–82.

Zhu Biheng 祝碧衡. "Lun Ming Qing Huishang zai Zhejiang Qu, Yan er fu de huodong" 论明清徽商在浙江衢、严二府的活动 (Activities of Huizhou merchants in Qu and Yan prefectures in Zhejiang during the Ming-Qing era). *Zhongguo shehui jing jishi yanjiu* 中国社会经济史研究 2000, no. 3: 10–19. Zhu Guozhen 朱国祯. *Zhu Wensu gong ji* 朱文肃公集 (Collected works of Zhu Wensu). Facsimile reprint of a Qing copy. Xuxiu Siku quanshu, 1366. Zhu Hong 袾宏. *Zi zhi lu* 自知录 (Record of self-knowledge). Reprinting of Ming Wanli copy (1572–1615), in Ming Jiaxing dazang jing 明嘉兴大藏经 (Ming Jiaxing Buddhist canon), vol. 32.

Zhu Yuanzhang 朱元璋 (1328–1398). "Yuejiang lou ji" 阅江楼记 (Record of the River-Viewing Pavilion) and "You Yuejiang lou ji" 又阅江楼记 (Another record of the River-Viewing Pavilion). In *Ming Taizu wenji* 明太祖文集 (Collected works of Zhu Yuanzhang), *juan* 14. Reprinted in Jingyin Wen- yuange Siku quanshu, 1223. Taipei: Taiwan Shangwu yinshuguan, 1979.

Zhu Zhifan 朱之蕃 (1574–1624). *Yushan bian* 雨山编 (A compilation from rainy mountains). 1600. Copy in the Naikaku bunko, Tokyo, Rare Book Collection.

Zhu Zhifan 朱之蕃, ed. *Jinling tuyong* 金陵图咏 (Illustrated odes on Nanjing). 1623 and 1624. Copies in the National Central Library, Taipei, Rare Book Collection.

Zurndorfer, Harriet. "A Guide to the 'New' Chinese History: Recent Publications Concerning Chinese Social and Economic Development before 1800." *International Review of Social History* 33 (1988): 148–201.

———. "Not Bound to China: Étienne Balazs, Fernand Braudel and the Politics of the Study of Chinese History in Post-War France." *Past and Present* 185, no. 1 (2004): 189–221.

———. "Old and New Visions of Ming Society and Culture." *T'oung Pao* 88, no. 1–3 (2002): 151–69.

———. "Violence and Political Protest in Ming and Qing China." *International Review of Social History* 28 (1983): 304–19.

谈判中的城市空间

索　引

absentee landlords, 16, 37, 47, 206, 252
anti-wall protest, 93–94; in Gaochun,
　77, 80, 82–93, 101–2, 109–13, 241,
　289n23; in Jiangpu, 77, 103–13
Aramiya Manabu 新宫学, 301n53
architecture, 14, 19, 123, 269n26
autocracy, 6
autonomy, 49, 77, 238, 247; of market
　towns, 119, 249; public sphere, 249,
　273n51; urban autonomy, 11, 13,
　20–24, 26, 267n21, 273n54, 276n8

baojia 保甲 (mutual security system), 70,
　245, 275n2, 318n2
baozhang 保长, see baojia 保甲
Beijing, 22–24, 150, 158, 215, 285n96;
　precedents, 52, 67, 215, 232, 280n55,
　281n56, 282n61, 317n100. See also
　Nanjing
bianshen 编审 (inspection and regis-
　tration), 43–44, 47
biji 笔记, 195, 198, 297n6
bingmasi 兵马司 (warden's offices), 215
Bol, Peter K., 277n17, 280n52, 308n9,
　313n56
Brook, Timothy, 78, 150, 172, 265n4,
　273n51, 297n9, 305n93
Buddhism, 6, 199
bu rucheng 不入城, 209

Cao Xuequan 曹学佺, 151
capitalism, sprouts of, 6, 266n14, 269n24,
　280n50
Capital Training Divisions, 105, 292n76
censor, 70, 101, 104, 210; borough

censor, 53–54, 215; of Nanjing
Censorate, 68, 101, 105, 107, 109, 205–6
census, 37, 135, 202–3, 232, 318n9
chai wai zhi chai 差外之差, 71
Chang Che-chia 张哲嘉, 300n41
Chang'an 长安, 205
Chang'an kehua 长安客话, 190
Chao Yue zhi 晁说之 (Song), 189;
　Chaoshi keyu 晁氏客语, 189
Chen Jiru 陈继儒 (1558–1639), 196,
　303n71
Chen Liangmo 陈良谟 (1482–1572), 198
Chen Shan 陈善 (fl. 1579), 224–25
Chen Yi 陈沂 (1469–1538), 126–28,
　141–47, 163–64, 297n15, 301n57,
　307n2
Chen Yuling 陈毓灵, 83
cheng 城 (city), 76, 79, 102, 287n1
chengguo zhi fu 城郭之赋, 32
chenghuangmiao 城隍庙 (city god
　temples), 118, 241, 298n18
Chenghua reign 成化 (1464–1487), 163
Chinese civilization, 6, 11–12, 14, 25,
　121, 123, 131, 230
chongshe lun 崇奢论, 235
Chunqiu 春秋, 84
Chunxi reign 淳熙 (1174–1189), 119
city images, 20, 27, 125, 138, 185–87
City in Late Imperial China, The (G.
　W. Skinner), 115, 268n23, 277n11,
　294n98, 315n68
city maps, 131, 135–37, 141, 301n43
cityscape, 19; of Nanjing, 2–3, 231; of
　Nanjing Metropolitan Area, 76– 77,
　113; paintings, 177–78, 272n43

279n33

liangzhang 粮长 (tax captains), 36, 40

lichai 力差 (labor service), 38, 59

Liechao shiji xiaozhuan 列朝诗集小传
(Qian Qianyi 钱谦益), 301n45

lijia 里甲 (Village Tithing), 35–37,
39–40, 42, 47; vs. *baojia*, 64, 71,
276n5; vs. *fangxiang*, 57, 65, 277n16,
282n65, 284n92

Lin Lian 林爒, 230

Lin'an 临安, 133

lineage, 225, 296n4

Ling Mengchu 凌濛初, 197, 312n30,
312n37

Linggusi 灵谷寺, 160, 302n61

Linqing 临清, 73

Lishui 溧水, 92–93, 97, 102, 114, 117

Liu Guangji 刘光济, 60

Liu Ji 刘基, 299n32

Liu Mingxiao 刘鸣晓, 29

Liu Yizheng 柳诒徵 (1880–1956), 141

Liu Zhiwei 刘志伟, 278n22, 285n95

liumin 流民 (floating population), 226,
229–30, 232–33, 243–44, 316n87,
317n100

lizhang 里长 (village heads), 36–37, 40,
47–48, 84

lobby, 77–78, 99, 112, 162, 238, 241,
289n23

Longjiang 龙江, 302n61, 304n84

longpan huju 龙盘虎踞, 134, 298n22

Longqing reign (1567–1572), 67

longue durée, 11–13, 26, 50, 248, 255

Lu Cai 陆采, 194, 198

Lü Kun 吕坤 (1536–1618), 71, 73, 94–
95, 199, 275n2

Lu Wenheng 陆文衡, 199

Luhe county 六合, 76, 109, 123

Lushi si 录事司 (Municipal Affairs
Office), 32–33, 253, 277n12

Manchu, 10, 70, 171, 182, 186, 254,
287n114

market towns, see *zhen* 镇

Marxism, 110

Master Gudao 古道师, 163

medieval urban revolution, 14, 119, 205,
255

mentan 门摊 (store franchise fees), 73

Meyer-Fong, Tobie, 19, 151–52, 184,
303n66, 307n123

mianshen 面审 (personal inspections), 44

migration control, 50, 193, 228–29, 238,
244, 252, 254–55

Ming Chengzu 明成祖 (Yongle 永乐; r.
1402–24), 2, 64, 146, 150, 301n53,
308n8

Ming Shenzong 明神宗 (Wanli 万历;
r. 1572–1620), 81, 106, 230, 288n6,
309n13, 317n1

Ming Shizong 明世宗 (Jiajing 嘉靖; r.
1522–1566), 96, 107, 234, 288n6

Mingshan shenggai ji 名山胜概记 (He
Tang 何镗), 151, 154

mingsheng 名胜, 150, 172. See also *jing*
景

Mingshi 明史, 280n53, 292n69, 316n87

Mingwen xuanqi 明文选奇, 195

minimal governance, ideal of, 36, 38, 40,
63

Ministry of Revenue, 45, 65, 70, 104, 211;
Hubu fensi 户部分司, 103; *Nanjing
Hubuzhi* 南京户部志, 302n61

Ministry of Rites, 105, 131, 156; *Libu
zhigao* 礼部志稿, 302n61

Ministry of War, 81, 103–4, 105, 107–8,
292n69

Ministry of Works, 65, 230

modernity, 6, 11–12, 21, 121, 266n15,
269n24, 280n50

Moling 秣陵, 141, 144

Moling ji 秣陵集, 141

谈判中的城市空间

Qinhuai River, 173, 180

Qinhuai shinübiao 秦淮仕女表, 222

Qintianshan guan xiang tai 钦天山观象
台 (Nanjing Imperial Observatory),
203–4

Qiongzhou 琼州 prefecture, 59, 71

Qixia xiaozhi 栖霞小志, 129, 302*n*61

Rowe, William T., 20–21, 255, 267*n*20,
268*n*23, 269*n*26, 271*n*34; civil soci-
ety and public sphere debate, 272*n*48,
273*n*49, 273*n*54, 274*n*58, 291*n*51

Ru meng lu 如梦录, 190

Sancai tuhui 三才图会 (Wang Qi 王圻),
146

Santangelo, Paolo, 271*n*34

Sanyan 三言 (Feng Menglong 冯梦龙),
197

Schneewind, Sarah, 78, 318*n*2

self-governing rural communities:
collapse, 39–40, 57, 64–65, 71,
282*n*65, 284*n*92; original ideal, 35–
37, 42, 47, 276*n*5, 277*n*16

Shangyuan, 45, 65, 217, 221

shanren 山人 (mountain inhabitants), 18,
153, 303*n*74

Shen Bang 沈榜 (1540–1597), 230,
275*n*2, 281*n*56

Shen Zhou 沈周 (1427–1509), 160–61,
198, 272*n*43, 311*n*18, 311*n*23

Sheng Shitai 盛时泰 (fl. 1552–1560),
129, 304*n*83

sheng jing tu 胜景图, 172

shengyuan 生员, 46, 66, 83–84, 153,
289*n*23, 295*n*102, 309*n*14

Sheshan zhi 摄山志, 187

shiduanjin fa 十段锦法, 278*n*23

shimin gong yi 市民公议 (urban public
opinion), 208

shiren gong yi 士人公议, 46, 279*n*41. See

also *difang gong yi* 地方公议

Shishang yaolan 士商要览, 152

shishi xi 时事戏 (current events plays),
94–95, 196, 199

sightseeing, 159, 161, 167, 250; cultured
sightseeing, 8, 149–56, 169–70, 184,
186, 243

silver economy, 4, 7, 31, 39, 50

Single Whip reform, 98–99, 229–30,
245, 248–49; overview and criticism,
30–35, 38–40, 50–51, 253, 278*n*4,
279*n*30, 286*n*113; urban dimension,
59–64, 73–75, 230, 245

Skinner, G. William, 11–13, 25–26, 115,
119, 239; model, 267*n*23, 277*n*11,
294*nn*97–98

social landscape, 23, 225

social networking, 157–64, 186, 194, 242,
310*n*17. *See also* social tourism

social practices, 16, 18–20, 22–23, 26,
238, 250, 271*n*40

social tourism, 156–65, 171, 183, 185–86,
234, 243–44, 254

Song dynasty, 5, 115–20, 130–31, 133,
138, 150, 189, 254, 300*n*40; Nanjing,
298*n*22, 302*n*58; taxes and corvée,
32–33, 73, 277*n*17, 280*n*52, 282*n*64,
310*n*16, 318*n*9. *See also under* urban
administration; wall-construction
policy

Song Lian 宋濂, 132

Song Yiwang 宋仪望, 62 Songjiang 松
江, 62, 97, 286*n*109 Southern Tours,
185–87, 307*n*130

spatial experiences, 20, 25, 124, 149, 172,
187

spatial imagination, 125, 130, 172

state-society dichotomy, 22, 51, 112,
274*n*58

Steinhardt, Nancy Shatzman, 133,
298*n*23, 299*n*27, 301*n*43

sumptuary laws, 225

Sun Chengze 孙承泽 (1592–1676), 64

Suzhou, 15, 19, 94, 118, 223–24, 296n4, 318n10; publishing industry, 198– 99, 234–35, 306n105; sights and sightseeing, 158, 160–61, 170, 234, 272n43, 305n93; tax reform, 58, 62, 71

Tang Xianzu 汤显祖, 154

Taoan meng yi 陶庵梦忆 (Zhang Dai 张 岱), 19n43

tax bureaus (*shuike si* 税课司), 120, 283n65, 296n115. *See also* commercial tax

tianfangqi 田房契 (stamp tax), 73

tianfu 田赋, *see* land tax Tong, James W., 111–12

tong hun yi 铜浑仪 (copper armillary sphere), 203

tong you 同游, 158–60

tourism, 151–52. *See also* social tourism

urban administration: Song, 11, 32, 240– 41, 253; Yuan, 32–33, 253; Ming, 7–8, 33–35, 191, 230, 232, 240, 247, 249, 253; Qing, 253–54, 318n7

urban bourgeoisie, 120, 273n51

urban community, 20–21, 237, 267n21, 272n48, 273n49; of Nan- jing, 3, 11–12, 200–201, 205–8

urban identity, 16–17, 272n48, 276n8

urbanism, 10–14, 25–27, 121, 247, 252, 255, 269n24

urbanity, 13, 18, 20, 25, 182, 250

urban morphology, 121, 241, 298n23

urban planning, 2, 27, 136, 145, 205, 270n27, 298n23, 299n32

urban property tax, 32, 72–73, 232–33, 253, 286n107, 286n113; invention of, 7–8, 29, 35, 56, 61, 241

urban public, 15, 31, 51–52, 56, 72, 204. *See also* public

urban riot/uprising, 7, 15, 68, 71, 111, 248, 286n107

urban-rural continuum, 13–14, 16–19, 25, 269n26, 270n27, 272n45

urban-rural divide, 14, 268n23, 272n45; in administrative practice, 16–17, 240–41, 251, 269n26; cultural paradigm, 20, 25, 269n26, 270n27; elite identity, 209, 224, 238, 269n26; in tax reform, 34–35, 39, 63, 73, 75

urban society, 19, 23–25, 193, 204, 235, 242–46, 250, 255, 269n26, 270n32; of Nanjing, 8, 221, 237, 266n16

urban space: as analytical category, 2, 12–13, 26, 239; as lived space, 3–4, 193, 221; regulation of, 25, 110; representation of, 125, 140, 162, 172–76, 190

village schools, 245, 318n2

Vinograd, Richard, 306n123

von Glahn, Richard, 265n3, 277n15, 279n42, 285n104

Wakeman, Frederic, Jr., 22, 272n48, 273n54, 274n58, 274n61, 293n87

wall-construction policy, 79–81, 85, 96, 106, 113, 248, 288n14, 288n18; Song, Yuan, and Qing, 77, 253–54, 287n2

wall protest, 7, 79, 82, 97, 101, 112–13, 240–41

wall tax, 86–87

Wang Fu 王绂 (1362–1416), 150

Wang Hongru 王鸿儒 (1459–1519), 145

Wang Hongtai 王鸿泰, 270n32, 311n27, 313n47

Wang Huanru 王焕如 (fl. 1642), 223, 225

Wang Junhua 王俊华, 297n14

Wang Qi 王圻 (1530–1615), 281n55,

谈判中的城市空间

哈佛东亚专著
（已绝版）

*1. Liang Fang-chung, *The Single-Whip Method of Taxation in China*

*2. Harold C. Hinton, *The Grain Tribute System of China, 1845–1911*

3. Ellsworth C. Carlson, *The Kaiping Mines, 1877–1912*

*4. Chao Kuo-chün, *Agrarian Policies of Mainland China: A Documentary Study, 1949–1956*

*5. Edgar Snow, *Random Notes on Red China, 1936–1945*

*6. Edwin George Beal, Jr., *The Origin of Likin, 1835–1864*

7. Chao Kuo-chün, *Economic Planning and Organization in Mainland China: A Documentary Study, 1949–1957*

*8. John K. Fairbank, *Ching Documents: An Introductory Syllabus*

*9. Helen Yin and Yi-chang Yin, *Economic Statistics of Mainland China, 1949–1957*

10. Wolfgang Franke, *The Reform and Abolition of the Traditional Chinese Examination System*

11. Albert Feuerwerker and S. Cheng, *Chinese Communist Studies of Modern Chinese History*

12. C. John Stanley, *Late Ching Finance: Hu Kuang-yung as an Innovator*

13. S. M. Meng, *The Tsungli Yamen: Its Organization and Functions*

*14. Ssu-yü Teng, *Historiography of the Taiping Rebellion*

15. Chun-Jo Liu, *Controversies in Modern Chinese Intellectual History: An Analytic Bibliography of Periodical Articles, Mainly of the May Fourth and Post-May Fourth Era*

*16. Edward J. M. Rhoads, *The Chinese Red Army, 1927–1963: An Annotated Bibliography*

*17. Andrew J. Nathan, *A History of the China International Famine Relief Commission*

*18. Frank H. H. King (ed.) and Prescott Clarke, *A Research Guide to China-Coast Newspapers, 1822–1911*

*19. Ellis Joffe, *Party and Army: Professionalism and Political Control in the Chinese Officer Corps, 1949–1964*

*20. Toshio G. Tsukahira, *Feudal Control in Tokugawa Japan: The Sankin Kōtai System*

*21. Kwang-Ching Liu, ed., *American Missionaries in China: Papers from Harvard*

Seminars

*22. George Moseley, *A Sino-Soviet Cultural Frontier: The Ili Kazakh Autonomous Chou*

23. Carl F. Nathan, *Plague Prevention and Politics in Manchuria, 1910–1931*

*24. Adrian Arthur Bennett, *John Fryer: The Introduction of Western Science and Technology into Nineteenth-Century China*

*25. Donald J. Friedman, *The Road from Isolation: The Campaign of the American Committee for Non-Participation in Japanese Aggression, 1938–1941*

*26. Edward LeFevour, *Western Enterprise in Late Ching China: A Selective Survey of Jardine, Matheson and Company's Operations, 1842–1895*

27. Charles Neuhauser, *Third World Politics: China and the Afro-Asian People's Solidarity Organization, 1957–1967*

*28. Kungtu C. Sun, assisted by Ralph W. Huenemann, *The Economic Development of Manchuria in the First Half of the Twentieth Century*

*29. Shahid Javed Burki, *A Study of Chinese Communes, 1965*

30. John Carter Vincent, *The Extraterritorial System in China: Final Phase*

31. Madeleine Chi, *China Diplomacy, 1914–1918*

*32. Clifton Jackson Phillips, *Protestant America and the Pagan World: The First Half Century of the American Board of Commissioners for Foreign Missions, 1810–1860*

*33. James Pusey, *Wu Han: Attacking the Present Through the Past*

*34. Ying-wan Cheng, *Postal Communication in China and Its Modernization, 1860–1896*

35. Tuvia Blumenthal, *Saving in Postwar Japan*

36. Peter Frost, *The Bakumatsu Currency Crisis*

37. Stephen C. Lockwood, *Augustine Heard and Company, 1858–1862*

38. Robert R. Campbell, *James Duncan Campbell: A Memoir by His Son*

39. Jerome Alan Cohen, ed., *The Dynamics of China's Foreign Relations*

40. V. V. Vishnyakova-Akimova, *Two Years in Revolutionary China, 1925–1927*, trans. Steven L. Levine

41. Meron Medzini, *French Policy in Japan During the Closing Years of the Tokugawa Regime*

42. Ezra Vogel, Margie Sargent, Vivienne B. Shue, Thomas Jay Mathews, and Deborah S. Davis, *The Cultural Revolution in the Provinces*

43. Sidney A. Forsythe, *An American Missionary Community in China, 1895–1905*

*44. Benjamin I. Schwartz, ed., *Reflections on the May Fourth Movement.: A Symposium*

*45. Ching Young Choe, *The Rule of the Taewŏngun, 1864–1873: Restoration in Yi Korea*

46. W. P. J. Hall, *A Bibliographical Guide to Japanese Research on the Chinese Economy, 1958–1970*

47. Jack J. Gerson, *Horatio Nelson Lay and Sino-British Relations, 1854–1864*

48. Paul Richard Bohr, *Famine and the Missionary: Timothy Richard as Relief Administrator and Advocate of National Reform*

49. Endymion Wilkinson, *The History of Imperial China: A Research Guide*

50. Britten Dean, *China and Great Britain: The Diplomacy of Commercial Relations,*

谈判中的城市空间

1860–1864

51. Ellsworth C. Carlson, *The Foochow Missionaries, 1847–1880*

52. Yeh-chien Wang, *An Estimate of the Land-Tax Collection in China, 1753 and 1908*

53. Richard M. Pfeffer, *Understanding Business Contracts in China, 1949–1963*

*54. Han-sheng Chuan and Richard Kraus, *Mid-Ching Rice Markets and Trade: An Essay in Price History*

55. Ranbir Vohra, *Lao She and the Chinese Revolution*

56. Liang-lin Hsiao, *China's Foreign Trade Statistics, 1864–1949*

*57. Lee-hsia Hsu Ting, *Government Control of the Press in Modern China, 1900–1949*

*58. Edward W. Wagner, *The Literati Purges: Political Conflict in Early Yi Korea*

*59. Joungwon A. Kim, *Divided Korea: The Politics of Development, 1945–1972*

60. Noriko Kamachi, John K. Fairbank, and Chūzō Ichiko, *Japanese Studies of Modern China Since 1953: A Bibliographical Guide to Historical and Social-Science Research on the Nineteenth and Twentieth Centuries, Supplementary Volume for 1953–1969*

61. Donald A. Gibbs and Yun-chen Li, *A Bibliography of Studies and Translations of Modern Chinese Literature, 1918–1942*

62. Robert H. Silin, *Leadership and Values: The Organization of Large-Scale Taiwanese Enterprises*

63. David Pong, *A Critical Guide to the Kwangtung Provincial Archives Deposited at the Public Record Office of London*

*64. Fred W. Drake, *China Charts the World: Hsu Chi-yü and His Geography of 1848*

*65. William A. Brown and Urgrunge Onon, translators and annotators, *History of the Mongolian People's Republic*

66. Edward L. Farmer, *Early Ming Government: The Evolution of Dual Capitals*

*67. Ralph C. Croizier, *Koxinga and Chinese Nationalism: History, Myth, and the Hero*

*68. William J. Tyler, tr., *The Psychological World of Natsume Sōseki*, by Doi Takeo

69. Eric Widmer, *The Russian Ecclesiastical Mission in Peking During the Eighteenth Century*

*70. Charlton M. Lewis, *Prologue to the Chinese Revolution: The Transformation of Ideas and Institutions in Hunan Province, 1891–1907*

71. Preston Torbert, *The Ching Imperial Household Department: A Study of Its Organization and Principal Functions, 1662–1796*

72. Paul A. Cohen and John E. Schrecker, eds., *Reform in Nineteenth-Century China*

73. Jon Sigurdson, *Rural Industrialism in China*

74. Kang Chao, *The Development of Cotton Textile Production in China*

75. Valentin Rabe, *The Home Base of American China Missions, 1880–1920*

*76. Sarasin Viraphol, *Tribute and Profit: Sino-Siamese Trade, 1652–1853*

77. Ch'i-ch'ing Hsiao, *The Military Establishment of the Yuan Dynasty*

78. Meishi Tsai, *Contemporary Chinese Novels and Short Stories, 1949–1974: An Annotated Bibliography*

*79. Wellington K. K. Chan, *Merchants, Mandarins and Modern Enterprise in Late Ching*

China

80. Endymion Wilkinson, *Landlord and Labor in Late Imperial China: Case Studies from Shandong by Jing Su and Luo Lun*

*81. Barry Keenan, *The Dewey Experiment in China: Educational Reform and Political Power in the Early Republic*

*82. George A. Hayden, *Crime and Punishment in Medieval Chinese Drama: Three Judge Pao Plays*

*83. Sang-Chul Suh, *Growth and Structural Changes in the Korean Economy, 1910–1940*

84. J. W. Dower, *Empire and Aftermath: Yoshida Shigeru and the Japanese Experience, 1878–1954*

85. Martin Collcutt, *Five Mountains: The Rinzai Zen Monastic Institution in Medieval Japan*

86. Kwang Suk Kim and Michael Roemer, *Growth and Structural Transformation*

87. Anne O. Krueger, *The Developmental Role of the Foreign Sector and Aid*

*88. Edwin S. Mills and Byung-Nak Song, *Urbanization and Urban Problems*

89. Sung Hwan Ban, Pal Yong Moon, and Dwight H. Perkins, *Rural Development*

*90. Noel F. McGinn, Donald R. Snodgrass, Yung Bong Kim, Shin-Bok Kim, and Quee-Young Kim, *Education and Development in Korea*

*91. Leroy P. Jones and Il SaKong, *Government, Business, and Entrepreneurship in Economic Development: The Korean Case*

92. Edward S. Mason, Dwight H. Perkins, Kwang Suk Kim, David C. Cole, Mahn Je Kim et al., *The Economic and Social Modernization of the Republic of Korea*

93. Robert Repetto, Tai Hwan Kwon, Son-Ung Kim, Dae Young Kim, John E. Sloboda, and Peter J. Donaldson, *Economic Development, Population Policy, and Demographic Transition in the Republic of Korea*

94. Parks M. Coble, Jr., *The Shanghai Capitalists and the Nationalist Government, 1927–1937*

95. Noriko Kamachi, *Reform in China: Huang Tsun-hsien and the Japanese Model*

96. Richard Wich, *Sino-Soviet Crisis Politics: A Study of Political Change and Communication*

97. Lillian M. Li, *China's Silk Trade: Traditional Industry in the Modern World, 1842–1937*

98. R. David Arkush, *Fei Xiaotong and Sociology in Revolutionary China*

*99. Kenneth Alan Grossberg, *Japan's Renaissance: The Politics of the Muromachi Bakufu*

100. James Reeve Pusey, *China and Charles Darwin*

101. Hoyt Cleveland Tillman, *Utilitarian Confucianism: Chen Liang's Challenge to Chu Hsi*

102. Thomas A. Stanley, *Ōsugi Sakae, Anarchist in Taishō Japan: The Creativity of the Ego*

103. Jonathan K. Ocko, *Bureaucratic Reform in Provincial China: Ting Jih-ch'ang in Restoration Kiangsu, 1867–1870*

104. James Reed, *The Missionary Mind and American East Asia Policy, 1911–1915*

105. Neil L. Waters, *Japan's Local Pragmatists: The Transition from Bakumatsu to Meiji in the Kawasaki Region*

谈判中的城市空间

106. David C. Cole and Yung Chul Park, *Financial Development in Korea, 1945–1978*

107. Roy Bahl, Chuk Kyo Kim, and Chong Kee Park, *Public Finances During the Korean Modernization Process*

108. William D. Wray, *Mitsubishi and the N.Y.K, 1870–1914: Business Strategy in the Japanese Shipping Industry*

109. Ralph William Huenemann, *The Dragon and the Iron Horse: The Economics of Railroads in China, 1876–1937*

*110. Benjamin A. Elman, *From Philosophy to Philology: Intellectual and Social Aspects of Change in Late Imperial China*

111. Jane Kate Leonard, *Wei Yüan and China's Rediscovery of the Maritime World*

112. Luke S. K. Kwong, *A Mosaic of the Hundred Days:. Personalities, Politics, and Ideas of 1898*

*113. John E. Wills, Jr., *Embassies and Illusions: Dutch and Portuguese Envoys to K'ang-hsi, 1666–1687*

114. Joshua A. Fogel, *Politics and Sinology: The Case of Naitō Konan (1866–1934)*

*115. Jeffrey C. Kinkley, ed., *After Mao: Chinese Literature and Society, 1978–1981*

116. C. Andrew Gerstle, *Circles of Fantasy: Convention in the Plays of Chikamatsu*

117. Andrew Gordon, *The Evolution of Labor Relations in Japan: Heavy Industry, 1853–1955*

*118. Daniel K. Gardner, *Chu Hsi and the "Ta Hsueh": Neo-Confucian Reflection on the Confucian Canon*

119. Christine Guth Kanda, *Shinzō: Hachiman Imagery and Its Development*

*120. Robert Borgen, *Sugawara no Michizane and the Early Heian Court*

121. Chang-tai Hung, *Going to the People: Chinese Intellectual and Folk Literature, 1918–1937*

*122. Michael A. Cusumano, *The Japanese Automobile Industry: Technology and Management at Nissan and Toyota*

123. Richard von Glahn, *The Country of Streams and Grottoes: Expansion, Settlement, and the Civilizing of the Sichuan Frontier in Song Times*

124. Steven D. Carter, *The Road to Komatsubara: A Classical Reading of the Renga Hyakuin*

125. Katherine F. Bruner, John K. Fairbank, and Richard T. Smith, *Entering China's Service: Robert Hart's Journals, 1854–1863*

126. Bob Tadashi Wakabayashi, *Anti-Foreignism and Western Learning in Early-Modern Japan: The "New Theses" of 1825*

127. Atsuko Hirai, *Individualism and Socialism: The Life and Thought of Kawai Eijirō (1891–1944)*

128. Ellen Widmer, *The Margins of Utopia: "Shui-hu hou-chuan" and the Literature of Ming Loyalism*

129. R. Kent Guy, *The Emperor's Four Treasuries: Scholars and the State in the Late Chien-lung Era*

130. Peter C. Perdue, *Exhausting the Earth: State and Peasant in Hunan, 1500–1850*

131. Susan Chan Egan, *A Latterday Confucian: Reminiscences of William Hung (1893–1980)*

132. James T. C. Liu, *China Turning Inward: Intellectual-Political Changes in the Early Twelfth Century*

*133. Paul A. Cohen, *Between Tradition and Modernity: Wang T'ao and Reform in Late Ching China*

134. Kate Wildman Nakai, *Shogunal Politics: Arai Hakuseki and the Premises of Tokugawa Rule*

*135. Parks M. Coble, *Facing Japan: Chinese Politics and Japanese Imperialism, 1931–1937*

136. Jon L. Saari, *Legacies of Childhood: Growing Up Chinese in a Time of Crisis, 1890–1920*

137. Susan Downing Videen, *Tales of Heichū*

138. Heinz Morioka and Miyoko Sasaki, *Rakugo: The Popular Narrative Art of Japan*

139. Joshua A. Fogel, *Nakae Ushikichi in China: The Mourning of Spirit*

140. Alexander Barton Woodside, *Vietnam and the Chinese Model: A Comparative Study of Vietnamese and Chinese Government in the First Half of the Nineteenth Century*

*141. George Elison, *Deus Destroyed: The Image of Christianity in Early Modern Japan*

142. William D. Wray, ed., *Managing Industrial Enterprise: Cases from Japan's Prewar Experience*

*143. T'ung-tsu Ch'ü, *Local Government in China Under the Ching*

144. Marie Anchordoguy, *Computers, Inc.: Japan's Challenge to IBM*

145. Barbara Molony, *Technology and Investment: The Prewar Japanese Chemical Industry*

146. Mary Elizabeth Berry, *Hideyoshi*

147. Laura E. Hein, *Fueling Growth: The Energy Revolution and Economic Policy in Postwar Japan*

148. Wen-hsin Yeh, *The Alienated Academy: Culture and Politics in Republican China, 1919–1937*

149. Dru C. Gladney, *Muslim Chinese: Ethnic Nationalism in the People's Republic*

150. Merle Goldman and Paul A. Cohen, eds., *Ideas Across Cultures: Essays on Chinese Thought in Honor of Benjamin L Schwartz*

151. James M. Polachek, *The Inner Opium War*

152. Gail Lee Bernstein, *Japanese Marxist: A Portrait of Kawakami Hajime, 1879–1946*

*153. Lloyd E. Eastman, *The Abortive Revolution: China Under Nationalist Rule, 1927–1937*

154. Mark Mason, *American Multinationals and Japan: The Political Economy of Japanese Capital Controls, 1899–1980*

155. Richard J. Smith, John K. Fairbank, and Katherine F. Bruner, *Robert Hart and China's Early Modernization: His Journals, 1863–1866*

156. George J. Tanabe, Jr., *Myōe the Dreamkeeper: Fantasy and Knowledge in Kamakura*

谈判中的城市空间

Buddhism

157. William Wayne Farris, *Heavenly Warriors: The Evolution of Japan's Military, 500–1300*

158. Yu-ming Shaw, *An American Missionary in China: John Leighton Stuart and Chinese-American Relations*

159. James B. Palais, *Politics and Policy in Traditional Korea*

*160. Douglas Reynolds, *China, 1898–1912: The Xinzheng Revolution and Japan*

161. Roger R. Thompson, *China's Local Councils in the Age of Constitutional Reform, 1898–1911*

162. William Johnston, *The Modern Epidemic: History of Tuberculosis in Japan*

163. Constantine Nomikos Vaporis, *Breaking Barriers: Travel and the State in Early Modern Japan*

164. Irmela Hijiya-Kirschnereit, *Rituals of Self-Revelation: Shishōsetsu as Literary Genre and Socio-Cultural Phenomenon*

165. James C. Baxter, *The Meiji Unification Through the Lens of Ishikawa Prefecture*

166. Thomas R. H. Havens, *Architects of Affluence: The Tsutsumi Family and the Seibu-Saison Enterprises in Twentieth-Century Japan*

167. Anthony Hood Chambers, *The Secret Window: Ideal Worlds in Tanizaki's Fiction*

168. Steven J. Ericson, *The Sound of the Whistle: Railroads and the State in Meiji Japan*

169. Andrew Edmund Goble, *Kenmu: Go-Daigo's Revolution*

170. Denise Potrzeba Lett, *In Pursuit of Status: The Making of South Korea's "New" Urban Middle Class*

171. Mimi Hall Yiengpruksawan, *Hiraizumi: Buddhist Art and Regional Politics in Twelfth-Century Japan*

172. Charles Shirō Inouye, *The Similitude of Blossoms: A Critical Biography of Izumi Kyōka (1873–1939), Japanese Novelist and Playwright*

173. Aviad E. Raz, *Riding the Black Ship: Japan and Tokyo Disneyland*

174. Deborah J. Milly, *Poverty, Equality, and Growth: The Politics of Economic Need in Postwar Japan*

175. See Heng Teow, *Japan's Cultural Policy Toward China, 1918–1931: A Comparative Perspective*

176. Michael A. Fuller, *An Introduction to Literary Chinese*

177. Frederick R. Dickinson, *War and National Reinvention: Japan in the Great War, 1914–1919*

178. John Solt, *Shredding the Tapestry of Meaning: The Poetry and Poetics of Kitasono Katue (1902–1978)*

179. Edward Pratt, *Japan's Protoindustrial Elite: The Economic Foundations of the Gōnō*

180. Atsuko Sakaki, *Recontextualizing Texts: Narrative Performance in Modern Japanese Fiction*

181. Soon-Won Park, *Colonial Industrialization and Labor in Korea: The Onoda Cement Factory*

182. JaHyun Kim Haboush and Martina Deuchler, *Culture and the State in Late Chosŏn Korea*

183. John W. Chaffee, *Branches of Heaven: A History of the Imperial Clan of Sung China*

184. Gi-Wook Shin and Michael Robinson, eds., *Colonial Modernity in Korea*

185. Nam-lin Hur, *Prayer and Play in Late Tokugawa Japan: Asakusa Sensōji and Edo Society*

186. Kristin Stapleton, *Civilizing Chengdu: Chinese Urban Reform, 1895–1937*

187. Hyung Il Pai, *Constructing "Korean" Origins: A Critical Review of Archaeology, Historiography, and Racial Myth in Korean State-Formation Theories*

188. Brian D. Ruppert, *Jewel in the Ashes: Buddha Relics and Power in Early Medieval Japan*

189. Susan Daruvala, *Zhou Zuoren and an Alternative Chinese Response to Modernity*

*190. James Z. Lee, *The Political Economy of a Frontier: Southwest China, 1250–1850*

191. Kerry Smith, *A Time of Crisis: Japan, the Great Depression, and Rural Revitalization*

192. Michael Lewis, *Becoming Apart: National Power and Local Politics in Toyama, 1868–1945*

193. William C. Kirby, Man-houng Lin, James Chin Shih, and David A. Pietz, eds., *State and Economy in Republican China: A Handbook for Scholars*

194. Timothy S. George, *Minamata: Pollution and the Struggle for Democracy in Postwar Japan*

195. Billy K. L. So, *Prosperity, Region, and Institutions in Maritime China: The South Fukien Pattern, 946–1368*

196. Yoshihisa Tak Matsusaka, *The Making of Japanese Manchuria, 1904–1932*

197. Maram Epstein, *Competing Discourses: Orthodoxy, Authenticity, and Engendered Meanings in Late Imperial Chinese Fiction*

198. Curtis J. Milhaupt, J. Mark Ramseyer, and Michael K. Young, eds. and comps., *Japanese Law in Context: Readings in Society, the Economy, and Politics*

199. Haruo Iguchi, *Unfinished Business: Ayukawa Yoshisuke and U.S.-Japan Relations, 1937–1952*

200. Scott Pearce, Audrey Spiro, and Patricia Ebrey, *Culture and Power in the Reconstitution of the Chinese Realm, 200–600*

201. Terry Kawashima, *Writing Margins: The Textual Construction of Gender in Heian and Kamakura Japan*

202. Martin W. Huang, *Desire and Fictional Narrative in Late Imperial China*

203. Robert S. Ross and Jiang Changbin, eds., *Re-examining the Cold War: U.S.-China Diplomacy, 1954–1973*

204. Guanhua Wang, *In Search of Justice: The 1905–1906 Chinese Anti-American Boycott*

205. David Schaberg, *A Patterned Past: Form and Thought in Early Chinese Historiography*

206. Christine Yano, *Tears of Longing: Nostalgia and the Nation in Japanese Popular Song*

207. Milena Doleželová-Velingerová and Oldřich Král, with Graham Sanders, eds., *The*

谈判中的城市空间

Appropriation of Cultural Capital: China's May Fourth Project

208. Robert N. Huey, *The Making of 'Shinkokinshū'*

209. Lee Butler, *Emperor and Aristocracy in Japan, 1467–1680: Resilience and Renewal*

210. Suzanne Ogden, *Inklings of Democracy in China*

211. Kenneth J. Ruoff, *The People's Emperor: Democracy and the Japanese Monarchy, 1945–1995*

212. Haun Saussy, *Great Walls of Discourse and Other Adventures in Cultural China*

213. Aviad E. Raz, *Emotions at Work: Normative Control, Organizations, and Culture in Japan and America*

214. Rebecca E. Karl and Peter Zarrow, eds., *Rethinking the 1898 Reform Period: Political and Cultural Change in Late Qing China*

215. Kevin O'Rourke, *The Book of Korean Shijo*

216. Ezra F. Vogel, ed., *The Golden Age of the U.S.-China-Japan Triangle, 1972–1989*

217. Thomas A. Wilson, ed., *On Sacred Grounds: Culture, Society, Politics, and the Formation of the Cult of Confucius*

218. Donald S. Sutton, *Steps of Perfection: Exorcistic Performers and Chinese Religion in Twentieth-Century Taiwan*

219. Daqing Yang, *Technology of Empire: Telecommunications and Japanese Expansionism, 1895–1945*

220. Qianshen Bai, *Fu Shan's World: The Transformation of Chinese Calligraphy in the Seventeenth Century*

221. Paul Jakov Smith and Richard von Glahn, eds., *The Song-Yuan-Ming Transition in Chinese History*

222. Rania Huntington, *Alien Kind: Foxes and Late Imperial Chinese Narrative*

223. Jordan Sand, *House and Home in Modern Japan: Architecture, Domestic Space, and Bourgeois Culture, 1880–1930*

224. Karl Gerth, *China Made: Consumer Culture and the Creation of the Nation*

225. Xiaoshan Yang, *Metamorphosis of the Private Sphere: Gardens and Objects in Tang-Song Poetry*

226. Barbara Mittler, *A Newspaper for China? Power, Identity, and Change in Shanghai's News Media, 1872–1912*

227. Joyce A. Madancy, *The Troublesome Legacy of Commissioner Lin: The Opium Trade and Opium Suppression in Fujian Province, 1820s to 1920s*

228. John Makeham, *Transmitters and Creators: Chinese Commentators and Commentaries on the Analects*

229. Elisabeth Köll, *From Cotton Mill to Business Empire: The Emergence of Regional Enterprises in Modern China*

230. Emma Teng, *Taiwan's Imagined Geography: Chinese Colonial Travel Writing and Pictures, 1683–1895*

231. Wilt Idema and Beata Grant, *The Red Brush: Writing Women of Imperial China*

232. Eric C. Rath, *The Ethos of Noh: Actors and Their Art*

233. Elizabeth Remick, *Building Local States: China During the Republican and Post-Mao Eras*

234. Lynn Struve, ed., *The Qing Formation in World-Historical Time*

235. D. Max Moerman, *Localizing Paradise: Kumano Pilgrimage and the Religious Landscape of Premodern Japan*

236. Antonia Finnane, *Speaking of Yangzhou: A Chinese City, 1550–1850*

237. Brian Platt, *Burning and Building: Schooling and State Formation in Japan, 1750–1890*

238. Gail Bernstein, Andrew Gordon, and Kate Wildman Nakai, eds., *Public Spheres, Private Lives in Modern Japan, 1600–1950: Essays in Honor of Albert Craig*

239. Wu Hung and Katherine R. Tsiang, *Body and Face in Chinese Visual Culture*

240. Stephen Dodd, *Writing Home: Representations of the Native Place in Modern Japanese Literature*

241. David Anthony Bello, *Opium and the Limits of Empire: Drug Prohibition in the Chinese Interior, 1729–1850*

242. Hosea Hirata, *Discourses of Seduction: History, Evil, Desire, and Modern Japanese Literature*

243. Kyung Moon Hwang, *Beyond Birth: Social Status in the Emergence of Modern Korea*

244. Brian R. Dott, *Identity Reflections: Pilgrimages to Mount Tai in Late Imperial China*

245. Mark McNally, *Proving the Way: Conflict and Practice in the History of Japanese Nativism*

246. Yongping Wu, *A Political Explanation of Economic Growth: State Survival, Bureaucratic Politics, and Private Enterprises in the Making of Taiwan's Economy, 1950–1985*

247. Kyu Hyun Kim, *The Age of Visions and Arguments: Parliamentarianism and the National Public Sphere in Early Meiji Japan*

248. Zvi Ben-Dor Benite, *The Dao of Muhammad: A Cultural History of Muslims in Late Imperial China*

249. David Der-wei Wang and Shang Wei, eds., *Dynastic Crisis and Cultural Innovation: From the Late Ming to the Late Qing and Beyond*

250. Wilt L. Idema, Wai-yee Li, and Ellen Widmer, eds., *Trauma and Transcendence in Early Qing Literature*

251. Barbara Molony and Kathleen Uno, eds., *Gendering Modern Japanese History*

252. Hiroshi Aoyagi, *Islands of Eight Million Smiles: Idol Performance and Symbolic Production in Contemporary Japan*

253. Wai-yee Li, *The Readability of the Past in Early Chinese Historiography*

254. William C. Kirby, Robert S. Ross, and Gong Li, eds., *Normalization of U.S.-China Relations: An International History*

255. Ellen Gardner Nakamura, *Practical Pursuits: Takano Chōei, Takahashi Keisaku, and Western Medicine in Nineteenth-Century Japan*

256. Jonathan W. Best, *A History of the Early Korean Kingdom of Paekche, together with*

Republican Periods

281. Eugene Y. Park, *Between Dreams and Reality: The Military Examination in Late Chosŏn Korea, 1600–1894*

282. Nam-lin Hur, *Death and Social Order in Tokugawa Japan: Buddhism, Anti-Christianity, and the* Danka *System*

283. Patricia M. Thornton, *Disciplining the State: Virtue, Violence, and State-Making in Modern China*

284. Vincent Goossaert, *The Taoists of Peking, 1800–1949: A Social History of Urban Clerics*

285. Peter Nickerson, *Taoism, Bureaucracy, and Popular Religion in Early Medieval China*

286. Charo B. D'Etcheverry, *Love After* The Tale of Genji: *Rewriting the World of the Shining Prince*

287. Michael G. Chang, *A Court on Horseback: Imperial Touring & the Construction of Qing Rule, 1680–1785*

288. Carol Richmond Tsang, *War and Faith:* Ikkō Ikki *in Late Muromachi Japan*

289. Hilde De Weerdt, *Competition over Content: Negotiating Standards for the Civil Service Examinations in Imperial China (1127–1279)*

290. Eve Zimmerman, *Out of the Alleyway: Nakagami Kenji and the Poetics of Outcaste Fiction*

291. Robert Culp, *Articulating Citizenship: Civic Education and Student Politics in Southeastern China, 1912–1940*

292. Richard J. Smethurst, *From Foot Soldier to Finance Minister: Takahashi Korekiyo, Japan's Keynes*

293. John E. Herman, *Amid the Clouds and Mist: China's Colonization of Guizhou, 1200–1700*

294. Tomoko Shiroyama, *China During the Great Depression: Market, State, and the World Economy, 1929–1937*

295. Kirk W. Larsen, *Tradition, Treaties and Trade: Qing Imperialism and Chosŏn Korea, 1850–1910*

296. Gregory Golley, *When Our Eyes No Longer See: Realism, Science, and Ecology in Japanese Literary Modernism*

297. Barbara Ambros, *Emplacing a Pilgrimage: The Ōyama Cult and Regional Religion in Early Modern Japan*

298. Rebecca Suter, *The Japanization of Modernity: Murakami Haruki between Japan and the United States*

299. Yuma Totani, *The Tokyo War Crimes Trial: The Pursuit of Justice in the Wake of World War II*

300. Linda Isako Angst, *In a Dark Time: Memory, Community, and Gendered Nationalism in Postwar Okinawa*

301. David M. Robinson, ed., *Culture, Courtiers, and Competition: The Ming Court (1368–1644)*

图书在版编目（CIP）数据

谈判中的城市空间：城市化与晚明南京 /（美）费
丝言著；王兴亮译.—杭州：浙江大学出版社，
2021.10
书名原文：Negotiating Urban Space:
Urbanization and Late Ming Nanjing
　ISBN 978-7-308-21630-2

Ⅰ.①谈… Ⅱ.①费… ②王… Ⅲ.①城市史—研究
—南京—明清时代 Ⅳ.① K295.31

中国版本图书馆 CIP 数据核字（2021）第 166368 号

谈判中的城市空间：城市化与晚明南京

〔美〕费丝言 著　王兴亮 译

责任编辑	王志毅
文字编辑	焦巾原
责任校对	伏健强　汪　潇
装帧设计	罗　洪
出版发行	浙江大学出版社
	（杭州天目山路 148 号　邮政编码 310007）
	（网址：http:// www.zjupress.com）
排　版	北京楠竹文化发展有限公司
印　刷	河北华商印刷有限公司
开　本	635mm×965mm　1/16
印　张	24.5
字　数	235 千
版 印 次	2021 年 10 月第 1 版　2021 年 10 月第 1 次印刷
书　号	ISBN 978–7–308–21630–2
定　价	89.00 元